Josef Leitner
Oberösterreich entdecken

Impressum

Bibliografische Information der Deutschen Nationalbibliothek
Die Deutsche Nationalbibliothek verzeichnet diese Publikation in der Deutschen Nationalbibliografie; detaillierte bibliografische Daten sind im Internet über http://dnb.d-nb.de abrufbar.

Lektorat: Anja Zachhuber
Covergestaltung, Grafik und Produktion: Nadine Kaschnig-Löbel
Coversujet: Teufelsschlucht am Burgstall in St. Georgen am Walde
Karten: ARGE Kartografie
Druck: FINIDR, s.r.o.
gedruckt in der EU

ISBN 978-3-7025-1032-9

www.pustet.at

Bildnachweis: Alexander Schneider: S. 75, Calin Stan/shutterstock.com: S. 251, Eva Pruchova/shutterstock.com: S. 168, alle anderen Fotografien von Josef Leitner

Oberösterreich entdecken

Josef Leitner

staunen
schaudern
schmunzeln

VERLAG ANTON PUSTET

Inhalt

Mühlviertel

Traunviertel

Salzkammergut

Inn- und Hausruckviertel

Zentralraum

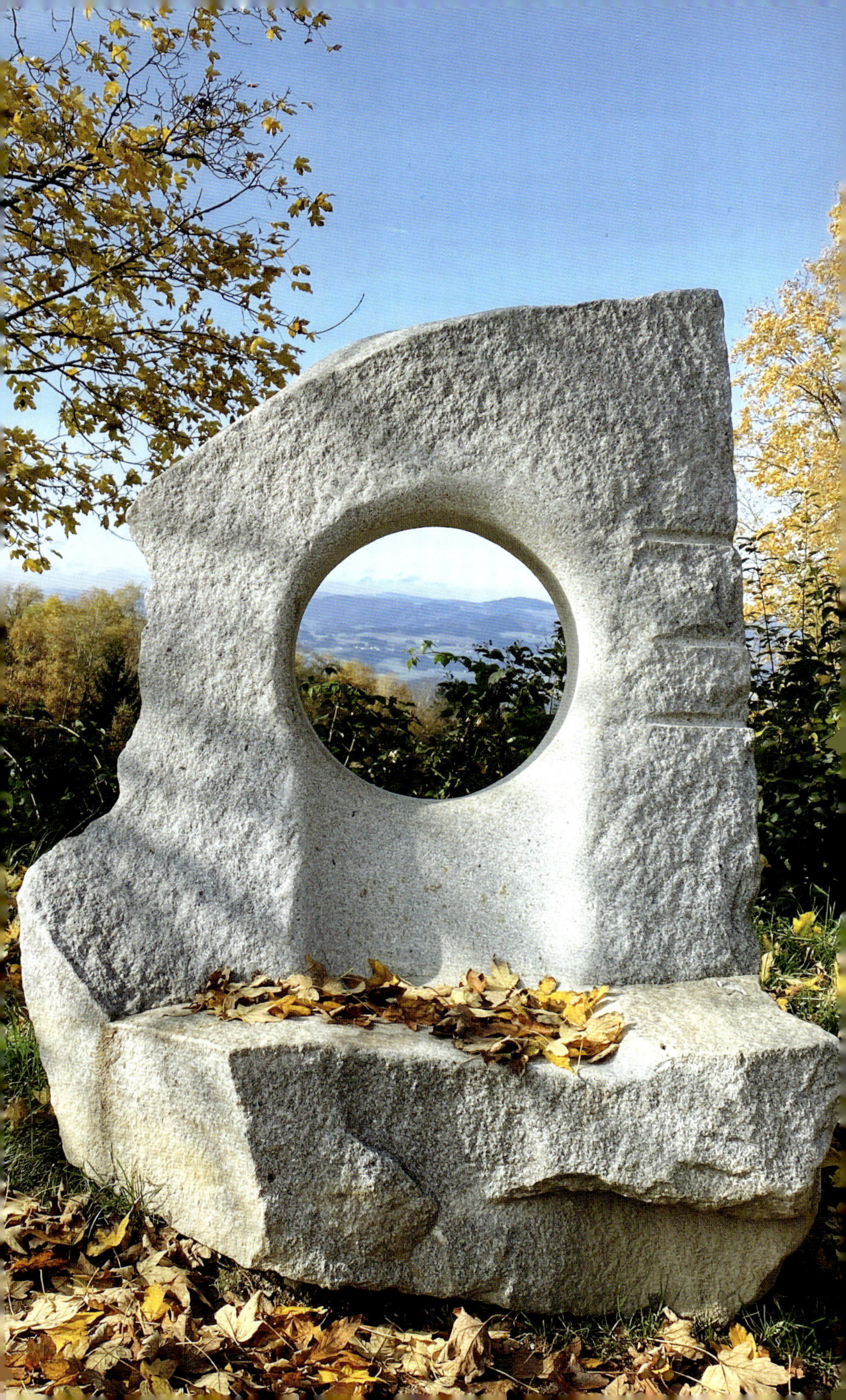

Ausflugsziele mit Geschichte(n)

In Oberösterreich gibt es zu jeder Jahreszeit quer durch alle Landesteile viele versteckte Kleinode zu entdecken. Inspirierende Landschaften, vom fruchtbaren Bauernland bis zu bizarren Felsformationen, die Künstler zu neuen Werken angeregt haben; spirituelle Plätze, die seit Jahrtausenden aufgesucht werden; wertvolle romanische, gotische und barocke Kirchen, die den Menschen über die Zeiten Kraft gegeben haben; Burgen und Schlösser, die an mächtige Geschlechter erinnern; unzählige Quellen, Bäche und Seen mit Trinkwasserqualität. Und überall außergewöhnliche Persönlichkeiten, die sich um die Erhaltung von Landschaft und Kultur bemühen und diese für die späteren Generationen bewahren. Öffnen Sie Ihren Blick für die Schätze Oberösterreichs!

Herzlich,
Ihr Josef Leitner

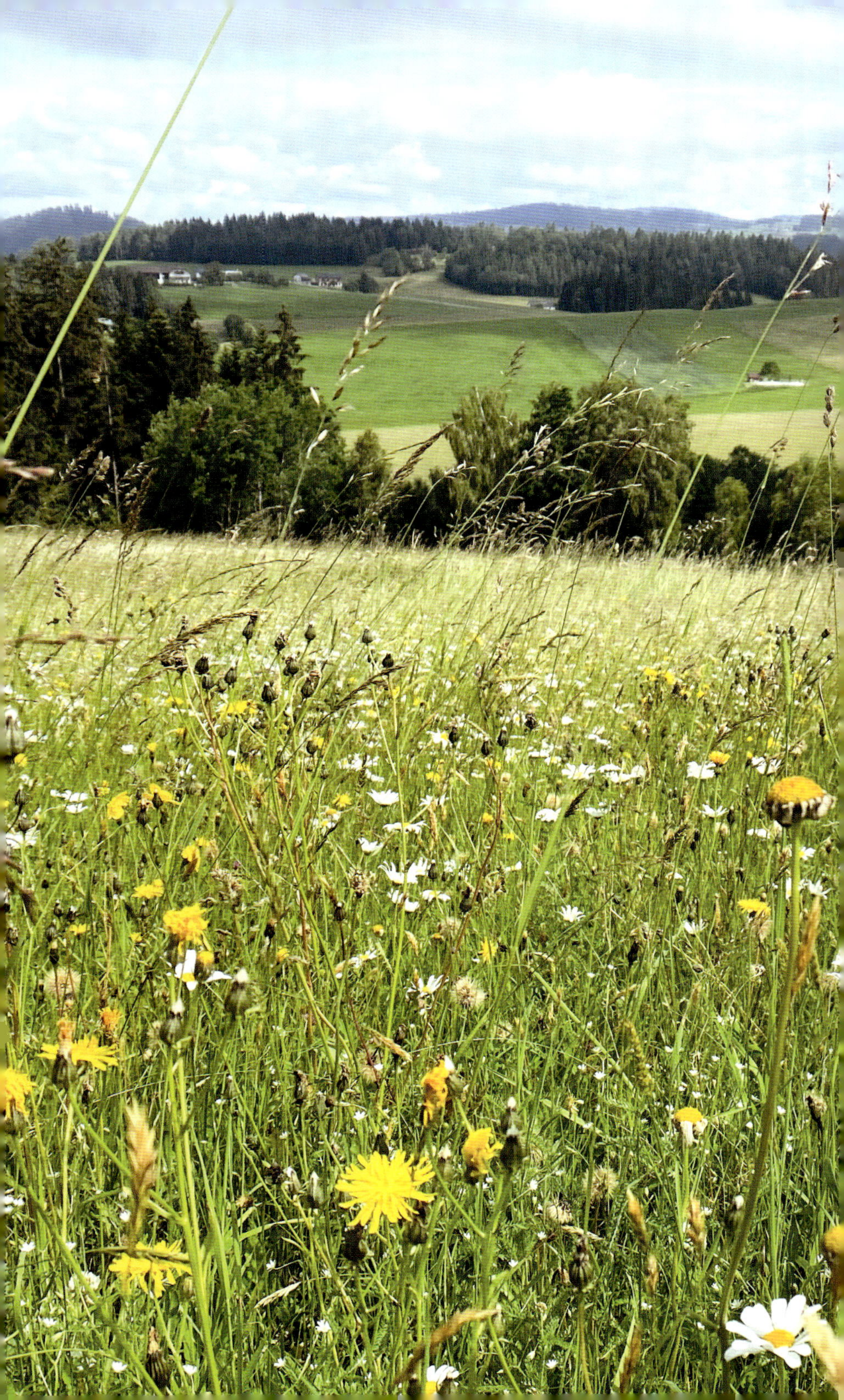

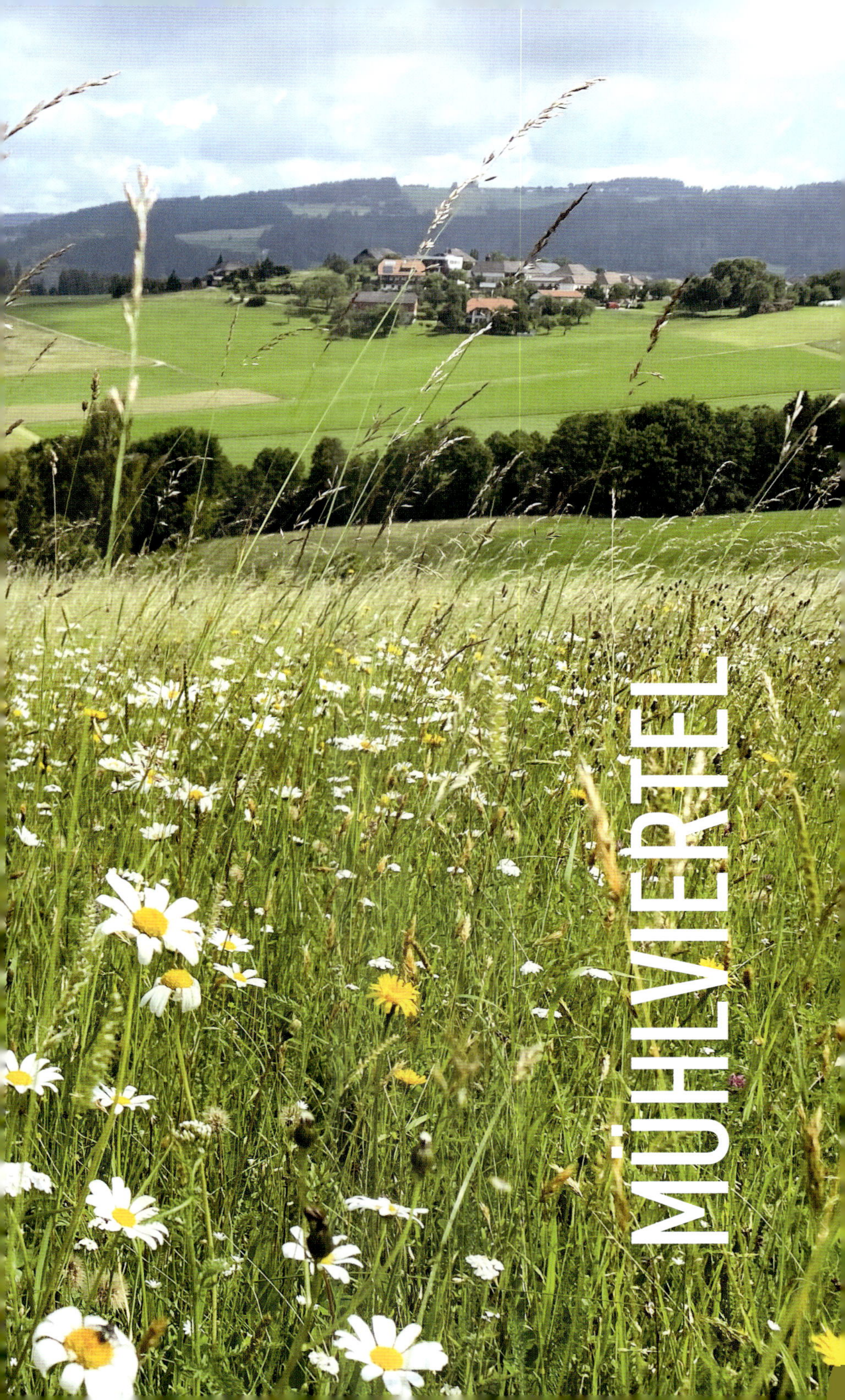
MÜHLVIERTEL

1 Steinernes Meer am Dreiländereck

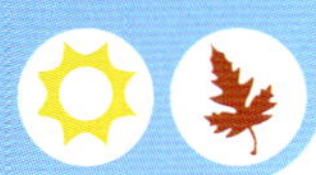

Über Stifter-Dachl und Plöckensteiner See durch die grenzenlose Landschaft auf dem Grünen Dach Europas

Grün schimmern die wie von Riesen bei einem Dominospiel aufgetürmten kantigen Granitblöcke. Es sind die Reste eines Gebirges, das im Erdaltertum einmal 5 000 Meter hoch war. Jetzt laden sie in der spätherbstlichen Sonne zu einer Rast ein, um den Panoramablick über die herrliche Landschaft der Böhmerwaldregion zu genießen. Eine eineinhalbstündige Wanderung von Oberschwarzenberg entlang des Grenzbachs zu Bayern hat uns in dieses „Steinerne Meer" geführt.
Die Einmaligkeit der Landschaft spiegelt sich in den verschiedenen Wegbezeichnungen. Sie reichen von „Natura Trail" bis „Goldsteig". Dieser erinnert an den historischen Goldenen Steig, der im Mittelalter Böhmen mit dem Donauraum verbunden hat und den Reichtum ausdrückt, welchen er den Menschen durch den Salztransport bescherte. Gleichzeitig verläuft hier der „Adalbert-Stifter-Steig", der an den berühmtesten Sohn des Böhmerwaldes erinnert, sowie der „Nordwaldkammweg", der das gesamte Mühlviertel durchquert. In jüngster Zeit kam noch der „Weg der Entschleunigung" hinzu. Der Variantenreichtum dieser Wegbezeichnungen drückt die Vielfalt und Kraft aus, die diese Gegend ausstrahlt, wie der Geschäftsführer des örtlichen Tourismusvereins, Andreas Schrattner, betont.
Der weitere Weg führt vom Steinernen Meer auf den Höhenrücken zwischen Dreisesselberg und Plöckenstein. Eine dreieckige Steinsäule am „Dreieckmark" steht exakt an der Landesgrenze zwischen Deutschland, Österreich und Tschechien. Weit reicht der Blick nach Norden in das Nebelmeer, das die Niederungen des Moldaustausees erfüllt. Geradezu bizarr ragen Tausende

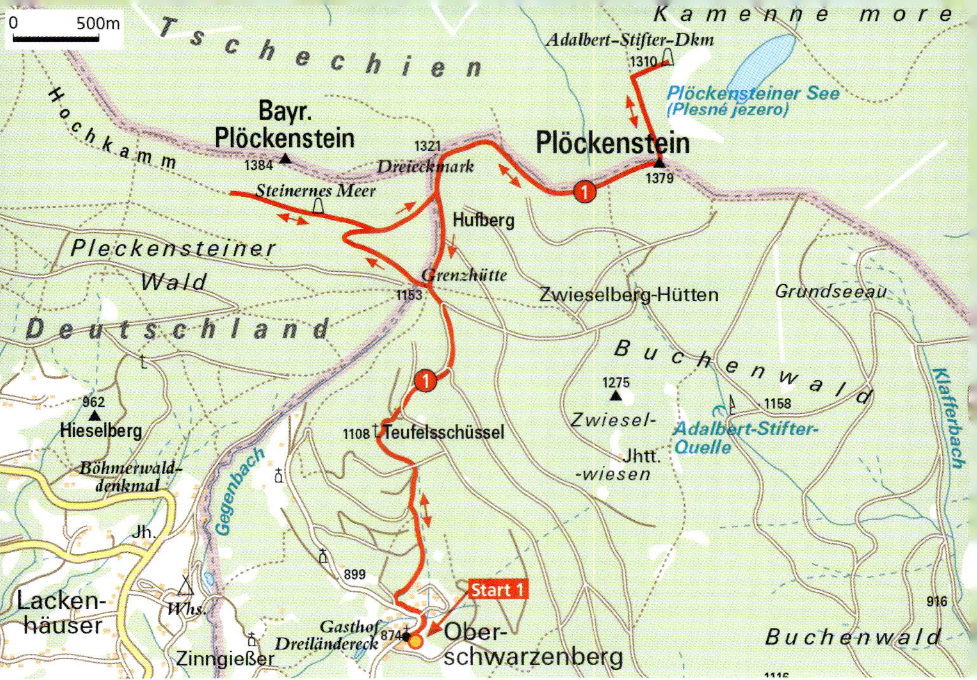

Baumstamm-Gerippe in den Himmel. Der riesige Baumfriedhof erinnert an die Schäden, die der Sturm Kyrill im Jahr 2007 und die anschließende Borkenkäferinvasion angerichtet haben. Da das gesamte Gebiet auf tschechischer Seite geschützter Nationalpark ist, wurde nichts gerodet und die Natur sich selbst überlassen. Mittlerweile sprießen glücklicherweise schon wieder junge Fichten aus dem Erdreich. Dann taucht eine ungewöhnliche Felsformation auf. Eine Riesengranitplatte hat sich so über einen Felsblock gelegt, dass sie diesen weit überragt und ein Dach bildet. Treffenderweise bezeichnet es ein darunter angebrachtes Schild als „Stifter-Dachl". Vielleicht hat dieser Kraftplatz schon dem Dichter als Unterstand beim Verfassen seiner Erzählsammlung „Bunte Steine" gedient?
So erreichen wir den Plöckenstein, mit 1 379 Metern der höchste Punkt des Mühlviertels. Immer wieder wurde der Berg von Adalbert Stifter beschrieben. Beim Blick vom Gipfelkreuz können wir seinen Vers bestens nachvollziehen: „Waldwoge steht hinter Waldwoge, bis eine die letzte ist und den Himmel schneidet."

Ein zwanzigminütiger Abstecher führt zu einem Denkmal, das wenige Jahre nach seinem Tod 1868 zu Ehren des Dichters errichtet wurde. Von diesem „Stifter-Obelisk" blicken wir auf den 300 Meter tiefer liegenden Plöckensteiner See, der nach dem Rückzug des Eiszeitgletschers im Kar unterhalb des Grenzkamms entstand. Der „Dichter des Böhmerwaldes" hat ihn auch als das „dunkle Auge Gottes" bezeichnet. Absolut still liegt er inmitten der grünen Wälder und des nördlichen Nebelmeeres: ein Platz zum Innehalten und Staunen.
Mit Blick auf den nahen Hochficht wenden wir uns wieder dem Ausgangspunkt am Parkplatz nördlich von Oberschwarzenberg zu und beenden die vierstündige Rundwanderung.

4 Stunden ↔ 14,3 Kilometer ↗ 630 Höhenmeter
Ausgangspunkt: Oberschwarzenberg
www.schwarzenberg.co.at/oberschwarzenberg
Öffentl. Verkehr: Bus 230 bis Ulrichsberg, dann Bus 281 bis Schwarzenberg Ortsmitte

Außergewöhnliche Felsformation: Stifter-Dachl

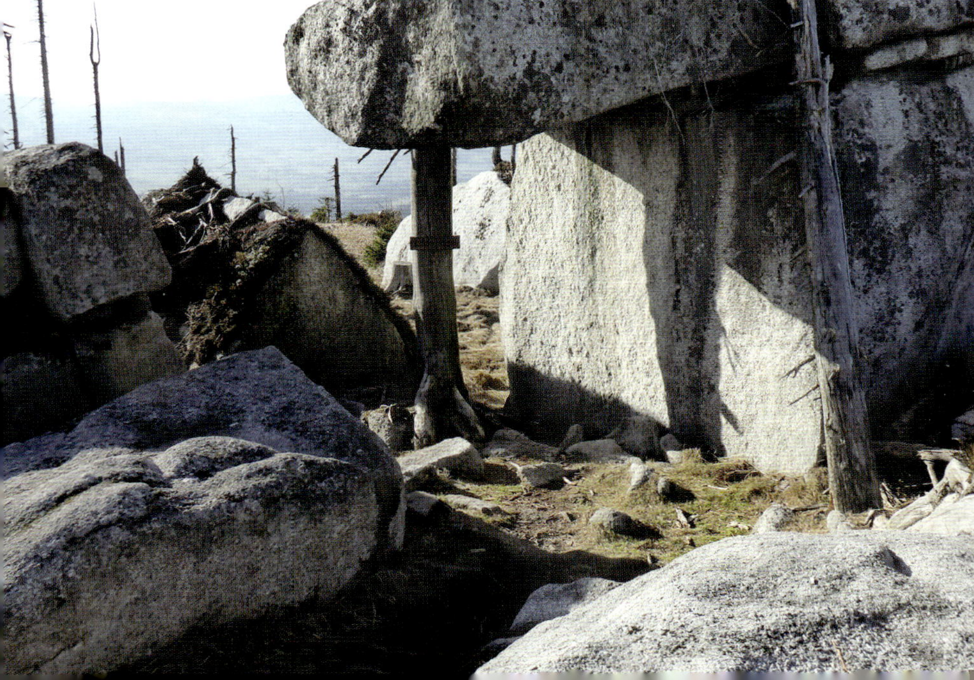

Kollerschlag 2

Im Waldbad zur Räuberhöhle

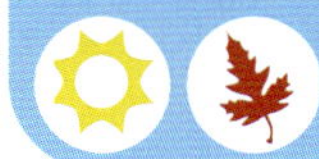

Auf dem „Stoanaweg" erzählen bizarre Granitgebilde zahlreiche Mythen

Dunkel und geheimnisvoll sieht sie aus, die Höhle, in der sich der Drucker-Franzl versteckt haben soll. Unter einem wuchtigen Felsen ist sie verborgen. Hier gelang es dem wohl bekanntesten Schmuggler und „Robin Hood" der Böhmerwaldregion mit dem bürgerlichen Namen Franz Miedl im 18. Jahrhundert immer wieder, seine Verfolger an der Nase herumzuführen und ihnen zu entkommen.

Diese Höhle ist eine von mehreren bizarren Felsgebilden. Wie seltene Perlen reihen sie sich auf dem 14 Kilometer langen „Stoanaweg" im Mühlviertler Ort Kollerschlag (Bezirk Rohrbach) aneinander. Vom Ortszentrum ausgehend hat uns der viereinhalbstündige Rundweg 11a in die vielfältige Landschaft des Böhmerwaldes geführt. Nach einem ersten steilen Aufstieg lädt das „Gott-sei-Dank-Platzl" zu einer ersten Rast ein. Ein Apfelbaum hat beinahe alle seine Blätter verloren und präsentiert seine prächtigen rotbackigen Früchte. Am Waldrand hoch über der Ortschaft Lengau können wir auf einem liebevoll mit Bänken ausgestatteten Kraftplatz einen weiten Blick über Kollerschlag, ins bayerische Wegscheider Land bis zum Plöckenstein werfen.

Einem Teppich aus buntem Herbstlaub folgend, treffen wir auf einem Höhenrücken zur aus dem Mittelalter stammenden „Wolfsgrube". Die mit Steinen ausgelegte Vertiefung diente als Fangeinrichtung für Wölfe. Man gab in die mit Reisig überdeckte Grube ein lebendes Kitz oder Schaf. Durch die Rufe des Tieres wurde der Wolf angelockt und fiel in die Grube, wo er dann getötet wurde. 1957 wurde der damals letzte Wolf im Böhmerwald erlegt.

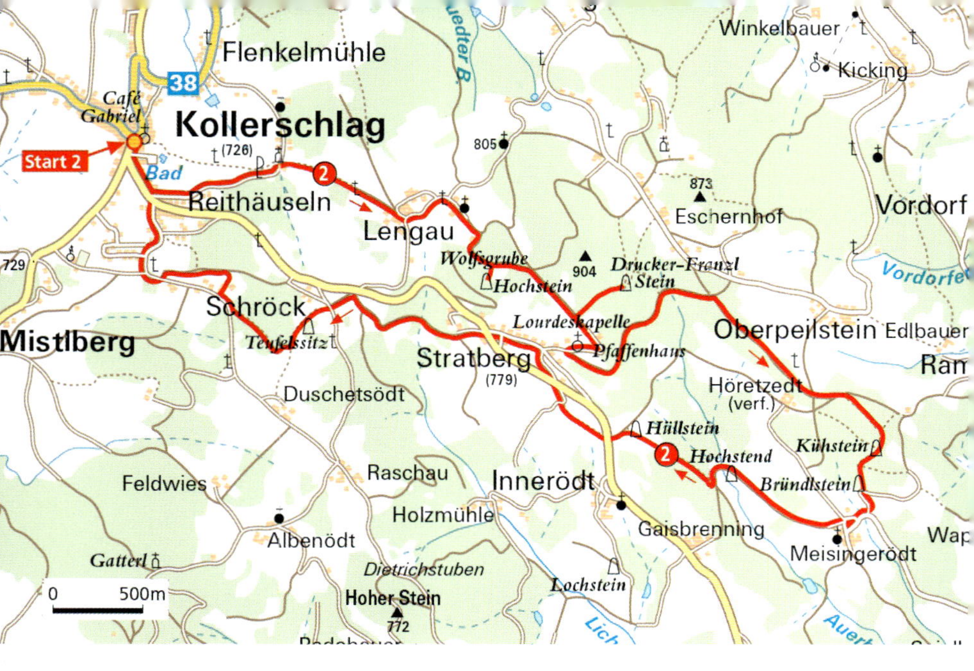

Dann geht es noch weiter zurück in der Geschichte. Der Felsblock des Hochsteins erinnert an die Anfänge des Ortes Kollerschlag. „Im Volksmund wird er auch Burgstall genannt und dürfte eine ehemalige, vom Geschlecht der Falkensteiner errichtete Burganlage gewesen sein. Diese haben den Landstrich von der Donau bis zum Böhmerwald westlich der Ranna urbar gemacht und im 13. Jahrhundert den Ort Kollerschlag gegründet“, weiß Bürgermeister Franz Saxinger. Vorsichtig tasten wir uns an den Abgrund der Felsenburg heran, denn die Wand fällt senkrecht nach unten ab.

Weiter geht es zur Felsenhöhle „Pfaffenhaus“. Katholische Geistliche fanden hier im Jahr 1427 Unterschlupf vor den Hussiten, welche das Land verwüsteten. Einige Priester sollen sich hierher zurückgezogen haben und von der Bevölkerung mit Nahrungsmitteln versorgt worden sein, bis die Gefahr vorüber war. So erzählt die Sage. Beeindruckt stehen wir vor dem 20 Meter hohen Felskoloss, der mit seiner Höhle als kunstvolles Naturgebilde aus dem ihn umgebenden Buchenwald herausragt. Der vielfältig gegliederte Granitstein ist mit Moos und den bunten Blättern der herbstlichen Bäume bedeckt und dient heute als Kletterfelsen.

Ähnlich hoch, allerdings von seiner Westseite leicht zu besteigen, ist der Kühstein, auf den wir nach wenigen Gehminuten treffen. Halbkreisförmig umschließen ihn zwei Gräben und Wälle und geben ihm ein wehrhaftes Gepräge. Besonders auffallend ist allerdings eine flache Mulde von 190 x 80 Zentimetern auf dem höchsten Punkt des Felsblocks, die sogenannte Opferschale. Der Name „Kühstein" leitet sich aus „küren", also „auswählen", sowie von Tonscherbenfunden her, die auf eine historische Stätte hinweisen. Die Sage erzählt, dass hier

Drucker-Franzl-Höhle

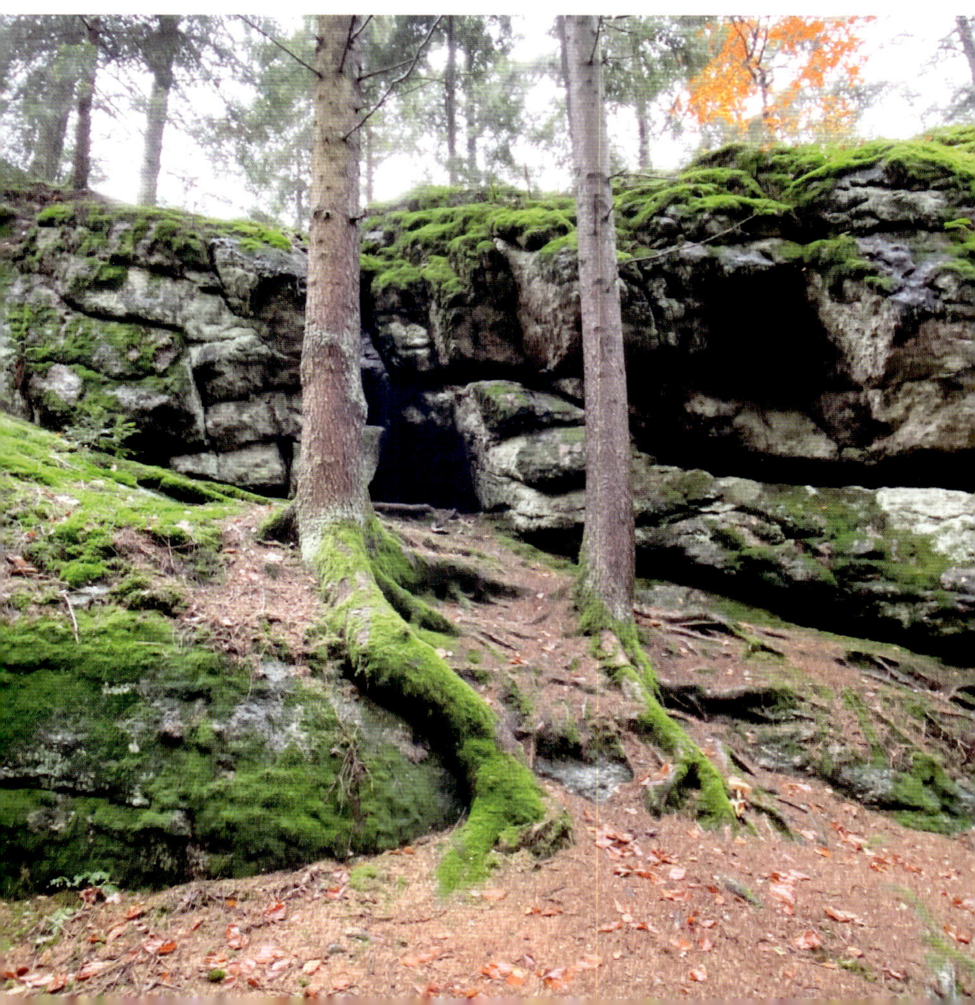

die Urbewohner ihre Opfer darbrachten. Heute genießen wir vom Felsplateau die weite Aussicht ins Tal der Kleinen Mühl, zum Böhmerwald und nach Rohrbach. Beim etwas später auftauchenden Bründlstein können wir staunen, wie sich in einem mitten im Felsblock befindlichen Wasserbecken die umgebende Waldlandschaft spiegelt.

🕓 4 1/2 Stunden ↔ 14,2 Kilometer ↗ 400 Höhenmeter
Ausgangspunkt: Kollerschlag, Ortszentrum
www.kollerschlag.at
Öffentl. Verkehr: Bus 230 bis Rohrbach-Berg, dann Bus 233 bis Kollerschlag

Wolfsgrube

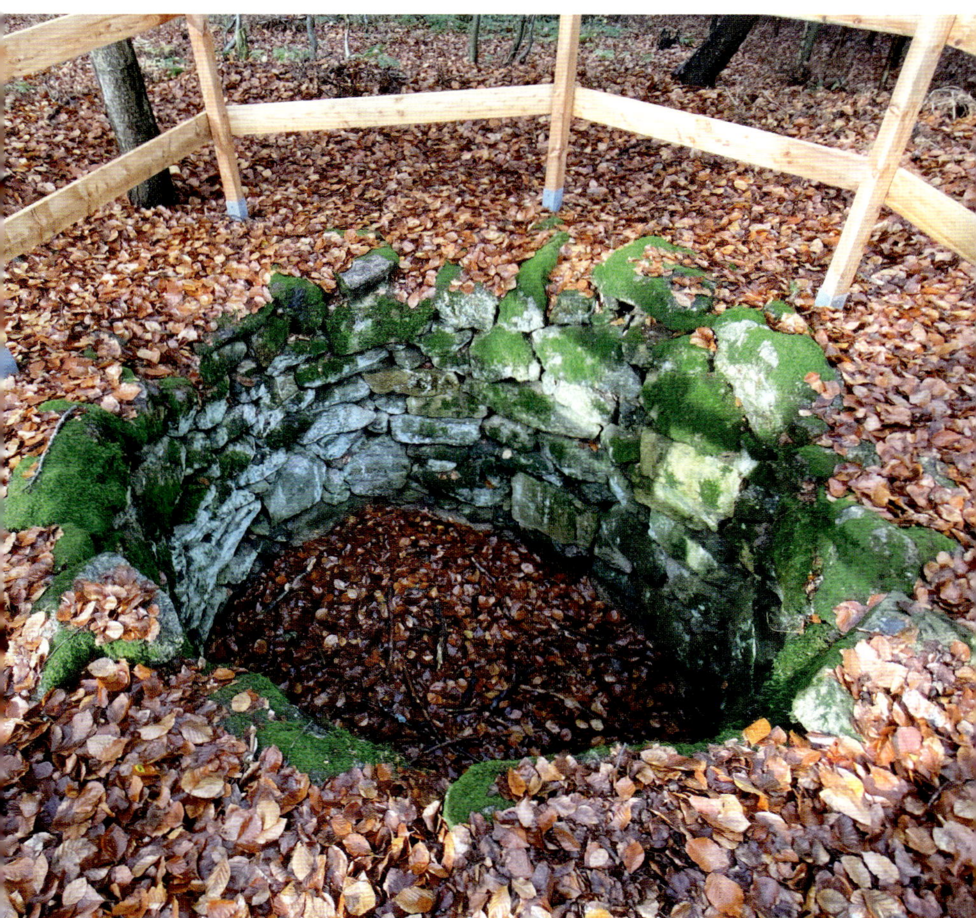

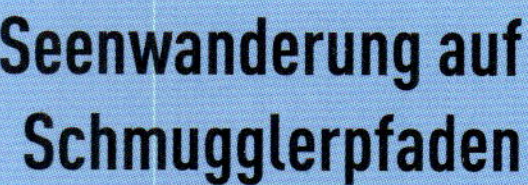

Neustift, Oberkappl 3

Seenwanderung auf Schmugglerpfaden

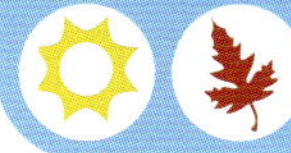

Rundweg durch ein Wasserparadies

Unterwegs auf einem alten Schmugglerpfad an der Grenze zu Bayern: Wir folgen dem „Seenweg“ in nördlicher Richtung. Anders als in früheren Zeiten ist heute nirgendwo ein Schmuggler zu entdecken, der die erste grüne Grenze zu Bayern (ab Salzburg) überquert. Stattdessen begleitet uns beschauliche Natur mit grünem Wald voller Farne und Laubfrösche. Eine Gehstunde lang bewegen wir uns auf deutschem Staatsgebiet. Über Jahrhunderte hatten hier die Schleichhändler viel zu tun.

Hochsaison

Der Historiker und Autor Alfred Zehetner ist pensionierter Schuldirektor von Neustift und erinnert sich: „Kaffee und Rum wurden nach Bayern hinübergeschmuggelt und dafür technische Geräte herübergebracht. Vieh, vor allem Schweine, wechselte auf Heuwagen sanft mit Alkohol betäubt das Staatsgebiet. In den 1970er-Jahren war auch Hochsaison für Menschenschmuggel.“
Wir passieren das stattliche Gehöft Höllmühle, weidende Kühe sowie eine Kapelle unter einer Riesenlinde. Im folgenden Wald lädt „Stadlers Zwergenreich“ ein, die vielen putzigen Zwergenfiguren zu neuen kreativen Formationen zu ordnen, was wir auch gerne tun.
Wir erreichen rasch den Ranna-Badesee, der mit Ausnahme der Neustifter Bucht auf bayrischem Gebiet liegt. Ein Gewässer wie im Bilderbuch. Die sanfte Hügellandschaft spiegelt sich im glatten Wasser. Eine Gehstunde lang umrunden wir den mit 20 Quadratkilometern größten See des Bayrischen Waldes und fühlen

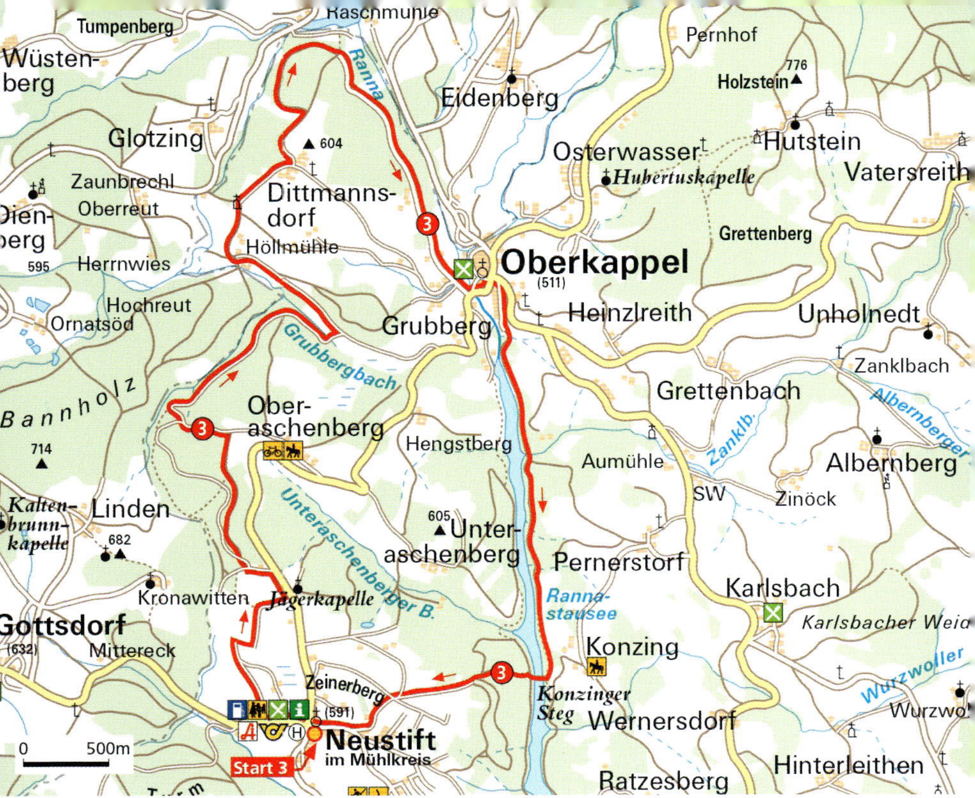

uns ein bisschen wie im Salzkammergut. Fast könnte man meinen, die letzte Eiszeit hätte hier ihre Spuren hinterlassen. Der Blick auf die Geschichte zeigt allerdings ein anderes Bild. Zehetner weiß: „Der damalige bayrische Ministerpräsident Franz Josef Strauß wollte den Tourismus in diesem Gebiet ausbauen und setzte sich für die Errichtung dieses Badesees ein. 1983 wurde dieser schließlich fertiggestellt. Die Ortschaft Raschmühle mit drei Häusern und einer Säge musste dem Projekt weichen." Der Plan scheint aufgegangen zu sein. Auch im Herbst genießen noch zahlreiche Besucher die idyllische Naturanlage, die alle sportlichen und kulinarischen Bedürfnisse abdeckt. Einige wackere Fischer hoffen meditierend auf den Fang eines Karpfens, Hechts oder einer Forelle.

Frisch entspannt begeben wir uns auf die zweite Hälfte des dreieinhalbstündigen Rundweges. Dieser führt uns entlang der sanft plätschernden Ranna wieder auf österreichisches Gebiet nach Oberkappel. Der „Naturkneippweg Rannatal" informiert über die vielfältigen Lebensformen am und im Wasser. Eine Schautafel zeigt, dass zwei nicht sehr ansehnliche raupenartige Käfer, der Saftkugler und der Breitbandfüßer, wertvolle Dienste bei der Umwandlung von altem Holz in Erde leisten. Mehrere Brunnen laden ein, Hände und Beine im kalten Wasser mit frischer Energie zu versorgen.

Kraftwerk

Schließlich bremst die Ranna ihre Fließgeschwindigkeit und erreicht den Ranna-Stausee. Auf den weiteren vier Kilometern wird das Gewässer still und beschaulich und sammelt seine Kraft, um nach dem folgenden Staudamm in Druckrohrleitungen das Kraftwerk Ranna an der Donau mit Energie zu versorgen. Das tut es schon unermüdlich seit dem Jahr 1950. Wir überqueren das idyllische Gewässer am historischen Konzinger Steg und genießen einen Blick auf den Himmel, der sich im Wasser spiegelt.

🕒 3 ½ Stunden ↔ 12,7 Kilometer ↗ 230 Höhenmeter
Ausgangspunkt: Neustift im Mühlkreis, Ortszentrum
www.neustift-muehlviertel.at
Öffentl. Verkehr: Bus 215 bis Lembach, dann Bus 212 bis Neustift

Ranna-See-Idylle erzeugt Salzkammergut-Gefühle

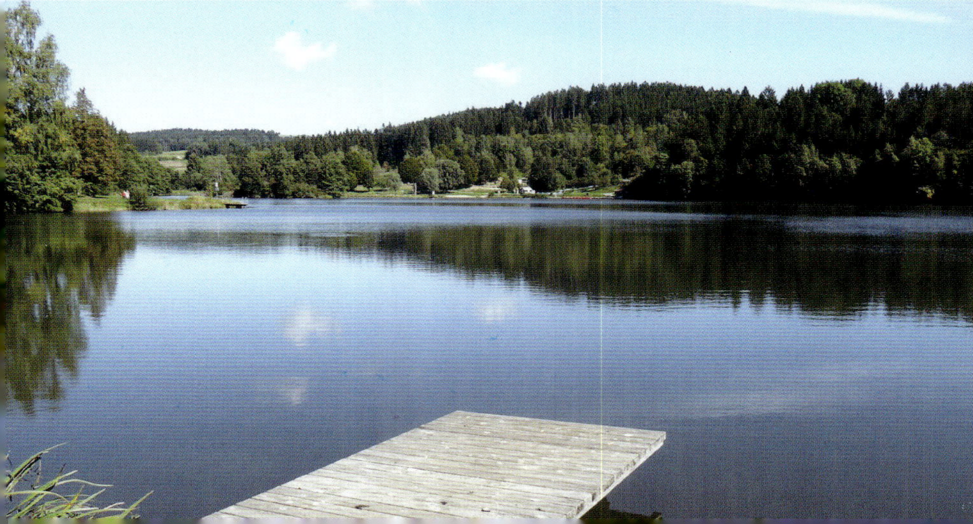

4 Rohrbach
Getäuscht in der Villa Sinnenreich

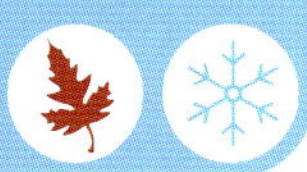

Auf dem Rohrbacher Wochenmarkt wurden anno dazumal bis zu 1300 Ochsen verkauft

Zwei Männer stellen sich drei Meter hintereinander auf. Plötzlich erscheint der vordere wie ein Riese, der hintere wie ein Zwerg. Oder eine konkave Maske, die erst zu einem wirklichen Gesicht wird, wenn man ein Auge schließt oder sie fotografiert. Diese und 40 andere Sinnestäuschungen gibt es in der Erlebniswelt der „Villa Sinnenreich" in Rohrbach zu erleben. Wir blicken auf die denkmalgeschützte Villa des Lederfabrikanten Wilhelm Pöschl und sehen sie durch eine Glaskugel auf dem Kopf stehend. Ein Museum der anderen Art erwartet den Besucher auf 400 Quadratmetern. Die von der Kunstuniversität Linz gestalteten Stationen sensibilisieren die eigene Wahrnehmung und vermitteln die unterschiedlichsten Erfahrungen beim Sehen, Hören, Fühlen und Riechen.

Anton Brand ist Museumsführer und Lokalhistoriker und begleitet uns bei diesem Wahrnehmungs-Abenteuer, das wir staunend und schmunzelnd wieder verlassen, um uns ins nahe Stadtzentrum zu begeben.

Früher wucherten Rohrkolbengewächse in einer sumpfigen Landschaft entlang des Rohrbachs. Längst aber ist das Gelände trockengelegt und der Bach in unterirdischen Leitungen verlegt. Die Rohrkolben haben jedoch Eingang in das Stadtwappen von Rohrbach gefunden und der Bezirkshauptstadt den Namen gegeben. Den Teich, durch den der Rohrbach geflossen ist, gibt es immer noch. Der Ausspruch „Rohrbach liegt am Poeschl-Teich und rundherum ist Österreich" zeigt, wie wichtig dieses Gewässer für die Lokalpatrioten war.

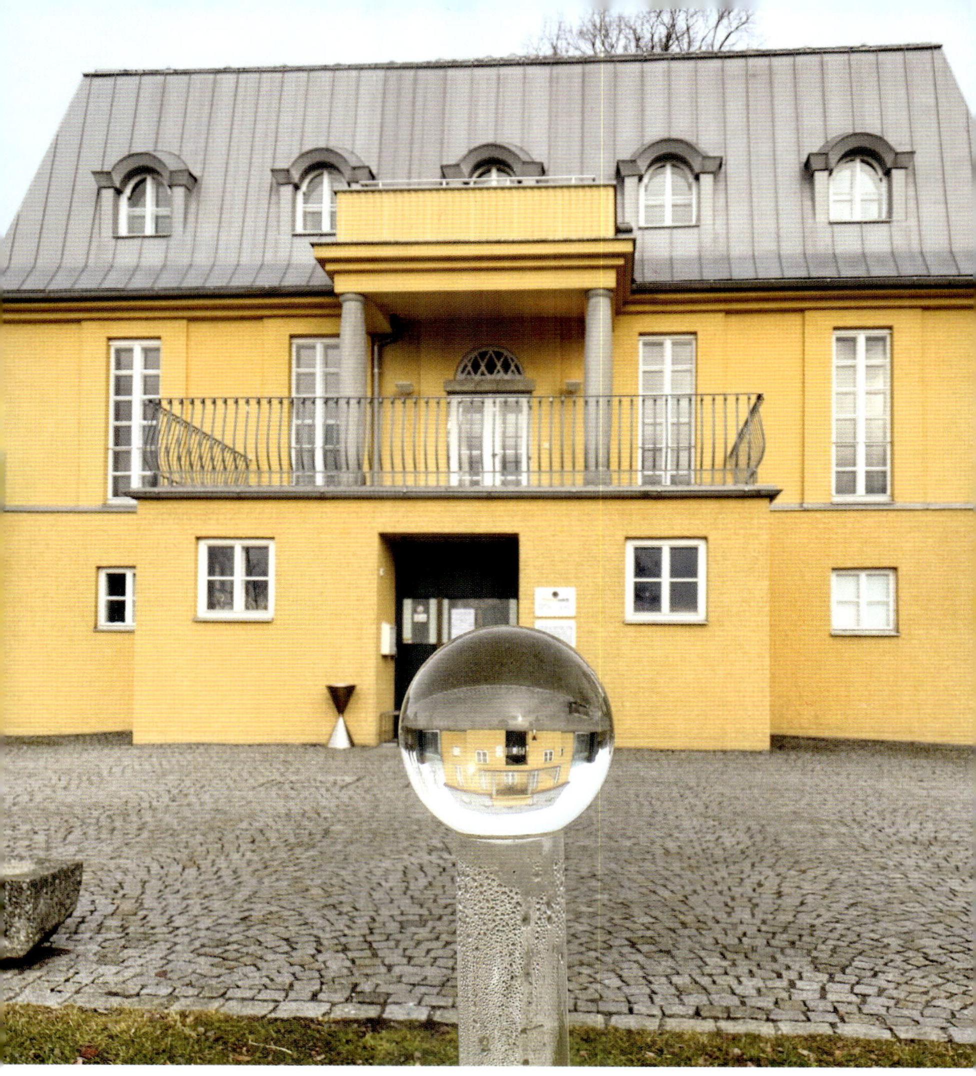

Museum in der Villa Sinnenreich

Über den Gerberweg erreichen wir den Stadtplatz. Fast 300 Jahre lang, über sieben Generationen, war die Gerberei und Lederzeugung der Familie Poeschl der wichtigste Arbeitgeber des Ortes. An der Kreuzung mittelalterlicher Handelswege wie der Königsstraße – der Via Regia – gelegen, hatte der Ort schon immer eine wichtige Bedeutung. Der Wochenmarkt entwickelte sich seit dem Mittelalter zum wichtigsten Viehmarkt des Oberen Mühlviertels. In der Blütezeit wurden jeden Montag rund 1 300 Stück Vieh zum Kauf angeboten. Zum steinernen Tisch, der auf dem Gehsteig beim Eingang zum Stadtplatz steht, weiß Anton Brand: „Die Händler warfen die Geldmünzen auf den Steintisch und konnte am Klang des Metalls ihre Echtheit feststellen. Neben dem Wochenmarkt war der Handel mit Ochsen aus Ungarn nach Bayern eine wichtige Einnahmequelle. Nördlich und südlich der Donau wurden damals jedes Jahr bis zu 100 000 Stück Vieh nach Nürnberg und Frankfurt getrieben. Schließlich ersetzte im 17. Jahrhundert der Leinenhandel den Ochsenhandel als Einkommensquelle, welcher wiederum im 19. Jahrhundert von der Lederwarenerzeugung abgelöst wurde."

Mesner ruft die Namen der Toten

Wir durchqueren das Rathaus, dessen gotische Torstürze noch an die Zeit der Errichtung im Jahr 1450 nach den Hussiteneinfällen erinnern. Dann betreten wir die barockisierte Kirche und steigen auf den 75 Meter hohen Kirchturm. Eine der vier Glocken kündigt gerade die Mittagsstunde an. Was wir jetzt nicht hören, weiß unser Führer: „Wenn ein Bewohner gestorben ist, läutet die Totenglocke und der Mesner ruft vom Kirchturm aus den Namen des Verstorbenen in alle vier Himmelsrichtungen." Wir genießen an dieser Stelle heute lieber einen fantastischen Rundblick über das Mühlviertel. Unter uns ragt das steile Dach des Kirchenschiffs herauf, das am Ende mit einem goldenen Kreuz geschmückt ist. Zwei Krähen haben sich darauf niedergelassen und warten in trauter Zweisamkeit auf den Frühling.

🕒 3 Stunden (Museumsbesuch und Rundgang)
Ausgangspunkt: Villa Sinnenreich, Bahnhofstraße 19, Rohrbach
www.villa-sinnenreich.at • www.rohrbach.at
Öffentl. Verkehr: Bus 230 oder 231 bis Rohrbach

Auberg 5

Ein Ochse erzeugte nachhaltige Energie

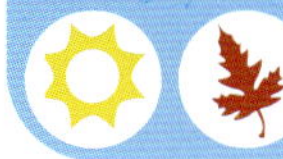

Der Hollerberg ist seit 2 500 Jahren ein Energieplatz und liegt am zehn Kilometer langen Sagen- und Mythenweg

Die Energie strömt geradezu aus dem Erdinneren. Der plattenförmige Granitfelsen auf dem Hollerberg in der 560-Einwohner-Gemeinde Auberg (Bezirk Rohrbach) ist zwar nur einige Quadratmeter groß, war aber schon zu Zeiten der Kelten als besonderer Kraftplatz geschätzt. Wahrscheinlich befand sich hier auch ein Quellheiligtum. Es ist gut nachvollziehbar, dass genau an dieser Stelle später eine dem heiligen Georg gewidmete Kirche errichtet wurde.

Vom Siechtum erlöst

„Auch die Gründungssage hebt die besondere Heiligkeit des Ortes hervor. Eine Gräfin soll nach langem Siechtum erst hier zu heilsamem Schlaf gefunden haben", so Martina Schauer, die sich mit einer Gruppe von Pfarrmitgliedern um die Renovierung der im gotischen Stil erbauten Kirche bemüht.

Hermann Obermüller werkt gerade am neuen Außenputz des Gebäudes. „Georg als Schutzpatron der Pferde war schon immer mein Lieblingsheiliger. Darum freut es mich, dass ich bei dieser Kirche einen besonders schönen Rieselwurf-Putz anbringen kann. Es wird die letzte Baustelle vor meiner Pensionierung sein." Spätere Besucher werden dann nicht nur das neu gestaltete Kirchenäußere, sondern im Inneren eine seltene Darstellung des heiligen Erasmus mit der Spindel sowie den Drachentöter Georg auf dem Pferd neben anderen kostbaren Barockfiguren bewundern können.

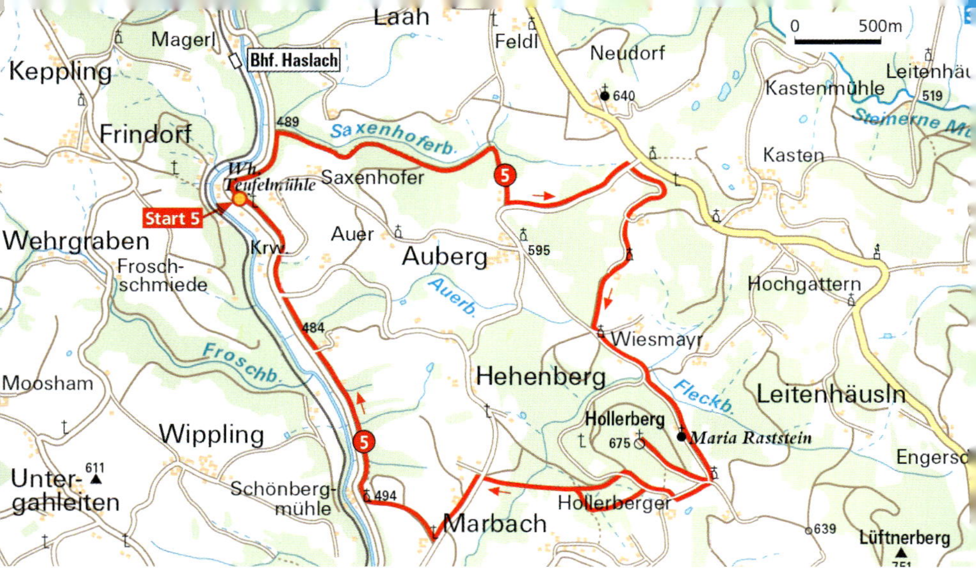

Der „Sagen- und Mythenweg" führt uns auf zehn Kilometern – ausgehend vom urigen Gasthaus Teufelmühle – durch eine abwechslungsreiche Wald- und Wiesenlandschaft zu besonderen Plätzen. Im idyllischen Zwergental erinnert eine Informationstafel daran, dass hier bereits vor 500 Jahren Kohlenmeiler errichtet wurden. Vor allem Schmiede verwendeten Holzkohle, da sie bei der Verbrennung eine erheblich größere Hitze erzeugt. Ebenfalls an die Zeit des Mittelalters erinnert der Besuch im Freilichtmuseum Unterkagererhof. Dieses Juwel bäuerlichen Kulturerbes, ein typischer Vierseithof des Oberen Mühlviertels, liegt auf einer Bergterrasse in der hügeligen Landschaft. Der Hof befindet sich weitgehend im ursprünglichen Zustand aus dem 16. Jahrhundert. Von den 450 original erhaltenen Gegenständen beeindruckt die Energiezentrale. „Ein Ochs drehte einen drei Meter langen Holzgöpel im Kreis. Die erzeugte Energie wurde über Zahnräder auf einen Keilriemen übertragen, der die Häckselmaschine antrieb. Alles ganz und gar nachhaltig", so die Museumsführerin Silke Liebegott. Vorbei an der Knechtkammer, die sich direkt über dem Schweinestall befand, betreten wir auf einem gestampften Lehmboden den Wohnbereich des historischen Einschichthofs. Kurios mutet eine kleine Mauernische an. Durch diese „Betteluke" wurden Lebensmittel an hungrige

Besucher gereicht. So brauchte man nicht die Haustür zu öffnen und kein Fremder betrat das Haus.

Wir verlassen die auch von Geomanten erspürte beruhigende und regenerierende Atmosphäre des Hofes. Auf dem weiteren Rundweg passieren wir weidende Rinder, üppige Kornfelder und prachtvoll gedeihende Hopfenreben. Von der Seniorbäuerin der Sachsenhofer-Hofstatt, Christine Engleder, erfahren wir, dass sich in Auberg das größte Anbaugebiet für Hopfen im Mühlviertel befindet. Die Brauereien der Region sind wichtige Abnehmer ihres Biohopfens. Wenn wir heute den wertvollen Bitterstoff Lupulin im würzigen Neufelder Bier genießen, so verstehen wir, dass bereits die alten Kulturvölker der Babylonier und Ägypter Hopfen angebaut haben. Nach drei Gehstunden erreichen wir wieder die gastfreundliche Teufelmühle, wo uns eine kräftige Stärkung erwartet.

🕒 3 Stunden ↔ 10 Kilometer ↗ 285 Höhenmeter
Ausgangspunkt: Gasthaus Teufelmühle
Auberg 15, 4170 Auberg, Tel.: 07289-719120
www.teufelmuehle.at • www.unterkagererhof.at • www.hollerberg.at

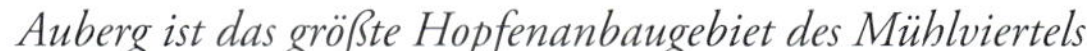

Auberg ist das größte Hopfenanbaugebiet des Mühlviertels

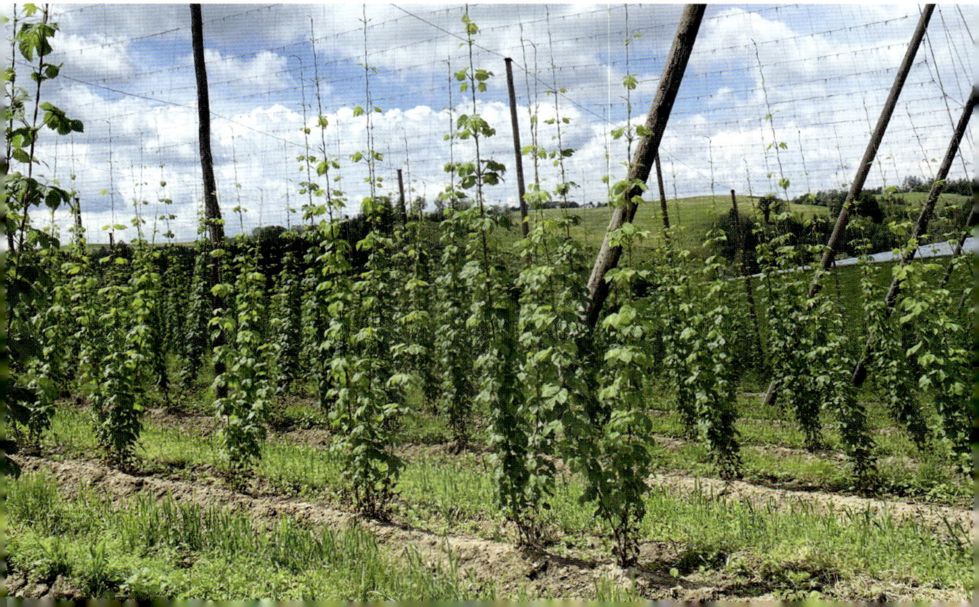

6 Helfenberg
Gourmet-Speck und kluge Sprüche

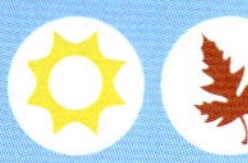
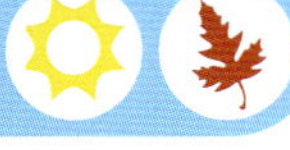

Von der Speckwerkstatt auf den Zeitalter-Kulturwanderweg

Der gebackene Kalbskopf zergeht beim Essen geradezu im Mund. Peter Haudum hat in seinem Gasthof in Helfenberg soeben eine seiner lokalen Spezialitäten serviert. Alte Familienrezepte verbinden die bodenständige Küche mit moderner Kulinarik. „Aus Respekt vor den Tieren, die wir kulinarisch verarbeiten, verwerten wir alles vom Kopf bis zum Schwanz“, so Haudum, eine nachhaltige „Nose to Tail“-Küche also.

Speck als Proviant

Die Wanderer auf den zahlreichen Wegen, welche die Region durchqueren, können sich darüber nur freuen. Besonders gut als Proviant eignet sich auch der Mühlviertler Speck, der in der hauseigenen Räucherei entsteht. „Wir würzen das Fleisch je nach Sorte mit unterschiedlichen Gewürzen und lassen es drei Wochen im eigenen Saft ziehen. Dann darf es in der Selchkammer einen Tag vortrocknen, bevor es mit gekühltem Rauch von Fichtenspänen eine Woche geselcht wird. Gut durchlüftet reift es anschließend noch einige Tage nach.“

Das Ergebnis kann sich sehen lassen. Vom geräucherten Rindergab und Schweinsschopf bis zum Rib-Eye, Lachsschinken und Heuspeck gibt es für jeden Geschmack die entsprechende Speckkreation.

Die Wanderer auf dem „Granitpilgerweg“ können sich damit stärken. Ein von Haudum organisierter Shuttle-Dienst bringt seine Übernachtungsgäste zur jeweiligen Ausgangsstelle und holt sie am Ende der Route wieder ab. Wir haben zur Einstimmung auf diesen kulinarischen Abschluss den

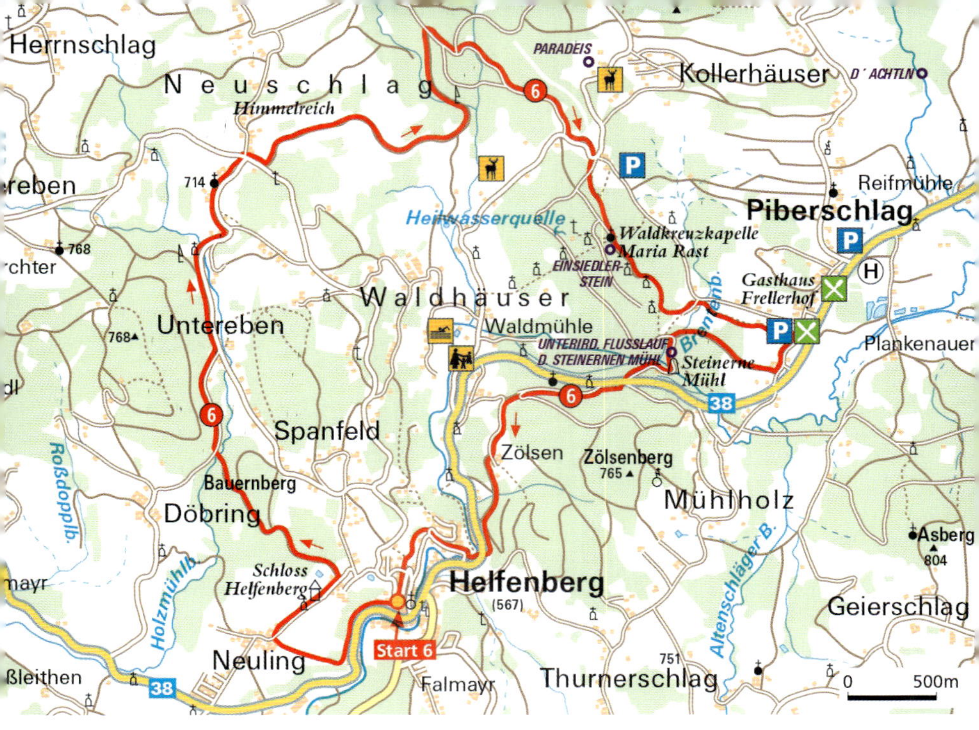

„Zeitalter-Kulturwanderweg" mit der Markierung 85, auch „3 Themen-Weg" genannt, gewählt. Ein besonderes Stück Mühlviertel eröffnet sich in den nächsten viereinhalb Gehstunden. Eine mächtige Lindenallee führt zum Schloss Helfenberg. Die Ursprünge des prachtvollen Renaissanceschlosses gehen wahrscheinlich auf ein mittelalterliches Hospiz zurück, das an diesem alten Handelsweg lag. Heute dient es der Familie Revertera als Wohn- und Wirtschaftszentrum. Der kunstvolle Schlossgarten bietet mit seinen barocken Sandsteinfiguren eine künstlerische Inspiration. Eine steinerne Bank mit runden, körperangepassten Sitzvertiefungen lädt ein, über den Spruch nachzudenken: „Der Mensch braucht Stille, um Kraft für neue Aufgaben zu tanken." Es ist dies einer von 40 ernsten, witzigen oder geistreichen Sprüchen, die den Wanderer auf den 14 Geh-Kilometern begleiten.

Wir passieren die abwechslungsreiche Mühlviertler Landschaft mit Wiesen, auf denen fleißige Bauern gerade die letzte Ernte einbringen, überqueren idyllische Bächlein, tauchen ein in

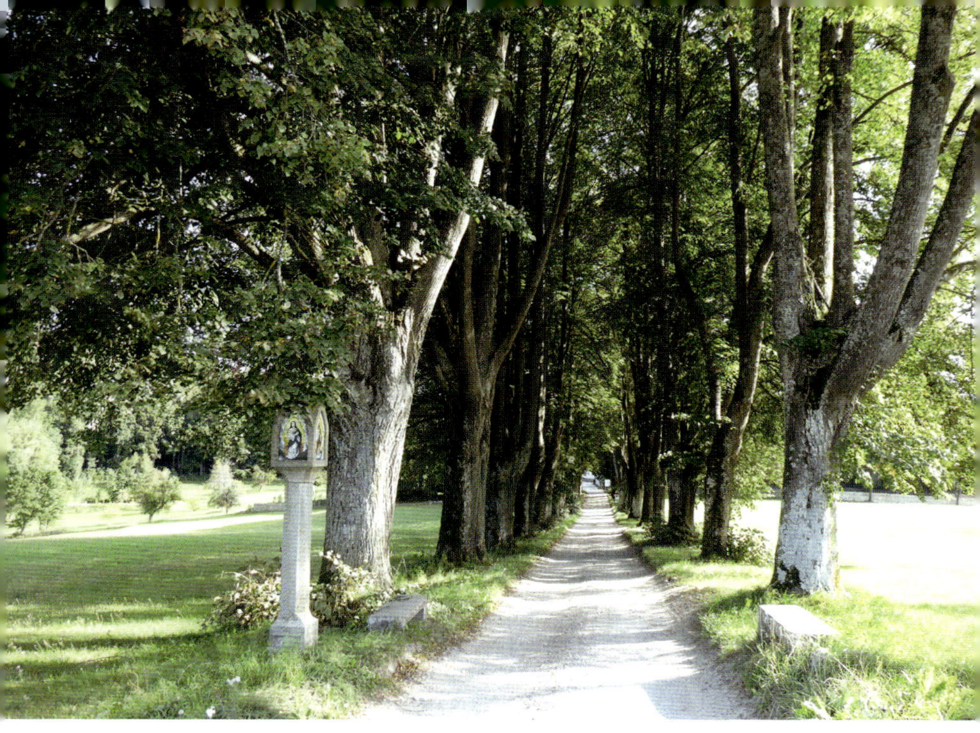

Eine Lindenallee führt zum Schloss Helfenberg

duftende Wälder und treffen auf spirituelle Orte wie die Maria-Rast-Kapelle, die schon zur Keltenzeit als Kraftplatz bekannt war. Am Kreuzweg, der von hier weiterführt, bleibt der Spruch von Eugen Roth in Erinnerung: „Ein Mensch fühlt sich wie verwandelt, sobald man menschlich ihn behandelt."
Bei der Steinernen Mühl nähern wir uns wieder dem Ausgangspunkt. Wir stehen auf der Brücke und blicken auf einen Steinhaufen, unter dem das Wasser rauscht. Hunderttausend Jahre Verwitterung liegen hier vor dem Betrachter. Ein letzter Spruch: „Wer am Morgen zerknittert aufsteht, hat tagsüber viele Entfaltungsmöglichkeiten."

🕒 4 ½ Stunden ↔ 3,9 Kilometer ↗ 309 Höhenmeter
Ausgangspunkt: Helfenberg, Ortszentrum
www.haudum.at • www.helfenberg.at
Öffentl. Verkehr: Bus 270 bis Zwettl an der Rodl, dann Bus 267 bis Helfenberg

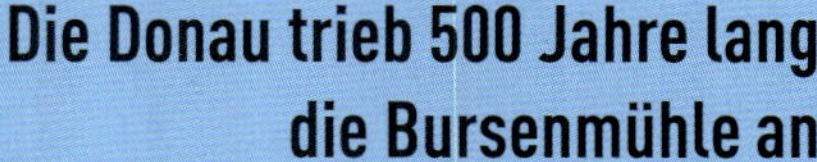

Die Donau trieb 500 Jahre lang die Bursenmühle an

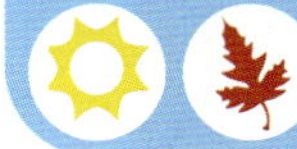

Anton Leidinger pflegt die Erinnerung an die letzte Schiffsmühle an der Donau

Unzählige Mühlen im ganzen Land nutzten in früherer Zeit die Kraft der Bäche, um Getreide zu mahlen. Das Mühlviertel hat davon sogar seinen Namen erhalten. Zwischen der Mündung von Großer und Kleiner Mühl bei Untermühl hat aber auch der Donaustrom selbst eine Mühle angetrieben. Ein Schiff diente 500 Jahre lang als Mühle.

Donau hier 33 Meter tief

Wir befinden uns beim Fischerhaus Bursenmühle an der Donau nahe dem Weiler Exlau. Anton Leidinger ist ein Nachfahre der „Puisenmüller", wie sich die Müllerdynastie früher nannte: „Ab dem Jahr 1397 wurde auf der Donau in einer Schiffsmühle Korn gemahlen. Der hier besonders rasch fließende und an die 33 Meter tiefe Strom trieb ein Mühlrad an. Dieses Wasserrad hatte einen Durchmesser von 3,5 Metern und war mit 20 Radschaufeln bestückt. Alle Befestigungen waren aus Holznägeln und Holzkeilen."

Leidinger demonstriert die Arbeitsweise anhand eines hölzernen Modells, das auch die beiden Mühlzillen zeigt, die – je 15 Meter lang – an der Landseite mit Eisenringen bestückt waren, an denen sie mit einer Kette und einem Stahlseil am Ufer befestigt wurden. „Es war dies die letzte Schiffsmühle, die auf der österreichischen Donau betrieben wurde", betont Leidinger die historische Besonderheit.

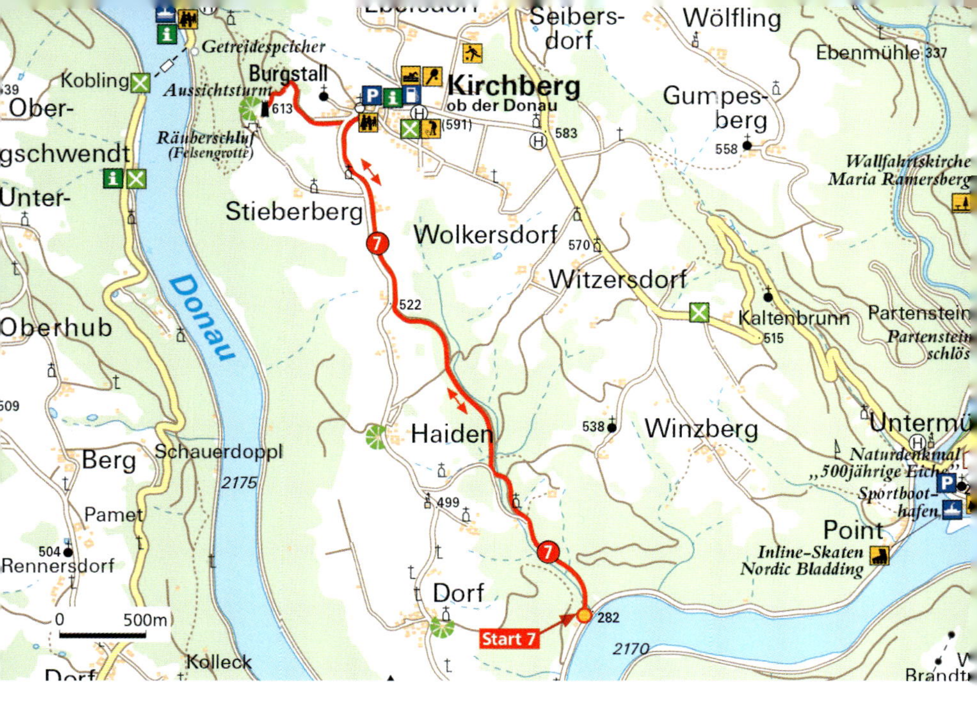

Ein ungewöhnlich starker Wolkenbruch zerstörte im Jahr 1896 die Schiffsmühle, worauf das Mühlengebäude ans Land in den Mündungsbereich des Kerbelmüllerbaches verlegt wurde. Am Wasser befand sich nur mehr das Mühlrad, das mittels eines armdicken, 72 Meter langen Hanfseils die Mühle am Land antrieb. Dabei wurde eine Leistung von immerhin etwa 35 Pferdestärken erreicht. Leider beschädigte ein schwerer Eisstoß auf der Donau im Jahr 1956 die Anlage so sehr, dass sich eine Instandsetzung nicht mehr lohnte. Mit dem Kraftwerksbau in Aschach kam das Aus auch für die Landmühle und damit das Ende nach einer wechselvollen Geschichte. Der rüstige 80-Jährige kennt noch so manche Anekdote rund um die Schiffsmühle. Während des Zweiten Weltkriegs war der Sport des Faltbootfahrens auf der Donau sehr populär. Leider verfingen sich die Boote häufig im Ankerseil des Mühlrades und die Insassen drohten zu ertrinken. So hat sein gleichnamiger Vater zahlreichen Paddlern das Leben gerettet, indem er sie aus dem Wasser zog. Heute gibt es weder die Mühle noch die Faltbootfahrer. Dafür können sich die Radler am Donauradweg Passau–Wien auf der Terrasse beim Fischerhaus Bursenmühle mit geräuchertem Donau-Weiß-Fisch, Fischaufstrich und hausgemachtem Most aus Speckbirnen und Mostäpfeln stärken. Anton hat zum nahen Kerbelmüllerbach, der unmittelbar neben seinem Haus in die Donau mündet, eine besondere Beziehung. Entlang dieses Bächleins führte nämlich sein Schulweg nach Kirchberg ob der Donau. Es ging fünf Kilometer und 300 Höhenmeter nach oben. Ob man diesen Weg auch heute noch begehen kann? Sicher, meint Leidinger, er wird wohl an manchen Stellen zugewachsen und durch neue Forstwege ersetzt worden sein. Also nichts wie hin!

Fischerhaus Bursenmühle, Exlau 4, 4114 Neuhaus

Einsames Naturjuwel: Am Kerbelmüllerbach von der Mündung bis zum Ursprung

Die Wanderung entlang des Kerbelmüllerbaches bietet ein besonderes Naturerlebnis. Keine Markierung leitet den Besucher auf diesem selten begangenen Weg. Dafür verzücken mit Moos bewachsene Steine, zwischen denen sich der Bach durchschlängelt, und mit zarten Flechten überzogene Bäume. Die unberührte Natur entfaltet hier mit einer geradezu märchenhaften Ausprägung ihren stillen Reiz.

Kleinkraftwerk

Gleich am Beginn schnurrt ein Kleinkraftwerk friedlich vor sich hin. Wir passieren die sichtlich schon lange im Ruhestand befindliche Kerbelmühle sowie den Teufelsstein, der uns an das Gesicht eines Gorillas erinnert. An manchen Stellen verschwindet der Weg hinter Gestrüpp und es ist Pfadfindergeschick notwendig, um wieder mit dem Plätschern des Baches in Hörweite der Gehrichtung nach Nordwesten zu folgen. Der idyllische Bach scheint eine mächtige Fichte so sehr bezaubert zu haben, dass sie sich ganz nahe an den Wasserlauf hingebogen hat. Schließlich wird die versteckte Geländesenke erreicht, wo der Bach als kleines Rinnsal entspringt. Gleich danach gelangen wir

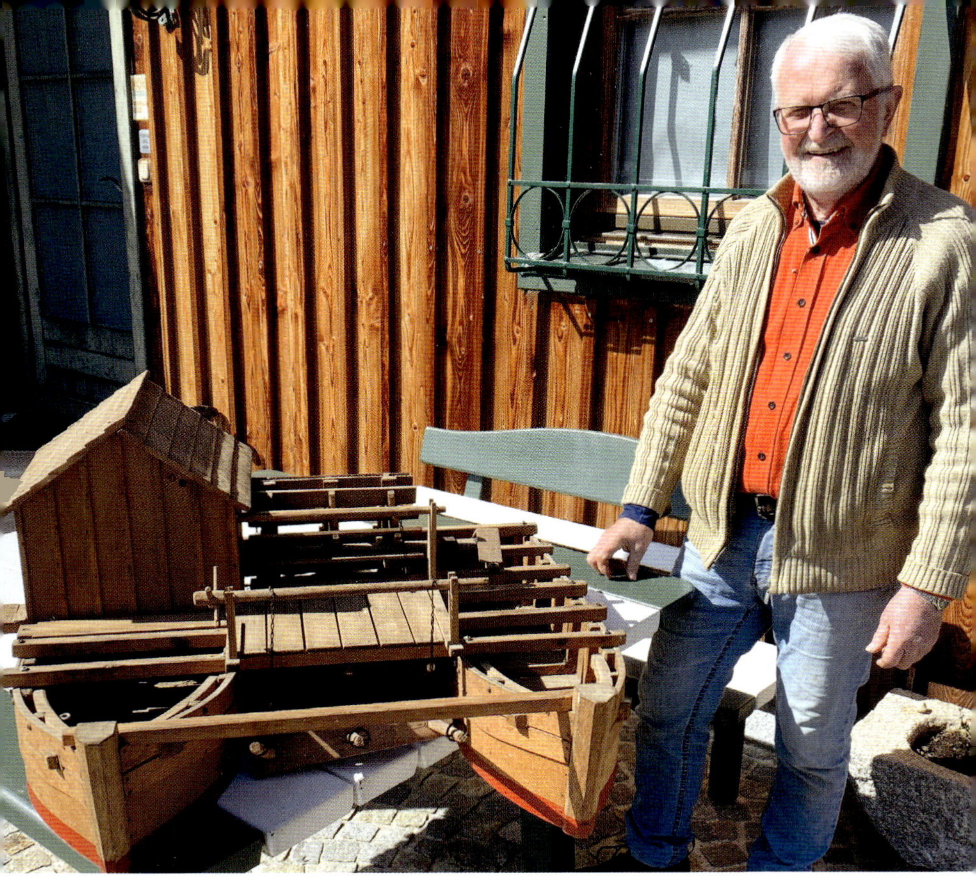

Anton Leidinger vor der Bursenmühle mit dem Modell der historischen Donau-Schiffsmühle

auf das Hochplateau, auf dem sich der 1000-Einwohner-Ort Kirchberg ob der Donau (Bezirk Rohrbach) erstreckt. Von der freundlich-hellen barockisierten Pfarrkirche aus folgen wir der „Kleinen Burgstallrunde" auf einen Hügel, der ehemaligen Höhenburg Burgstall. Von dieser sind allerdings kaum mehr Reste zu sehen, dafür ist die Aussicht vom 24 Meter hohen hölzernen Turm großartig. Der grandiose 360-Grad-Rundumblick reicht über die sanft geformten Rücken und Kuppen des Oberen Mühlviertels, das Donautal, den Sauwald und bei klarer Luft tief in die Alpen bis zum Dachstein. Dieser atemberaubende Ausblick lohnt den Aufstieg über 138 Stufen.

613 Meter Seehöhe

Wir befinden uns exakt auf 613 Metern Seehöhe und damit auf der höchsten Erhebung vom Ursprung bis zur Mündung der Donau. Fast 350 Meter tiefer fließt die Donau in Richtung Schlögener Schlinge.

🕒 1 ½ Stunden → 4,3 Kilometer (nur Hinweg) ↗ 300 Höhenmeter
Ausgangspunkt: Fischermühle Bursenmühle, Exlau 4, 4114 Neuhaus
Ziel: Burgstall in Kirchberg ob der Donau
www.Kirchberg-Donau.at

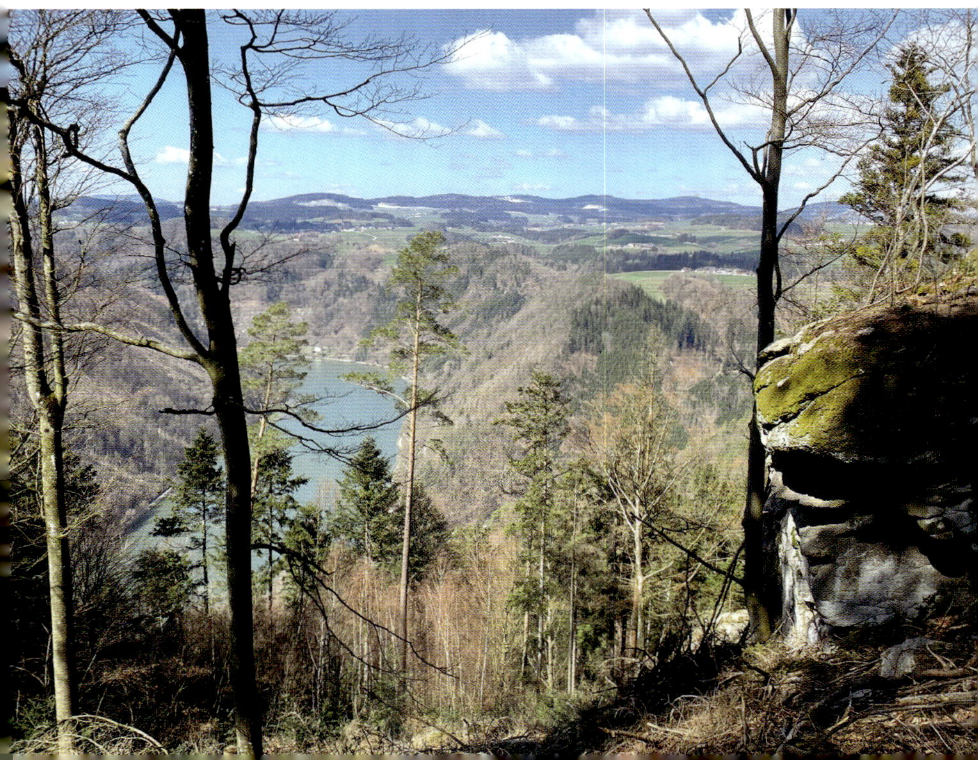

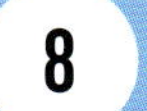

St. Gotthard im Mühlkreis
Vom barocken Salettl zur alten Königsstraße

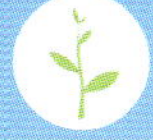
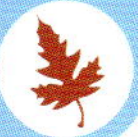

Unterwegs auf der 800 Jahre alten Reichsstraße von Linz nach Böhmen

So nahe bei der Hauptstadt und wie in einer anderen Welt: Wer von Rottenegg den Kreuzweg entlang 200 Höhenmeter nach St. Gotthard im Oberen Mühlviertel hinaufwandert, taucht in eine bemerkenswerte Idylle ein. Die auf einem Höhenrücken thronende Bergkirche überblickt die Täler der Großen und Kleinen Rodl sowie des Eschelbachs. Ein Platz, der schon in der Steinzeit besiedelt worden sein dürfte, wie ein Steinbeilfund bei der Pfarrkirche beweist.

Pfarrhof aus 1715

Wilhelm Atzmüller ist der Obmann des Pfarrgemeinderats und führt über den Dorfplatz in den Pfarrhof von 1715. Kaum zu glauben, dass dieser noch bis in die 1950er-Jahre als Bauernhof diente und neben dem Pfarrer von Kühen und Pferden bewohnt wurde. Jetzt ist er liebevoll restauriert und dient als Gemeindezentrum. Im Stall, wo früher die Rinder standen, sitzen jetzt Pfarrbesucher und genießen im heimeligen Ambiente des spätgotischen Gewölberaumes ihren Frühschoppen. Quer über den Hof zwischen den beiden Gebäudeteilen führt ein hoher Verbindungsgang, über den früher das Heu im Dachboden verstaut wurde. Jetzt lässt die Blaskapelle ihre weihnachtlichen Töne herunterschallen. Wir begeben uns in den Garten des Hofes, von dem sich nicht nur eine prächtige Rundumsicht bietet, sondern wo sich auch ein barockes Salettl befindet. Dieser Gartenpavillon diente dem Pfarrer als meditativer Rückzugsort und ist auch

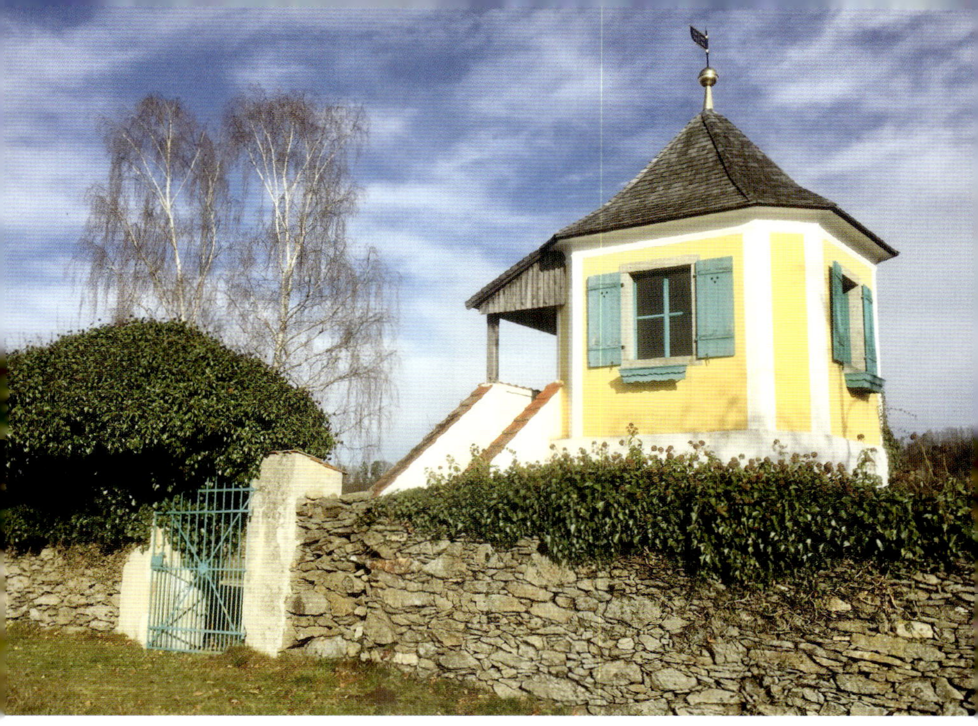

Salettl im Garten des Pfarrhofs von St. Gotthard

heute ein Platz, der uns zum Verweilen einlädt, bevor wir uns auf den weiteren Rundweg machen. Diesen weist ein schwarzes Wandermännchen auf einer gelben Tafel und führt uns auf die „Eschelbachrunde". Schon von Weitem blickt das auf dem Hochplateau thronende Schloss Eschelberg herüber. Die vom Adelsgeschlecht der Trauner errichtete Burg wurde später als Renaissanceschloss ausgebaut und befindet sich heute im Besitz der Familie Starhemberg. In diesem abgeschieden liegenden Anwesen herrscht absolute Ruhe ohne jeglichen Verkehrslärm.

Königsstraße aus dem Mttelalter

Das dürfte in früherer Zeit allerdings ganz anders gewesen sein. In Sichtweite des Schlosses auf dem gegenüberliegenden Höhenrücken verlief die Krumauer Straße. Wir überqueren das Tal des Eschelbachs und treffen auf dieses besondere Kleinod. Bereits im 12. Jahrhundert als „Via Regia" – Straße der Könige – erstmals

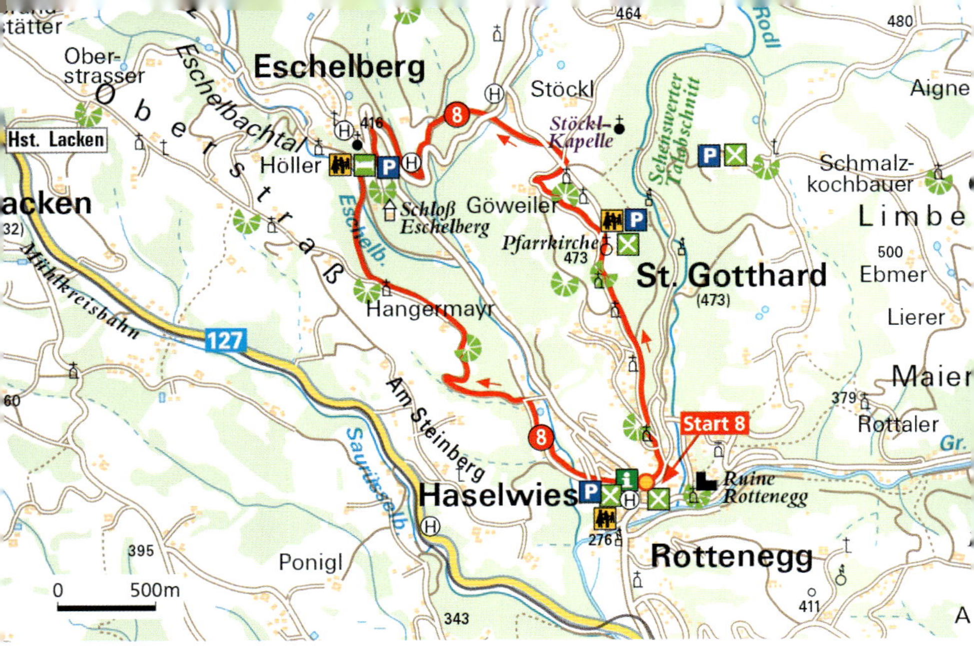

urkundlich erwähnt, war sie eine wichtige Verbindung auf der stark frequentierten Handelsroute zwischen dem Donauraum und Böhmen. Sie führt ins tschechische Krumau. Wir bewegen uns über die 800 Jahre alten glattgeriebenen Flusssteine, welche die Straße auch heute noch sicher begehbar machen.

Neue Trasse

Erst im 19. Jahrhundert wurde der Durchzugsverkehr auf die neu errichtete Trasse entlang des Saurüsselbaches verlegt und die Königsstraße fiel in einen Dornröschenschlaf. Erst gegen Ende des Zweiten Weltkriegs erlangte sie nochmals Bedeutung. Die amerikanischen Panzer rückten hier zur Befreiung der Landeshauptstadt Linz vor, weil die Saurüsselbrücke gesperrt war. Wir können jedenfalls auf dieser Route den zweistündigen Rundweg in Rottenegg wohlbehalten beenden.

🕒 2 Stunden ↔ 7 Kilometer ↗ 350 Höhenmeter
Ausgangspunkt: Ortszentrum Rottenegg
www.sanktgotthard.at
Öffentl. Verkehr: Bus 230 oder 231 bis Rottenegg

150 Jahre lang anerkannter Badeort

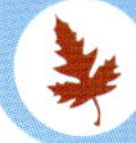

Adalbert-Stifter-Wanderweg erinnert an den Dichter

Das Nebelmeer liegt schon tief unter uns. Der Ort Kirchschlag mit seiner Höhenlage von über 900 Metern beschert uns schönsten frühwinterlichen Sonnenschein. Der große oberösterreichische Dichter Adalbert Stifter verbrachte hier seine letzten Lebensjahre und schrieb in seinen Winterbriefen: „Ich habe den Entschluss gefasst, den Winter in Kirchschlag zuzubringen, wo keine Nebel und Dunstschichten sind, und auserlesenes Wasser und unvergleichliche Luft ist." Er erhoffte sich zudem Heilung von seiner Krankheit und genoss die Ruhe und den Frieden der Landschaft.

Stifter-Villa

In der im Ortszentrum befindlichen Stifter-Villa hielt sich der Schriftsteller häufig auf und hat hier auch Teile seines Romans „Witiko" verfasst. Hier ist auch der Ausgangspunkt eines sechs Kilometer langen Rundwanderweges, des „Stifterweges". Der Dichter sitzt als Bronzestatue auf einer Holzbank vor der Villa und scheint sich – mit entspannter Miene – über das Interesse der heutigen Besucher zu freuen. Gut können wir die von Stifter in seinen in Kirchschlag verfassten Winterbriefen geäußerte Ansicht nachvollziehen: „In der unaussprechlichen Pracht dieser Silbermeere ist die Klarheit des Lichtes die Klarheit der Seele."
Zunächst kommen wir am historischen Badhaus vorbei, das sich heute in Privatbesitz befindet. Vor 300 Jahren als Landsitz der Grafen Starhemberg errichtet, diente es rund 150 Jahre lang heilungssuchenden Menschen als Badeanstalt. Prominentester Gast war wohl Stifter. Obwohl die Anlage schon längst

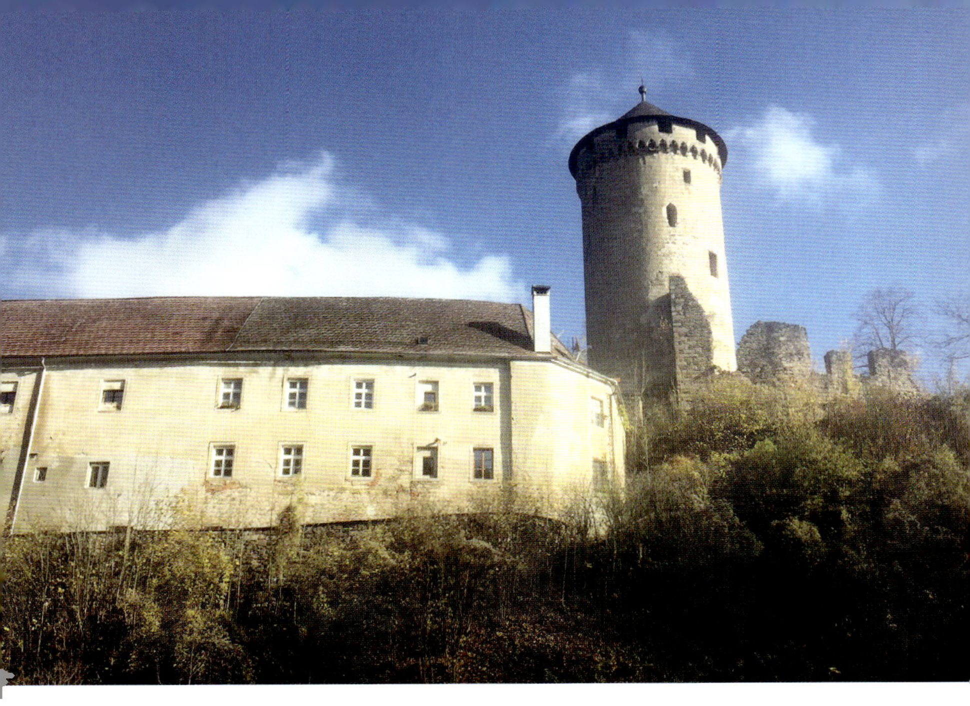

Burg Wildberg mit tausendjähriger Geschichte

geschlossen ist, gibt es dennoch köstliches Wasser – allerdings erst bei der nach einigen Gehminuten auftauchenden Rudolfsquelle. Ein junges Paar füllt gerade mehrere Glasflaschen mit dem, wie sie sagen, einmalig guten Wasser. Altbürgermeisterin Gertraud Deim teilt die Meinung der Experten, die vermuten, dass sich Wasser ähnlicher Art und von gleicher chemischer Reinheit sonst nur in Schweden finden lasse. Wir begnügen uns mit einem Schluck aus der Quelle und orientieren uns am Porträt des Dichters, das den weiteren Weg weist. Es geht in mehreren Kehren an die 300 Höhenmeter durch den bunt verfärbten Wald hinunter, bis die Burg Wildberg auftaucht. Der gotische Bergfried überragt weit das nördlich angebaute Schloss und die dahinterliegenden Ruinen der alten Burg. Vor über 30 Jahren haben meine Frau und ich in der in ihren Ursprüngen fast 1 000 Jahre alten Anlage unsere Hochzeitsfeier abgehalten. Ein stilvoller Rittersaal erinnert an die große Geschichte der Burg. Besondere strategische Bedeutung kam ihr

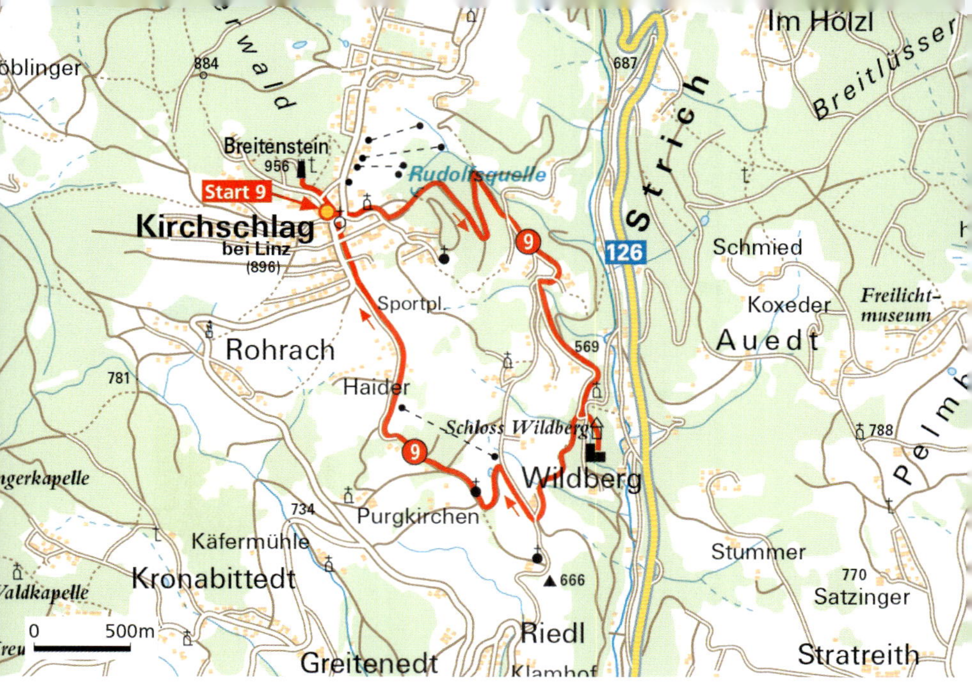

aufgrund der Kontrolle über den Haselgraben zu, der als Teil des Linzer Steigs eine wichtige Verkehrsstrecke nach Böhmen bis nach Prag darstellte. Auch Stifter hat die Burg in seiner Novelle „Julius" verewigt. Für kurze Zeit ragte sie in die europäische Geschichte. Der Böhmenkönig Wenzel, der im Jahr 1394 von böhmischen Adeligen als römisch-deutscher Kaiser abgesetzt worden war, fand sich hinter den drei Meter dicken Mauern für einige Wochen als Gefangener des Gundaker von Starhemberg wieder.

Burgruine und Schloss Wildberg

Wildberg ist der älteste Sitz, der sich bis heute noch im Besitz der Familie befindet. Der Kulturverein Kirchschlag bringt als Pächter neues Leben in die historischen Mauern.

🕒 2 ½ Stunden ↔ 7,6 Kilometer ↗ 360 Höhenmeter
Ausgangspunkt: Kirchschlag, Ortszentrum
www.kirchschlag.net • www.schloss-wildberg.net
Öffentl. Verkehr: Bus 260 bis Kirchschlag bei Linz

10 Bad Leonfelden
Kleinode entlang der Salzstraße

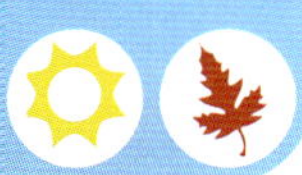

Die Schwedenschanze an der „Via Leone" erinnert an den Dreißigjährigen Krieg. Am Sternstein folgen die Naturkunstwerke „Steinerner Sessel", Schalenstein und Pilzstein – dieser bleibt auf ewig ungenießbar

Wir sind auf der historischen Salzstraße zur Schwedenschanze unterwegs. Nur leichtes Gepäck tragen wir auf dem vom Stadtplatz in Bad Leonfelden ausgehenden „Via Leone-Rundweg". Steinerne Gefäße auf einem Felsblock erinnern daran, dass hier die historische Salzstraße von der Donau durch den Haselgraben ins Moldautal verlief. Sie stellen „Kufen" dar, also hölzerne Transportgefäße für Salz. Das „Weiße Gold" war als Genuss- und Konservierungsmittel seit prähistorischer Zeit gleichbedeutend wie heute das Erdöl. Im Mittelalter waren hier bis zu 1 000 Pferde gleichzeitig mit ihren Lasten unterwegs.
Die Entwicklung von Bad Leonfelden im 13. und 14. Jahrhundert war eng mit dem Salzhandel verbunden. Nicht immer ging es friedlich zu. Der Heimatforscher und Konsulent Werner Lehner weiß dazu: „Ein kaiserliches Privileg verbot im Jahr 1304 die Benutzung dieser Route zugunsten einer vom Böhmenkönig Ottokar II. errichteten Straße über Freistadt und Budweis."

Handelskonflikt mit Freistadt

„Trotzdem wählten viele Kaufleute die bequemere und kürzere Strecke über Bad Leonfelden. Dies führte zu einem über Jahrhunderte dauernden Handelskrieg mit Freistadt, der im Jahr 1553 sogar zu einem Überfall von 80 Freistädter Reitern auf einen Kaufmannszug führte: Erst im 17. Jahrhundert endete der Konflikt."

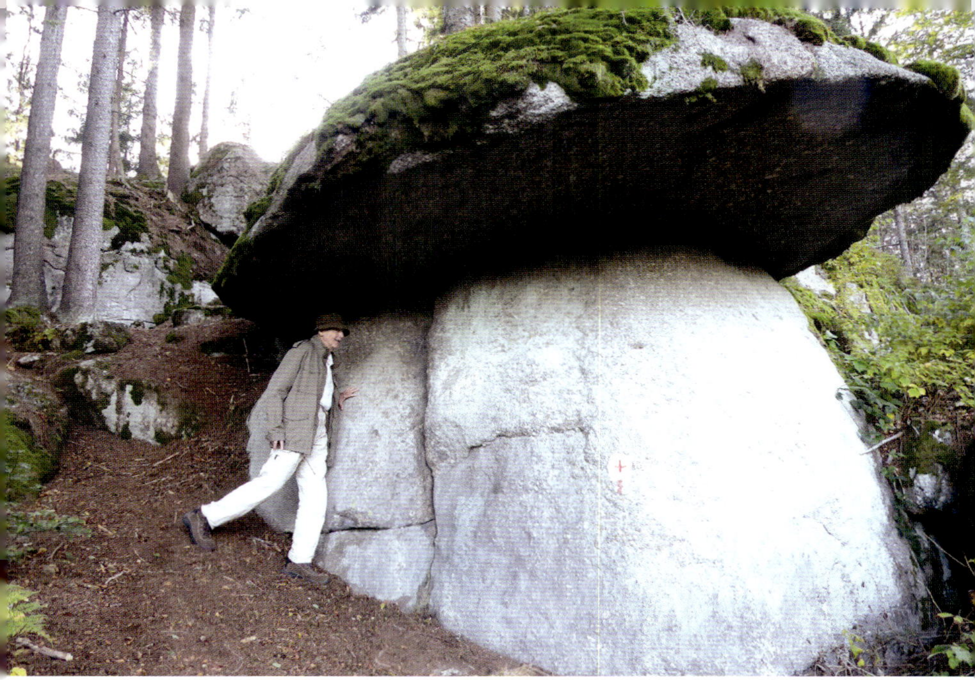

Pilzstein als Naturkunstwerk

Der 16 Kilometer lange Rundweg führt uns bei strahlendem Herbstwetter zur noch beschaulich kleinen Großen Rodl, die am nahen Sternstein entspringt. Kurz danach passieren wir die Europäische Wasserscheide.

Wir verlassen den Rundweg für einen Abstecher und nähern uns an der Grenze zu Tschechien in der Ortschaft Rading einem besonderen historischen Monument, der Schwedenschanze. Aus Holzstämmen gezimmerte Palisaden, die einen mächtigen Erdwall umgürten, geben ein beeindruckendes Bild ab. Die historische Wehranlage wurde im Dreißigjährigen Krieg zum Schutz gegen die einfallenden Schweden errichtet. Sie bildete auf einer Länge von 1 700 Metern eine Sperre gegen Böhmen in der waldfreien Lücke zwischen Stern- und Miesenwald. Glücklicherweise scheuten die Schweden den Versuch, sie einzunehmen. Auch in der Zeit der Türkengefahr 1663 und der Pestgefahr 1680 war die Anlage von kaiserlichen Truppen besetzt. Heute ein friedlicher Ort, der auch nicht mehr vom Eisernen Vorhang getrübt wird.

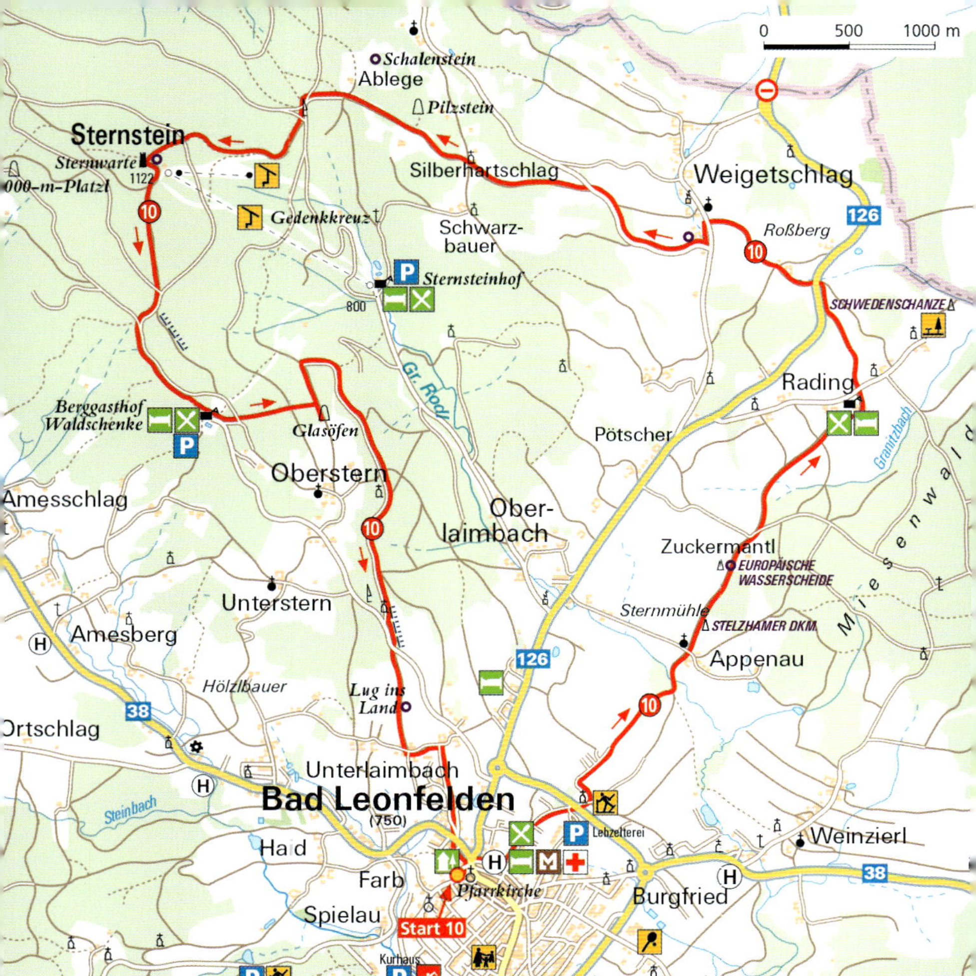

Steindenkmäler

Nachdenklich verlassen wir den Ort und treffen nach einer Gehstunde auf bemerkenswerte Denkmäler der Natur. Auf dem höchsten Punkt eines Hügels bei der Ortschaft Silberhartschlag stehen sie: Ein steinerner Riesensessel blickt auf einen etwas tiefer stehenden mächtigen Schalenstein. Auch Heimatforscher Lehner rätselt über diese Komposition in Stein: „War es ein Priestersitz, von dem aus man in prähistorischer Zeit den Blick auf einen Opferstein richtete?“ Auf jeden Fall ist das hier ein einmaliger Platz zum Nachdenken und Innehalten.

Pilzstein – Naturkunstwerk aus Granit

Dem Wanderweg folgend, treffen wir wenig später auf ein weiteres Kunstwerk der Natur, einen riesigen Pilzstein. „Eine seltene Schönheit aus Granit, die von einer Laune der Natur geschaffen wurde. Schöner könnte kein Bildhauer einen Steinpilz modellieren", zeigt sich der Geschäftsführer des Tourismusverbandes Mühlviertler Hochland, Markus Obermüller, überzeugt. Mit einem Anblick anderer Art runden wir das Kultur- und Naturerlebnis der „Via Leone" ab: Nämlich mit dem Blick von der Aussichtswarte am Gipfel des Sternsteins auf 1 125 Metern Höhe. Vor mehr als 120 Jahren wurde sie zum 50. Regierungsjubiläum Kaiser Franz Josephs errichtet und erfreut heute noch Wanderfreunde mit prachtvoller Rundumsicht vom Moldaustausee bis zum Dachstein.

🕒 4 ½ Stunden ↔ 16 Kilometer ↗ 425 Höhenmeter
Ausgangspunkt: Ortszentrum Bad Leonfelden
www.bad-leonfelden.ooe.gv.at • www.badleonfelden.at
Öffentl. Verkehr: Bus 270 bis Bad Leonfelden

Markanter Schalenstein am Sternstein

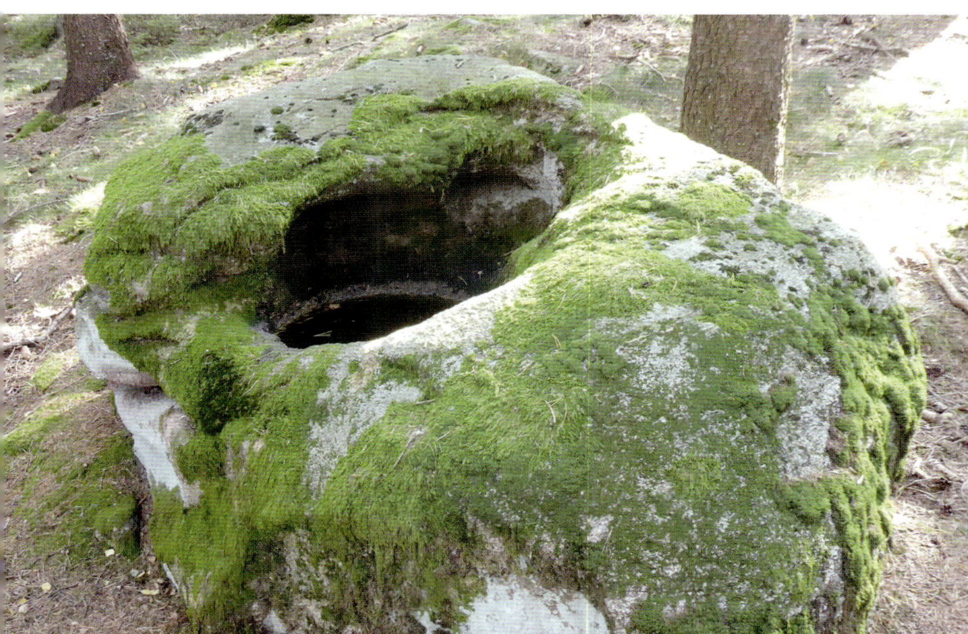

11

Eibenstein
Am Chakra-Weg zum Heidenstein

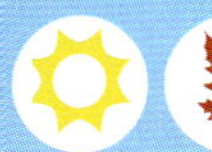
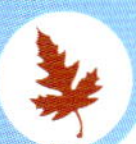

Der sagenumwobene, geheimnisvolle Heidenstein war eine vorzeitliche Kultstätte

Majestätisch ragt der Heidenstein, ein Naturdenkmal aus grobkörnigem Weinsberger Granit, aus der sanft hügeligen Landschaft im Mühlviertler Ort Eibenstein (Bezirk Freistadt). Mit seiner ländlichen Idylle würde sich das 200 Meter lange Runddorf mit 150 Einwohnern bestens für einen Heimatfilm eignen. Vor 100 Jahren war es noch vollständig von einer Steinmauer umgeben. Die Schweine konnten innerhalb dieses „Waldhufendorfes“ frei herumlaufen und waren vor feindlichen Tieren geschützt.
Ein 70 Minuten dauernder Genussweg hat uns vom Bahnhof Summerau hierher geführt. Am Dorfplatz beginnt auch der „Chakra-Wanderweg“, dem wir auf 2,2 Kilometern folgen. Beeindruckt stehen wir an diesem Energieort. Schon vor Tausenden von Jahren wurde er als Treffpunkt, Kultplatz und Heiligtum der hier lebenden und durchziehenden Völker genutzt. Hier wurde Gericht gehalten und Handel betrieben. Es führte ja der alte Nord-Süd-Handelsweg vorbei. Zur Zeit der Römer gab es rege Handelsbeziehungen durch das Aist- und Moldautal und auch über den Haselgraben.
„Es ist einer der wenigen Kraftorte aus der Kelten- und Germanenzeit, der uns in seiner ursprünglichen Form erhalten ist und nicht christianisiert wurde“, weiß Gerhard Weichselbaum. Er ist der Obmann des Vereins „Der Heidenstein“ und führt uns. „Dieser Fels wurde auch für Sternen- und Sonnenbeobachtungen verwendet. Er umfasst eine Fläche von 600 m^2 und ist exakt Nord-Süd ausgerichtet. Er liegt fast in der Mitte der

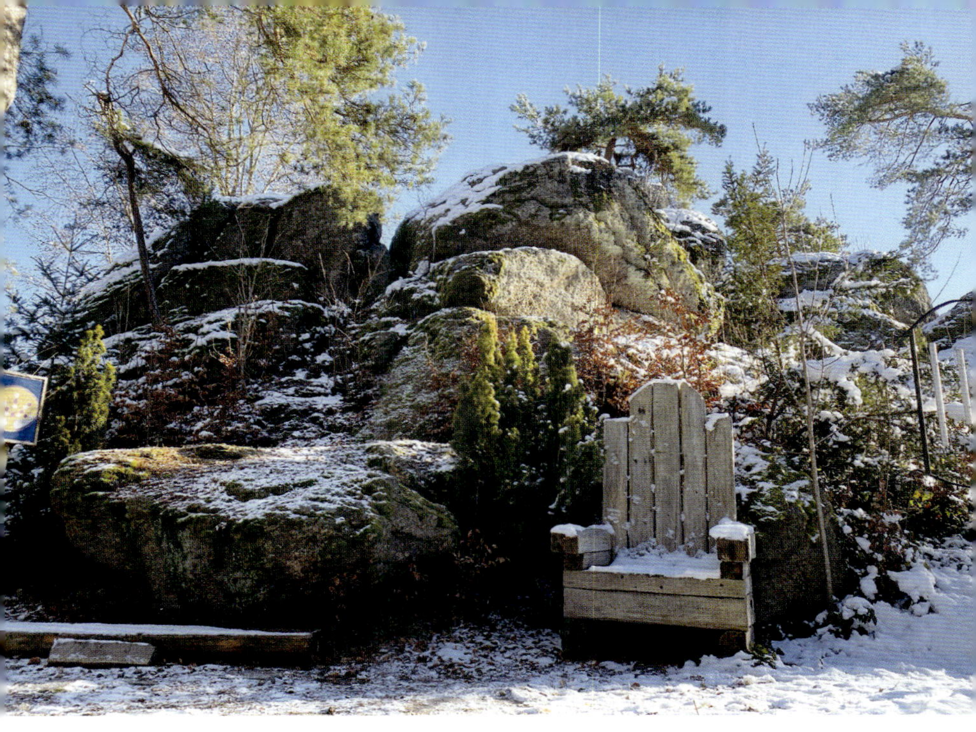

Heidenstein im Winterkleid

Achse zwischen dem Viehberg im Osten und dem Sternstein im Westen. Wegen seiner besonderen Lage wurde er vermutlich als Kalenderstein benutzt. Bei Tag- und Nachtgleiche, meist so rund um den 20. März und 22. September, geht die Sonne genau über dem Viehberg auf und über dem Sternstein unter."
Eine auf einem Granitblock angebrachte Hand weist uns den Weg zu sieben energetischen Erlebnisplätzen. Jeder ist einem Hauptchakra gewidmet und mit Meditationstafeln, geschnitzten Figuren und Klangkörpern gestaltet. Inspirierende Texte regen an, eigene Verhaltensmuster zu hinterfragen. „Chakren sind Energiezentren im Körper, über welche die kosmische Energie aufgenommen und so umgewandelt wird, dass wir diese nutzen können. Je besser der Zustand dieser Energiewirbel, um so besser fühlen wir uns", so Weichselbaum.
Wir passieren auf romantischen Wiesenpfaden und in einem lichtdurchfluteten Mischwald künstlerisch gestaltete

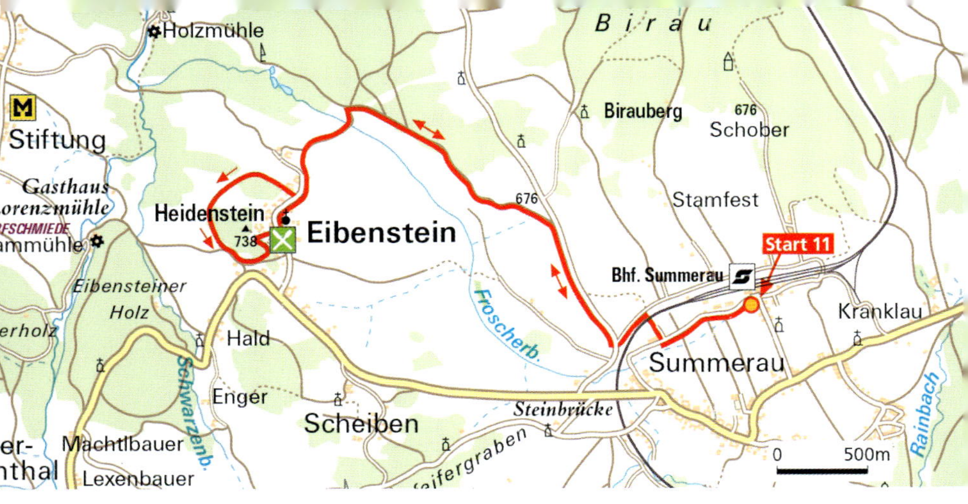

Granitfindlinge. Zwei mächtige Blöcke am Beginn erinnern daran, dass dieser Themenweg als erster seiner Art mit dem österreichischen Wandergütesiegel ausgezeichnet wurde. Das zu Recht. So findet sich beim Wurzelchakra ein liegender Baum mit einem intakten Wurzelstock. Beim Milzchakra lädt ein Fenster ein, in die winterliche Landschaft zu blicken. Nabel- und Herz-Chakra folgen auf dem Weg. Am Standort des Kehlkopf-Chakras erwarten uns vor einem bemoosten Felsgebilde mehrere geschnitzte Figuren und ein „Baumbuch“. Wir öffnen den Baumstamm und finden eine Kurzgeschichte, welche die erstaunlichen Träume des blauen fußförmigen Steins beschreibt, der sich ebenfalls an diesem Platz befindet. Schließlich gelangen wir nach dem Kehlkopf- und dem Stirn-Chakra zur letzten Station des Weges, dem Scheitel-Chakra. „In der christlichen Tradition würde dieses dem Heiligenschein entsprechen“, so der Experte.

Schließlich steigen wir auf den höchsten Punkt des Felsens und genießen die Aussicht auf die winterlich verschneite Landschaft bis in die böhmischen Hügel der Moldau-Region. Auf dem Felsen entdecken wir drei Vertiefungen, sogenannte Opferschalen. „Sie sind immer mit Wasser gefüllt, auch bei anhaltender Trockenheit. Es steigt durch Kapillaren in feinen Ritzen im Fels hoch und gelangt so in die Schalen.“ Hier an diesem „Potenzplatz“ genannten Ort sollen sich in der Keltenzeit die Männer getroffen haben, während sich die Frauen auf der ebenen Fläche hinter dem Felsen, dem „Fruchtbarkeitsplatz“, versammelten. Ideale Orte, eine Rast einzulegen und die Urkraft dieses mythischen Felsens bewusst aufzunehmen.

🕒 2 Stunden ↔ 6,5 Kilometer ↗ 50 Höhenmeter
Ausgangspunkt: Bahnhof Summerau
www.heidenstein.at
Führungen unter Tel. 0699-1879 6662
Öffentl. Verkehr: S 3 bis Summerau

Blick in die Winterlandschaft zum Viehberg

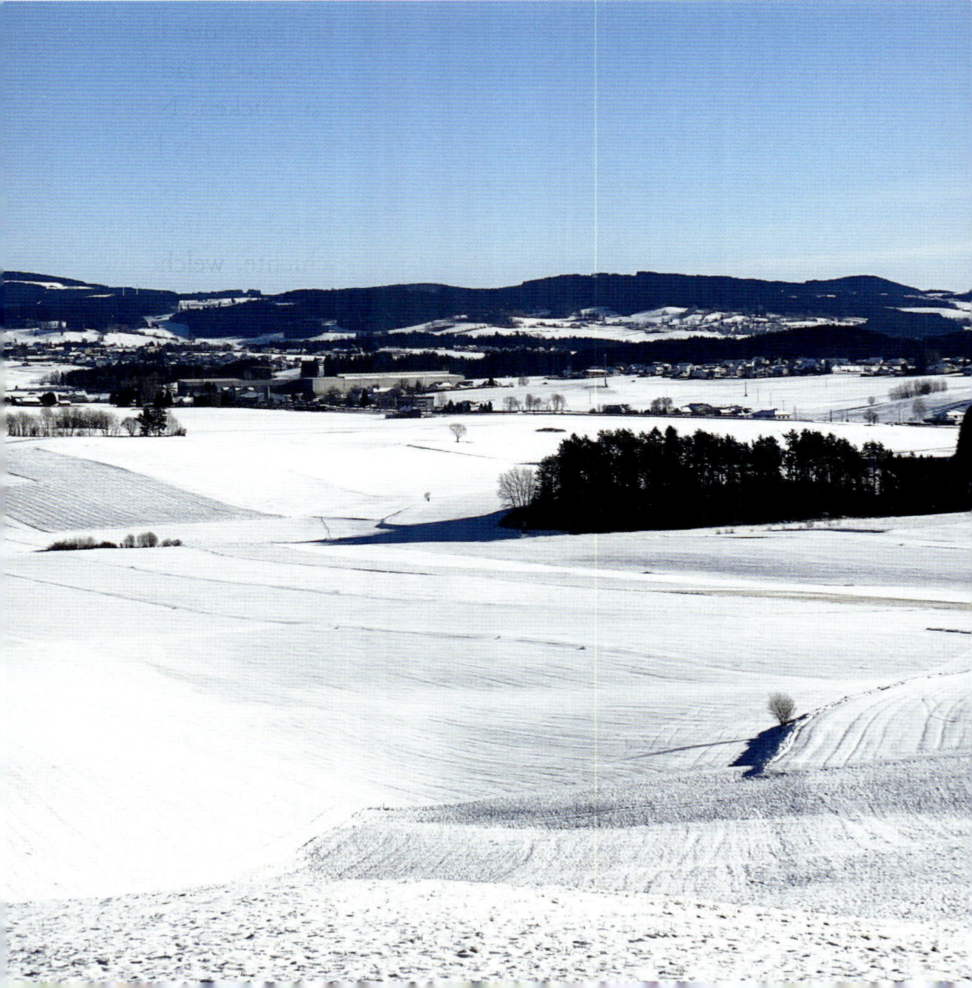

12 Hirschbach
Die Steinbloß-Häuser dominieren

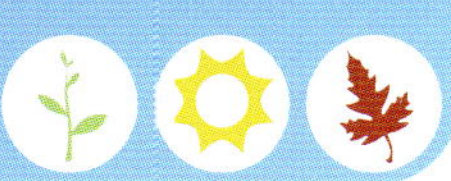

Hier gibt es die meisten Steinbloß-Häuser im gesamten Mühlviertel

Wie ein Puzzle sieht die Landschaft aus, durch die der „Steinbloß-Mauer-Weg“ in Hirschbach im Mühlkreis (Bezirk Freistadt) führt. Grüne, vielgestaltige Waldinseln verteilen sich zwischen Feldern, Bächen und Bauernhöfen. Granitstein ist das prägendste Gestaltungselement und ist neben steinernen Marterln, Bänken und Wegmarkierungen in den einzigartigen Steinbloß-Häusern zu bewundern.
Josef Plöchl ist Obmann des Hirschbacher Bauernmöbel-Museums und Initiator des „Steinbloß-Mauer-Weges“. Er weiß, was hinter der Bezeichnung „Steinbloß-Häuser“ steckt.

Mangel an Kalk

„Der Begriff ist durch die natürlichen Gegebenheiten im Mühlviertel entstanden. Das ist zum einem der große Reichtum an Steinen und zum anderen der Mangel an Kalk, den man zum Verputzen der Mauern gebraucht hätte. Der Lehm, der die Fugen zwischen den Granitsteinen ausfüllte, musste mit einem Kalkverputz gegen Verwitterung geschützt werden. Da der Kalk aus der Region südlich der Donau gekauft und mühsam bergauf transportiert werden musste, hat man sich mit dem Verputzen ‚bloß‘ auf die Zwischenräume zwischen den Steinen begnügt und nicht das ganze Mauerwerk weiß verputzt. So ist diese weltweit einzigartige Bauweise entstanden.“

Ausgangs- und Zielpunkt des dreistündigen „Steinbloß-Mauer-Weges“ ist die aus dem 14. Jahrhundert stammende Edlmühle, in

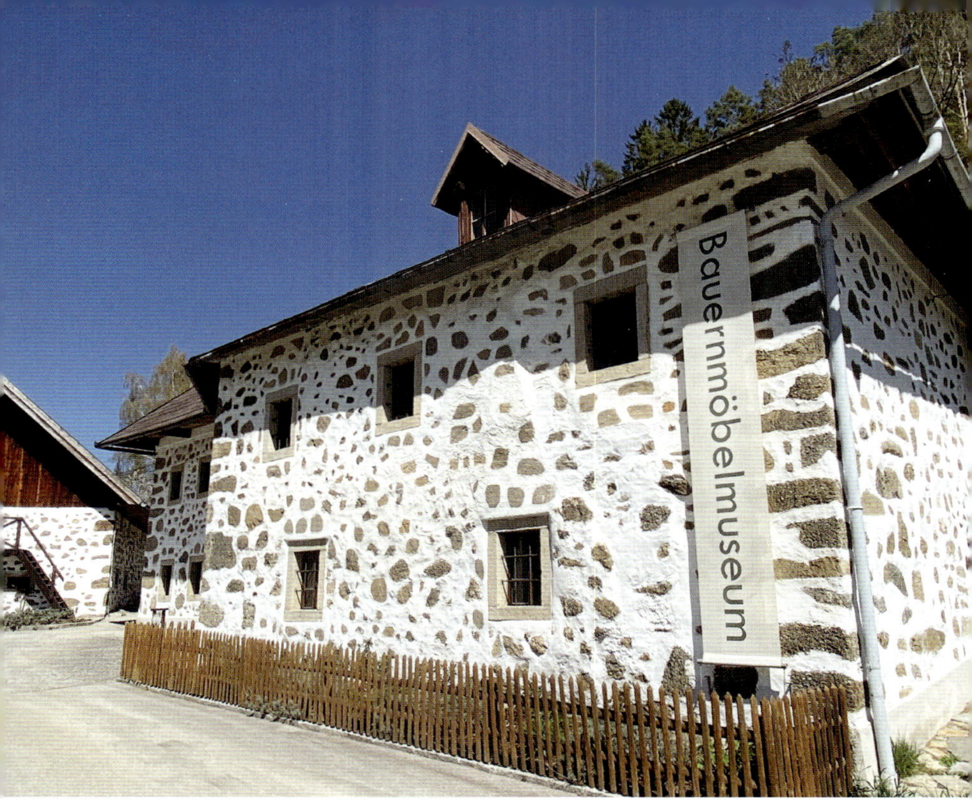

Ausgangspunkt der Wanderung ist die Edlmühle aus dem 14. Jahrhundert mit dem Bauernmöbelmuseum

dem heute das Bauernmöbelmuseum untergebracht ist. Ein mächtiger Granitstein mit einer Orientierungskarte und das Plätschern der Kleinen Gusen stimmen auf die höchst abwechslungsreiche, 12,5 Kilometer lange Tour ein. Flotte Bergauf-Bergab-Wege ziehen sich durch Wiesen und an Waldrändern entlang und eröffnen permanent neue Ausblicke in die hügelige Landschaft. Wir begehen den Weg am Morgen und können mit der frühen Sonne noch Schattenfiguren in die Frühlingswiese zeichnen.

Fast wie Kunstwerke tauchen immer wieder die wie in ein Leopardenfell gekleideten Bauernhöfe auf, insgesamt werden es 25 Bauwerke sein, die auf Steinbloßweise errichtet wurden. Und das schon seit vielen Jahrhunderten. Die Begleitschilder dokumentieren die Bauzeiten vorwiegend ins 16. Jahrhundert.

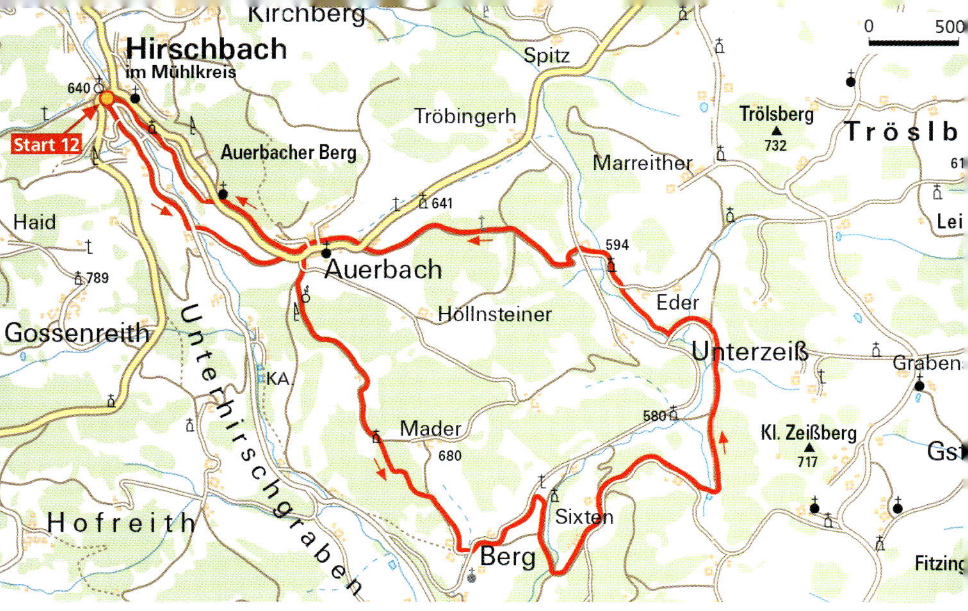

Der älteste Hof „Tröbinger in der Tröbing" stammt allerdings schon aus dem Jahr 1115. Sein Name hat sich wohl vom Tröbingerbach abgeleitet, der uns längere Zeit begleitet. Die seltene Brunnenkresse gedeiht hier prächtig. Die Wunderpflanze enthält zahlreiche wertvolle Stoffe wie Vitamin C und ist ein natürliches Antibiotikum. Wir können sie später daheim als perfekte geschmackliche Ergänzung im grünen Salat genießen.

Granit hat auf diesem Weg glücklicherweise auch eine wanderfreundliche Funktion. Steinbänke laden an exponierten Stellen zu Rast und Erholung ein. An einem markanten Punkt mit Blick auf zwei besonders stattliche Höfe am gegenüberliegenden Zeisberg hat Josef Plöchl ein Sofa aus Granit gebaut. An einer Tafel angebrachte Sprüche wie „Die Uhr geht für alle gleich, aber die Zeit läuft für jeden anders" oder „Wer Ballast abwirft, kann Neues aufnehmen" regen zum Nachdenken an.

Ein besonderer Kraftplatz ist das Lieben-Kreuz, das auf einer Anhöhe steht. Seine Geschichte ist bemerkenswert. Plöchl: „Es handelt sich um ein sogenanntes ‚Rotes Kreuz', das wegen seiner Imprägnierung mit Stierblut und der dadurch bedingten roten

Farbe so benannt wurde. Kreuze dieser Art waren im Mittelalter Zeichen für die Grenze eines Gerichtsbezirks."

Wir legen hier eine Wanderpause ein und betrachten, auf der Granitbank sitzend, die vielfältige Landschaft, die sich in voller Frühlingspracht zeigt. Schließlich erreichen wir am „Tiefen Weg" wieder die Edlmühle am Ausgangspunkt. Hier verlief bis 1918 die Straße von Hirschbach nach Freistadt.

🕒 3 Stunden ↔ 12,5 Kilometer ↗ 140 Höhenmeter
Ausgangspunkt: Ortszentrum Hirschbach, Markierung Hi 10
www.hirschbach.ooe.gv.at
Öffentl. Verkehr: Bus 310 bis Freistadt, dann Bus 322 bis Hirschbach

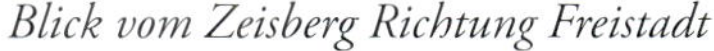

Blick vom Zeisberg Richtung Freistadt

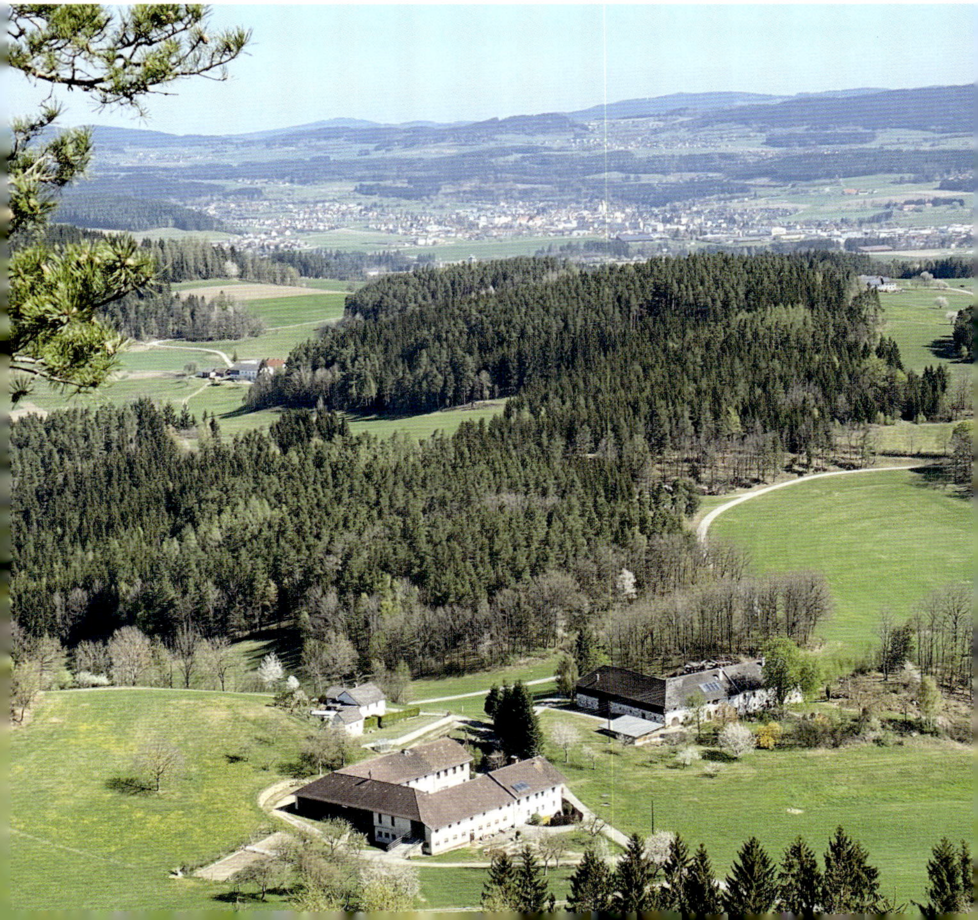

13 Hagenberg
Wanderidylle von Bach zu Bach

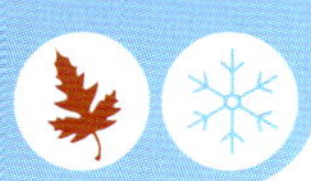

Restauriertes Schloss trifft auf moderne Architektur und innovative Technologie

Winterlich ruhig plätschert der Visnitzbach dahin. Der einladende „Hagenberg-Rundweg 49“ hat uns ausgehend vom weitläufigen Landschaftsgarten des gleichnamigen Schlosses hierhergeführt. Jahrhundertealte exotische Bäume wie ein nordamerikanischer Tulpenbaum sind ein stilvoller Ausgangspunkt, um den zweistündigen Rundweg zu starten und die reizvolle Landschaft des Ortes im Bezirk Freistadt zu erkunden. Ein sanftes Bergauf mit anschließendem Abstieg hinunter in ein weiteres Bachtal beschert uns ein abwechslungsreiches Wandervergnügen. Jetzt ist es das Tal der Feldaist, das wir besuchen. Eine ungleich größere Wassermenge hat früher zahlreiche Mühlen angetrieben. Die aufwendig renovierte Kumpfmühle erinnert daran. Sie hat schon vor 100 Jahren Schloss und Ort Hagenberg erstmals mit Strom versorgt. Hier treffen wir auf ein Gehege mit allerlei Kleintieren wie Hühnern, Enten und Hasen, die sichtlich eine artenübergreifende Harmonie ausstrahlen. Pure Naturidylle wird auf dem weiteren Weg von beschaulichen ländlichen Siedlungen und Bauernhöfen abgelöst. Ein fahrbarer Riesen-Hühnerstall öffnet gerade seine Türen und verschafft Hunderten Hühnern auf der weiträumigen Wiese ein genussvolles Weidevergnügen. Bio-Qualität im besten Sinn. So erreichen wir über den Teichgraben mit ausgedehnten Gutsteichen wieder den Ausgangspunkt beim Schloss.

Altbürgermeister Rudolf Fischerlehner erinnert beim Rundgang durch das historische Gebäude an die bewegte Geschichte des Schlosses: „Nach dem Tod des letzten Eigentümers, des Grafen

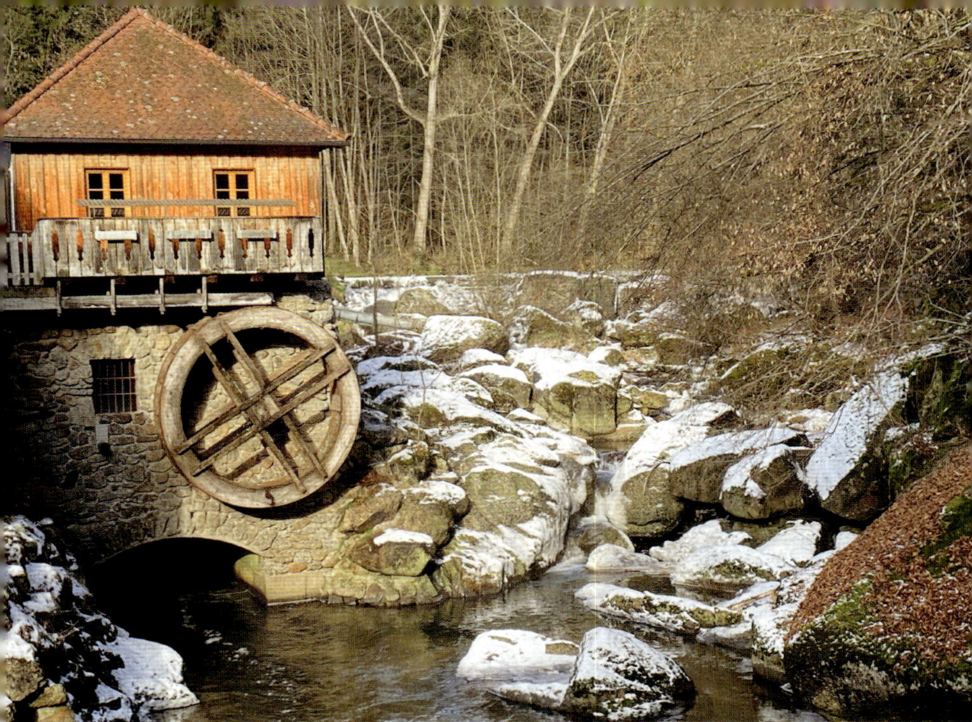

Historische Kumpfmühle

Georg Friedrich Eckbrecht von Dürckheim-Montmartin im Jahr 1928, verfiel die Schlossanlage in den folgenden Jahrzehnten. Ende der 1970er-Jahre begann ich mit einigen engagierten Hagenbergern, den Schlossturm neu einzudecken. Das Schloss wurde von der Gemeinde langfristig gepachtet und ein Schlossverein gegründet. Aufbauend auf einer kreativen Architektenplanung wurde dann die gesamte Schlossanlage renoviert.“ Als der Wissenschaftler Bruno Buchberger mit dem Forschungsinstitut RISC der Universität Linz als Mieter ins Schloss einzog, wurde auch das gesamte Umfeld mit neuem Leben erfüllt. Eine Fachhochschule für mehrere Tausend Studenten bietet in der nahen Umgebung des Schlosses Platz zum Lernen und Wohnen. Im ehemaligen Meierhof und den umgebenden Gebäuden siedelten sich im heutigen Softwarepark, dem „Silicon Valley“ des Mühlviertels, 75 Firmen und Forschungsinstitute an. So sind 1 300 Arbeitsplätze neu entstanden. Für Freunde

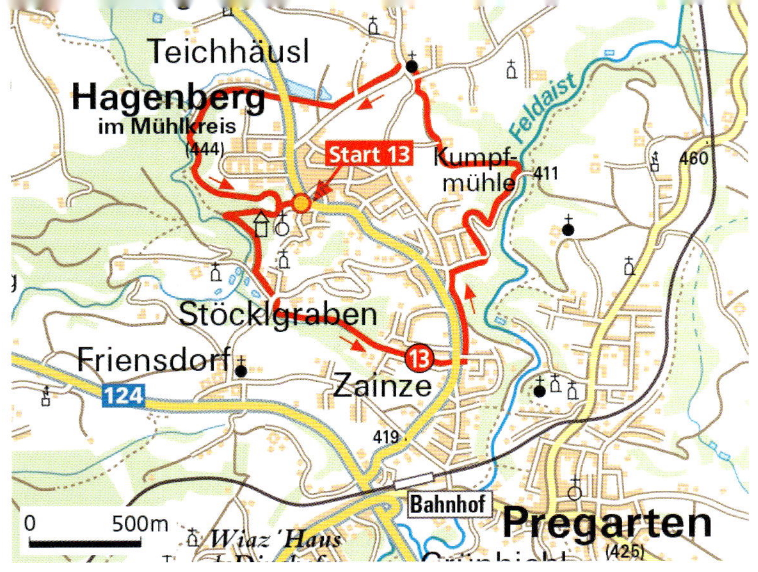

zeitgenössischer Kunst ist die Besteigung der Turmgalerie ein besonderes Erlebnis. „Seit über 30 Jahren finden jährlich Ausstellungen statt. Zum Dank dafür haben die Kunstschaffenden jeweils eines ihrer Werke der Turmgalerie überlassen. So ist heute das ‚Who is Who' der österreichischen Kunstszene in großer Zahl hier vertreten." Oben angekommen genießen wir vom lichtdurchfluteten Aussichtplatz den Blick nach Süden zu dem auf einem Hügel thronenden Ort Wartberg ob der Aist sowie auf das weitere Schlossareal mit der Schlosskapelle als besonderem Blickfang. Fischerlehner weiß: „Dieses kulturelle Kleinod wurde ebenfalls renoviert und stellt eine der eigenwilligsten Schöpfungen barocker kirchlicher Baukunst im Unteren Mühlviertel dar. Der Baldachin-Hochaltar mit vier Säulen gleicht einem türkischen Zelt, was an die Erfahrungen zur Zeit der Errichtung nach den Türkenkriegen vor 300 Jahren erinnert." Darunter stehen Maria und Josef, die den kindlich kleinen Jesusknaben mit beschützenden Gesten umsorgen. Eine einmalige Darstellung der Heiligen Familie, die der Linzer Künstler Johann Mähl geschaffen hat. Ähnlich eindrucksvoll ist ein Bild von Bartolomeo Altomonte auf einem der Seitenaltäre, welcher die heilige Anna zeigt, wie sie ihrer Tochter Maria das Lesen beibringt.

Erste Leuchtreklame in Wien warb im 19. Jhdt. für Hagenberger Schlosskäse

Auf dem Weg zu den Außenanlagen werfen wir noch einen Blick auf den ehemaligen Eiskeller. Hier wurde das Eis aus dem Gutsteich für das ab dem Jahr 1700 erzeugte, berühmte Hagenberger Schlossbräu gelagert. Eine eigene „Schankgerechtigkeit" verpflichtete sechs Orte in der Umgebung, das Bier abzunehmen. Die Kühlmethode mit Eis wurde bis 1952 angewendet, als es erstmals einen Kühlschrank in Hagenberg gab, wie Konsulent Johann Sallaberger weiß. Er ist der Obmann des Vereins „Geschichtskistl", der es sich zur Aufgabe gemacht hat, historische Dokumente über Ort und Schloss Hagenberg für die Nachwelt zu bewahren. Er schildert das blühende Wirtschaftsleben, das in der zweiten Hälfte des 19. Jahrhunderts von der Schlossherrschaft betrieben wurde. „Neben einer Ziegelei, Weberei, Bäckerei, Fleischhauerei, Schmiede und Knöpfemacherei wurde eine Molkerei und Trockenmilcherzeugung betrieben. Der in der Käserei erzeugte Hagenberger Schlosskäse wurde sogar in Wien verkauft. Die erste Leuchtreklame, die in der Kaiserstadt betrieben wurde, machte Werbung für die drei Sorten Schlosskäse, Dessertkäse und den besonders feinen und milden Imperial, die alle in zahlreiche Städte und Kurorte der Monarchie geliefert wurden." Der Erste Weltkrieg beendete diese wirtschaftliche Blütezeit.

🕒 2 Stunden ↔ 6,6 Kilometer ↗ 70 Höhenmeter
Ausgangspunkt: Kriegerdenkmal vor dem Schloss Hagenberg
Besichtigung der Kirche: Tel. 07236-6095 oder 0664-73337590
www.hagenberg.at
Öffentl. Verkehr: Bus 311

14 Neumarkt
Von Krumau nach Gmunden

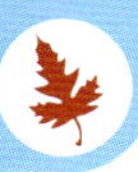

Auf der Königsetappe des Pferdeeisenbahn-Wanderweges

Einsam steht das originalgetreu erhaltene Bahnwärterhäuschen Nr. 39 nahe dem Bachlauf der Kleinen Gusen. Ganz anders als vor 185 Jahren, als die Pferdeeisenbahn vom heute tschechischen Budweis nach Linz und weiter nach Gmunden führte und hier reger Verkehr herrschte. Eine Wanderung auf der Trasse der ersten Eisenbahn am europäischen Kontinent hat uns hierhergeführt. Dieses auch als „Stumptnerhäusl" bekannte, etwa 50 m² große Gebäude diente dem Bahnwärter als Unterkunft während seiner Dienstzeit. Alle zweieinhalb Kilometer entlang der Eisenbahnstrecke gingen die Bahn- und Stationswächter von ihren Häuschen aus ihrer Arbeit nach. Eine angebrachte Tafel listet deren Tätigkeiten in Form von „Instruktionen" penibel auf: Früh am Morgen vor dem ersten Transport mussten sie die Strecke abgehen und dafür sorgen, dass alles in Ordnung war. Den schwer beladenen Wagen hatten sie dann durch seine jeweilige Strecke zu begleiten. Dies alles korrekt gekleidet mit Kappe und vor allem nüchtern! Im Jahr 1832 wurde die Strecke zwischen dem tschechischen Budweis und Linz eröffnet, 1836 noch bis Gmunden verlängert.
Ursprünglich war die Bahn für den Güterverkehr bestimmt, aber bald wurden auch Personen transportiert. Immer um fünf Uhr früh starteten die Züge in Linz und Budweis, um sich zu Mittag in Kerschbaum zu treffen. Dort konnten sich die ordentlich durchgerüttelten Passagiere im Bahnhofsrestaurant stärken, um schließlich um sieben Uhr abends, also nach insgesamt 14 Stunden, am Zielbahnhof anzukommen. Ein abenteuerliches Vergnügen für die damalige Zeit, aber wesentlich komfortabler als

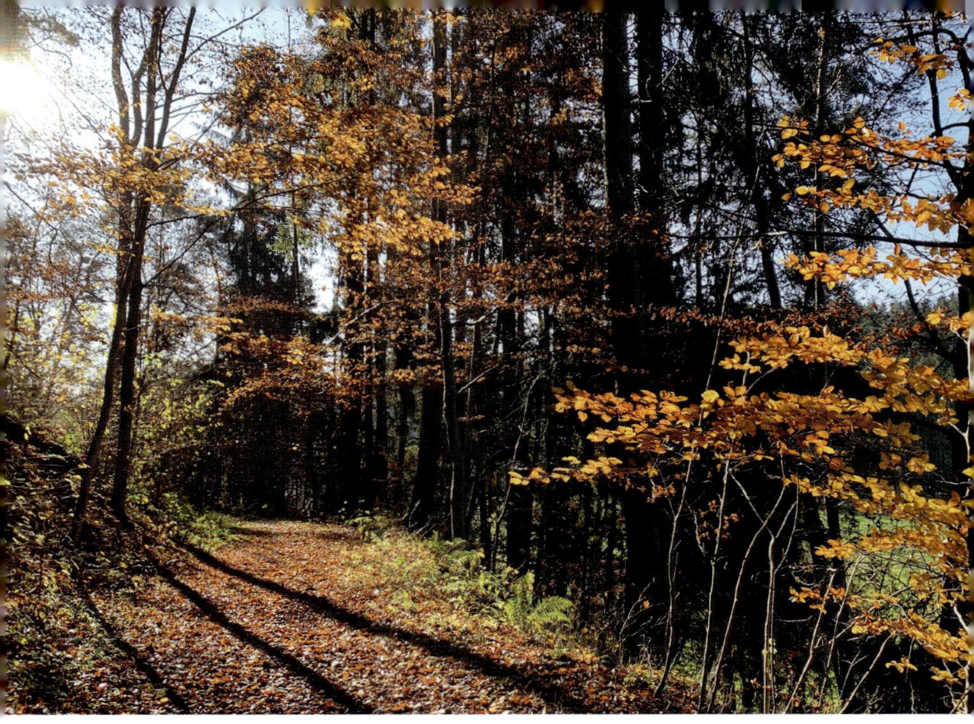

mit der Postkutsche auf den holprigen Straßen unterwegs zu sein. Gerade einmal 40 Jahre florierte dieser Transportweg auf diese Weise, ehe die Pferde durch schnellere und effizientere dampfbetriebene Lokomotiven abgelöst wurden.
Vom Ausgangspunkt in Neumarkt im Mühlkreis (Bezirk Freistadt) haben wir uns auf die dreistündige Wanderung auf der besonders attraktiven Passage der ehemaligen Bahntrasse begeben. Ein Bauer besprüht gerade mit einem Güllefass seine Wiese und reichert den Beginn unserer Wanderung mit würziger Landluft an. Bald tauchen wir auf dem fast ebenen, sonnendurchfluteten Wanderweg in eine naturbelassene Landschaft ein. Hier fällt es leicht, auf dem befestigten laubbedeckten Weg den eigenen Gehrhythmus zu finden. Das gurgelnde Wasser der Kleinen Gusen begleitet uns dabei beständig. Schautafeln informieren über Besonderheiten der historischen Bahnstrecke. So erfahren wir, dass es 1 066 Durchlässe und Brücken gab und,

dass die Ladung eines Wagons zwei Tonnen schwer war. Die gut erhaltene Stroblmühle erinnert an die frühere gewerbliche Nutzung des Gewässers. Bei der Schneiderwiese, einem liebevoll gestalteten Rastplatz am Ufer der Gusen legen wir eine Rast ein. Ein Spruch regt zum Nachdenken an: „Sei Du selbst. Die Anderen gibt es schon!“ Wie wahr.

Ein Abstecher führt noch auf einen 500 Meter weiter oben liegenden Felsen, die sogenannte Teufelskirche. Die Sage berichtet, dass sich der Teufel fürchterlich über den Baulärm aufgeregt hat, der bei der Sprengung der Bahntrasse herrschte. Er stürzte jede Nacht unzählige neue Steine auf die Bahnlinie. Als er sah, dass die fleißigen Arbeiter die Steine jeden Tag wieder wegräumten, übersiedelte er voller Zorn in eine ruhigere Gegend. Am Gipfel des Felsens zeugt noch heute ein Abdruck seines Gesäßes und seiner Pranken von seinem Lieblingsplatz. Davon lassen wir uns nicht beirren und folgen dem Weg bis nach Unterweitersdorf, wo wir die Königsetappe des Pferdeeisenbahn-Weges beenden.

🕒 3 Stunden ↔ 10 Kilometer ↗ 50 Höhenmeter ↘ 350 Höhenmeter
Ausgangspunkt: Neumarkt im Mühlkreis
www.pferdeeisenbahn.at
Öffentl. Verkehr: Bus 312, retour von Unterweitersdorf mit Bus 312 oder Bus 339

Bahnwärterhäuschen Nr. 39

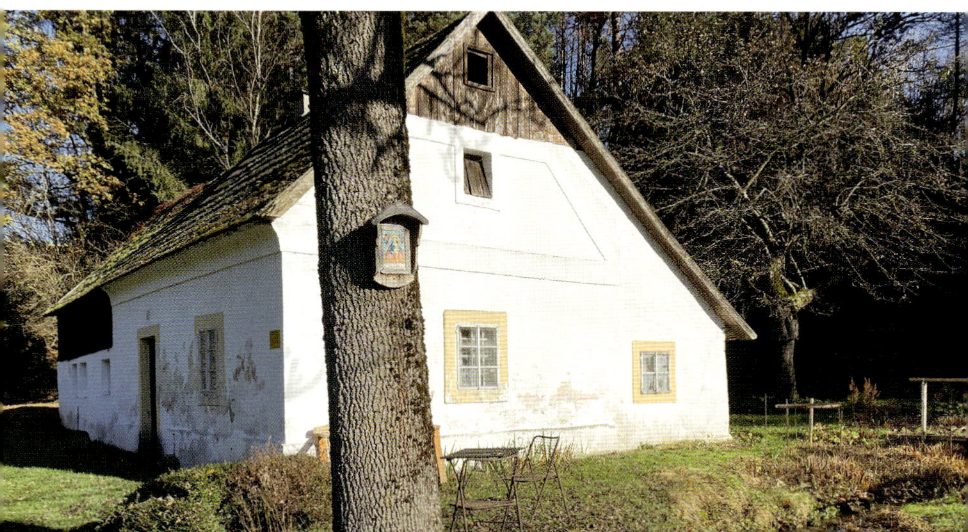

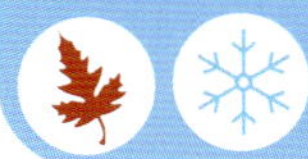

Gotisches Juwel am Aist-Ursprung

Wanderung von der gotischen Wallfahrtskirche durch das Europaschutzgebiet Freiwald

Weithin sichtbar überragt die gotische Kirche von St. Michael die sanft hügelige Landschaft bei Oberrauchenödt, einer zu Grünbach (Bezirk Freistadt) gehörenden Ortschaft. Wie ein Wächter, obwohl um vieles jünger, steht eine über 300 Jahre alte Lärche als treue Begleitung daneben. Winterlicher Raureif hat sie in glitzerndes Weiß gekleidet. Eine Steinmauer zieht sich um die gesamte Anlage und erinnert an die zahlreichen Gefahren in der Vergangenheit, welche diese Stätte bedrohten. Eine einzigartige Harmonie von Bauwerk und Landschaft, der wir auf einer Urgesteinskuppe exakt an der europäischen Wasserscheide der beiden Flusssysteme von Donau und Moldau/Elbe zwischen Nordsee und Schwarzem Meer begegnen. „Wahrscheinlich auf einer vorchristlichen Kultstätte wurde als einer der Vorgängerbauten die einzig rekonstruierbare Holzkirche im deutschsprachigen Raum erbaut. Ihr folgte eine romanische Steinkirche, die im 15. Jahrhundert wie so vieles in der Region durch die Hussiten zerstört wurde", weiß die Kirchenführerin Rosa Exl. Was wir heute betreten, ist ein ebenfalls bereits 500 Jahre altes gotisches Kunstwerk, das über den Resten des romanischen Vorgängerbaus errichtet wurde. Besonderer Blickfang unter dem harmonischen Kreuzrippengewölbe ist der spätgotische Flügelaltar. „Er ist im ‚Donaustil' aus der Freistädter Altarwerkstätte errichtet. In der Mitte des Schreins befindet sich der Patron der Kirche, der jugendlich dargestellte heilige Michael, begleitet von den Heiligen Stephanus und Nikolaus von Myra." Ein Gesamtkunstwerk, in dem Malerei, Architektur und Bildhauerei zusammenwirken. Die gegenständliche Darstellung zahlreicher

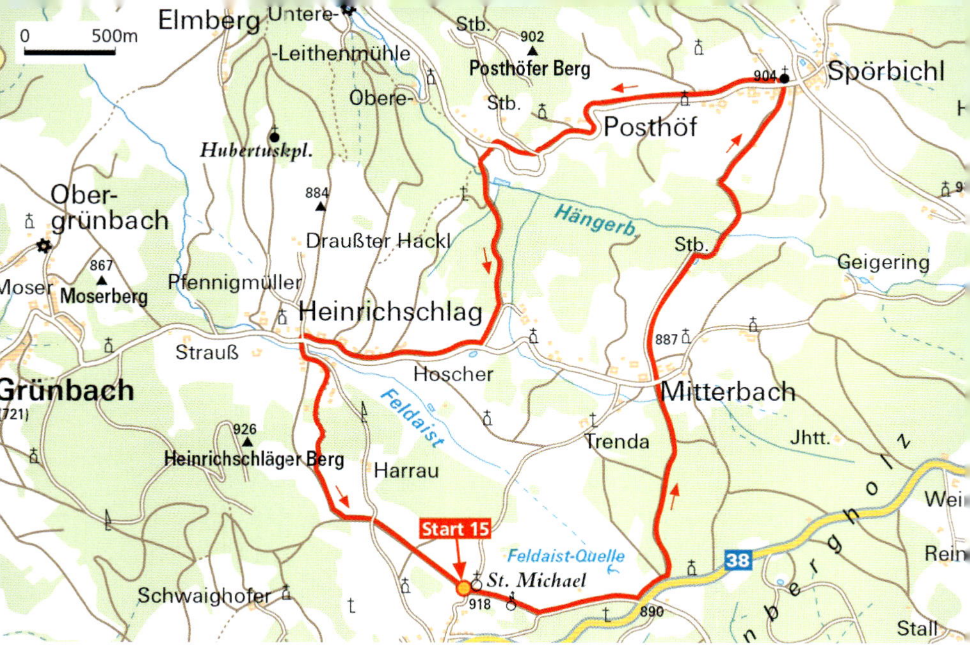

Heiligen hat nicht nur die Gläubigen des Mittelalters beeindruckt, sondern auch die zahlreichen Besucher der heutigen Zeit. So verweilen wir an diesem besonderen Kraftplatz, in dem auch Wünschelrutengeher im Innenraum der Kirche die vorhandenen Erdenergien erspürt haben. Bevor wir den Vorplatz verlassen, der in früherer Zeit als Friedhof diente, werfen wir noch einen Blick auf zwei Spitzbogenfenster im Miniaturformat an der Westwand der Kirche. „Durch diese sogenannten Pestfenster konnten die außerhalb des Kirchengebäudes mitfeiernden Gläubigen direkt auf den Altar im Inneren blicken. Hier soll auch in Seuchenzeiten den Messbesuchern die Kommunion durchgereicht worden sein", so die Expertin. Fast eine Reminiszenz an die Corona-Pandemie des 21. Jahrhunderts.

Gestärkt verlassen wir diesen Kraftplatz und genießen von der Aussichtsplattform mit Panoramatafel noch die herrliche Aussicht über das Mühlviertel. Dann begeben wir uns auf den 12 Kilometer langen Wanderweg „G2". Rasch erreichen wir auf der an ein Hochplateau erinnernden Landschaft den Ursprung der Feldaist. Ein Granitblock markiert die Stelle, von der aus das unscheinbar kleine Gewässer seinen Weg beginnt, der es nach 52 Kilometern durch insgesamt 15 Mühlviertler Gemeinden bis zur Donau führt. Wir befinden uns im Europaschutzgebiet „Wiesengebiete im Freiwald“, das wir in der Folge durchstreifen. „Die artengeschützten Wiesen sind meist sogenannte Rodungsinseln innerhalb von Waldgebieten“, weiß Altbürgermeister Erwin Chalupar. Wir passieren die Ortschaft Mitterbach, wo bei ausreichend Schnee ein beliebter Startpunkt für Skilangläufer ist und beim Forellenwirt für die Verpflegung gesorgt wird. Dann weist uns der größte Taschenfeitl der Welt die weitere Richtung auf dem Weg „G5“. In Spörbichl ziehen riesige Windräder gemächlich ihre Kreise. Hier erinnert allerdings eine Tafel auch daran, dass das Atomkraftwerk Temelin nur 60 Kilometer Luftlinie entfernt ist. Über die Ortschaften Posthöf, wo Granit abgebaut wird, und Heinrichschlag erreichen wir nach dreieinhalb Gehstunden wieder den Ausgangspunkt in St. Michael.

🕒 3 ½ Stunden ↔ 12,1 Kilometer ↗ 230 Höhenmeter
Ausgangspunkt: St. Michael ob Rauchenödt

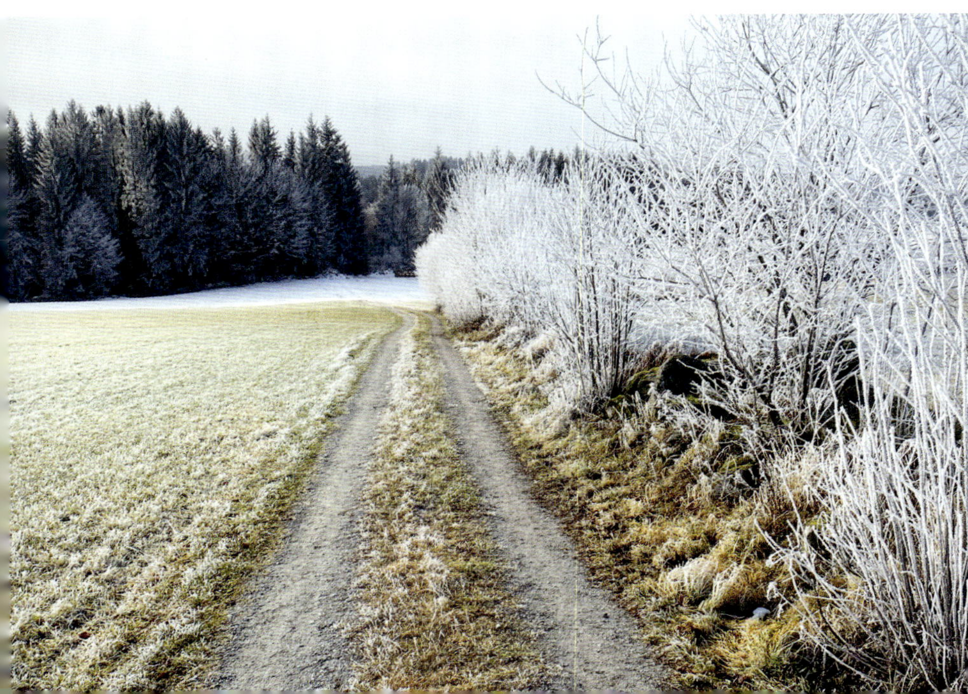

16 St. Oswald bei Freistadt

Von Gott Wotan zu König Oswald

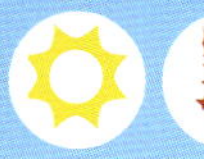
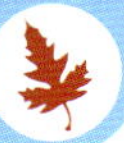

Auf der Braunberghütte liegt dem Wanderer das Mühlviertel zu Füßen

Die Braunberghütte ist der Balkon des Mühlviertels

In Stein gefasste Ewigkeit. So steht die gotische Kirche von St. Oswald (Bezirk Freistadt) vor dem Besucher. Wo sich wahrscheinlich in früherer Zeit eine Kultstätte für den germanischen Hauptgott Wotan befand, wurde im 12. Jahrhundert eine romanische Steinkirche errichtet, die dem heiligen Oswald (604–642) geweiht ist, der König des angelsächsischen Reiches Northumbria war.

Unter dem prächtigen Sternrippengewölbe in der heutigen gotischen Kirche erinnert die spätgotische Statue des Kirchenpatrons an dessen sagenumwobenes Leben. Der Rabe in seiner Hand trägt einen Brief im Schnabel und leistete wichtige Vermittlerdienste bei der Werbung um die Tochter eines heidnischen Herrschers. Es folgte eine intensive Missionstätigkeit, deren Boten sogar Mitteleuropa erreichten.

Braunberg mit 912 m

Nach so viel spiritueller Geschichte gilt es, eine Auswahl aus dem umfangreichen Wandernetz des Ortes zu treffen. Wir wählen Weg Nr. 6, auf dem wir die sanft plätschernde Feistritz überqueren und nach eineinhalb Gehstunden den Braunberg erreichen. Der Name des Berges hat allerdings nichts mit der Farbe Braun zu tun, sondern stammt vom gleichnamigen unterhalb gelegenen Bauernhof. Besser würde die Farbe Grün das Ambiente bezeichnen. Allenthalben ragen grün bemooste Steine aus dem Waldboden. Wie in einer Galerie laden die Skulpturen

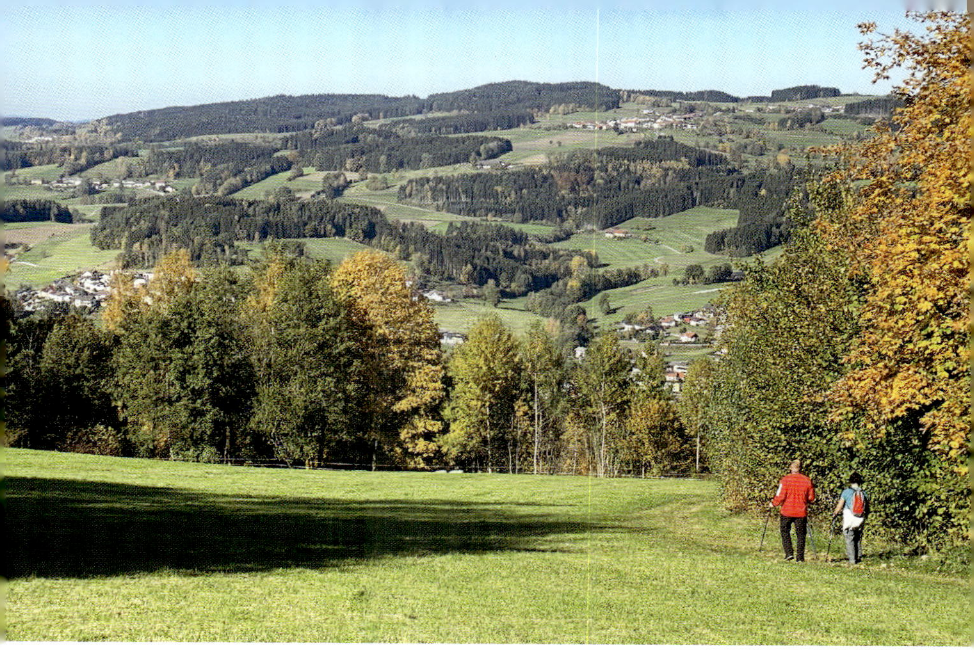

zum Betrachten ein. Einem Balkon des Mühlviertels gleich thront die einzige bewirtschaftete Alpenvereinshütte des Mühlviertels auf dem 912 Meter hohen Hügel. Die Aussicht über das herbstliche Nebelmeer ist großartig und reicht vom Hochkar bis zum Traunstein. Auf der Schaukel schwingt man geradezu über dem Nebelmeer. Vom Frühling bis Allerheiligen verwöhnt Wirt Rudolf Bründl seine Gäste mit lokalen Bio-Spezialitäten. Wir laben uns an Grammelknödeln und einer „himmlischen Schnitte“. Das Biskuit mit Sauerrahm-Topfencreme und Heidelbeeren rundet den Gaumengenuss trefflich ab.
Als Weiterweg wählen wir nicht den „Nordwaldkammweg“, der als ältester Weitwanderweg der Zweiten Republik ebenfalls hier vorbeiführt, sondern den Weg Nr. 3, der uns auf dem idyllischen „Josefsteig“ zur Bründlkapelle führt. Seit Jahrhunderten berichten dankbare Menschen über die Wunderkraft des rechtsdrehenden radonhaltigen Wassers. Auch wir stärken uns am kräftig sprudelnden Nass, bevor wir uns auf dem „Meditationsweg“ entlang des Steinbachs wieder talwärts wenden. Meditative Sprüche über Licht, Wasser, Sonne und Stein begleiten

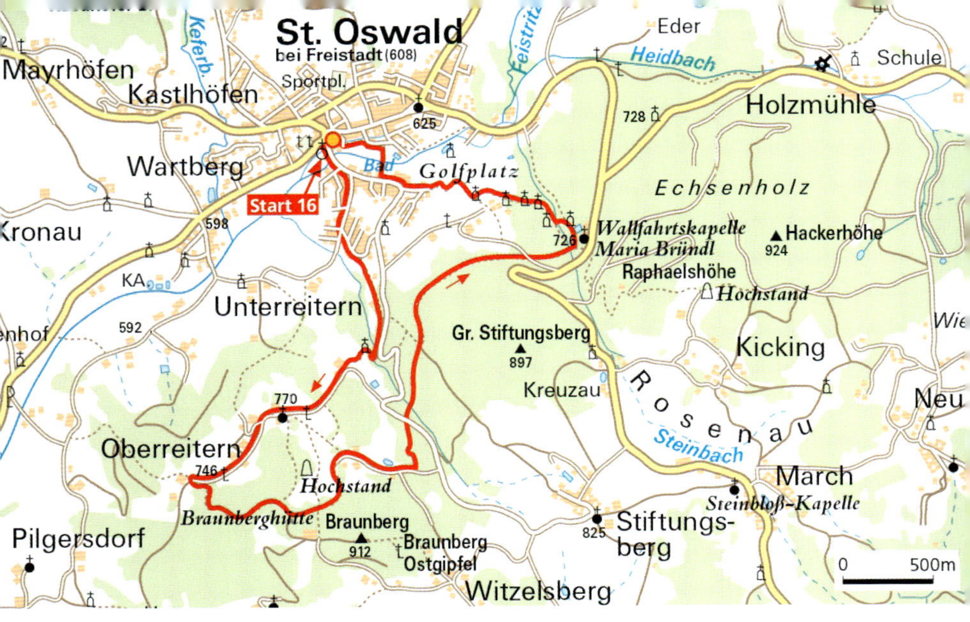

unseren Weg auf einem Teppich aus bunten Ahornblättern, die den Waldboden bedecken. Der „Promenadenweg“ führt uns schließlich auf der zweieinhalbstündigen Rundtour zurück ins Ortszentrum.

Ledermühle

An der fast 700 Jahre alten Ledermühle dreht ein Wasserrad majestätisch seine Runden. Ortschronist Leopold Eder hat bei dessen Renovierung mitgewirkt. „Hier war vom 16. bis zum 19. Jahrhundert das Areal einer wohlhabenden Sensenschmiede, die vom aus dem Feistritzbach abgeleiteten Mühlbach mit Energie versorgt wurde. Sommergäste aus Wien pflanzten dann fremdländische Sträucher und Bäume.“ Wir flanieren zwischen den Bächen, überqueren zierliche Brücklein und fühlen uns in der parkähnlichen Landschaft wie im Südtiroler Kurort Meran.

🕒 2 ½ Stunden, ↔ 8,5 Kilometer, ↗ 272 Höhenmeter
Ausgangspunkt: St. Oswald bei Freistadt, Ortszentrum
www.stoswald.at
Braunberghütte, www.Alpenverein-Freistadt.at
Öffentl. Verkehr: S 3 bis Lasberg-St. Oswald Bhf

Geheimtipp für Gotikfans

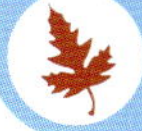

Felsformationen wie im Märchen – Klammleitenbach fließt auch unterirdisch

Eine Siedlung in einer Wiese, die im unmittelbaren Besitz des Königs war – das dürfte der Ursprung des Namens Königswiesen sein. „Bereits 1147 wird der Ort als Chunigewisen urkundlich erwähnt. 1279 erfolgte die Verleihung des Marktrechtes durch König Rudolf von Habsburg. 1554 erhielten die Bürger das Recht, Hasen zu jagen", erzählt Amtsleiterin Maria Anibas. Dieses Recht haben sie noch heute. Aber wir suchen keine Jagdabenteuer, sondern erfreuen uns an der wildromantischen Natur, den prächtigen Bürgerhäusern und vor allem an der einmaligen gotischen Pfarrkirche. Auf romanischen Mauern erbaut, zählt sie zu den hervorragendsten Bauwerken der Spätgotik in Österreich. Das imposante Schlingrippengewölbe besteht aus insgesamt 480 Feldern. Ein Geheimtipp für Gotikfans!

Der Innenraum der Pfarrkirche von Königswiesen ist von außergewöhnlicher Schönheit

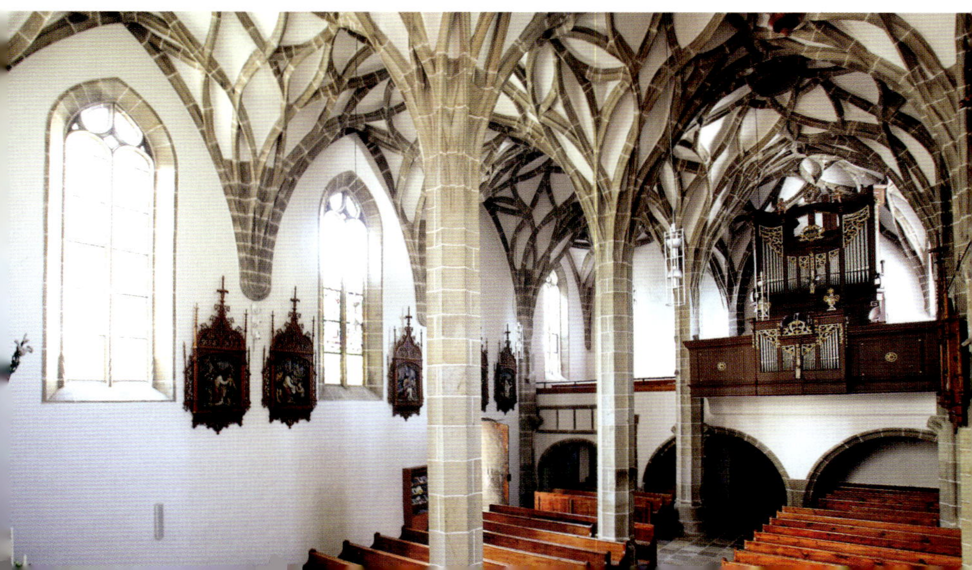

Klammleitenbachtal fließt unterirdisch

Aus den 16 Wanderwegen wählen wir den Themenweg 7 durch die Klammleiten. Die vielen geschichtlichen und mystischen Besonderheiten im Klammleitenbachtal machen den Wanderweg zu einem richtigen Erlebnisausflug. Wie aus einem

Kanzelstein

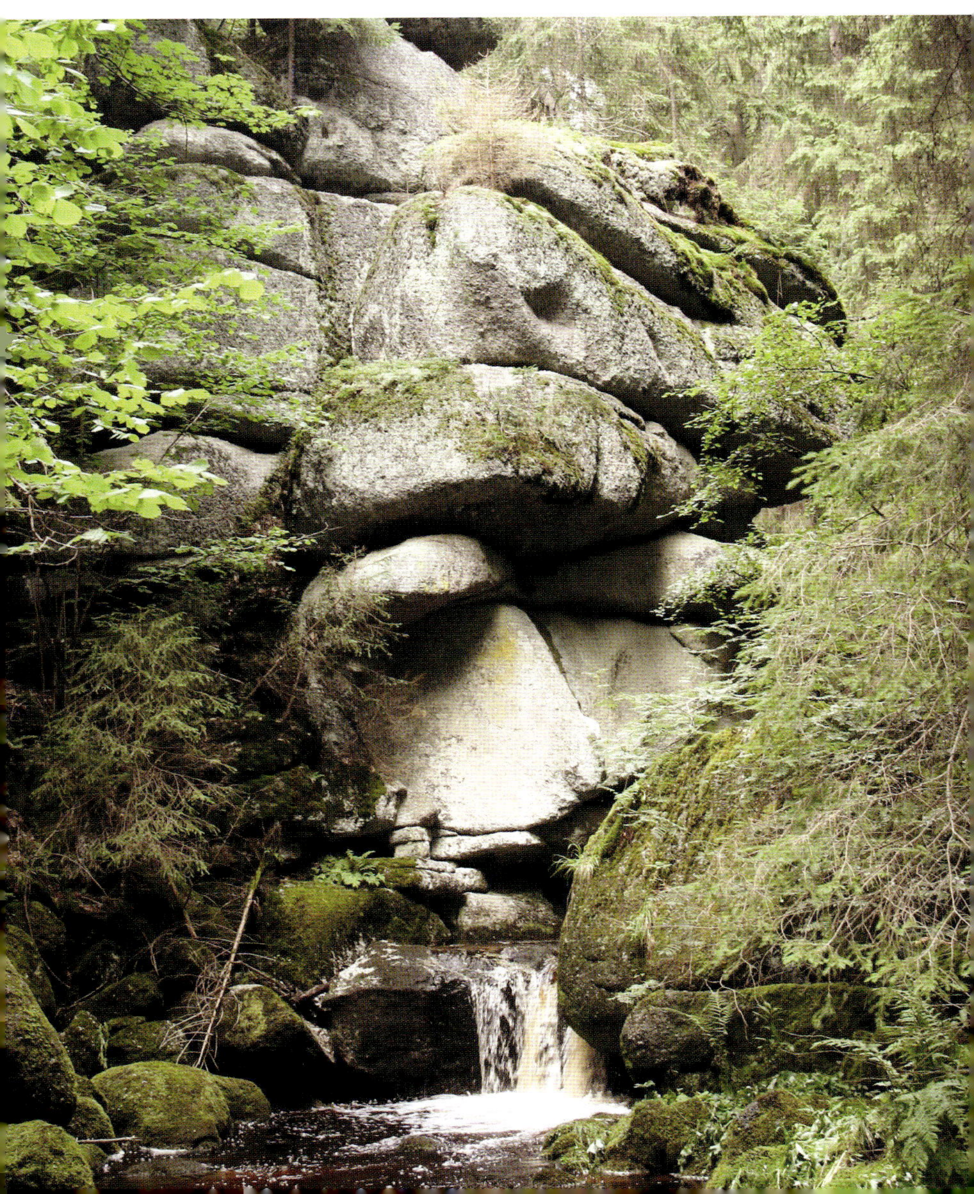

Märchenbuch entsprungen, taucht am Weg die Felsfigur „Waldandacht“ auf und erinnert an einen bis zum Bauch vergrabenen Riesen, der auf den Betrachter herabblickt. Teils donnert der nahe Bach schäumend zwischen Granitfelsen daher, teils fließt er plötzlich unter der Erde. Bei einer markanten Felsformation, der Teufelsmühle, kann man das unterirdische Rauschen des Wassers hören. Der Sage nach soll hier die Mühle einer geizigen Müllerin im Wasser versunken sein.

Holz wurde an die Donau geschwemmt

Dann erreichen wir die Holzschwemme, auch Gfluder oder Holzriese genannt. Von 1780 bis 1937 wurde das Schwemmrecht von der Herrschaft Sachsen-Coburg ausgeübt, die auch noch heute große Waldflächen besitzt. Der Holz-Jahreseinschlag wurde mit Schlitten zu den Nebenbächen der Großen Naarn gebracht. Bei Tauwetter war dann die große Zeit der Schwemme. Bis zu 3000 Personen, auch Kinder und Frauen, halfen mit. Die jährliche Schwemme war auch immer ein großes gesellschaftliches Ereignis. Sie dauerte meist zwei bis drei Wochen. Mithilfe eines Gfluders wurden die Stellen überbrückt, an denen der Bach unterirdisch fließt. Zur Vergrößerung der Wassermenge wurden Schwemmteiche angelegt. Das geschwemmte Holz wurde mittels Rechen bei der Naarnmündung in die Donau herausgefischt. Fleißige Freiwillige haben dieses Gfluder am Klammleitenbach wiederhergestellt. Regelmäßig gibt es auch heute noch Schauschwemmen. Hier wechseln wir auf den Weg Nr. 8 Richtung Haid. Die Landschaft wird flacher und ähnelt den sanften Hügeln des Waldviertels. Pferdespuren verraten, dass sich hier auch ein Eldorado für Wanderreiter befindet. Hinter der schmucken Steinbloß-Dorfkapelle aus dem Jahr 1780 befindet sich der „Wirt auf der Hoad“. Die Chefin füllt gerade einen stattlichen Topf voll mit fein geschnittenen Speckwürfeln.

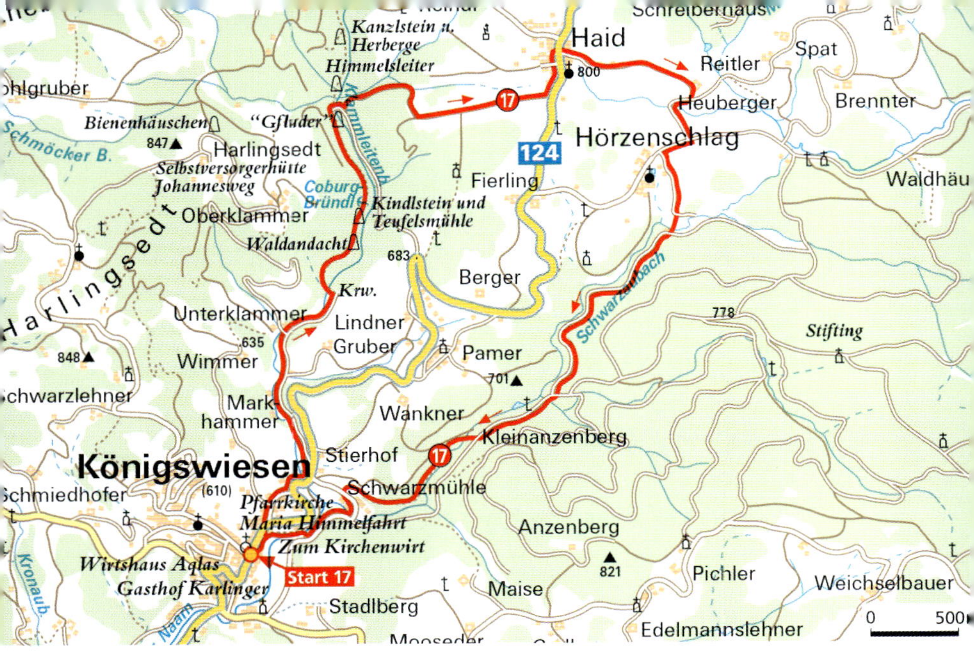

Im Reich der Fliegenpilze

Wir ziehen weiter und gelangen zu einem Fichtenjungwald. Etwas Rotes blitzt aus dem Unterholz hervor. Wir sehen das als besondere Einladung, uns ganz klein zu machen und auf allen Vieren die Gegend unter den Bäumen zu erkunden. So entdecken wir das Reich der Fliegenpilze. Der Waldboden ist übersät davon, verziert mit unterschiedlichen Farben und Mustern. In dieser vom Licht geschützten „Unterwelt" rechnen wir jederzeit damit, dass eine Zwergenfamilie auftaucht – eine geradezu märchenhafte Stimmung.

Etwas zerzaust, aber um eine Erfahrung reicher, steigen wir ins Tal des Schwarzaubaches ab. Das Ortszentrum kommt wieder näher und wir fühlen uns durch den am Wegrand angebrachten Spruch bestätigt: „Gehst Du jeden Tag diese Rund', bleibst Du Dein Leben lang gesund."

🕒 3 Stunden ↔ 10 Kilometer ↗ 320 Höhenmeter
Ausgangspunkt: Königswiesen, Ortsplatz
www.koenigswiesen.at
Öffentl. Verkehr: Bus 340 bis Königswiesen

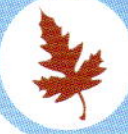

Der Burgstallweg führt auf das Dach des Bezirkes Perg

Was heute ein prächtiger Aussichtspunkt ist, war früher ein lebenswichtiger Zufluchtsort. Der 949 Meter hohe Burgstall ist die höchste Erhebung des Bezirkes Perg und hat seit jeher eine große Bedeutung für die lokale Bevölkerung. „Die Menschen zogen sich hierher zurück, als die Hussiten mordend durchs Land zogen oder die entfesselten französischen Soldaten umherstreiften", erzählt Franz Hochstöger, Bürgermeister von St. Georgen am Walde.

Großartiger Rundblick

Ausgangspunkt unserer vierstündigen Wanderung ist der Tourismus-Pavillon im Ortszentrum, eine kühne Konstruktion aus Holzpfählen und Lehm. Entlang des munter gurgelnden Blümelbachs, kunstvoll aufgeschichteter Steinpyramiden, herbstlich bunt gefärbten Buchenlaubs und einer harmonischen Weidegemeinschaft zwischen einem weißen Pferd und einem schwarzen Schaf hat uns der Weg Nr. 3 auf den Burgstall geführt. Jetzt können wir einen großartigen Rundblick auf die Ybbstaler Alpen, auf den Hochschwab bis zu den Gesäusebergen genießen. Sie ragen aus den dichten herbstlichen Nebeln heraus. Nach einer ausgiebigen Rast begeben wir uns in die sagenumwobene Unterwelt des Burgstalls. Die „Teufelsschlucht" wird ihrem Namen gerecht. Zwei steil aufragende Felsen bilden eine schmale, dunkle Spalte. Manche Stellen sind so eng, dass man nur seitlich durchgleiten kann. Verständlich, dass sich um diesen Ort zahlreiche Sagen ranken. Die Höhlen des Burgstalls sollen mit Gold und Edelsteinen gefüllt sein, die von kleinen Männchen

bewacht werden. Nur einmal im Jahr, in der Weihnachtsnacht, öffnet sich das Felsentor und kann von Menschen betreten werden. Auch wir durchqueren erfolgreich diesen einmaligen Ort und treffen wieder aufs helle Gipfelareal des Granitblocks.
Nach so viel teuflisch-schöner Landschaft tut es gut, sich der mystischen Einsiedlermauer zu nähern. Eine Quelle inmitten laubbedeckter Waldlandschaft stimmt uns darauf ein. Unter dem Wurzelwerk einer betagten Fichte sprudelt das köstliche Nass aus dem Waldboden. Mit frisch gefüllten Wasserflaschen treffen wir auf die Klammer Kapelle. Die Erbauer erinnern damit an mehrere Todesfälle durch eine Scharlachepidemie in der Bauernfamilie. Ein Wanderpaar aus dem nahen Ort

Blick auf St. Georgen und die Landschaft des Mühlviertels

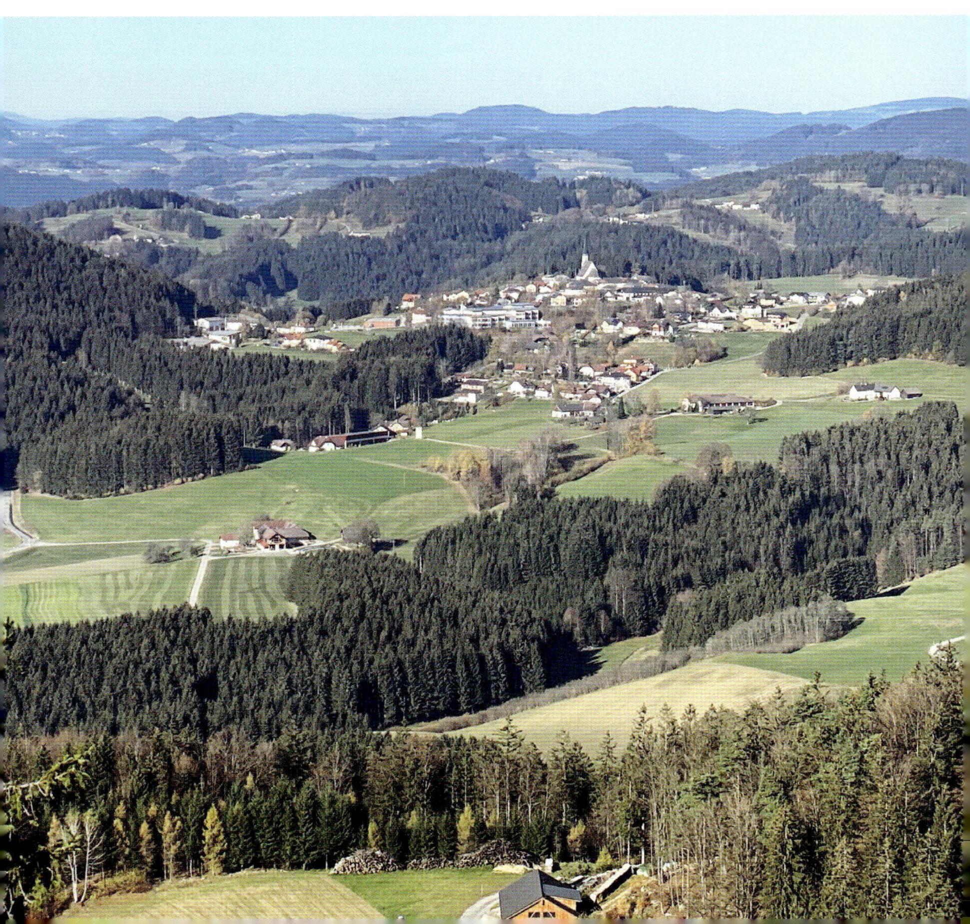

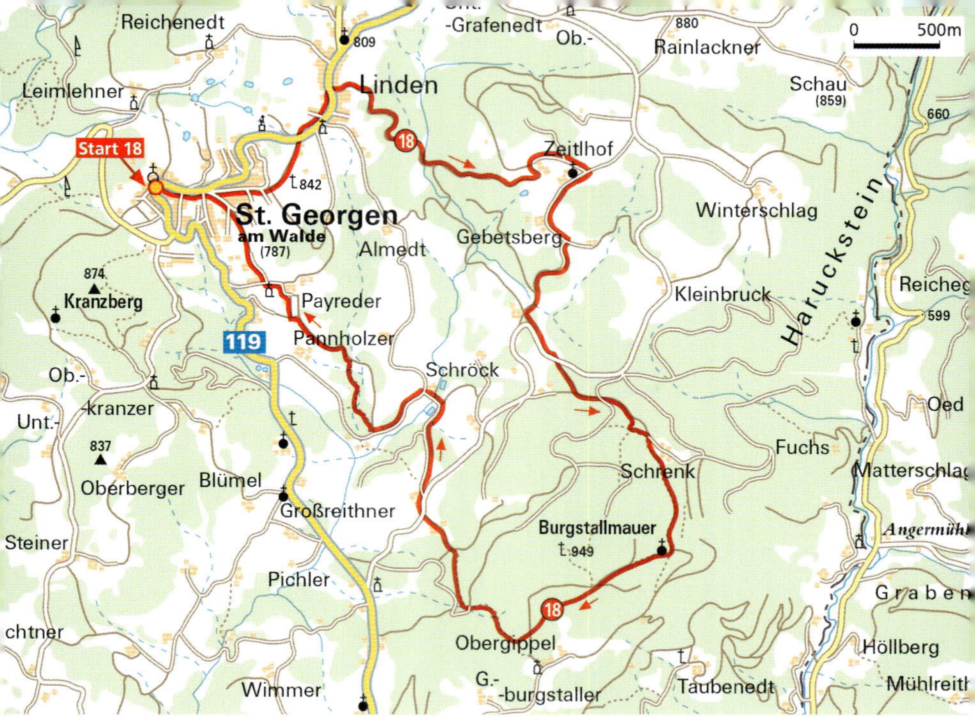

genießt gerade die absolute Stille auf der Bank vor der Kapelle. Auf einem weit über dem Sarmingbachtal in die Landschaft ragenden Felsenturm befinden sich zwei schalenartige Vertiefungen. Sie sollen schon zu Urzeiten Kelten und Germanen als Opfersteine gedient haben. Zur Zeit der Christianisierung verbannte man den Steinkult und erklärte sie zu Sitzmulden von Einsiedlern. Eine Sitzprobe animiert spontan zu einer Übung, die Arme auszubreiten und den Blick in die sanft hügelige Landschaft zu richten. So beenden wir mit frischer Energie unsere Rundwanderung.

🕒 4 Stunden ↔ 12 Kilometer ↗ 590 Höhenmeter
Ausgangspunkt: St. Georgen am Walde, Touristenpavillon im Ortszentrum
www.st.georgen.at
Öffentl. Verkehr: Bahn bis Perg Schulzentrum, dann Bus 370 bis St. Georgen a. W.

19

Burg Ruttenstein
Die größte Wehrburg des Mühlviertels

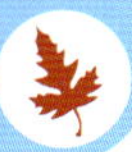

Mit dem Pferd auf der Mühlviertler Alm

Das leichte Prickeln am Beginn der Abenteuer-Reittour legt sich bald. Das sanfte Schaukeln des Pferderückens überträgt rasch seine beruhigende Wirkung auf den Reiter. Die Wallache Aris und Branco sind in der Mühlviertel Alm zuhause und bewegen sich trittsicher durch das Reitparadies. Wir halten uns an die Empfehlung des Aphoristikers: „Reiten ist die Kunst, ein Pferd zwischen sich und dem Erdboden zu halten."

Dazu haben wir aus dem 700 Kilometer langen Wanderreitnetz eine von Pabneukirchen ausgehende Runde gewählt. Sie führt auf 25 Kilometern Länge zur Ruine Ruttenstein und über Mönchdorf wieder zurück. Treffenderweise heißt der erste Teil des markierten Reitweges auch „Romantiktalweg".

Pierbach

In harmonischem Trab geht es entlang des eisenbraunen Maseldorfer Bachs in Richtung Pierbach. Die Landschaft erinnert an Almen im Hochgebirge, angereichert mit anspruchsvollen Hügeln, monumentalen Felstürmen und viel Wald. Wenn der befestigte Weg gut einsehbar ist, wechseln wir auf längeren Wegpassagen in einen kontrollierten Galopp. Mehrere Kilometer lang kann man dabei als Reiter geradezu mit dem Pferd verschmelzen. Und auch mit der Natur. Die erholsamen Wälder verbreiten ein besonderes Klima mit starken Aromen. Wir baden förmlich in einem Cocktail aus bioaktiven Substanzen, die von den Bäumen abgegeben werden. Ein energetisches Auftanken, das den Alltagsstress vergessen lässt und neue Kraft gibt. Ein Stück der Route teilen wir mit Pilgern des „Johannesweges".

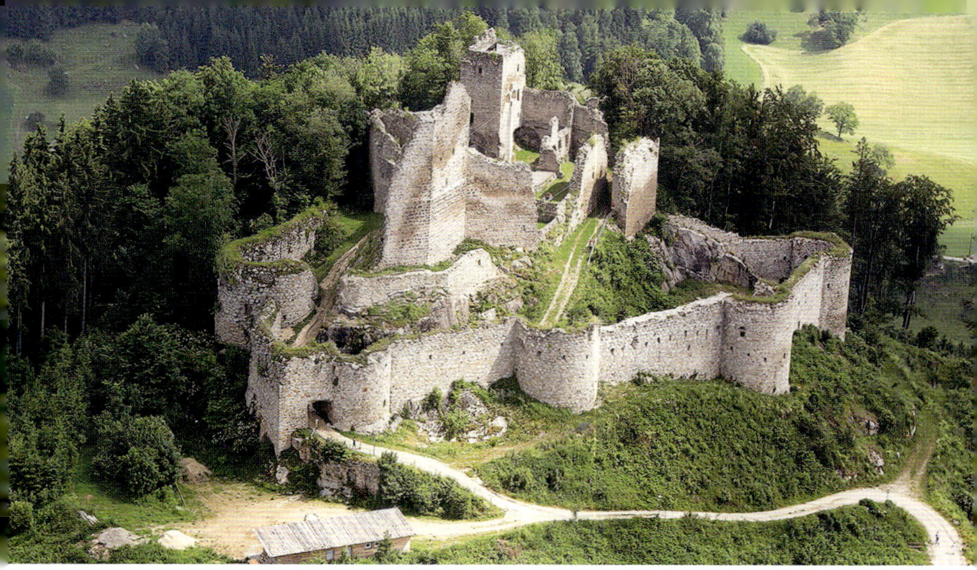

5 000 m² große Burgruine Ruttenstein

Ihre Suche nach der inneren Ruhe ist anstrengender als die von uns Reitern. Es folgen Wiesen mit bäuerlichen Gehöften, aus denen freundliche Menschen zurückgrüßen. Neben zahlreichen weidenden Rindern ist eine Herde von strahlendweißen Gänsen ein ungewohnter Anblick. Sie bewegen sich bei unserem Näherkommen allesamt im gleichen Takt, nicht im Gänsemarsch eine nach der anderen, sondern alle wie ein perfekt koordinierter Vogelschwarm in eine Richtung. Sie genießen ihr Dasein auf der Grasweide und ahnen zum Glück nichts vom Schicksal, das ihnen in der Martinigansl-Zeit im November bevorsteht.

Unteres Mühlviertel

Wir richten den Blick über die gutmütigen Weidetiere in die Ferne und sehen die Burgruine Ruttenstein über die Hügel des Unteren Mühlviertels herausragen. Der Ort Pierbach wird erreicht und nach zweieinhalb Reitstunden die Schutzhütte Ruttenstein, wo uns die Kellnerin Stefanie ein stärkendes hopfenhaltiges Getränk für den letzten kurzen Anstieg serviert. Im Wehrgraben der Ruine finden wir einen Anbindeplatz für unsere Pferde und betreten die auf 758 Metern hoch über dem Tal

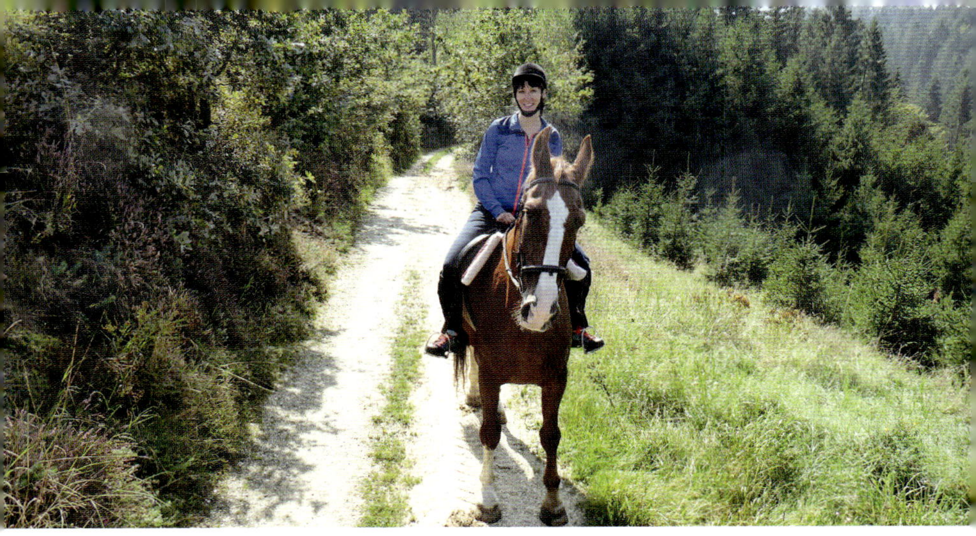

Reitidylle im 700 km umfassenden Reitwegenetz

der Naarn gelegene Anlage. Seit der Jahrtausendwende engagiert sich ein rühriger Erhaltungsverein, die Substanz der größten Wehrburg des Landes Oberösterreich zu sichern.

Ausblick

Obmann Erwin Himmelbauer: „Bereits um 1160 wurde die Burg als ‚Castrum Rotenstein' in bambergischem Besitz erwähnt. Später war sie im Eigentum bekannter Geschlechter wie der Habsburger, Wallseer und Liechtensteiner. Seit 1823 sind die Herzöge von Sachsen-Coburg und Gotha die Besitzer."
Interessant ist die Herkunft des Namens der Burg: „Er geht vermutlich auf die leicht rötliche Färbung des dortigen Granitgesteins zurück." Wir steigen auf den vier Stockwerke hohen Aussichtsturm und genießen den freien Blick auf die Mühlviertler Hügellandschaft bis zu Dachstein und Ötscher. Die Pferde freuen sich, nach weiteren eineinhalb Stunden wieder ihre heimatliche Koppel zu erreichen. Ein unvergessliches Natur- und Kulturerlebnis wird uns in Erinnerung bleiben.

Detaillierte Informationen über Reitmöglichkeiten auf der Mühlviertler Alm
www.pferdereich.at • www.ruttenstein.at

Unterwegs zwischen Steinriesen

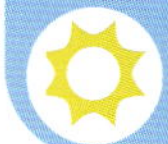

Riesige Felsformationen kennzeichnen den Naturparkweg im Unteren Mühlviertel

Ein tonnenschwerer Wackelstein, „Schwammerling" genannt, thront auf einem noch größeren Granitmugel. Die Soldaten Napoleons haben schon versucht, ihn von seinem Aussichtsplatz herunterzuziehen, ohne Erfolg. Allerdings lässt er sich erstaunlicherweise mit menschlicher Kraft in eine leichte Schwingung versetzen, wie ein Selbstversuch zeigt.

Schlafender Riese

Wie ein schlafender Riese liegt er im Gebiet des Naturparks Mühlviertel, einem Landschaftsschutzgebiet der besonderen Art. „Es zeichnet sich durch die für das Untere Mühlviertel typische reich strukturierte Kulturlandschaft mit markanten Felsformationen, romantischen, buchenreichen Wäldern und blühenden Magerwiesen aus", beschreibt Martin Ebenhofer, Bürgermeister von Rechberg (Bezirk Perg), die Gegend. Genau dieses Erleben steht uns Besuchern am „Naturparkweg" bevor, dem wir vom Ortszentrum Rechberg aus in einer dreistündigen Rundwanderung folgen. Der Schwammerling ist die erste von zahlreichen Attraktionen.

Ein wärmender Aufstieg durch den Wald führt zu den „Fuchsmauern", eine typische Blocksteinburg aus zahlreichen über- und ineinander geschachtelten Steinen aus Weinsberger Granit. 350 Millionen Jahre alte Feldspatkristalle blinken aus dem Gestein. Die zahlreichen Höhlen und versteckten Gänge im Steinlabyrinth waren seit jeher ein gutes Wohngebiet für den Fuchs. Daher wohl auch der Name.

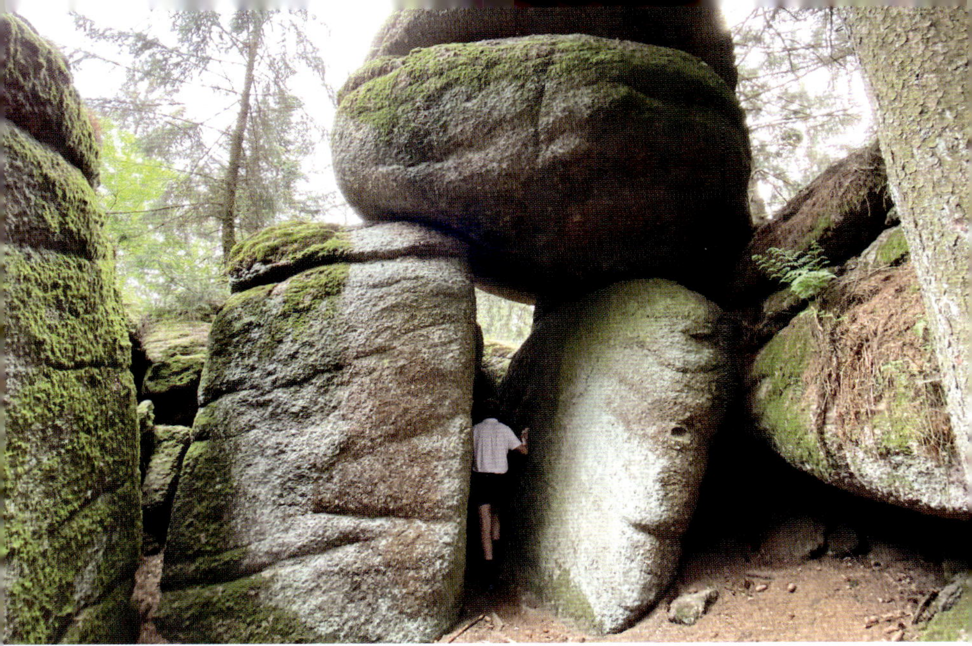

Der „Hai" lässt sich begehen

Einen Reiz ganz anderer Art verströmt die Blockheide, durch die unser weiterer Weg führt. Auf dem sanften Hochplateau der Pammerhöhe gedeihen auf 600 Metern Höhe jahrhundertealte Wacholdersträucher. „Männchen und Weibchen sind jeweils eigene Pflanzen. Drei Jahre dauert es, bis die weibliche Pflanze ihre Früchte, also die Wacholderbeeren, zur Reife und damit zur bekannten schwarzen Farbe entwickelt hat", weiß die Geschäftsführerin des Naturparks Mühlviertel, Barbara Derntl. Ein guter Platz, um auf dem Bänkchen vor dem Gipfelkreuz eine Pause einzulegen und innezuhalten.
Gleich anschließend passiert der Weg ein Felsungetüm, das sich mit etwas Fantasie als Elefant identifizieren lässt: der „Elefantenstein". Beim folgenden Bauernhof führt die Biobäuerin und Naturvermittlerin Andrea Thauerböck zu zwei weiteren geradezu mystischen Steinen. Der Opferstein mit einer gut sichtbaren Mulde in der Mitte scheint schon ein keltischer Kultplatz gewesen zu sein. Unmittelbar daneben ruht der Einsiedlerstein. Mitten im Felsen ist eine Sitzmulde.

Der mit Schilf gedeckte Großdöllnerhof ist heute ein liebevoll restauriertes Freilichtmuseum. Einst war er ein kleiner Bauernhof, der kaum seine Besitzer ernähren konnte. Heute ist er ein Natur- und Kulturbildungszentrum. Je näher wir uns dem 400 Jahre alten Dreiseithof nähern, desto lauter wird das Summen der Wildbienen. Das Schilfdach und die alten Steinbloßmauern bieten ihnen einen perfekten Lebensraum.

46 Kirchtürme von der Rechberger Aussichtswarte

Auf sanften, mit den kugeligen Blüten der Buchen bedeckten Waldpfaden erreichen wir schließlich die Aussichtswarte von Rechberg. Die 20 Meter hohe Holzkonstruktion ruht auf einem sechs Meter hohen Steinplateau. Die Blicke schweifen über das Mühlviertel, die Donauregion bis zu den schneebedeckten Alpen im Süden. Bei klarer Sicht zählt man 46 Kirchtürme in der ganzen Region.

Wie naturnah die Region ist, zeigt uns eine knapp einen Meter lange Schlingnatter, die recht unbekümmert am Straßenrand auf die wärmende Vormittagssonne zu warten scheint. Plötzlich taucht ein weiterer steinerner Zeuge in Gestalt eines Riesenhais auf. Kühn reckt er sein spitzes Maul in Richtung des Wanderweges. Allerdings scheint er durchaus gastfreundlich zu

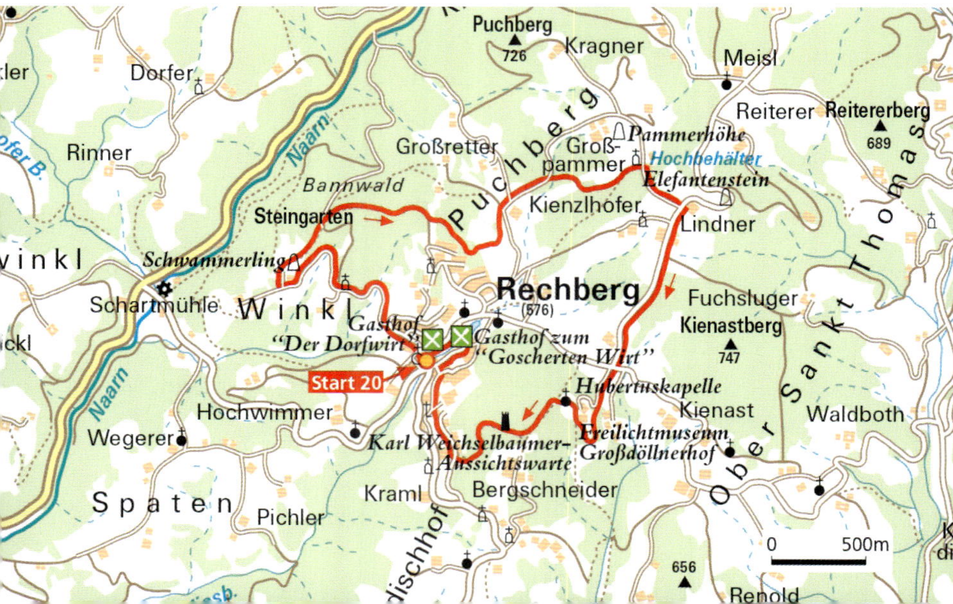

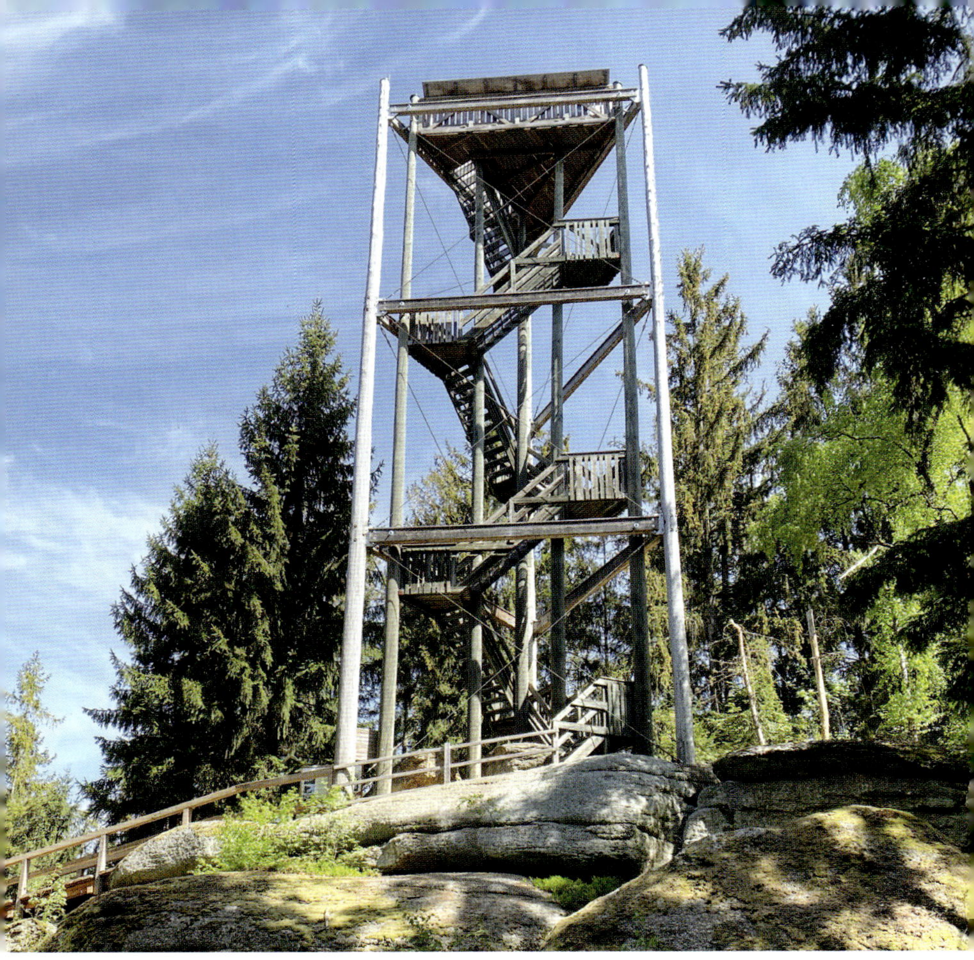

20 Meter hohe Aussichtswarte von Rechberg

sein und erlaubt uns, unterhalb durch einen schmalen Steingang hindurchzukraxeln. Ein besonderes Gefühl, zwischen diesen riesigen Felsblöcken gleichsam im Bauch des Riesenfisches zu spazieren.

🕒 3 Stunden, ↔ 8,5 Kilometer ↗ 285 Höhenmeter
Ausgangspunkt: Rechberg, Ortszentrum
www.naturpark-muehlviertel.at • www.rechberg.at
Öffentl. Verkehr: Bahn bis Perg Schulzentrum Bhf, dann Bus 374 bis Rechberg Ortsmitte

Der schlaue Bauer narrte den Teufel

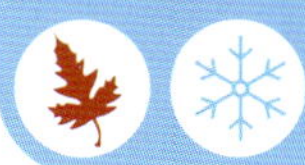

Windegg ist die schönste romanische Burg Oberösterreichs

Das silberne Schwert im Gemeindewappen gibt einen Hinweis auf die Entstehung des seltenen Ortsnamens Schwertberg. Auf dem Marktplatz soll bei mittelalterlichen Gerichtstagen ein geharnischter Arm mit einem Schwert in der Hand als sichtbares Zeichen angebracht worden sein. Für die zweite Namenshälfte, den „-berg“, findet sich ebenfalls im Gemeindewappen eine Antwort. Es zeigt drei zackige Bergspitzen. Die höchste von diesen, die allerdings nicht steil, sondern ein gemütlicher Hügel ist, wird von einem mächtigen Felsgebilde gekrönt.

Weltstein

Dieser „Weltstein“ wird einer der Höhepunkte auf dem gleichnamigen 11 Kilometer langen Rundweg sein, den wir vom Ortszentrum aus begehen. Das wildromantische Aisttal, das hier auch Josefstal heißt, bietet einen idealen Einstieg in den vierstündigen Rundweg. Ganz still gleitet das winterlich ruhige Gewässer dahin. Der Himmel und die umgebenden Hügel spiegeln sich in der glatten Oberfläche. Dann aber geht es in die Höhe. Wir verlassen den Fluss und folgen der Markierung „Weltstoarunde“ in die höher gelegene Mühlviertler Hügellandschaft. Meist geht es durch Buchenwälder, deren Blätter einen weichen Teppich für uns ausgelegt haben. Dann taucht zwischen den Bäumen ein mittelalterlicher Turm auf, die Ruine Windegg. Die Steinplatten am steilen Aufstieg zum Burgtor scheinen frisch verlegt. Das wahrscheinlich schönste Beispiel einer romanischen Burg in Oberösterreich verdankt diesen guten Zustand dem rührigen

„Arbeitskreis Windegg“, der seit dem Jahr 1980 die Burg renoviert. Altbürgermeister Kurt Gaßner ist Obmann und kann sich über 400 unterstützende Mitglieder – davon 150 aktive – freuen. „Diese haben in 145 000 unentgeltlichen Arbeitsstunden dieses Kulturdenkmal vor dem Verfall gerettet und neues Leben in die historischen Mauern gebracht. Seit 20 Jahren können heimische Künstler ihre Werke in der Turmgalerie ausstellen“, so Gaßner. Eine Verwendung, die den Ursprüngen der Burg würdig ist. Diese wurde nämlich im 12. Jahrhundert im Auftrag der Regensburger Domherren als Herrschaftsmittelpunkt für das Gebiet zwischen den Flüssen Aist und Naarn erbaut. Heute herrscht hier die Kunst, die wohl besser als alles andere Menschen verbindet. Gleich unterhalb der Burganlage treffen wir auf das Kulturhaus Lichtenwagner. Anneliese Grübe ist aktives Mitglied im „Arbeitskreis Windegg“ und kennt die Geschichte: „Hier waren

Romanische Burgruine Windegg

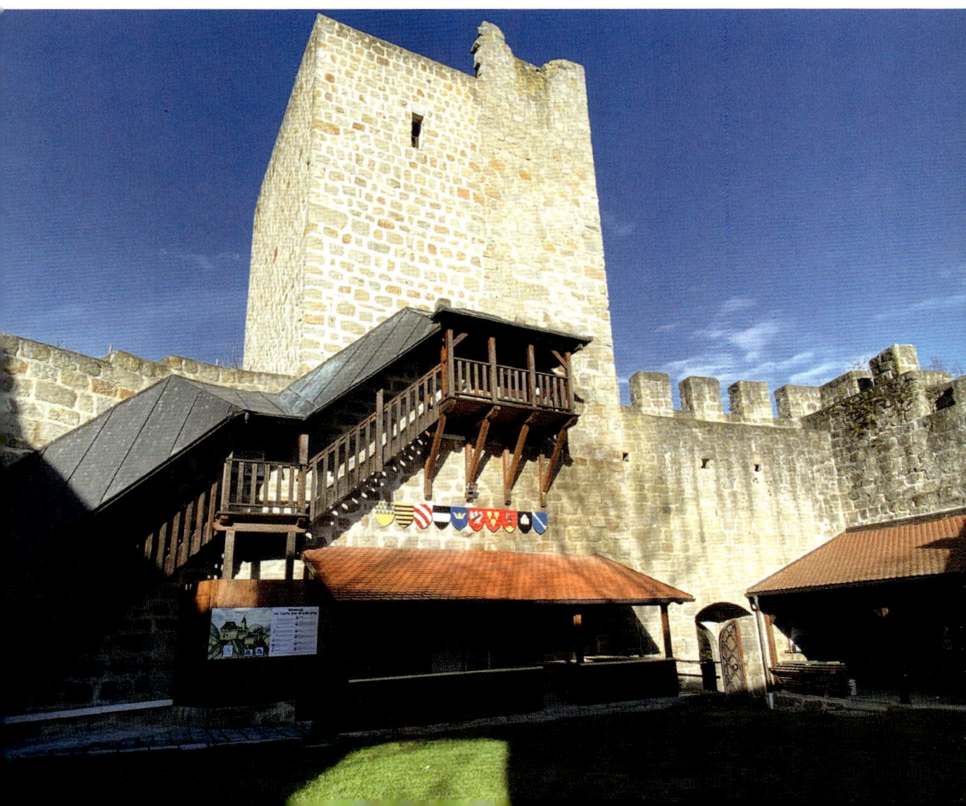

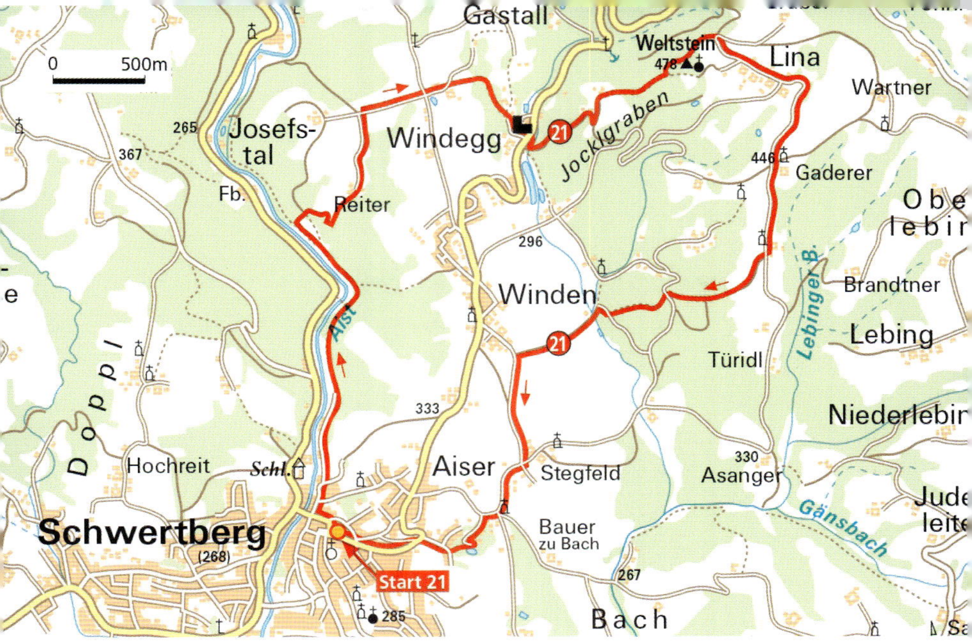

die letzte Kantine und die Büroräume der Steinbrüche, die im Besitz der Stadt Wien waren. Der zunehmende Bedarf an Granit für die Straßenpflasterung hatte die Stadt Wien zum Kauf mehrerer Steinbrüche im Raum Mauthausen veranlasst. Im Jahr 1873 wurde der hier gelegene sogenannte ‚Windeggbruch' angekauft und war bis 1922 aktiv."

Hochzeits-Location

Nur dieses Gebäude erinnert an die früheren industriellen Aktivitäten, bei denen Hunderte Schwertberger beschäftigt waren. Die Gemeinde hat das historische Gebäude in den 1980er-Jahren erworben und erfreut heute viele Brautpaare, die an diesem stilvollen Ort ihre Hochzeit feiern. Das Standesamt hat dafür eine Außenstelle eingerichtet.

Kult- und Opferstätte

Schließlich erreichen wir den höchsten Punkt des Rundweges, den Weltstein. Mächtig überragen die geradezu kunstvoll aufeinandergeschichteten Granitblöcke das umliegende Land. Der Regional- und Heimatforscher Leopold Mayböck vermutet hier bereits zur Zeit der Kelten eine Kult- und Opferstätte. Er kennt auch die Sage, die dem Weltstein seinen Namen gegeben hat. Ein schlauer Bauer soll nämlich seine Seele vor dem Teufel gerettet haben, indem er dessen Rätsel, warum man von diesem Berg die vier Weltmeere sehen könne, löste. Des Bauern Antwort lautete: „In der Früh sieht man das Nebelmeer, zu Mittag ein Häusermeer, am Abend ein Lichtermeer und in der Nacht gar nichts ‚mehr'." Der Teufel musste wild fluchend die Seele des Mannes fahren lassen.

🕓 4 Stunden ↔ 11 Kilometer ↗ 318 Höhenmeter
Ausgangspunkt: Schwertberg, Ortszentrum
www.schwertberg.at
Öffentl. Verkehr: Bahn bis Schwertberg Bhf

Markanter Gipfel Weltstein

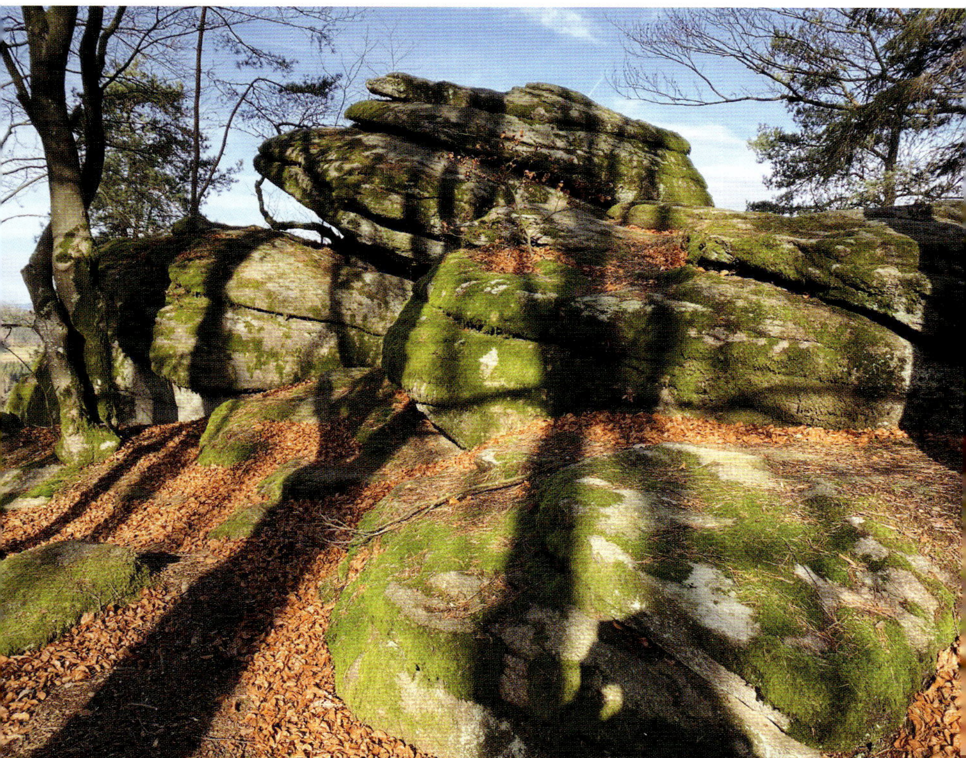

Ottos Wappen wurde Landeswappen

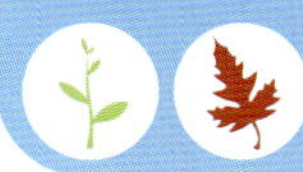

Kulturlandschaftsweg mit Naturromantik in der Klamschlucht

Treffender kann der Name für einen Wanderweg wohl kaum sein. Der „Kulturlandschaftsweg Machland" führt den Besucher ausgehend vom Kloster Baumgartenberg in einer Zehn-Kilometer-Runde zu ganz besonderen kulturellen und landschaftlichen Höhepunkten im Mühlviertel. Die Stiftskirche Mariä Himmelfahrt stimmt mit prächtigem Stuck und Fresken auf die große Geschichte des Ortes ein.

Klosteranlage

Der Stifter Otto von Machland war kinderlos und schenkte seine gesamten Güter im 12. Jahrhundert dem Kloster Baumgartenberg. „Die imposante Klosteranlage war nach einer dramatischen Geschichte mit kriegerischen Episoden eine Männerstrafanstalt und später ein Heim für schwererziehbare Mädchen. Seit 1995 ist das vom gleichnamigen Schulverein betriebene Europagymnasium vom Guten Hirten in der Klosteranlage untergebracht. Das Land Oberösterreich hat ein spezielles Erbe von Otto von Machland. Dessen Wappen wurde zum Landeswappen unseres Bundeslandes", erzählt Ortschronist Albert Kern.

Machlandblick

Wir verlassen die fruchtbare Ebene des Machlandes und steigen auf die sanften Hügel der südlichen Mühlviertler Randlagen, die einen Grenzbereich des Böhmischen Massivs zur Donauniederung darstellen. Nach wenigen Minuten können wir vom

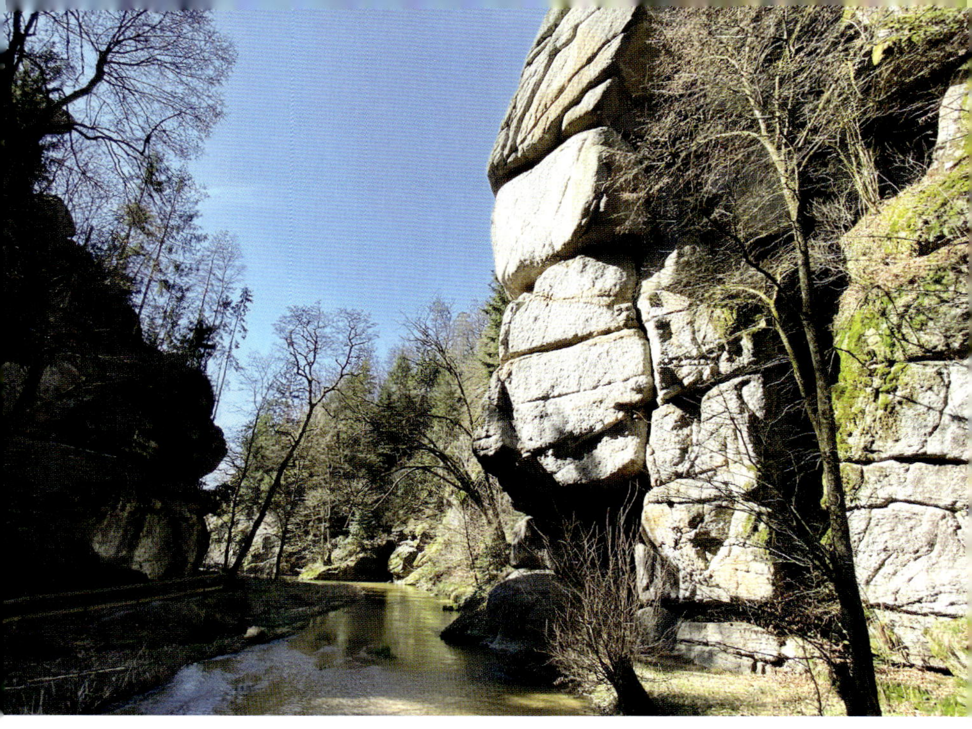

Aussichtspunkt „Machlandblick“ die Aussicht auf die Klosteranlage und am Horizont die schneebedeckten Gipfel des Alpenkamms vom Ötscher bis zum Traunstein genießen.

Burg Clam

Wir passieren eine Kapelle mit einer monumentalen Linde, die im Laufe ihres langen Lebens von unzähligen Misteln besiedelt wurde. In der Ortschaft Sperken weckt eine stattliche Eichenallee unser Interesse. Sie kündigt die Nähe der Burg Clam an, die majestätisch über dem gleichnamigen Ort thront. Die mächtige Wehranlage war im Mittelalter im Besitz gefürchteter Raubritter. Seit mehr als 500 Jahren gehört die Burg den Grafen von Clam und wird ganzjährig bewohnt. Wir begeben uns in die Klamschlucht, wo wir uns auf den nächsten zwei Kilometern von wie durch Riesenhand geformten Felsentürmen verzaubern lassen. Runde sackartige Granitblöcke wurden seit der letzten Eiszeit als sogenannte Wollsackformationen zu hoch aufragenden

Fantasiefiguren mit breiten Gesichtern oder einer markanten Nase aufgeschichtet. Namen wie „Rabenstein" oder „Türkenkopf" zeigen, was die Kreativität der Besucher darin entdeckt hat. Diese Felsformationen und das „Drachenloch", ein schmaler gespenstischer Kamin aus senkrechten Felsen, scheinen auch den Dichter August Strindberg inspiriert zu haben. Er hat diese Szenerie ausführlich im Jahr 1896 in seinem Roman „Inferno" beschrieben, ebenso die Mühlen und Sägewerke, die vom Klambach angetrieben wurden.

Sturmmühle

Heute blitzen vom Wasser glattgeschliffene Granitmugeln heraus, unter denen sich Wasserbecken gebildet haben. Im Sommer laden sie zu einem Bad ein. So gelangen wir zum Kulturzentrum Sturmmühle, von wo uns der Weg wieder zum Ausgangspunkt zurückführt.

🕒 3 Stunden ↔ 10 Kilometer ↗ 266 Höhenmeter
Ausgangspunkt: Kloster Baumgartenberg
www.kloster-baumgartenberg.at
Öffentl. Verkehr: Bahn bis Baumgartenberg Bhf

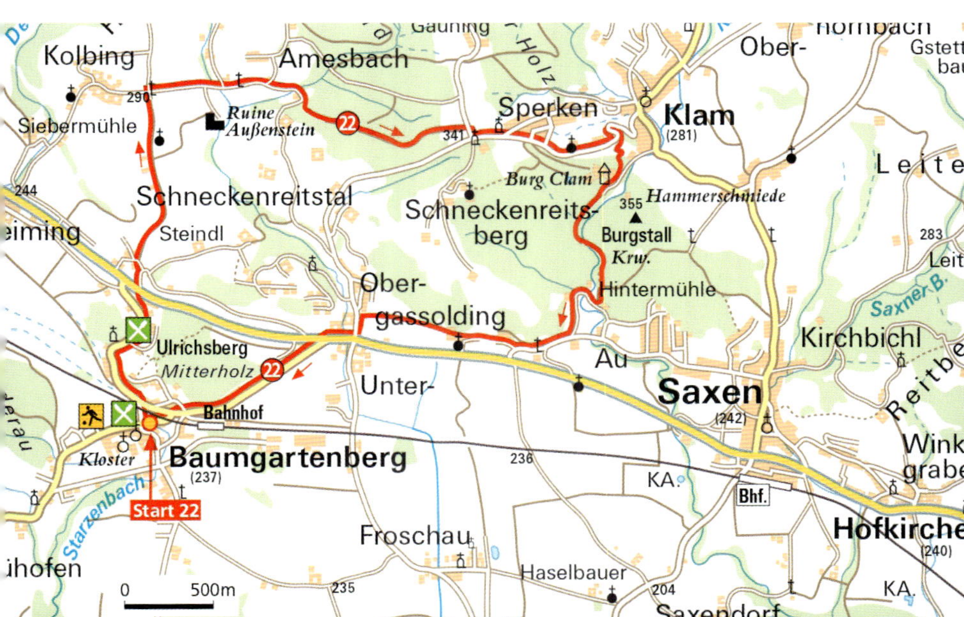

23 Mitterkirchen
Mit dem Rad in die Keltenkultur

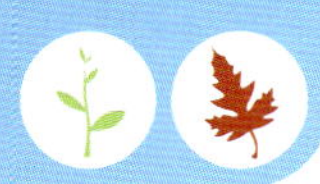

Besuch bei der 2 700 Jahre alten „keltischen Herrin"

Zwischen 1981 und 1990 wurde in der Machlandgemeinde Mitterkirchen ein Gräberfeld mit Gräbern aus der Hallstattzeit (vor 2700 Jahren) freigelegt. Ein besonderes Highlight war dabei die Grabstätte einer adeligen Dame, in der prunkvolle Grabbeigaben entdeckt wurden. Die Ausstattung war so prachtvoll, dass sie internationales Aufsehen erregte. Die Einzigartigkeit dieser Fundstelle führte 1991 zur Errichtung eines Freilichtmuseums, in dem das Leben der Hallstattzeit nachgestellt wurde.

Sammelpunkt Au

Ein Besuch im „Keltendorf" lässt sich trefflich mit einer Radtour durch das flache Machland verbinden. So starten wir unsere Runde in Au an der Donau, wo einst der wichtigste Sammelpunkt für das über die Aist vom Unteren Mühlviertel geschwemmte Holz war. Hier befand sich am Ende der Triftstrecke der Hauptrechen und der riesige Holzplatz, von dem aus Holz über die Donau nach Wien weitertransportiert wurde. Heute ist davon nichts mehr zu sehen, stattdessen befindet sich hier eine idyllische Freizeitanlage mit einem Campingplatz.

Gerhard Ebner ist einer der Betreiber und ein Mühlviertler Original. Er vermietet uns E-Bikes, mit denen wir uns über den „Donauradweg R1" auf den „Museumsweg 974" begeben. Dieser führt uns durch beschauliche Weiler mit gut riechbarer Schweinezucht ins Keltendorf nach Mitterkirchen. Bernhard Greiner ist hier seit mehr als 15 Jahren beschäftigt und leitet uns kundig durch das Museumsdorf. Auf Basis der mehr als tausend

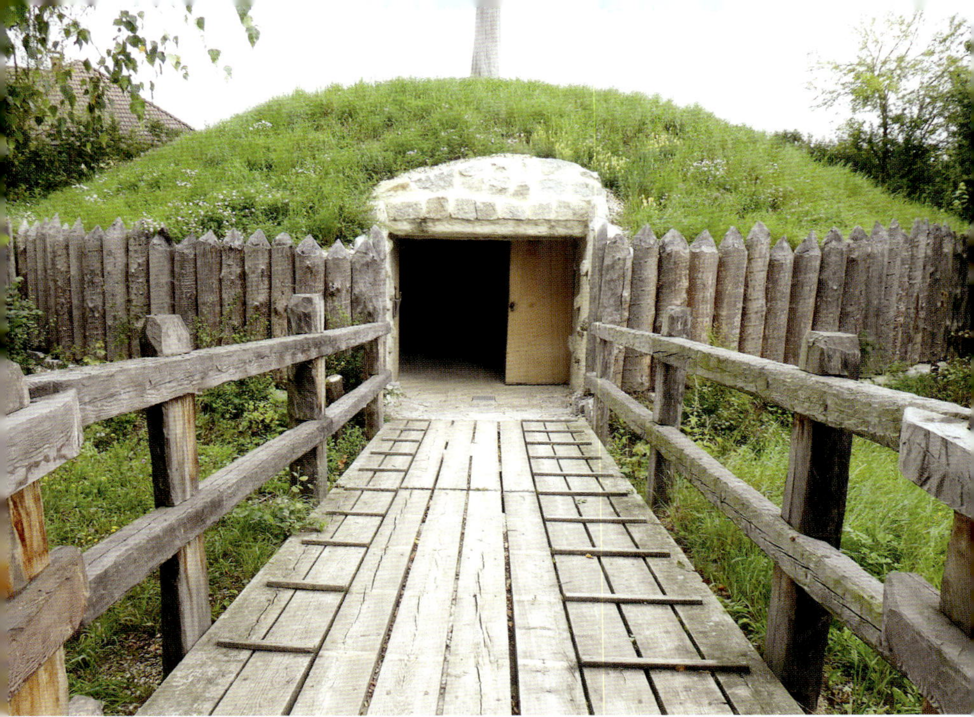

Grabhügel der „keltischen Herrin“

in der Region entdeckten Fundstücke konnten die Lebensweise der Menschen und die urgeschichtlichen Handwerkstechniken wie Töpfern, Spinnen, Metallbearbeiten, Weben und Brotbacken rekonstruiert werden.

Salzablagerung

So bewegen wir uns bei unserem Rundgang durch die mit Sorgfalt errichteten Holzbauten, beginnend beim Backhaus, dem Sommer- und dem Winterhaus, in dem auch zwei Ziegen einquartiert sind. „Man weiß, dass die heutigen Tiere den Ziegen der Keltenzeit ganz ähnlich sind“, weiß der Experte. In dem auf Pfählen errichteten Speicher dürfte in früherer Zeit auch Salz gelagert worden sein, das auf der Handelsroute ein wichtiges Exportgut war. „Die Waren wurden wohl über das gesamte Siedlungsgebiet der Kelten von Frankreich bis Slowenien vertrieben.“ Im „Herrenhaus“, das als einziges Gebäude mit Lehmmörtel

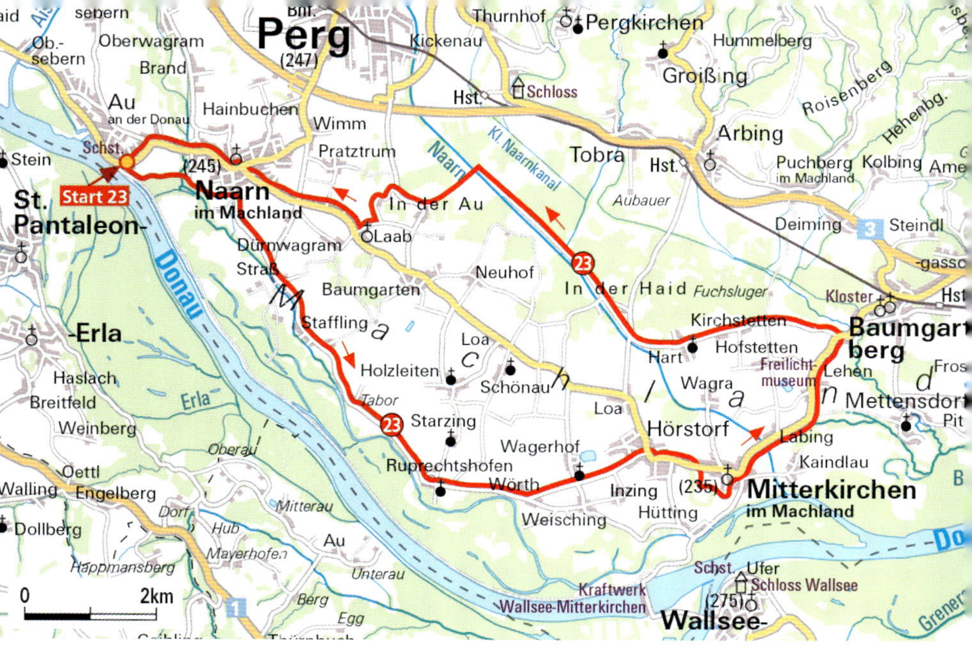

verputzt ist, können wir einen „Kratér", ein amphorenförmiges Mischgefäß für Wein, bewundern. Üblicherweise wurde damals Wein verdünnt und mit Kräutern aromatisiert getrunken. Den Kelten sagte man nach, ihn unverdünnt zu trinken. Daher der Spruch: „Trinken nach Keltenart."

Fenster aus Ziegenhaut

Faszinierend sind die „Fensterscheiben" aus Ziegenhaut. Man kann zwar nicht durchschauen, aber sie lassen doch mattes Licht in den Raum dringen. So gelangen wir zum mit Gras bewachsenen begehbaren Grabhügel der „Herrin von Mitterkirchen". Ein prunkvoller Begräbniswagen befindet sich im Zentrum der für Adelige typischen Grabkammer. In zahlreichen verzierten Tongefäßen wurden den Verstorbenen vielerlei Lebensmittel mitgegeben. Die Menschen glaubten an ein Weiterleben nach dem Tod, weshalb die keltischen Krieger auch unerschrocken und geradezu todesmutig in den Kampf gingen. Metallbeschläge auf den Rädern und zahlreiche Schmuckstücke aus Bronze und Messing lassen auf eine hochstehende Handwerkskunst schließen. Hier sind auch die Anfänge der im Mühlviertel heute noch ausgeübten Textilverarbeitung zu sehen. Aus Tierhaaren und Pflanzenfasern wurden mithilfe von Spindeln Garne hergestellt, die auf großen Webstühlen zu kunstvollen Stoffen mit verschiedenen Strukturen und Mustern wie Haken und Dreiecken verwoben wurden. Den Nachbau eines solchen Webstuhls können wir in der Webhütte bewundern. Gefärbt wurden die Textilien mit verschiedenen Pflanzen wie zum Beispiel Kamille und Färberwaid und sie leuchteten in kräftigem Rot, Gelb und Blau.

🕒 mit dem Fahrrad 1 3/4 Stunden (ohne Besichtigung) ↔ 30 Kilometer
Ausgangspunkt: Au an der Donau
Zielpunkt: Keltenmuseum in Mitterkirchen
www.keltendorf-mitterkirchen.at

Die Fenster wurden mit Ziegenhaut ausgekleidet

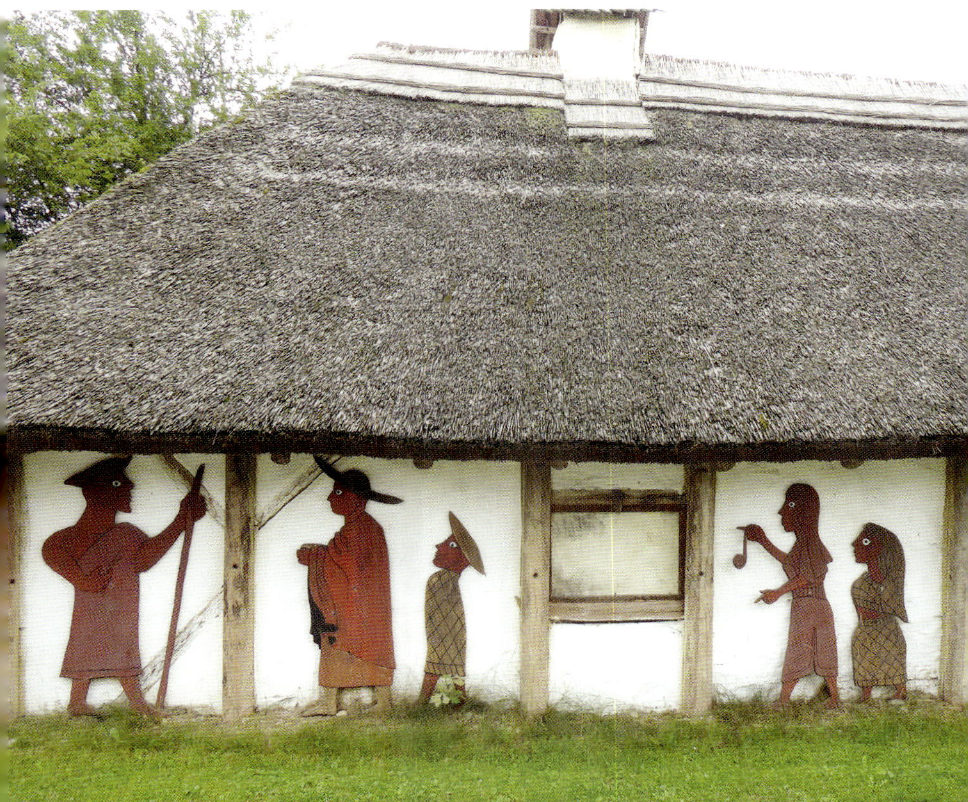

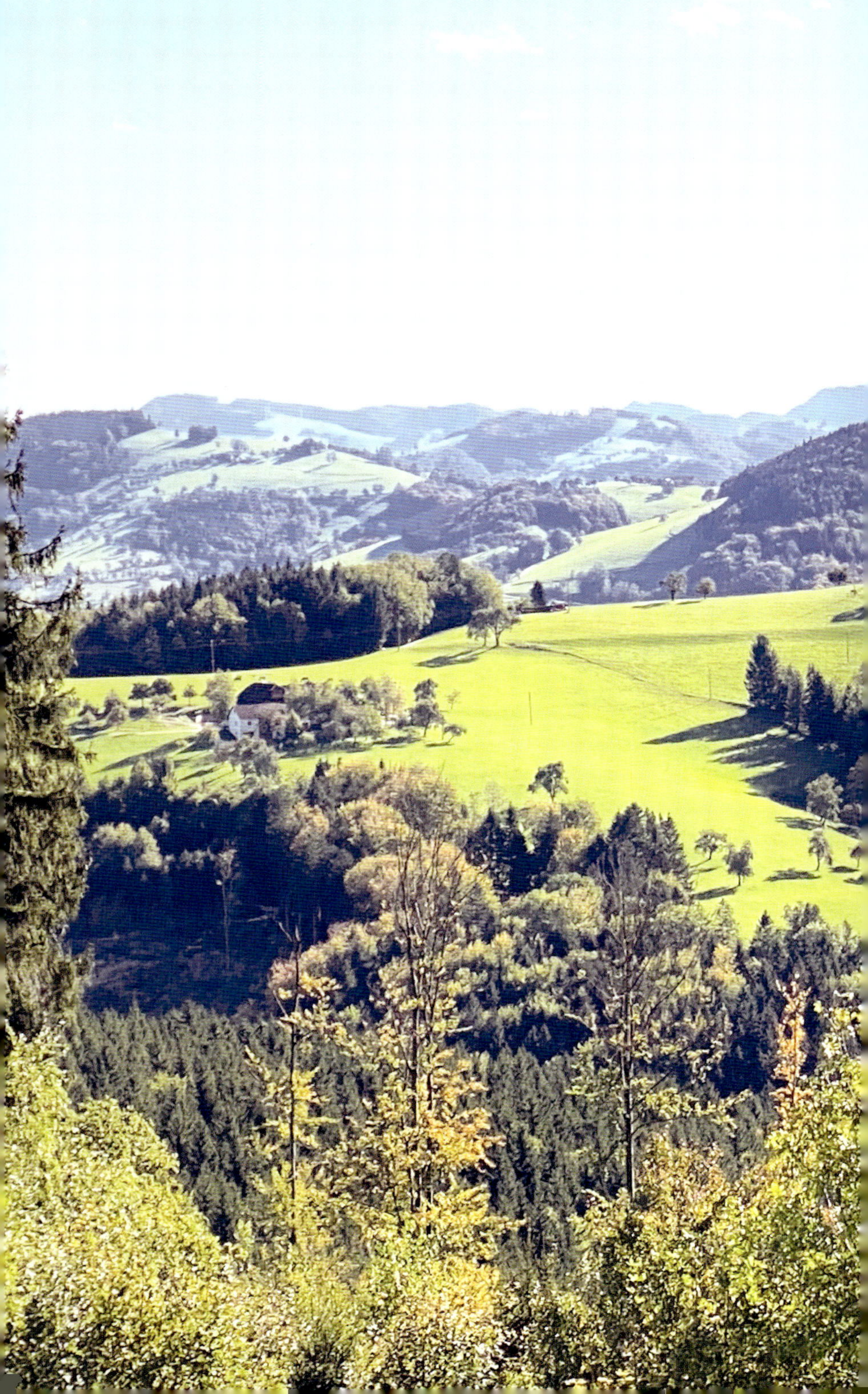

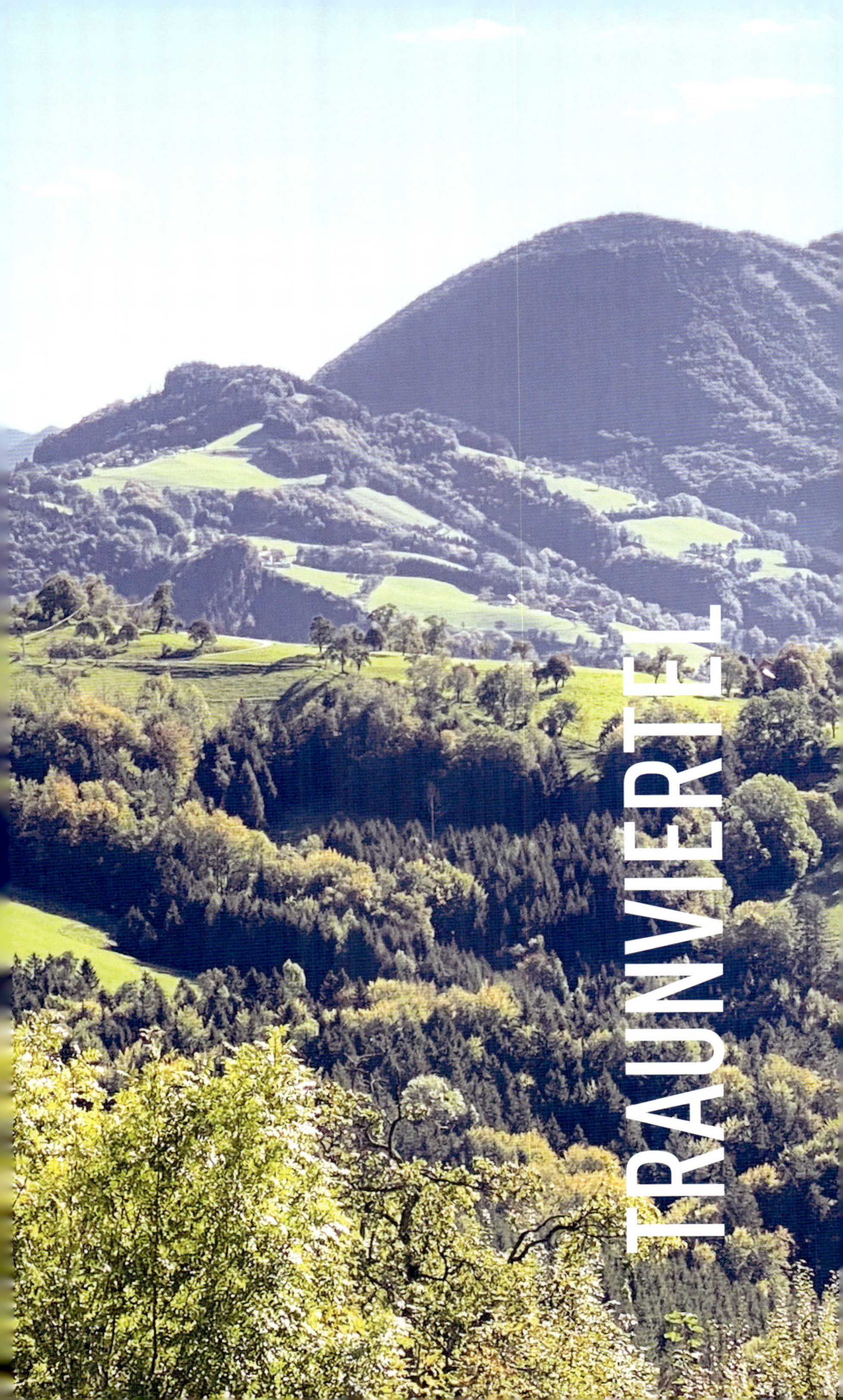

TRAUNVIERTEL

24 Kremsmünster
Der Teufel hinterließ seine Spuren

Die idyllische Winterwanderung durch das Tempetal führt zum „Baum mitten in Welt". Vom Panoramaplatz aus wurden die Kronländer vermessen

Im idyllischen Tempetal nahe dem Berg Olymp soll sich der griechische Gott Apoll in die Nymphe Daphne verliebt haben. Diese und andere Mythen aus alter Zeit waren für humanistisch gesinnte Lehrer des Stiftes Kremsmünster der Auslöser, dem reizenden Tal nahe dem Ort ebenfalls diesen Namen zu geben, erinnert sich der Soziologe Roland Girtler, ein ehemaliger

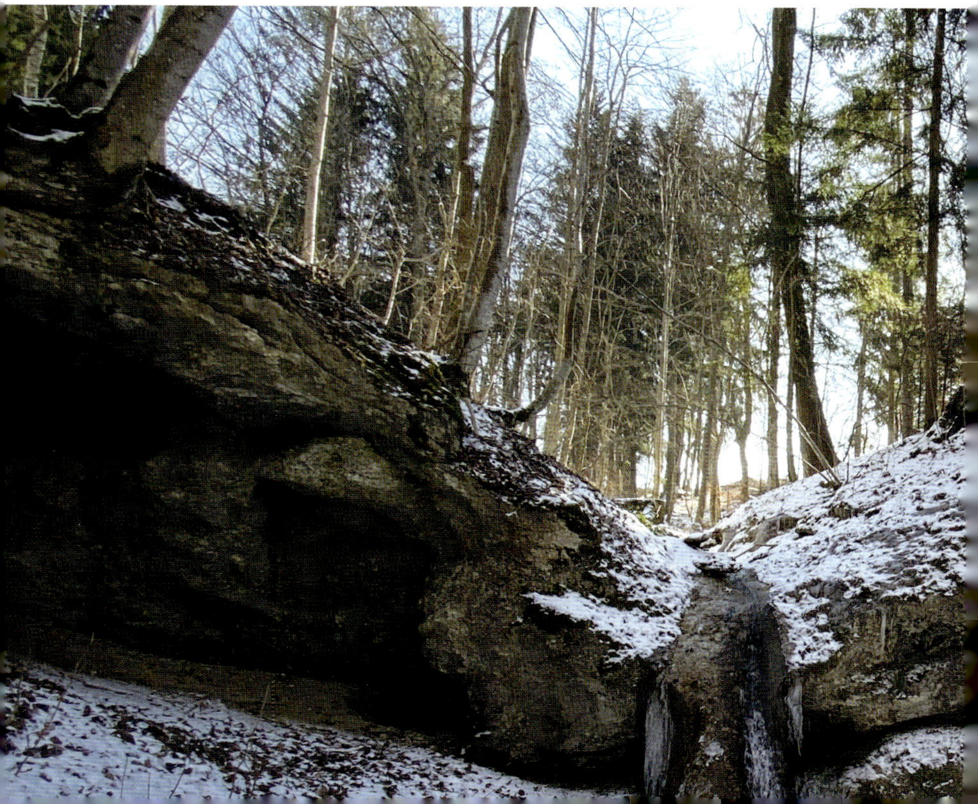

Absolvent des Stiftsgymnasiums. Der griechische Geist sollte die Schüler bei philosophischen Spaziergängen beflügeln.

Ursprüngliches Tal

Ein Rundweg hat uns vom Ortszentrum des Marktes Kremsmünster vorbei an Bahnhof und Schloss Kremsegg hierhergeführt. Das kleine Tal zieht uns mit seiner Ursprünglichkeit sofort in seinen Bann. Entlang eines Bächleins schlängelt sich der Weg durch lichten Winterwald. Kleine Rastplätze laden ein, dem Zwitschern der Vögel zu lauschen. Überhängende Felsen tauchen auf, deren Konglomeratgestein zu bizarren Figuren ausgewaschen wurde.

Dunkle Höhlen werden von einem Vorhang aus Eiszapfen verziert. Eine kurze Wanderpause bei einer Rastbank lässt uns auf einen tiefwinterlichen Wasserfall blicken. Ein wahrlich

Ein Wasserfall fließt mitten durch die Teufelshöhle

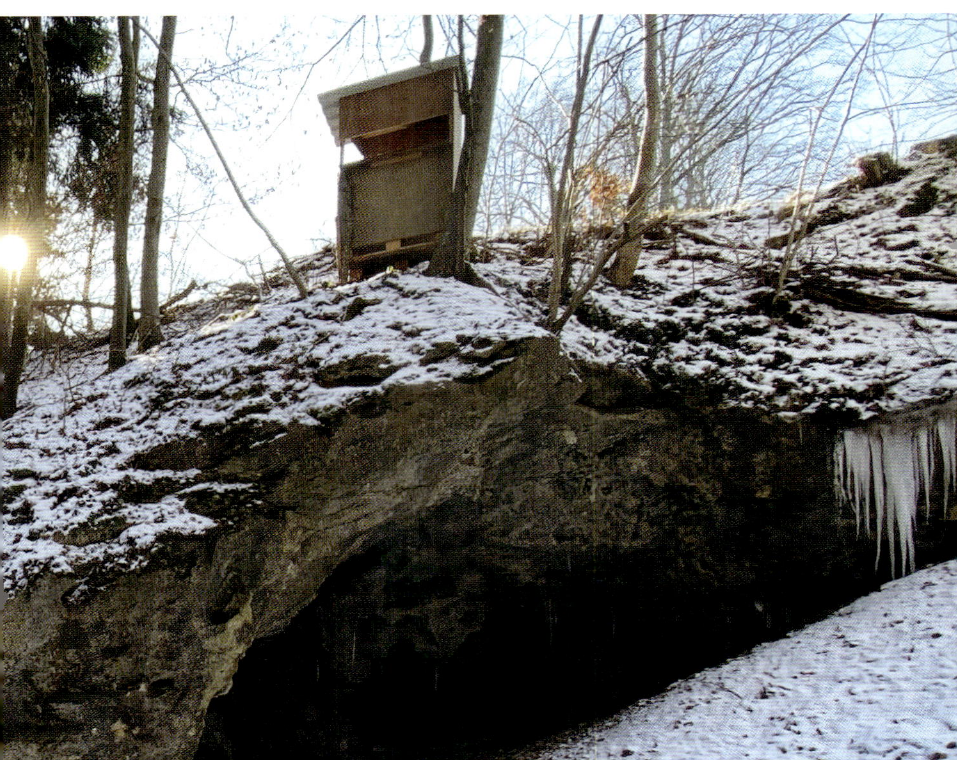

inspirierender Ort, der uns zu Recht vom kundigen Amtsleiter von Kremsmünster, Reinhard Haider, empfohlen wurde. Wir folgen der Markierung 40 und steigen vorbei an gepflegten Vierkanthöfen auf den Gusterberg, einen knapp 500 Meter hohen kuppenförmigen Hügel. Ein historischer Ort, der gleichzeitig ein grandioser Aussichtspunkt ist. Der Panoramaplatz „Baum mitten in der Welt“ kann vieles erzählen. Unter Kaiser Franz I. wurde diese Stelle im Jahr 1817 als Koordinatenursprung der österreichischen Katastervermessung ausgewählt. Als einer von sechs Fundamentalpunkten von Österreich-Ungarn wurden von hier aus die Kronländer Oberösterreich, Salzburg und Böhmen kartografisch vermessen. Bis heute stellen die damaligen Arbeiten eine wichtige Basis für die Grundbücher dar. Dazu wurde eine Linde gepflanzt, die dem Platz den Namen gegeben hat. Adalbert Stifter hat sie als Kirschbaum in seinem Bildungsroman „Der Nachsommer“ verewigt, den er in der Umgebung von Kremsmünster angesiedelt hat. Die ursprüngliche Linde musste allerdings gefällt werden, eine neue wurde bereits vor über 100 Jahren gepflanzt und thront majestätisch auf der Anhöhe. Wir besteigen die Aussichtsplattform und genießen den

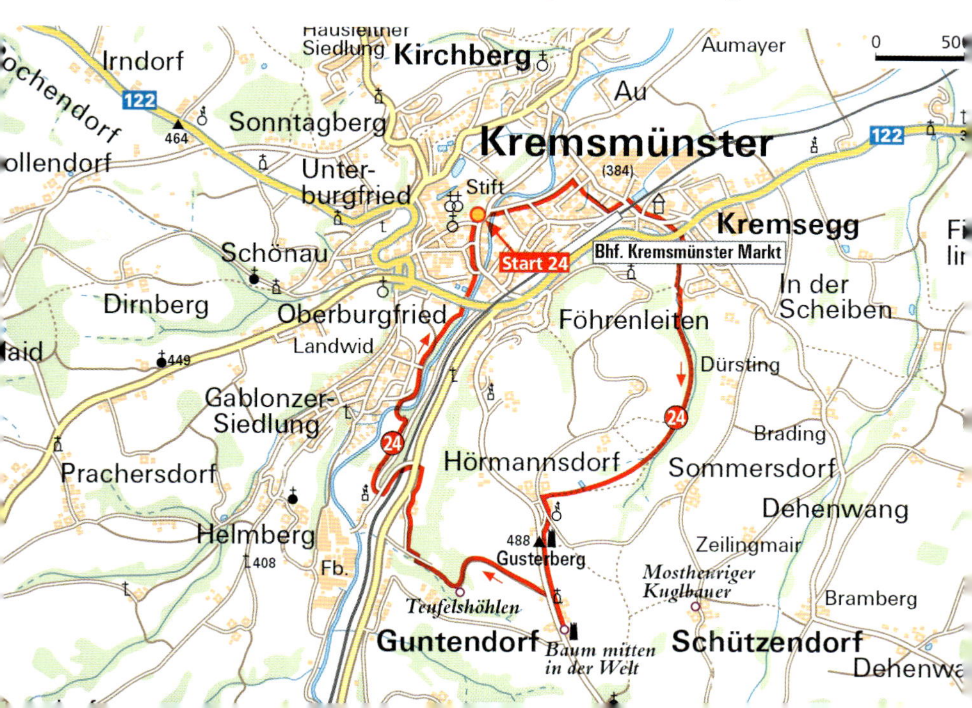

360-Grad-Rundblick auf die südlich gelegenen Kalkalpen vom Hochkogel im Westen bis zu den Salzburger Bergen im Osten. Bevor wir einen weiteren Höhepunkt des Rundweges erreichen, begleitet uns auf der Hochebene ein majestätisch über die Felder kreisendes Kornweihe-Männchen. Der Greifvogel aus der Familie der Habichte ist gut an seinen dunklen Flügelspitzen erkennbar. Er verbringt gerade den Winter im gemäßigten heimischen Klima, bevor er im Frühling wieder in den kalten Norden heimkehrt.

Teufelshöhle

Dann steigen wir über die sogenannte Teufelsleite hinab zu einem mystischen Ort, der den bezeichnenden Namen „Teufelshöhle" trägt. Zwei Höhlen mit bizarren Felsfiguren tauchen auf, dazwischen ein Wasserfall. Die Autorin Dagmar Fetz-Lugmayr hat diesen verwunschenen Platz in ihrem Werk „Sagenhaftes Kremsmünster" treffend beschrieben. „Der Teufel plante, einen unterirdischen Gang bis zum Baum mitten in der Welt zu graben, um von dort die Welt zu beherrschen. Der Kaiser war allerdings mit seiner Weltvermessung an diesem Ort tätig, worauf der Teufel wutentbrannt heftige Unwetter schickte, die den mächtigen Baum zerstören sollten. Mehrere Löcher am Eingang der Höhle sollen als Abdruck an die höllische Pranke erinnern." Ein Glück, dass bei unserem Besuch die Sonne scheint und die klaffenden Felsspalten beleuchtet. Nächtliche Besucher sollen wahre Gruselgeschichten erzählt haben. Wir aber genießen das letzte Wegstück entlang der unverbauten Krems, die umgeben von weitläufigen Schotterbänken hier ungehindert fließen kann. Nach zwei Gehstunden erreichen wir wieder den Ausgangspunkt.

🕒 2 Stunden ↔ 8 Kilometer ↗ 150 Höhenmeter
Ausgangspunkt: Marktplatz Kremsmünster oder Bahnhof Kremsmünster
Öffentl. Verkehr: S 4 bis Kremsmünster Bhf

25

Adlwang
Ältester Wallfahrtsort des Landes

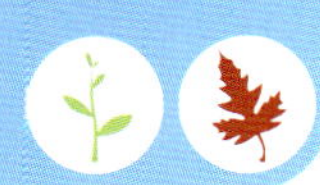

Geheilte Pilger füllten einen ganzen Raum mit ihren Krücken

Keltischer Lochstein verhalf zu Fruchtbarkeit

Schon die erste Station beim Besuch von Adlwang bietet eine beeindruckende Einstimmung. Der Wegweiser „Zum Hl. Brunnen" führt uns Besucher zur Brunnenkapelle unterhalb der Kirche. Eine besondere Aura erfüllt diesen Ort, an dem außer dem Plätschern des Wassers fast völlige Stille herrscht. Das radonhaltige Wasser wurde seit Jahrhunderten zum traditionellen Augenauswaschen verwendet oder mit nach Hause genommen. Eine hier aufgestellte Gnadenstatue kann als Ursprung der hiesigen Marienverehrung gelten, deren weitere Entwicklung wir in der Pfarrkirche verfolgen können.

„Ein Adelssitz aus dem 12. Jahrhundert ist wohl der Ursprung der Kirche von Adlwang. Bereits etwas später ist die Marienwallfahrt nach Adlwang nachweisbar. Ein gotischer Kirchenbau wurde errichtet. Reformation und Bauernkriege setzten der Wallfahrt vorerst ein Ende. Das Gnadenbild, die ‚Schmerzhafte Muttergottes von Adlwang', eine Steingussarbeit aus der Spätgotik (ca. 1410), soll in einem Ameisenhaufen diese Zeit überdauert haben", erzählt die Lokalhistorikerin Katharina Ulbrich.

Zahlreiche Krankenheilungen

Wir stehen vor diesem gotischen Juwel, das seit Jahrhunderten im Zentrum der Verehrung steht. Krankenheilungen und besonders das Verschontbleiben von der Pest führte zum Höhepunkt des Wallfahrtswesen im 18. Jahrhundert. 60 000 Pilger sollen jährlich zwischen Mai und Oktober den Ort aufgesucht haben. „Besonders zu den ‚Goldenen Samstagnächten' an den

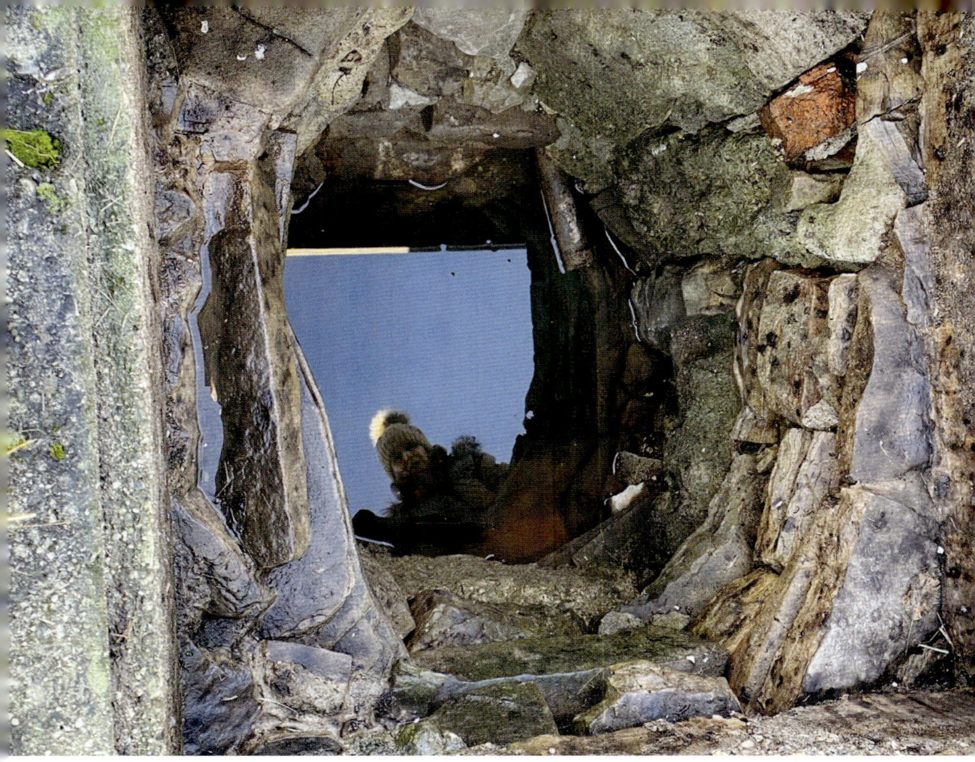

Blick in das keltische Quellheiligtum

drei Wochenenden nach St. Michael (29. September) erfolgte der Ansturm Tausender, welche die Kirche, aber später auch den gleichzeitig stattfindenden Kirtag bevölkerten", so die Expertin. Papst Pius gewährte jedem, der Adlwang zu den Goldenen Samstagnächten besuchte, einen vollkommenen Ablass. Adlwang hatte in der Regel vier Priester.

Die Auswahl von Devotionalien, welche geheilte Pilger hinterlassen haben, ist beeindruckend. Eine Wand hinter dem Hauptaltar zeigt eine kleine Auswahl davon. Die hinterlegten Krücken, die nach einer erfolgten Heilung nicht mehr benötigt wurden, sollen einen ganzen Raum gefüllt haben.

Wir verlassen die prächtige, mit einem Kreuzrippengewölbe ausgestattete Kirche und begeben uns auf den dreistündigen Rundweg „Erholung.Kraft.Weitblick im Hallerwald", der auch die Wegnummer 30 trägt.

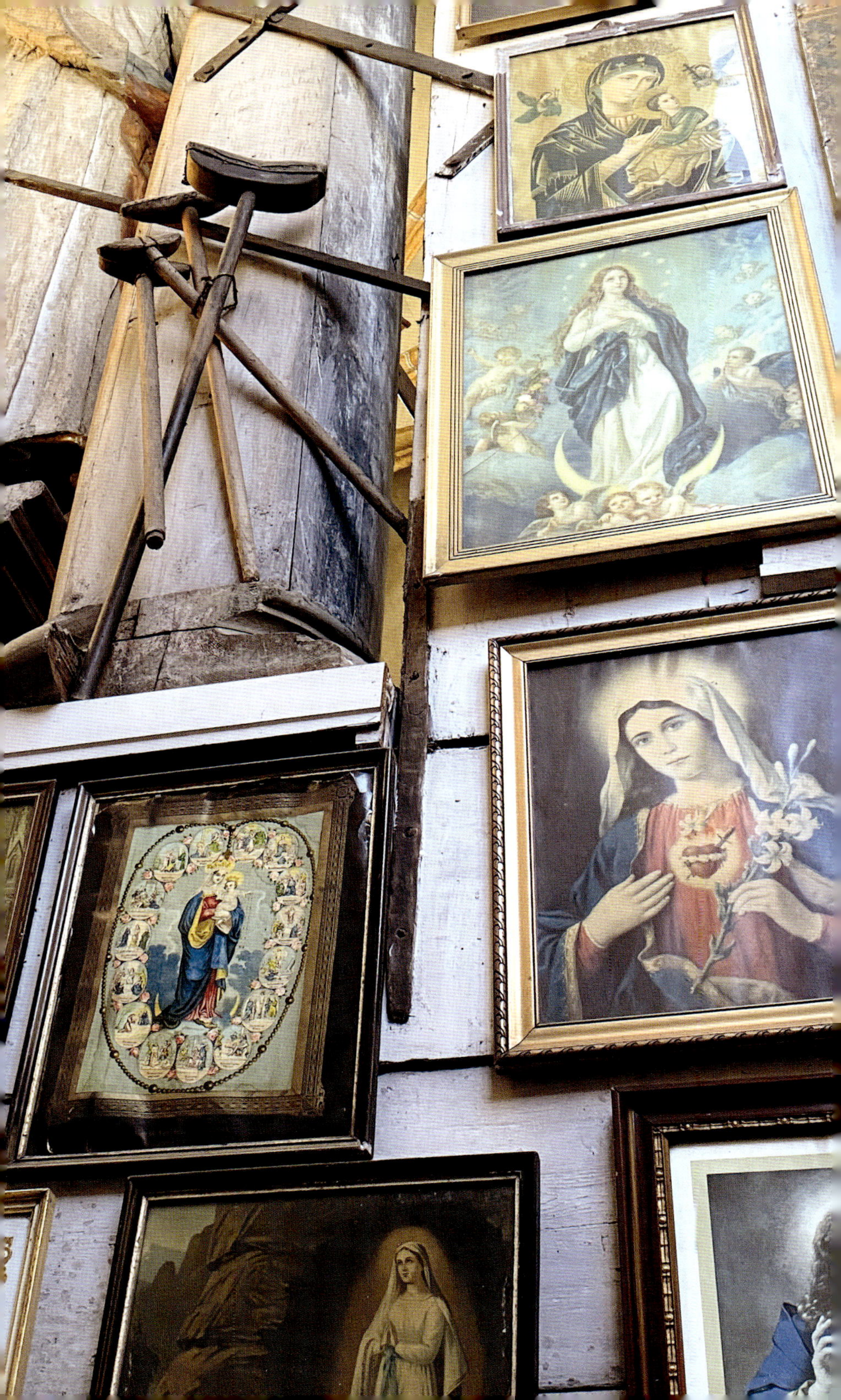

Der Hallerwald, der in einer Flyschzone liegt, wirkt wohltuend auf uns. Informationstafeln erklären die Besonderheiten einer natürlichen Waldgesellschaft. So erfahren wir, dass im Nördlichen Alpenvorland die Baumart Rotbuche vorherrschen würde, wenn der Wald vom Menschen unbeeinflusst wachsen könnte. Hier finden wir allerdings auch weitere Mischwaldarten wie Esche, Eiche, Tanne und Fichte.

Ort der Nikolauskapelle war früher keltischer Kultplatz

Ein Abstecher lädt zum Besuch der Nikolauskapelle ein. Gleich dahinter erwartet uns ein bemerkenswerter Kultplatz aus keltischer Zeit. Götter wurden in freier Natur an besonderen Kraftorten verehrt. Als erstes treffen wir auf ein Quellheiligtum. Anschließend lernen wir im dahinterliegenden historischen Mesnerhäusl eine weitere Attraktion kennen.

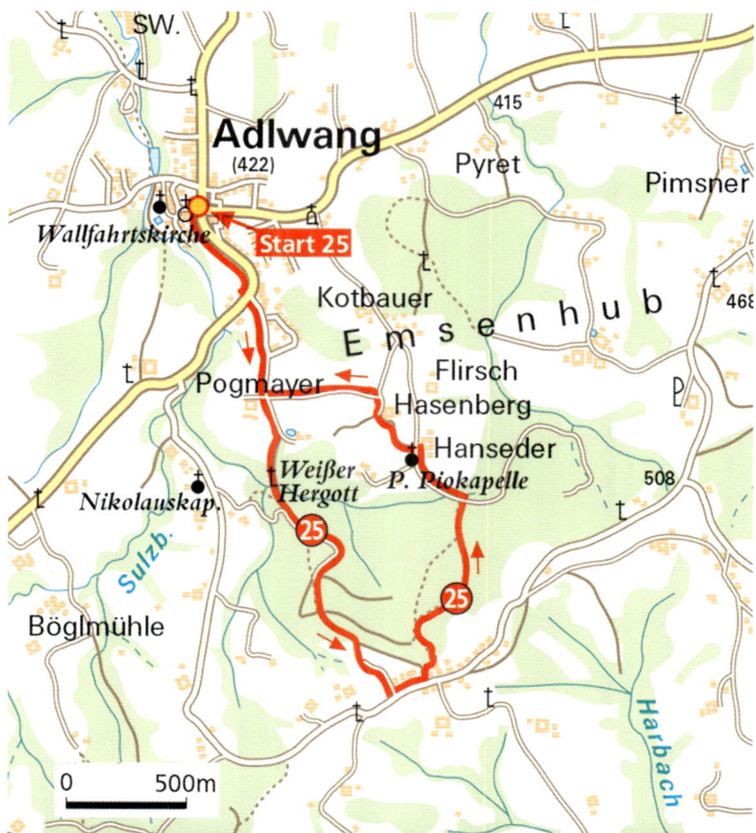

Es ist dies ein Lochstein, allgemein „Die Hand“ genannt. Er befand sich einst in der unter Joseph II. abgerissenen Nikolauskirche. Es handelt sich um einen Stein, der eine 55 Zentimeter tiefe und 12 Zentimeter breite Öffnung aufweist. Wer seine Hand hineinstreckt und dann nach oben dreht, entdeckt fühlbare Rillen, die „Finger“. Es bedarf keiner großen Fantasie, dass die Menschen hier seit Jahrtausenden an ein weibliches Fruchtbarkeitssymbol gedacht haben.

Kugelstein

Ebenfalls zum kultischen Umfeld dürfte der Kugelstein gehören, der sich unmittelbar davor befindet. Es sind sogenannte Sandsteinsphären, die einen Durchmesser von 80 Zentimetern haben und aus dem nahen Stockachbach stammen dürften. Der weitere Rundweg führt uns zur Stelle am Bach, wo wir noch weitere Kugelsteine entdecken. Aufgrund ihrer geologischen Besonderheit wurden sie zu einem Naturdenkmal erklärt. Ebenfalls denkwürdig ist eine Wegpassage, die „Prügelweg“ genannt wird. Für Ochsen und Pferdefuhrwerke wurde der Weg mit quer verlegten Tannenstämme befestigt. Wir können noch einige dieser bereits ein Jahrhundert alten Relikte entdecken. Schließlich gelangen wir zum Aussichtspunkt „Steyrtalblick“. Das gesamte südliche Alpenvorland liegt vor uns. Das Sengsengebirge ist wohl der markanteste Punkt in der beeindruckenden Landschaft.

🕒 3 Stunden (mit Besichtigung) ↔ 6 Kilometer ↗ 220 Höhenmeter
Ausgangspunkt: Adlwang, Ortszentrum
www.adlwang.at
Öffentl. Verkehr: S4 bis Bhf. Kirchdorf/Krems, dann Bus 468 bis Adlwang

Auf dem Nussgeistweg

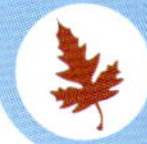

Stimmungsvoller Rundwanderweg im Alpenvorland

Wer schätzt diesen Geist nicht? Kaum aus der Flasche gelassen, dringt er in Nase und Gaumen, wärmt den Magen und belebt Gedanken und Gemüt. Und er erinnert uns an Marillen, Zwetschken, Enzianwurzeln oder Nüsse. In Nußbach (Bezirk Kirchdorf) ist es der Nussgeist, der hier seit Generationen produziert wird. Altbürgermeister Leo Sudasch weiß: „Jeder Gast in einem Nußbacher Haus erhält beim Besuch einen Nussgeist angeboten. Mehrere Erzeuger betreiben die Nussgeisterzeugung im Haupterwerb."

Obstler und Korn

Er kennt auch die Sage, die dem Ort seinen Namen gab: „An einer steilen Wiese standen vor vielen Jahren einmal etliche Nussbäume. Die reifen Nüsse fielen von den Bäumen und kullerten hinunter in den angrenzenden Bach. Die Bewohner nannten von da an den Bach und das Dorf Nußbach." Matthias Weigerstorfer ist der Chef eines Traditionskaufhauses im Ortszentrum, wo der „Spezial Nußbacher Nussgeist" seit 70 Jahren mit einer fein abgewogenen Gewürzmischung erzeugt und vertrieben wird: „Die grünen Früchte werden in der Woche der Sommersonnenwende geerntet und mit einem speziellen Nussgeistgewürz in Obstler oder Kornschnaps angesetzt."
Verständlich, diesem edlen Getränk einen eigenen Wanderweg zu widmen. Vom Dorfplatz aus folgen wir der Markierung K61, die uns in dreieinhalb Stunden durch die abwechslungsreiche Landschaft der oberösterreichischen Voralpen führt. Treffen wir zu Beginn noch auf ebene, fruchtbare Äcker, finden wir

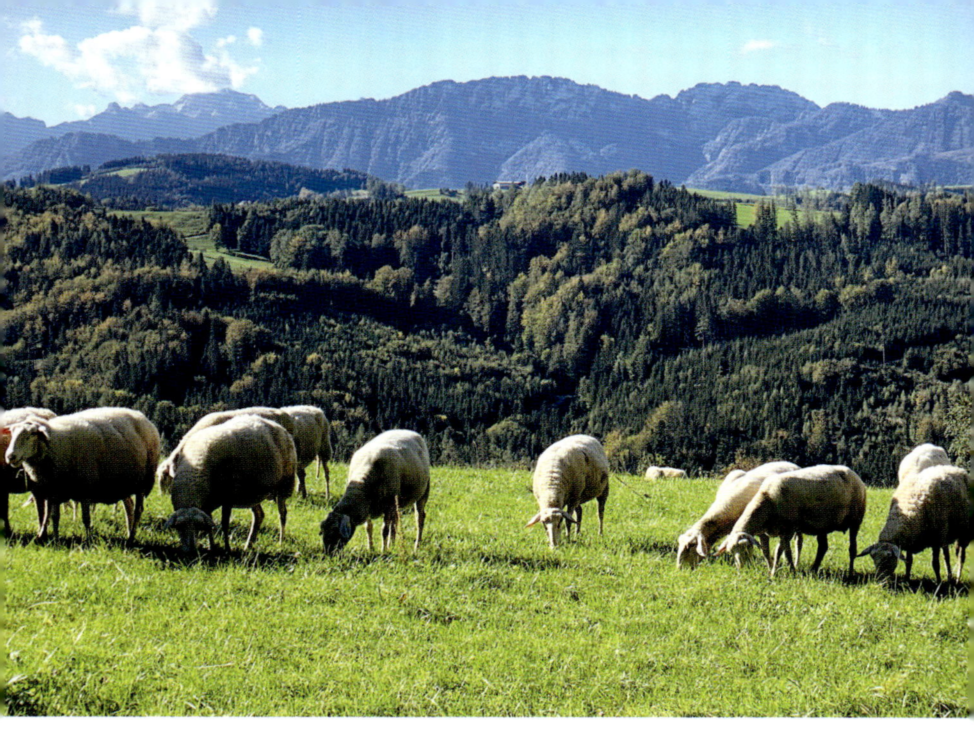

Schafherde mit Priel und Sengsengebirge im Hintergrund

nach einem Aufstieg von 300 Höhenmetern neben herbstlichen Mischwäldern nur mehr Wiesen vor. Allesamt umgeben sie landschaftstypische Vierkanter. Vorzugsweise weiden Schafe auf den grünen Matten. Mehrere stimmungsvolle Marterl und Kapellen mahnen zur Einkehr. Immer wieder finden sich neben Buchen und Fichten ausladende Walnussbäume, die ihre Früchte bereits abgeworfen haben. Die Jausenstation „Weiss'n am Sattel" lädt zu einer ausgiebigen Rast ein. Die Aussichtswarte auf 763 Metern bietet uns einen großartigen Rundumblick. Im Norden sieht man bis ins Mühlviertel und nach Tschechien, im Süden bilden der Große Priel und die Bergkette des Sengsengebirges die Silhouette am Horizont. In der Ferne blitzt die Spitze des Traunsteins herüber.

Schließlich erreichen wir den Nußbach, ein munter plätscherndes Gewässer, und befinden uns im Naturschutzgebiet „Kremsauen". Bei einer bäuerlichen Ortschaft lädt uns die Wimberg-Kapelle, inmitten von Bauernhäusern gelegen, zu einer kurzen Besinnung ein. Sie wurde vor 170 Jahren von fünf Bauern gemeinschaftlich errichtet und ist dem Heiligen Kreuz geweiht. Ein letzter Blick richtet sich zurück auf den in der Ferne auftauchenden Traunstein und auf den Hochkogel, der von einem stolzen Vierkanter gekrönt wird. Der spitze Kirchturm von Nußbach verkündet das Ende einer stimmungsvollen Rundwanderung.

🕒 3 ½ Stunden ↔ 12,9 Kilometer ↗ 360 Höhenmeter
Ausgangspunkt: Nußbach, Ortsplatz
Öffentl. Verkehr: S 4 bis Nußbach Bhf

Nußbach ist wieder in Sicht

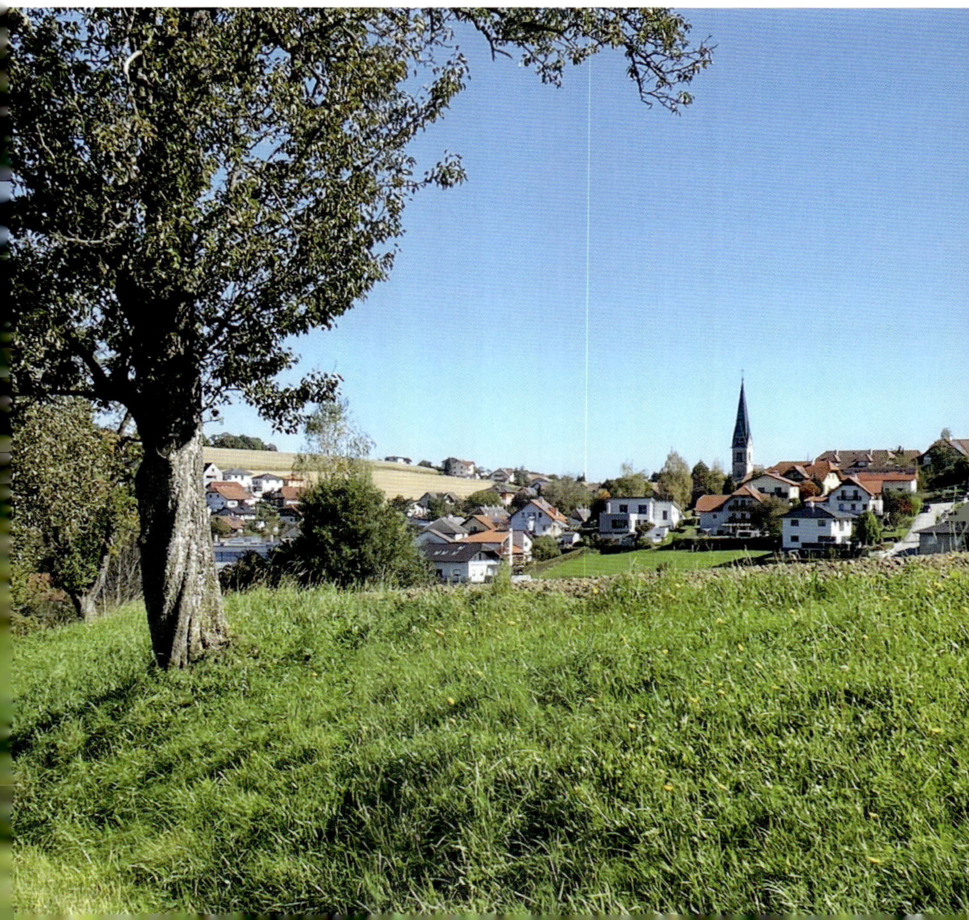

27 Schlierbach
Grillenparz mit Genuss und Kultur

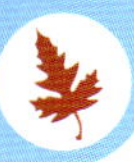

Dem Käse auf der Spur

Idyllische Landschaft, Gaumengenuss und Kultur: Diese drei Lebenselixiere begleiten den Besucher beim Besuch in Schlierbach. Dem Wegweiser „Dem Käse auf der Spur" folgend, geht es beim Stiftsportal durch die Anlagen der Stiftskäserei in Richtung des Hausberges von Schlierbach, dem Grillenparz. Die Route folgt zunächst dem Kreuzweg und wird begleitet von Schautafeln, welche die vielfältigen Genüsse der Region beschreiben: Warum Käse von einigen Tagen bis zu mehreren Jahren reifen kann, wie wichtig dabei die Bakterien sind, woher Käse die rote Farbe bekommt und weshalb ein Kistenbratl so köstlich schmeckt. Auf alle diese wichtigen Fragen gibt es fundierte Antworten. So wird rasch die Kalvarienberg-Kapelle erreicht. Die Zwiebeltürme der Stiftskirche grüßen vom Tal. Weiter geht es durch glatt gemähte Wiesen, Wälder und an Bauernhöfen vorbei, bis schließlich der Grillenparz erreicht ist. Der Grashügel mit der Gipfellärche bietet prächtige Rundblicke auf Kremsmauer, Hochsalm und das Alpenvorland. Es fällt nicht leicht, die idyllische Rast zu beenden und den Rückweg anzutreten.
Der weitere Rundweg passiert den Gasthof Scherleiten und führt oberhalb der Stadt Kirchdorf vorbei. Die herbstlich gefärbten Buchenwälder erfreuen unsere Augen. Ein Bussard zieht gemächlich seine Kreise. Schließlich wird die beschauliche Jausenstation Zeisl erreicht. Sie war in früheren Zeiten ein

Barocke Pracht im Bernardi-Saal Schlierbach

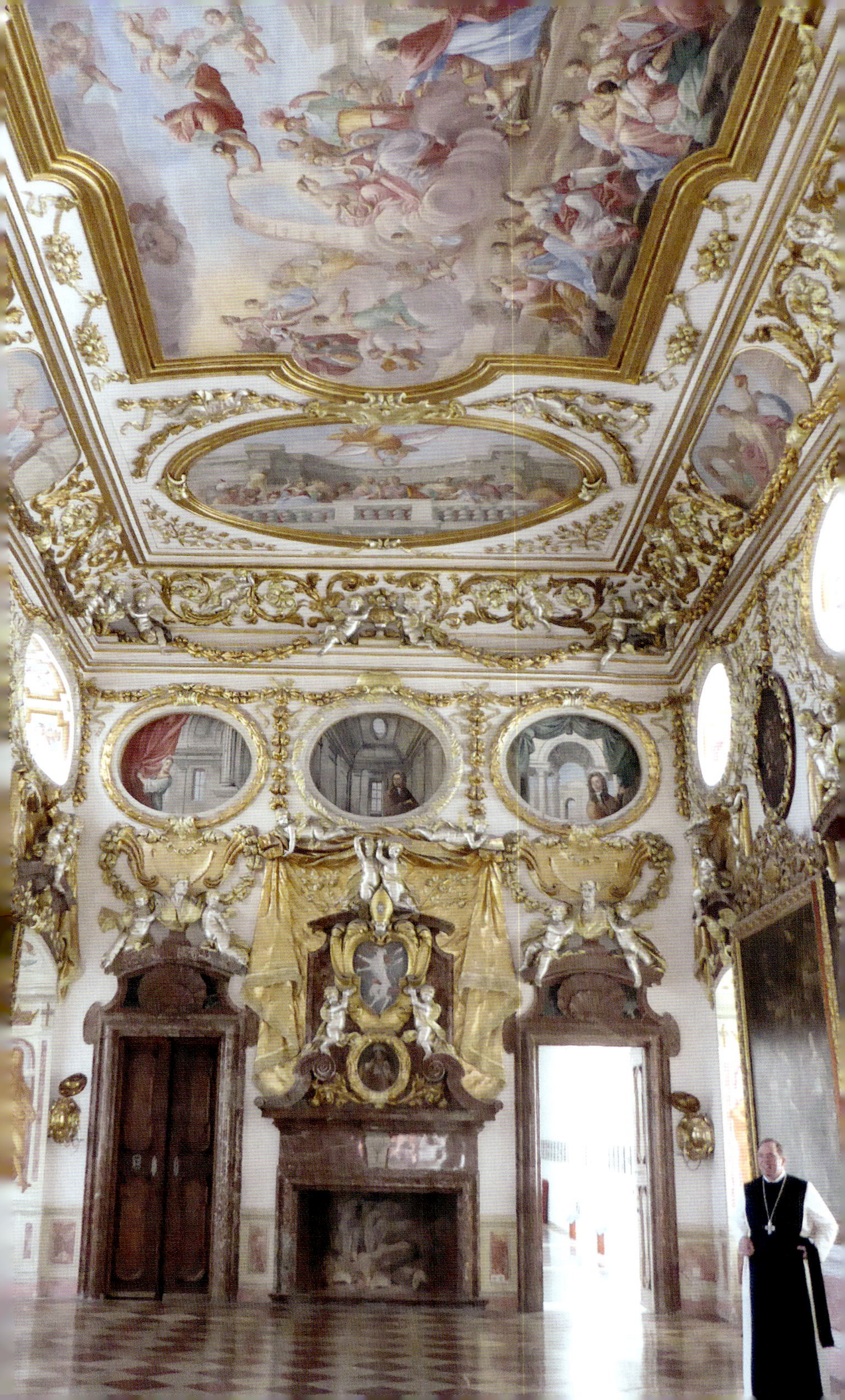

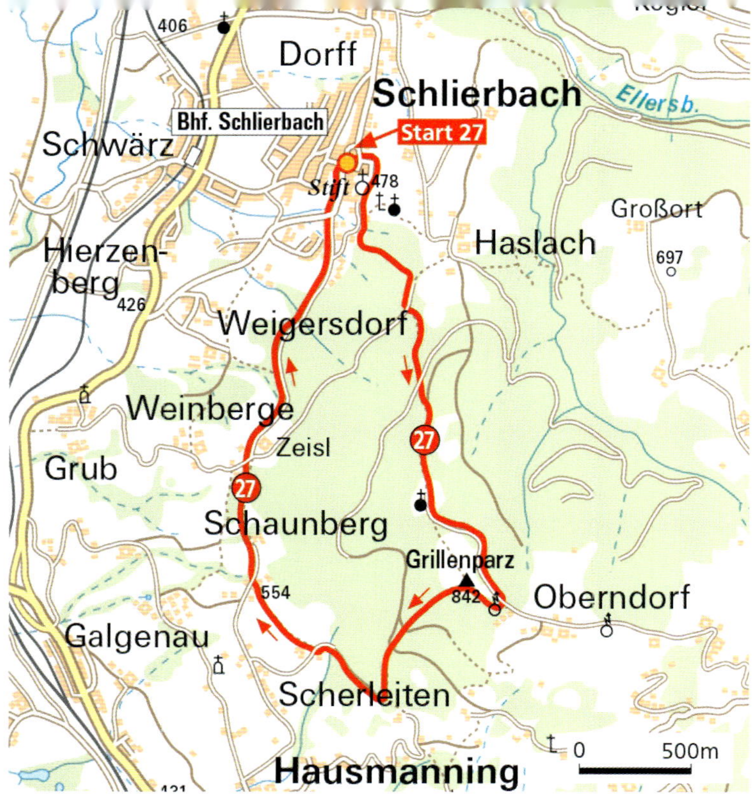

beliebter Zufluchtsort für die Zöglinge des Stiftsinternats. Jetzt liegt sie entspannt – ohne revolutionäre Diskussionen – in ruhiger Herbststimmung.

Nach der genussanregenden zweieinhalbstündigen Wanderung gibt es in dem mitten im Stift gelegenen „Genusszentrum" Speis und Trank aus der hauseigenen Produktion. Von den Ursprüngen der Anlage als Burg im Jahr 900 ist nichts mehr zu sehen. Dafür laden die einzigartigen barocken Kulturschätze zur Besichtigung ein: die Stiftskirche mit der neben Garsten reichsten Stuckzier Oberösterreichs, die Bibliothek als kreuzförmiger Kuppelraum und der Bernardi-Saal als barocker Prunksaal. Abt Nikolaus Thiel betont, dass es neben der Erhaltung dieses kulturellen Erbes noch zahlreiche erfolgreiche Aktivitäten in der Gegenwart gibt: die international renommierte Glasmalerei-Werkstätte, die ihre Produkte bis nach Korea liefert, zum Beispiel. Und das Bildungszentrum, in dem aus über 130 Kursangeboten ausgewählt werden kann, von Hinterglasmalen bis zum „Fassen", also dem Vergolden von Figuren. Nicht zu vergessen die Käseerzeugung und die Schule mit mehr als 500 Schülern. „Jeder Raum des riesigen Gebäudes ist genützt", so Abt Nikolaus. Erfreulicherweise haben hier alte Kultur und lebendige Gegenwart eine gelungene Symbiose gefunden.

🕒 2 ½ Stunden ↔ 6,6 Kilometer ↗ 400 Höhenmeter
Ausgangspunkt: Stift Schlierbach
www.stift-schlierbach.at
Öffentl. Verkehr: S 4 bis Schlierbach/Krems Bhf

Blick von der Kalvarienberg-Kapelle auf das Stift

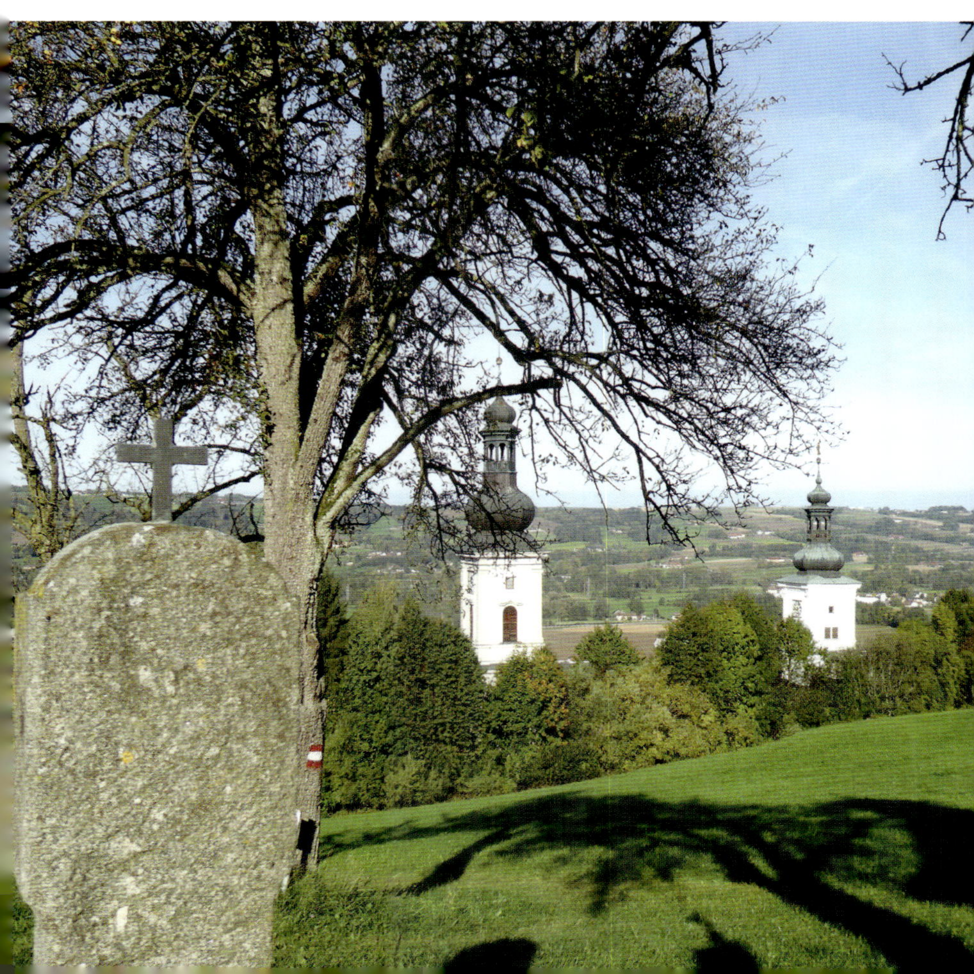

28

Schmidleithen

Zwei Landsberge blicken auf die Schwarzen Grafen

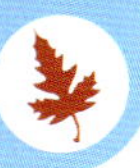

Das Sensenschmieden machte in der Eisenwurzen so manchen reich

Als das Hochbeet noch Altweiberbeet hieß

Schon beim Betreten der Schmiedleithen fühlt man sich als Besucher Hunderte Jahre zurückversetzt. In einem Seitental der Steyr bei Leonstein taucht der Besucher in eine versunkene Welt ein. Wir finden ein mit Liebe erhaltenes Sensenschmiede-Ensemble aus einer Zeit vor, in der die Schmiede-Hämmer dröhnten und den Kammerherren Reichtum und Macht einbrachten.
Der Obmann des Vereins „d'Hammerschmied", Herbert Rosenegger, engagiert sich seit vielen Jahren für den Erhalt dieses Industriejuwels: „Die Schmiedleithen ist das einzige in dieser Vollständigkeit erhaltene Hammerherren-Ensemble der gesamten Eisenwurzen. Mit Herrenhäusern, Werksgebäuden, Stallungen, Werkstätten, Gesindehäusern, Herrschaftsgarten und einem Bauernhof."

Rußig, aber reich

Unser Rundgang beginnt beim historischen Herrschaftsgarten und lässt den innovativen Geist spüren, den die Schwarzen Grafen pflegten. Diesen Namen erhielten sie, weil sie von der Arbeit rußig wurden, dafür aber sehr vermögend. Durch zahlreiche internationale Kontakte erhielten und kultivierten sie exotische Pflanzen. Das mit Holz beheizbare Glashaus aus dem Jahr 1885 funktioniert heute noch. Ein riesiger chinesischer Pfefferstrauch gedeiht prächtig. Mit dem Altweiberbeet waren sie ihrer Zeit weit voraus – heute kennen wir es als Hochbeet. Im Zentrum

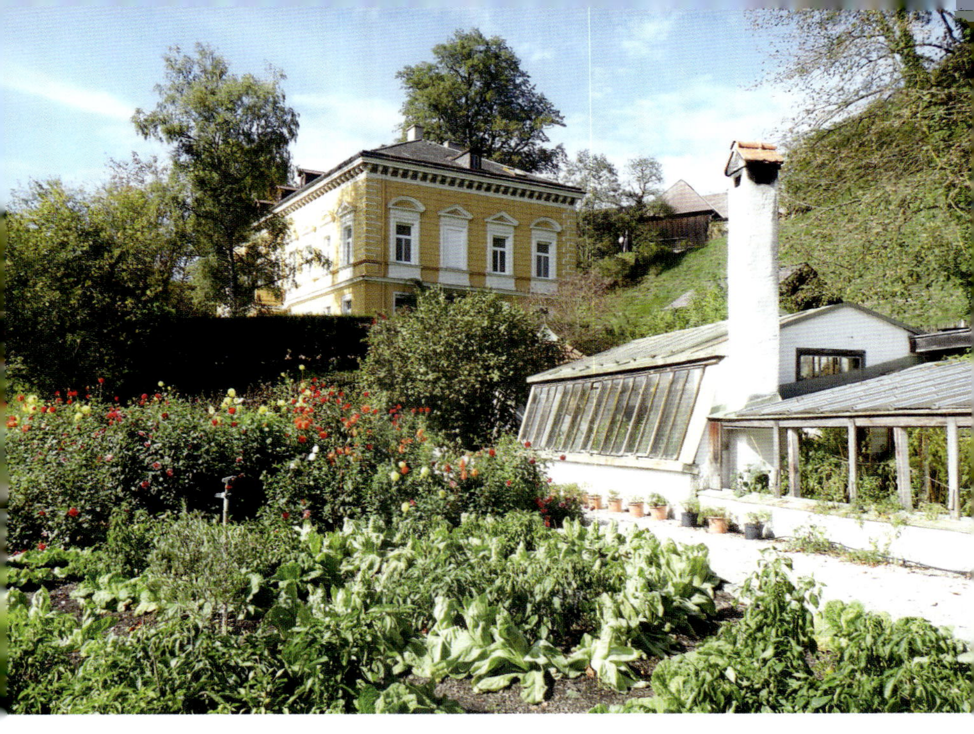

Historisches Glashaus von 1885 mit Herrenhaus im Hintergrund

des Betriebes in der Schmiedleithen stand ein stattliches Gebäude, der „Hammer“. Darin wurde Stahl in den Essen erhitzt und mittels Hämmer zu Sensen geformt. Der Reiz dieses Raums ist heute noch so groß, dass ihn zahlreiche Brautpaare als Trauungsort auswählen. Hier befindet sich sogar eine Außenstelle des Standesamtes Grünburg. Mit Rudolf Zeitlinger, dem letzten Schwarzen Grafen, endete die im 16. Jahrhundert begonnene Tradition der Sensenerzeugung. Er verstarb 1983 im Alter von 100 Jahren.

Zwei Landsberge

Nach so viel beeindruckender Industriekultur locken die benachbarten Berge. Eine kurze Fahrstrecke bringt uns in die Ortschaft Pernzell zum Wanderparkplatz „Landsberg“ am Ende des gleichnamigen Güterweges. Auf einem steilen Wiesen- und Waldweg erreichen wir rasch eine mit

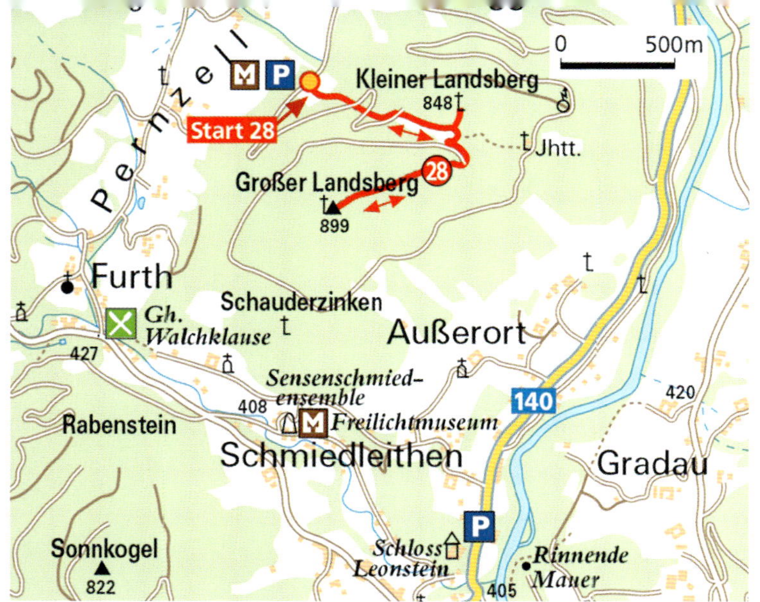

Herbstzeitlosen bestückte Bergwiese. Von hier bieten sich zwei Aufstiege an. Recht sportlich geht es auf den Kleinen Landsberg (848 Meter). Trittsicherheit ist hier gefordert. Trotz der geringen Höhe gibt es eine prachtvolle Aussicht ins Steyrtal bis zum Sengsen- und Toten Gebirge. Beim Abstieg zurück zum Wiesensattel leisten die Seilsicherungen gute Dienste. Der Aufstieg zum 899 Meter hohen Großen Landsberg ist dafür geradezu lieblich und erinnert an den Besuch einer gotischen Kathedrale. Ein Spalier aus mächtigen Buchen begleitet uns zum Gipfel. Ein Genuss, sich zwischen den kraftvollen Baumriesen dem höchsten Punkt zu nähern. Wenige Insider verirren sich hierher. Wir treffen nur Peter aus Enns, der als sportlicher Alpinist die höchsten Berge Europas bestiegen und auf dem Gipfel des Mont Blanc sogar im Zelt übernachtet hat. Auch er schätzt die beschauliche Idylle dieser Voralpenberge.

🕒 2 Stunden ↔ 2 Kilometer ↗ 600 Höhenmeter
Ausgangspunkt: Freilichtmuseum Schmiedleithen bei Leonstein
Ausgangspunkt für die Landsberge: Wanderparkplatz „Landsberg“ in der Ortschaft Pernzell
www.schmiedleithen.at

Wichtigste Nagelerzeugung Europas

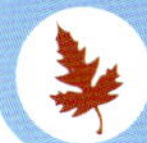

Um 1500 produzierten 200 Meister, 600 Gesellen und 300 Lehrlinge 4,5 Millionen Nägel pro Woche

„Auf den Hund gekommen“ ist eine der Redewendungen, deren Sinn sich auf der Reise in die handwerkliche und industrielle Vergangenheit von Losenstein erschließt. Wir stehen vor der Zunfttruhe der Nagelschmiede, die sich im Nagelschmiedmuseum im Ortszentrum befindet. In der 70 Zentimeter langen Holzkiste wurden Handwerksordnung, Zeugnisse, Lehrbriefe und Rechnungen aufbewahrt. Ganz unten befand sich Geld, das für die Unterstützung notleidender Gesellen vorgesehen war. Falls alles Geld aufgebraucht war, tauchte eine auf der Innenseite des Bodens gemalte Hundefigur auf. Man war also mangels weiterer finanzieller Mittel „auf den Hund gekommen“.

3 500 Einwohner

Losenstein war jahrzehntelang der wichtigste Ort der Nagelerzeugung in Mitteleuropa und gewissermaßen die „Perle des Ennstales“. „Um 1500 gab es rund 200 Meister, 600 Gesellen und 300 Lehrlinge bei einer Bevölkerung von etwa 3 500 Menschen. Jede Woche wurden 4,5 Millionen Nägel geschmiedet“, weiß Bernhard Blasl, Mitglied des örtlichen Kulturvereins. Bemerkenswert sind die Totenschilde, die den Sarg eines verstorbenen Nagelschmieds zierten. Grimmige Teufelsgestalten bewachen die in der Höllenglut leidenden Sünder. Daneben wurde eine prunkvolle Totenkrone platziert: eine Tradition, die von 1450 bis 1956 währte, als der letzte Nagelschmied, Johann Hatschenberger, in Pension ging. Die maschinelle Herstellung der Nägel war dann einfach preiswerter als die Handfertigung.

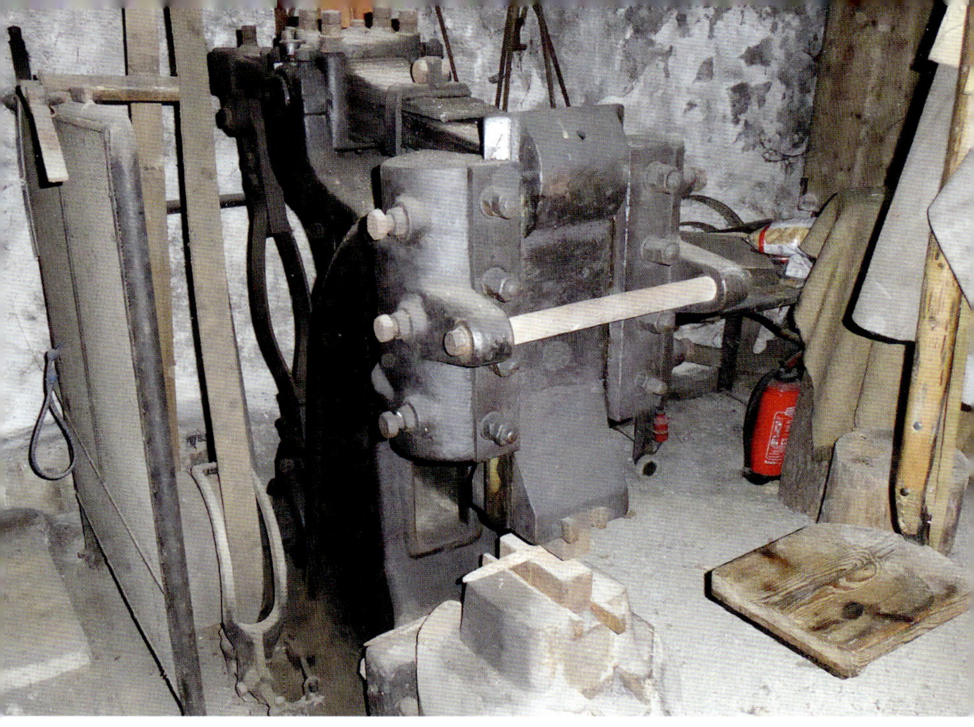

Schmiedemaschine zur Nagelerzeugung

Auf der alten Eisenstraße

Wir begeben uns auf den „Nagelschmiedweg“, der uns recht anschaulich in die Welt des alten Schmiedehandwerks führt. Zunächst treffen wir auf die Schlosstaverne, die unmittelbar unter der das Ortsbild beherrschenden Burgruine liegt. Hier befand sich das Zunftlokal der Nagelschmiede und lässt – jetzt prächtig renoviert – auch auf eine wohlhabende Vergangenheit schließen. Wir passieren ein Originalstück der Alten Eisenstraße, die bis 1957 die einzige Straßenverbindung durch das Ennstal war.

Arbeitsbeginn um vier

Im Stiedelsbachtal erreichen wir nach etwa zwei Kilometern die „Brandstätter Schmiede“. Alles hier befindet sich im Originalzustand. Jederzeit kann die Esse entzündet und der mit Wasserkraft angetriebene Hammer in Betrieb genommen werden. Man könnte glauben, dass Hephaistos, der griechische Gott des

Feuers und der Schmiede, jederzeit hier auftaucht. Tatsächlich arbeiteten hier ein Meister, fünf Gesellen und zwei Lehrlinge. Ihr Tagwerk begann um vier Uhr früh und dauerte bis sieben Uhr abends. Zum Frühstück gab es eine Specksuppe, zu Mittag Mehlspeisen und nur alle 14 Tage Fleisch. Das Abendessen bestand aus Kraut, Milch und Brennkoch. Angeblich wurden bei der Arbeit auch Lieder gesungen. Das Lied „Mir san ja die lustigen Hammerschiedgsölln“ erinnert heute noch daran. Das Museum im Oberstock zeigt die Vielfalt der aus den Eisenstäben geschmiedeten Nägel: 30 unterschiedliche Nagelarten wurden gefertigt.

Nagel mit 1,5 Metern Länge

Der beeindruckendste ist wohl der eineinhalb Meter lange „Schlachtnagel“, ein Riesennagel, der zur Verankerung von Baumstämmen für Wehranlagen verwendet wurde. Die weitere Palette reichte von Schiffsnägeln, Hufnägeln für Pferde und Ochsen, Schienennägeln für Eisenbahnen, Rahmnägeln für Fensterbeschläge, Schlossnägeln für Türschlösser bis zu den Schuhnägeln mit kuriosen Bezeichnungen wie „Mausköpfl“ und „Scheanken“. Vertrieben wurden die Nägel bis nach Wien, Budapest, Belgrad und Venedig.
Nach so viel alter Handwerksgeschichte setzen wir den Rundweg über die wildromantische Kesselfall-Schlucht im Aichmühlgraben fort. Begleitet von der Ruhe des nahezu unberührten Naturraums schließen wir den zweistündigen Rundweg im Ortszentrum ab.

🕒 Rundweg mit Führung 2–3 Stunden
Ausgangspunkt: Losenstein, Ortszentrum
Führungen nach Vereinbarung unter 07255/6000 im Ortszentrum
https://losenstein.riskommunal.net
www.nagelschmiedfest.at
Öffentl. Verkehr: S 1 bis Losenstein Bhf

30 Sebaldusweg
Natur und Kultur verwandeln die Pilger

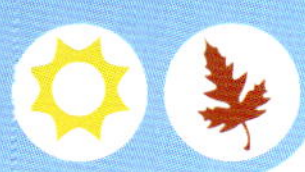

82 Kilometer und 3 000 Höhenmeter unterwegs durch Losenstein, Großraming und Weyer

„Dieser Pilgerweg ist umwerfend schön. Wir gehen ihn schon zum zweiten Mal.“ Dieses Kompliment aus dem Mund von Gerhard Hubmann, der mit seiner Frau auf dem herbstlichen „Sebaldusweg“ wandert, richtet sich an Joe Schwaiger. Er ist der Initiator des mittlerweile legendären Pilgerweges.

Unterwegs mit Joe befinden wir uns auf der eindrucksvollen Etappe 3 des im August 2020 eröffneten Pilgerweges, der sich in einem großen Halbkreis von Großraming über Weyer und wieder zurück erstreckt. Allesamt sind dies Orte im südöstlichen Eck von Oberösterreich. 82 Kilometer und 3 000 Höhenmeter bieten in vier Wegetappen unzählige Naturerlebnisse, die von spirituellen und geschichtsträchtigen Plätzen begleitet werden. Wir bewegen uns von Maria Neustift auf einem über 800 Meter hohen Grashügel, der sich in Richtung Gaflenz erstreckt. Die Blicke richten sich von der hinter uns noch im friedlichen Herbstnebel liegenden Wallfahrtskirche des Ortes auf die umliegenden bewaldeten Hügel des Nationalparks Kalkalpen bis zum Sonntagberg im nahen Niederösterreich. Die zauberhafte Wegpassage lädt ein, stehenzubleiben, die Arme auszubreiten und den Himmel zu umarmen. Etwas später regt eine Bank rund um einen Riesenfelsen dazu an, ausgiebig zu rasten und die Seele baumeln zu lassen. Nichts verrät mehr, dass hier nach dem Zweiten Weltkrieg für fast ein Jahrzehnt die Demarkationslinie zwischen russischen und amerikanischen Soldaten war. Ein kleiner Abstecher führt uns zur Almhütte am Freithofberg.

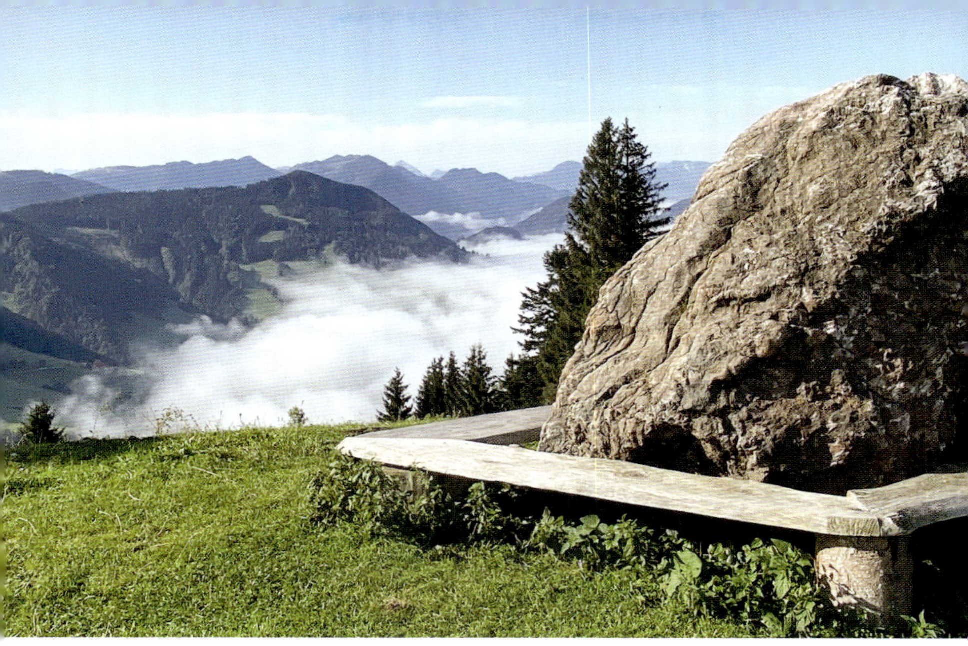

Auf einer Bank an einem Riesenfelsen mit der Seele baumeln

Hüttenwirtin Brigitte Eisenführer strahlt eine herzliche Gastfreundschaft aus und stärkt uns mit Bratlfettbrot, Schnurkrapfen aus Mürbteig, Kuhfleckenkuchen und selbstgemachtem Heuschnaps. Die volle Kraft der regionalen Kräuter erfüllt beim Trinken blitzartig Nase und Gaumen.

Suche nach einem Mann

Lange ist die Zeit vorbei, als im Mittelalter Frauen am Heiligenstein bei Gaflenz die Hilfe des heiligen Sebaldus erfleht haben. Er sollte sie bei der Suche nach einem Mann wundertätig unterstützen – das Parship des Mittelalters. Die Hochblüte der Pilgerzeit war um das Jahr 1720. Heute genießen Pilger jeden Alters aus allen Regionen des Landes die Pilgerroute und können neben der Schönheit der Natur weitere Erbauung an sieben Kirchen, 30 Kapellen, einer geschichtsträchtigen Burg, einer alten Mühle, einem aus dem Ennsfluss geborgenen Opel Blitz aus dem Zweiten Weltkrieg sowie einer Hängebrücke über den Ennsfluss finden.

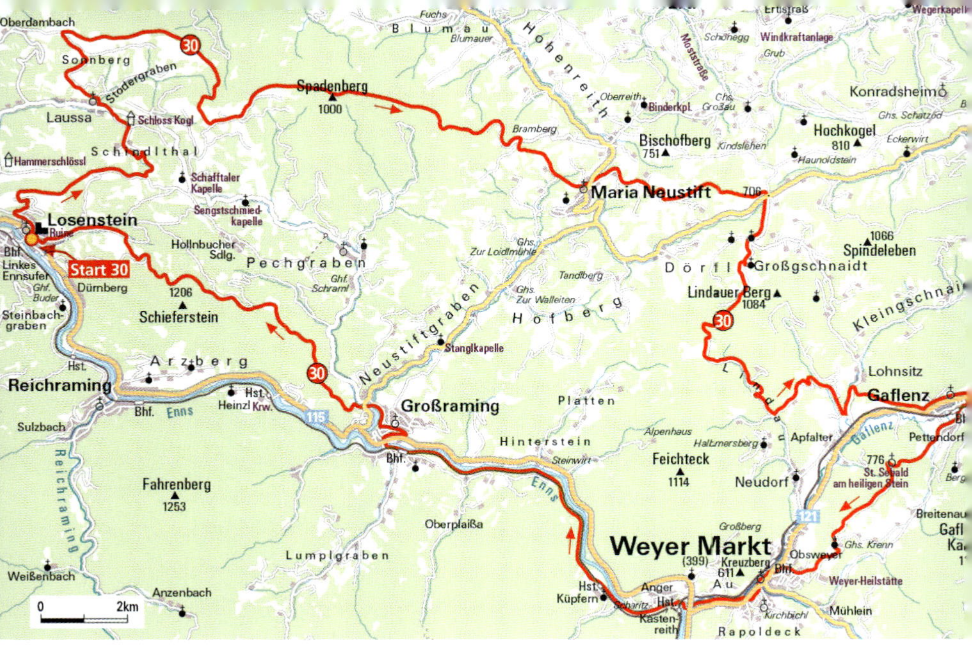

Einem einmaligen spirituellen Denkmal begegnen wir auf der vierten Etappe in Richtung Weyer. Ein Künstler hat in den Stamm eines als abgestorben geltenden Birnbaumes eine Marienstatue mit Kind hineingeschnitzt. Der Baum begann wieder auszutreiben und erfreut sich mittlerweile einer grünen Krone aus kräftigen Ästen, unter denen die Heilige gut beschützt auf den Besucher blickt. Ein lebendiger Bildstock, wie er wohl nur auf dem Sebaldusweg anzutreffen ist.

Dass der Pilgerweg die Menschen verändert, bestätigt auch Angela Ahrer, die Kirchenwirtin in Großraming. „Die Gäste früherer Zeiten kamen hierher und erwarteten, von uns unterhalten zu werden. Jetzt tauchen sie in die Landschaft ein und kehren bereichert und zufrieden am Abend zurück.“ Das können wir mit vollem Herzen bestätigen.

Rundweg → 82 Kilometern ↗ ca. 3 000 Höhenmeter
4 Tagesetappen zu jeweils ca. 20 Kilometern
Ausgangspunkt: Großraming
www.großraming.at • www.kirchenwirt-ahrer.at • www.sebaldusweg.at
Öffentl. Verkehr: S 1 bis Steyr, dann Bus 440 bis Großraming

Naturidylle trifft Technik

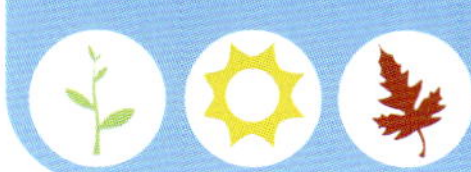

Der Fischersteig rund um den Klausersee bietet ein exklusives Wanderabenteuer

Nah am Wasser gebaut – das sagen bisweilen tief empfindende Menschen über sich selber. Ebenso treffend lässt sich so aber auch der Fischersteig beschreiben, der den Klauser Stausee umrundet. Der abenteuerliche Rundweg zieht sich immer ganz nah am Ufer über 20 Kilometer entlang des 7 Kilometer langen und bis zu 250 Meter breiten Gewässers. „Die Steyr wurde bald nach ihrem Austritt aus dem Toten Gebirge anlässlich der Errichtung eines Kraftwerkes 1975 dort aufgestaut, wo die „Klaus“ die Engstelle zwischen der felsigen Kremsmauer und dem Westabfall des Sengsengebirges markiert. Dabei ist ein langgezogener See entstanden, der außerordentlich reizvolle Uferpassagen bildet. Besonders die noch erhaltenen aus Konglomeraten bestehenden Ufer-Steilwände sind sehenswert“, sagt der Steyrtal-Experte und Buchautor Willibald Girkinger.

Start beim Bahnhof

Wir starten die Runde im Uhrzeigersinn vom Bahnhof Steyrling aus, wo der Weg rasch auf einen schmalen Steg mit anschließenden Metallstiegen zur Steyr abfällt. Trittsicherheit ist hier gefragt. Unten am Wasser angelangt, wirken die kühnen Brückenkonstruktionen der Straßen- und der denkmalgeschützten Eisenbahnbrücke über den Fluss wie Kunstwerke in einer Fotomontage. Tiefgrünes Wasser schimmert zwischen den Betonsäulen der Straßenbrücke herauf. Wasser, Wald und technische Bauwerke haben sich zu einer eigenwilligen Symbiose vereinigt.

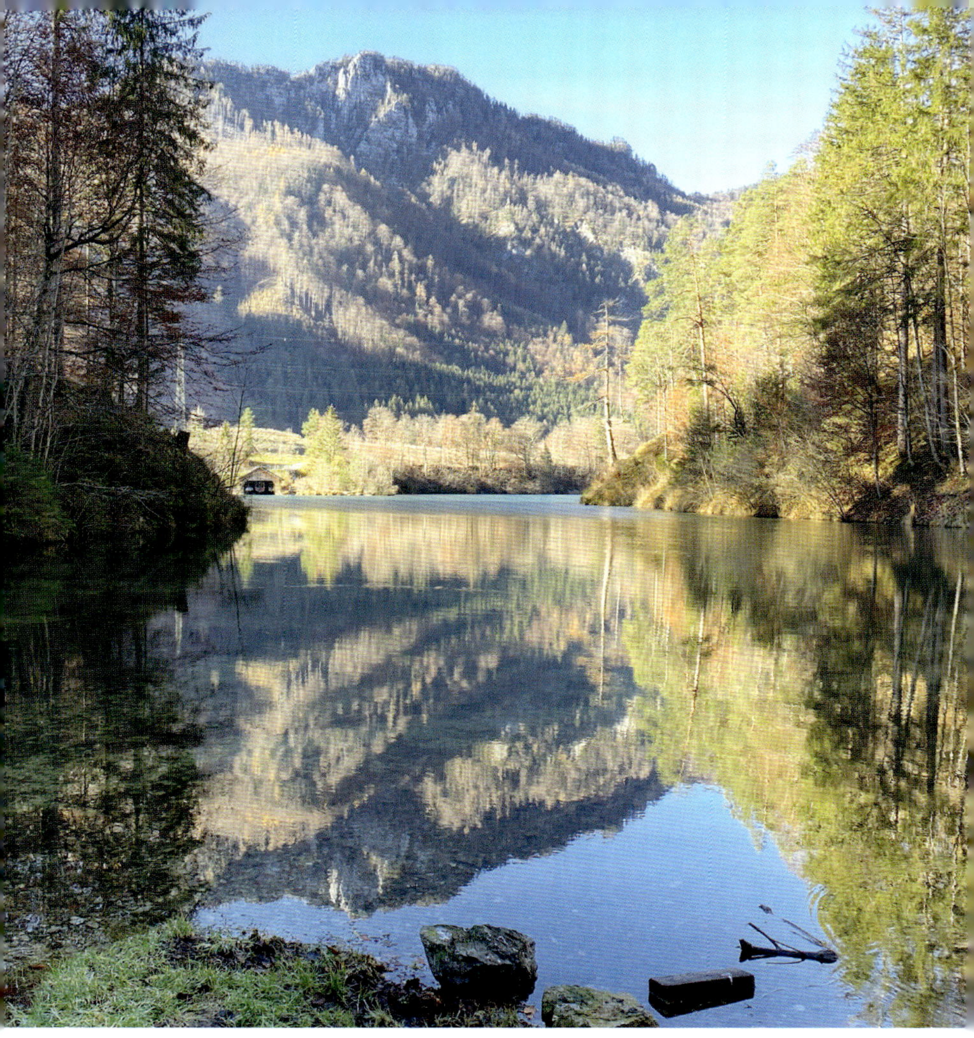

Pure Wanderidylle direkt am Klauser Stausee

Zur Linken blicken die Bergkirche und das geschichtsträchtige Schloss Klaus herunter, das als Burg schon seit 1 100 Jahren bestanden haben dürfte und heute als protestantisches Zentrum dient. In der Zeit als „Feste Klaus" wurden hier Zölle eingehoben und feindliche Soldaten abgewehrt. Die Staumauer des Kraftwerks Klaus wird überquert und wir richten den Blick auf die weite Wasserfläche, die sich auf einem Quadratkilometer nach Süden erstreckt. Die schwimmende

Almhütte des Gasthauses Seeblick wartet auf ihren Einsatz für gesellige Runden in der nächsten warmen Saison, ebenso weitere Freizeiteinrichtungen.
Wir folgen dem Fischersteig mit der blauweißen Markierung entlang der ganzen Ostseite des Stausees, lange begleitet von den Arbeitsgeräuschen des Kalkwerks der voestalpine in Steyrling. Der Abbau von Kalk an der Südostflanke des Brennets erfolgt mittels Scheibenbau. Dabei werden 20 Meter hohe Etagen durch Sprengungen von oben Schicht für Schicht abgetragen. Der weiße Kalkgipfel des 1 249 Meter hohen Ausläufers der Kremsmauer spiegelt sich im Wasser.

Böhmen – Triest

Durch naturnahen Mischwald tauchen wir auf steilen Pfaden in die canyonartige Flusslandschaft hinab. Zu Recht wird die Farbe dieses Wassers mit einem Edelstein verglichen. Unter dem 1 000 Meter höheren Gipfel des Sperings passieren wir weitläufige Wiesen mit stattlichen Gehöften, um schließlich in die Schlucht des Rettenbachs abzusteigen. Vorbei geht es an der historischen Eisenbahnbrücke aus dem Jahr 1905, wo einst die Züge von Böhmen nach Triest fuhren.
Nach fünf Gehstunden haben wir 18 Kilometer und 250 Höhenmeter zurückgelegt. Da kommt uns der Tipp eines freundlichen Bewohners im Ortsteil Kniewas gerade Recht. Franz Leitner rät, für das restliche Wegstück den Zug vom nahen Bahnhof St. Pankraz-Hinterstoder zu nehmen. So sparen wir eineinhalb weitere Gehstunden und erreichen in wenigen Minuten unseren Ausgangspunkt in Steyrling.

🕒 5 Stunden ↔ 18 Kilometer (kann abgekürzt oder verlängert werden)
Ausgangspunkt: Bahnhof Steyrling
(Einstieg auch vom Bahnhof St. Pankraz oder Klaus möglich)
www.steyrling.at
Öffentl. Verkehr: S 4 bis Steyrling Bhf

32 St. Pankraz

Naturerlebnis und Abenteuer

Eine Flusswanderung auf der Teichl: Fluss entspringt auf der Wurzeralm, verschwindet im Karst und taucht 600 Höhenmeter tiefer im Tal wieder auf

Die Teichl ist ein Fluss, der herausfordert. Eingestiegen in St. Pankraz, paddeln wir mit einem Kajak durch eine der schönsten Gewässerlandschaften Oberösterreichs. Mitten durch kristallklares Gebirgswasser zu gleiten, lässt alle Sinne wacher werden. Der Fluss verwandelt sich ständig. Wir beginnen ganz entspannt mit flachen Passagen. Die Steine leuchten durch das helle Wasser herauf, jeder von ihnen scheint eine andere Färbung zu haben. Die Sonne bringt sie zum Leuchten. Sie blicken auf den Besucher, als ob sie von Gustav Klimt gemalt worden wären. Es bleibt die leichte Bewegung des Wassers, während die Landschaft in Stille versinkt.

Stärkeres Rauschen

Dann folgt auf das sanfte Plätschern des Wassers ein stärkeres Rauschen, das Abenteuer ankündigt. Die Wellen werden größer und es ist noch nicht absehbar, ob sich diese Passage befahren lässt oder wir aussteigen und einen kurzen Fußmarsch machen müssen. Beides erleben wir mehrere Male. Langeweile kommt niemals auf. So bewältigen wir einen Teil der Flussstrecke zu Fuß. Mehrere der seltenen Gänsesäger-Entenfamilien begleiten uns dabei mit sichtlichem Interesse.

Tümpel

Aus der Flussmitte betrachtet, bekommt die Landschaft ein anderes Aussehen. Steil ragen die Konglomeratwände aus

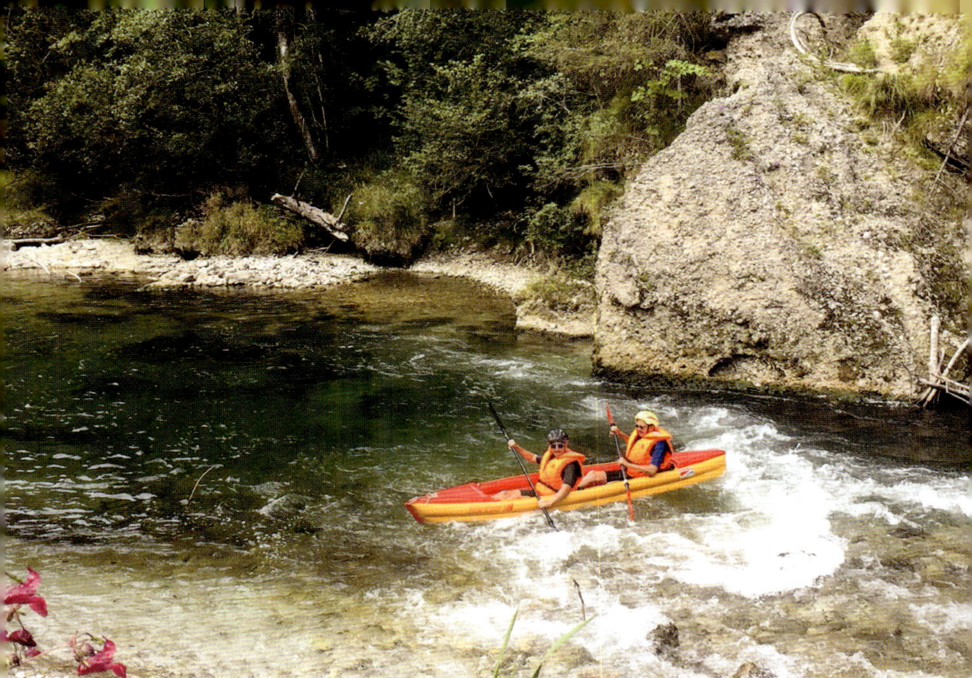

Sportlich geht es an hohen Felsen vorbei

urzeitlichem Schotter auf beiden Seiten des Wassers in die Höhe. Für den Kajakfahrer heißt es hier achtgeben. Das Wasser drängt sich geradezu unter die höhlenartigen Überhänge. Da diese aber auch nur einen halben Meter hoch sein können, müssen wir vorsichtig vorbeipaddeln.

Nicht nur Auge und Ohr werden wacher, auch der Atemrhythmus erhöht sich in solchen Situationen. Sicherheitshalber sind wir mit Schutzhelm, Schwimmweste und Neoprenanzug ausgerüstet.

Was dann folgt, ist gleichsam die Belohnung für den Flusswanderer. Die Teichl lässt uns in die andere, sanfte Seite ihrer Seele eintauchen. Nach den Schotterbänken folgen tiefgründige Tümpel, in denen das Wasser ruht. Nur die Fische beleben diese Ruhe. Äschen, Bach- und Regenbogenforellen tummeln sich vergnügt im 12 Grad kalten Wasser. Der Spruch „Stille Wasser sind tief" scheint von hier zu stammen, denn nichts trübt die Stille. Dieses Innehalten ist auch für die Menschenseele erbaulich. Wie sagte schon Johann Wolfgang von Goethe: „Des Menschen Seele gleicht dem Wasser: Vom Himmel kommt es, zum Himmel steigt es und wieder nieder zur Erde muss es – ewig wechselnd.“

„Hochgeboren“ im Warscheneck-Massiv

Die Teichl ist eine „Hochgeborene“ und hat ihren Ursprung auf der Wurzeralm im Warscheneck-Massiv des Toten Gebirges. Sie windet sich in zahlreichen Mäandern, bis sie in ein Karstloch, der sogenannten Teichlschwinde, ins Kalkgestein eintaucht, um 600 Höhenmeter später im Tal beim „Teichlursprung“ wieder an die Oberfläche zu gelangen. Willi Girkinger hat dem Fluss in seinem Prachtband „Die Steyr“ auch ein eigenes Kapitel gewidmet: „Das Wasser der Teichl sammelt sich aus einem Reservoir in der Größe von knapp 100 Quadratkilometern im östlichen Toten Gebirge. Sie wird durch die Pießling und andere Bäche gespeist und könnte mit ihrem Trinkwasser drei Millionen Menschen versorgen.“
Unsere Paddeltour hat allerdings nicht beim Ursprung, sondern unterhalb des Teichl-Kraftwerks St. Pankraz begonnen, um nach drei Stunden schließlich, vorbei an der Mündung der Teichl in die Steyr, am idyllischen Elisabethsee zu enden.

Elisabethsee

Ein Ort, der so aussieht, als wäre für ihn das Wort „Idylle“ erfunden worden. Der 65 000 Quadratmeter große künstliche Badesee ist vor 45 Jahren im Zuge des Aufstauens der Steyr entstanden. Seinen Namen hat er nicht von der gleichnamigen Kaiserin, sondern von der Vorbesitzerin Elisabeth Obermayr. Ein Campingplatz und eine freundliche Gaststätte laden zu einem erquicklichen Aufenthalt ein.

🕒 3 Stunden (Erfahrung im Flusswandern Voraussetzung)
Ausgangspunkt: Teichl-Kraftwerk St. Pankraz

Wallfahrt mit Hüttenidylle

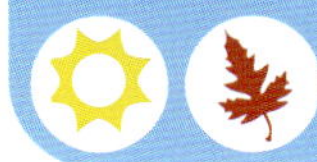

Historischer Wallfahrtsweg ist Teil der Karleck-Runde

Wo sich heute sportliche Wanderer zur körperlichen Ertüchtigung hinaufbegeben, haben dies seit fast 200 Jahren Pilger aus spirituellen Motiven getan. Bürger aus Windischgarsten haben aus Dank vor der Verschonung von Feuersbrünsten den Pilgerweg in den nahe Admont gelegenen Pilgerort Frauenberg begründet. Dieser frommen Sitte haben sich alsbald auch die Menschen im nahen Spital am Pyhrn angeschlossen. „Jeweils am Pfingstmontag um fünf Uhr früh wird dazu der Segen im Dom zu Pyhrn gespendet. An die 50 Personen machen sich dann auf den Weg nach Frauenberg“, so der Zisterzienserpater und Pfarrer von Spital am Pyhrn, Friedrich Höller. Eine Wallfahrt, bei der man reichlich Gelegenheit bekommt, nicht nur so manche Sünde, sondern auch Schweiß loszuwerden.

Sensenherren-Kapelle

Idyllisch schmiegt sich die Ochsenwald-Kapelle in das weitläufige Almgelände. Errichtet wurde sie von den früheren Sensenherren der Region. Sie befindet sich wenige Gehminuten oberhalb der Ochsenwaldalm, dem Ausgangspunkt unserer Wallfahrt, die allerdings bereits im Spitaler Ortsteil Grünau den eigentlichen Startpunkt hat. Der Markierung 613 folgend, erreichen wir nach einer weiteren Gehstunde und fast 350 Höhenmetern die Arlingalm. Herbert Huemer bewohnt eine der Hütten und trägt gerade eine Ladung Brennholz hinein: „Seit 32 Jahren genieße ich die großartige Aussicht auf das Garstner Tal. Von November bis Mitte Februar kann ich die Sonne allerdings nur am gegenüberliegenden majestätischen Bergkegel des Großen Pyhrgas bewundern.

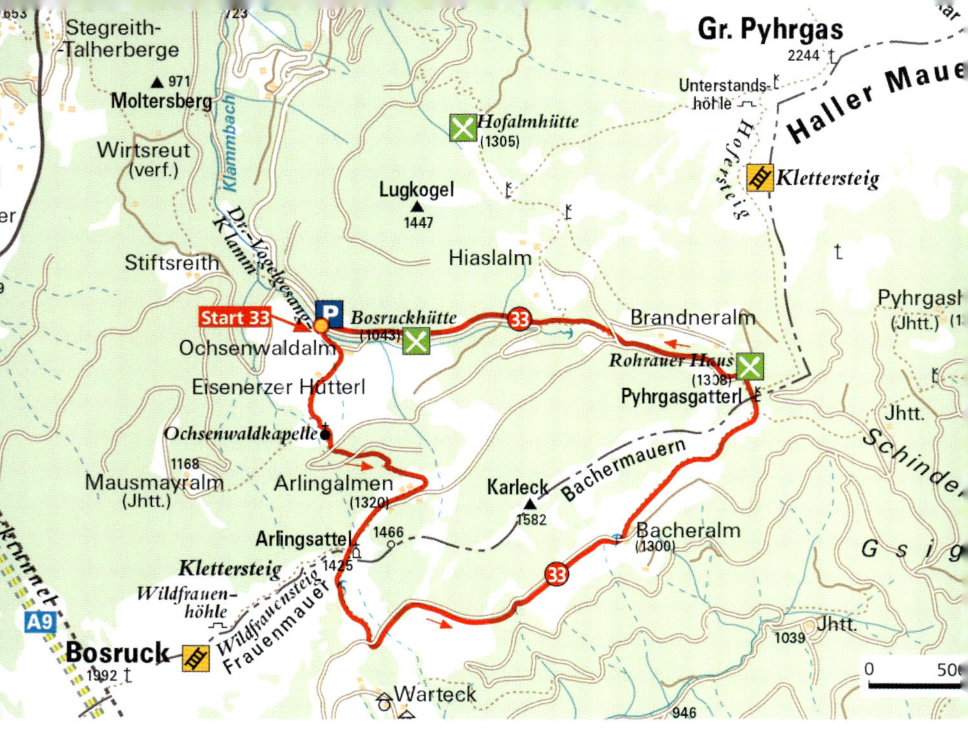

Dafür ist es hier auf über 1 300 Metern immer nebelfrei.“ Auch wir schätzen es, dass der Aufstieg im Schatten liegt und erreichen so rasch den Arlingsattel. Ein Wegkreuz erinnert mit einer Inschrift an die historische Wallfahrt. Ein guter Ort, eine Rast einzulegen und die großartige Aussicht auf die unter dichtem Nebel liegenden Täler der Obersteiermark zu genießen.

Rund um das Karleck

Nach einem kurzen Abstieg verabschieden wir uns vom Pilgerweg und begeben uns auf den Rundweg um den Gipfel des Karlecks (1 582 m). Gänzlich neue Ausblicke eröffnen sich auf die Bergkette der Haller Mauern vom Scheiblingstein bis zum schroffen Hexenturm. Über die Bacheralm gelangen wir zum Pyhrgasgatterl, um von dort auf dem Weg 618 die spezielle Tour de Alm fortzusetzen. Auf das Rohrauerhaus folgt die Brandneralm, auf der wir längere Zeit den breiten Rücken des Warschenecks bestaunen können. Ein mystisches Waldstück erregt mit eigentümlich geformten Bäumen unsere

Aufmerksamkeit. Eine mächtige Fichte weist eine markante Verdickung auf. Sie scheint längere Zeit in die Breite und erst dann wieder nach oben gewachsen zu sein. Dafür hat der Nachbarbaum gleich drei Stämme ausgebildet. Ein verwunschener Ort. Kurz vor der Hofalm wechseln wir zur sonnigen Hiaslalm, allesamt im spätherbstlichen Ruhemodus, um schließlich nach dreieinhalb Gehstunden auf einem der berühmtesten Alpenwege zurück zum Rohrauerhaus und der Ochsenwaldalm zu gelangen. Hier bewegen wir uns auf dem internationalen Weitwanderweg „Via Alpina", der auf 5 000 Kilometern von Triest nach Monaco führt. Gleichzeitig verläuft hier der „Europäische Fernwanderweg" von Gibraltar bis Griechenland.

🕒 3 ½ Stunden ↔ 8,1 Kilometer ↗ 495 Höhenmeter
Ausgangspunkt: Parkplatz der Bosruckhütte in Spital am Pyhrn
www.spital-pyhrn.at • www.urlaubsregion-pyhrn-priel.at
www.bosruckhuette.eu

Wanderidylle mit Blick auf die Haller Mauern

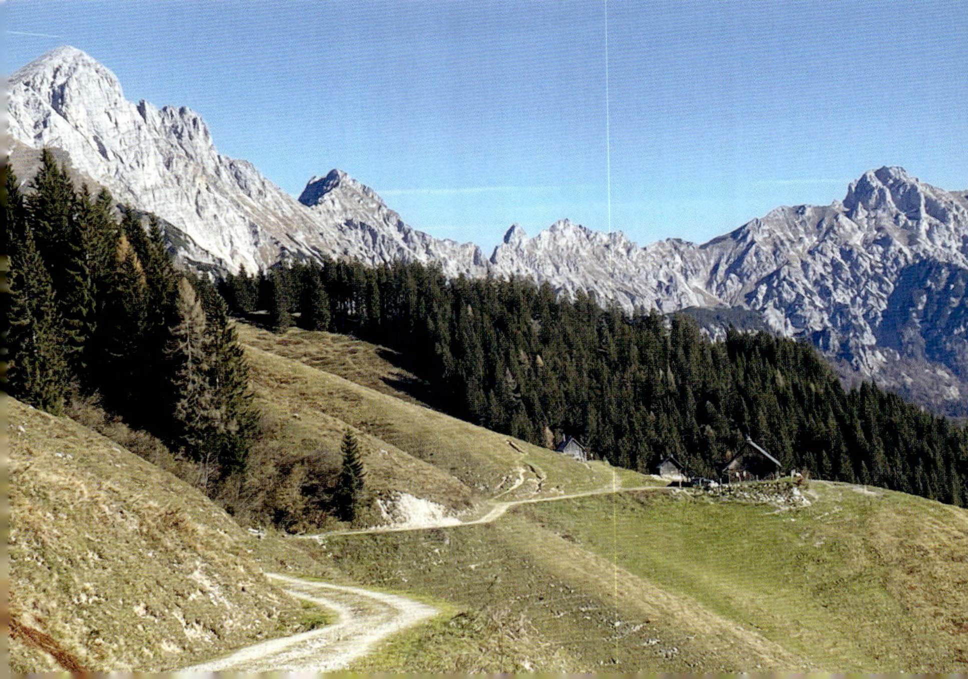

34 Hinteregger Alm
Almidylle und Gipfelluft

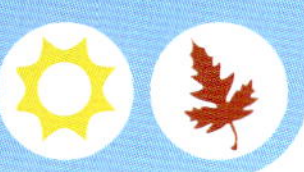

Anspruchsvolle Rundtour im Toten Gebirge mit Blütenpracht und Gipfelreigen

Am Pyhrnpass, genau an der Landesgrenze zur Steiermark, beginnt eine idyllische Frühsommerwanderung für Insider. Ab dem Parkplatz Kalkofen führt der Wanderweg 286 in eineinhalb Stunden zur Hintereggeralm.
Die morgendliche Luft auf knapp 1 000 Höhenmetern ist angenehm kühl. So geht es flott durch den von einem Bächlein begleiteten Lexgraben. Rasch werden die ausgedehnten Weideflächen der Hintereggeralm erreicht. Bezeichnenderweise heißt der erste Almabschnitt „Himmel". Und das aus gutem Grund. Von hier blickt man auf glückliche Kühe vor hübschen Almhäuschen, die meisten mit Holzschindeln gedeckt.
Bei der Rast auf der Kinkhütte erfahren wir Interessantes über die Alm: „24 Bauern besitzen die Anteile der Hinteregger Almgenossenschaft. Ihre Hütten liegen weit verstreut auf dem 200 Hektar großen Plateau. Alle Hütten sind bewirtschaftet, 100 Rindviecher verbringen hier den Sommer." Der erfahrene Almhirt und Hüttenwirt erinnert an frühere Zeiten, als auch die Weidegründe der Hochlagen voll genutzt wurden: „Das Vieh wurde auf die rund 1 900 Meter hoch gelegene Angereralm gebracht. Diese Hochalm war für das Vieh schwierig zu erreichen. Je weiter man mit den Tieren zum Hochplateau kam, desto größer wurden die von den wundgetretenen Füßen der Kühe stammenden Blutflecken auf den scharfkantigen Gesteinsplatten." Diese Zeiten sind vorbei. Die Rinder bleiben hier auf der Niederalm.

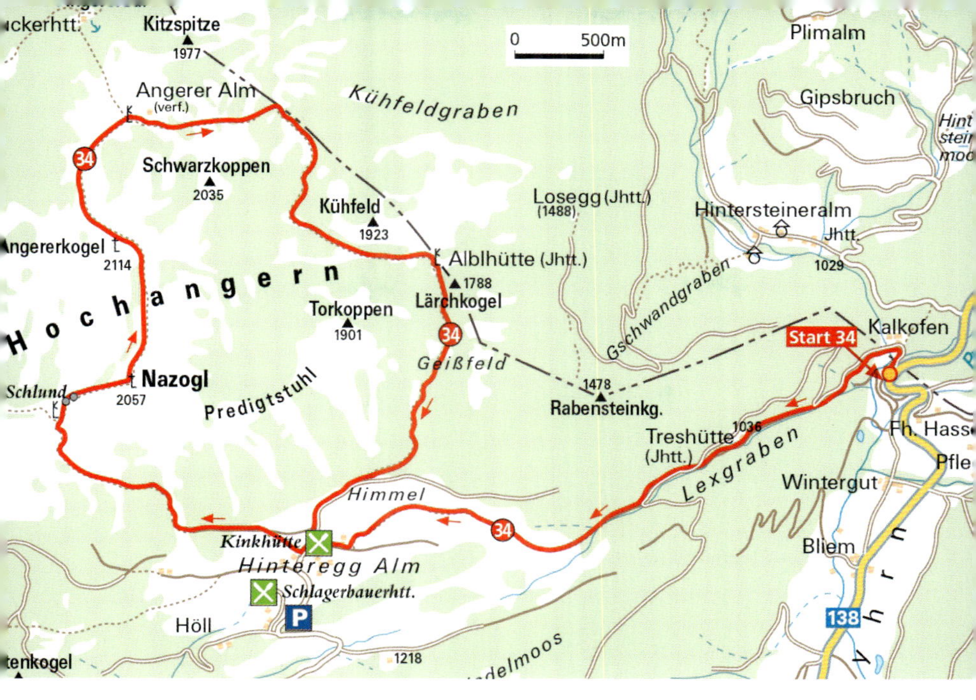

Blütenreiches Hochangernplateau

Jetzt heißt es sich zu entscheiden: Entweder in einer Gehstunde wieder gemütlich zurück zum Pyhrnpass oder weiter auf einer sportlichen Rundtour über das Hochangern-Plateau. Uns zieht es hinauf auf die Hochalm. Die Gipfelrunde erfordert zwar eine Extragehzeit von dreieinhalb Stunden, wird aber von Kennern als besonderer Geheimtipp gepriesen. Gutes Schuhwerk, ausreichend Wasser und stabiles Wetter sind dazu notwendig. So geleitet uns der Wanderweg 217 zuerst auf den Gipfel des 2 057 Meter hohen Nazogl. Auf den 800 Höhenmetern begleiten uns zuerst Orchideen und Trollblumen, dann Alpenveilchen, Maiglöckchen, Enzian und das knallgelbe primelartige Petergstamm.

Auf dem Plateau angekommen, begrüßen unzählige Anemonen die Wanderer. Sie blitzen wie weiße Sterne auf dem golfplatzartigen Almboden. Der Ausblick ist traumhaft, sowohl ins Tal als auch in die Berge ringsum. Der Nazogl gilt als der Aussichtsbalkon des Ennstals: im Norden das Warscheneck-Massiv und der langgezogene Hochmölbinggrat, im Osten die Haller Mauern und Gesäuse-Berge und im Westen hinter dem schon vertrauten Grimming das Dachsteinmassiv. Dann geht es auf lichter Höhe weiter zum Angerkogel. In wenigen Minuten kann er bestiegen werden. Über die weitere Route erreichen wir bald die verfallenen Gebäudereste der Angereralm.

Verzauberte Riesen und Zwerge

Was jetzt folgt, wäre in den USA schon längst in den Rang eines Disney-Parks erhoben worden. Der Weg windet sich zwischen Kalksteinblöcken und geradezu antiken Lärchen- und Zirbenbäumen. Sie säumen den Weg wie verzauberte Riesen und Zwerge. Die Erinnerung an alte Märchen kommt hoch. Wir rechnen jederzeit mit dem Auftauchen Rübezahls.

Kunstvolle Figuren im Kalkgestein

Aber es wartet noch ein besonderer Höhepunkt: unzählige bizarre Felsformationen. Wie auf einem geologischen Lehrpfad hat sich das Kalkgestein in eine Vielfalt von Windungen,

Aufstieg auf den Nazogl mit Blick auf Grimming und Hochtausing

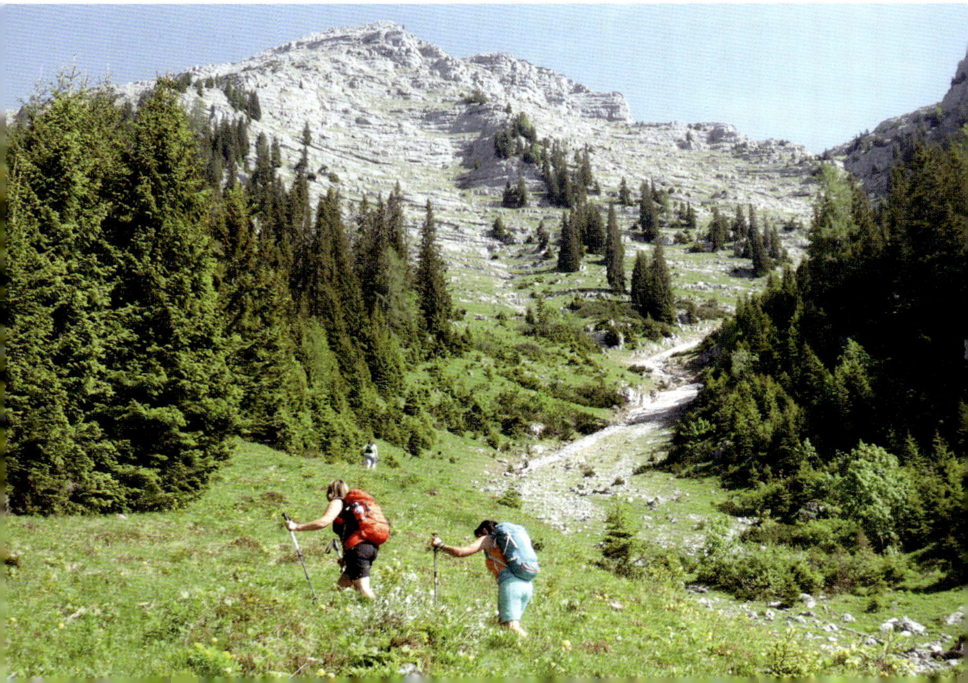

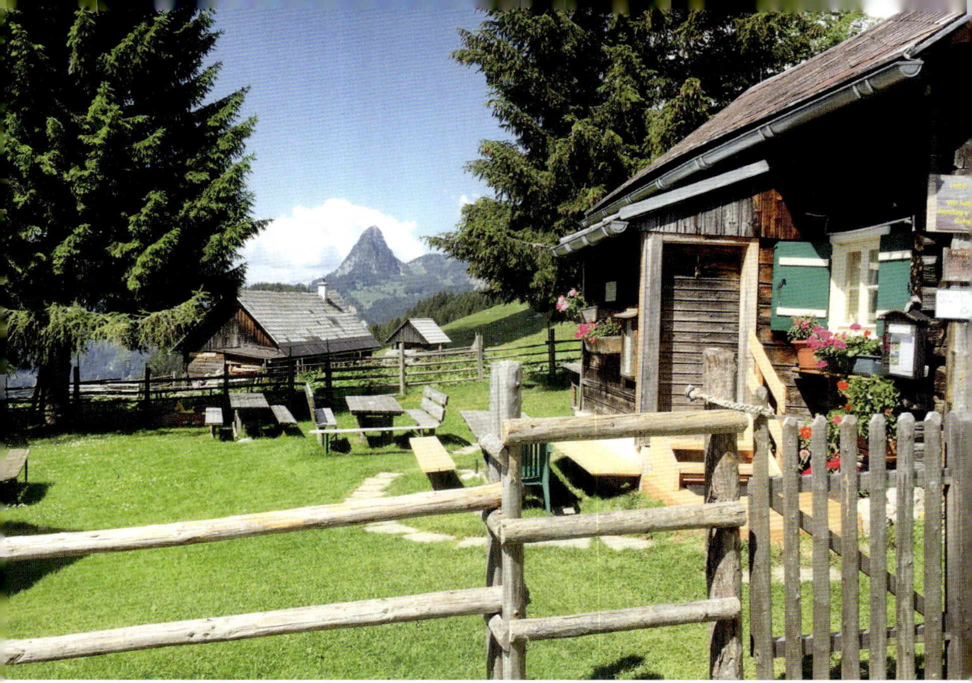

Idyllische Kink-Hütte

plastischen Strukturen und Abbrüchen verformt. Ein Kunstwerk der Natur, das in dieser Form einmalig ist. Über Millionen von Jahren hat die Natur dieses Meisterwerk geschaffen. Kurioserweise nennen die Einheimischen diesen Landstrich „bei der Rebhenn“. Von einem solchen Tier ist jedoch nichts zu sehen. Nur eine schwarze Kreuzotter huscht rasch in eine Felsspalte. Der Abschied von diesem Naturwunder fällt nicht leicht.
Eine gemütliche Rast vor der Kinkhütte beendet die spannende Rundtour. Der Suppentopf und der Ennstaler Steirerkas schmecken vorzüglich.

zur Hintereggeralm: 🕒 1 ¼ Stunden → 4,2 Kilometer ↗ 380 Höhenmeter
Überschreitung Nazogl: 🕒 3 ¼ Stunden → 7,7 Kilometer ↗ 770 Höhenmeter
Ausgangspunkt: Parkplatz Kalkofen am Pyhrnpass,
Abzweigung zur Hintereggeralm
kink-huette@aon.at, Tel.: 0676/534 03 39 (Montag, Dienstag Ruhetag)

35 Tauplitz
Zwischen Narzissen und Wasserfall

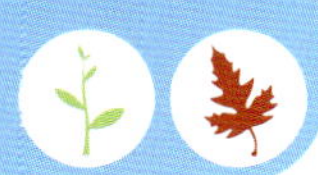

Der Sagtümpel ist die größte Karstquelle des Toten Gebirges

Majestätisch blickt der Gebirgsstock des Grimming auf das Salzkammergut-Örtchen Tauplitz. Der Schnee leuchtet noch zwischen den Felsflanken herab, während in der Ebene am Rand des Toten Gebirges bereits der Frühling eingezogen ist. Der „Narzissenweg“ führt vom Ortszentrum in einer dreistündigen Rundwanderung zu faszinierenden Naturschauspielen. Die Frühlingspracht mit weißblühenden Narzissen erstreckt sich über die weitläufigen Wiesen soweit das Auge reicht.

Der Sagtümpel

Wir legen eine Pause ein und laben uns am betörenden Blütenduft. Gut können wir nachvollziehen, dass die Bezeichnung „Narkose“ denselben griechischen Wortstamm wie Narzisse hat. Dann lassen wir uns von der Empfehlung des Tauplitzer Hoteliers und Obmanns des Wandervereins, Michael Kreuzer, leiten und folgen dem Wanderweg in Richtung „Sagtümpel“, wo wir auf ein weiteres Naturschauspiel treffen. Ein kleiner tiefgrüner Waldsee, der von einer unterirdischen Quelle gespeist wird, erwartet uns. „Es handelt sich um eine seltene vauclusische Riesenkarstquelle, was bedeutet, dass das Wasser aus einem Quellsee aus zehn Metern Tiefe aufsteigt“, weiß der Obmann des Höhlenvereins, Robert Seebacher. Wegen dieser großen Tiefe weist der See meist klares Wasser auf und erhält dadurch ein mystisches Aussehen. „Der dunkle, schier unergründliche Quelltopf, meist still und ruhig daliegend, dann wieder brodelnd und riesige Wassermassen freigebend, regte schon früh die Fantasie der Menschen an. Die auftauchende

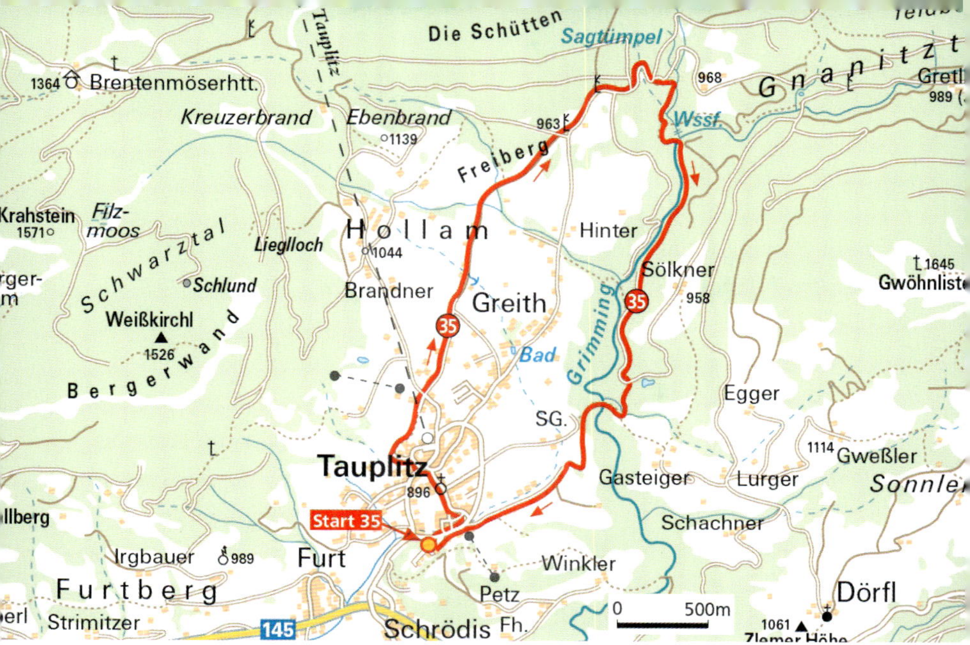

Wassermenge schwankt zwischen 5 und 9000 Litern pro Sekunde. Sie stammt vom Plateau der Tauplitzalm aus Höhen über 1700 Metern und tritt fast 700 Höhenmeter tiefer als Quelltopf aus dem Karstgestein ans Tageslicht. Er gilt als die größte Karstquelle des Toten Gebirges“, so Seebacher.

Tauplitzer Wasserfall

Verständlich, dass sich um diesen Ort eine Sage über einen Wassermann rankt, der den Tümpel bewohnt haben soll. Den treffen wir allerdings nicht an, sondern folgen dem aus dem Quelltopf entspringenden Sagtümpelbach, der über bemooste Blöcke und Kaskaden in Richtung Süden fließt. Nach einer Fließstrecke von rund 650 Metern mündet er spektakulär als 30 Meter hoher Tauplitzer Wasserfall in den Grimmingbach. Wir können oben von einem Aussichtsplatz auf die herabschießenden Wassermassen blicken, um dann zum Wasserfallboden hinunterzusteigen. Ein schaurig-schöner Anblick, wie die brausende Gischt aus dem engen Canyon über eine breite Felswand herunterdonnert, um sich mit dem dunkelgrünen Wasser des Grimmingbachs zu vereinen.

Auf einem Stein an diesem Glücksplatz zu sitzen und dieses Naturschauspiel zu betrachten, erinnert an so manche Szene in Hermann Hesses Roman „Siddharta“ und führt zu meditativer Innenschau. Schließlich verlassen wir diesen Kraftort und folgen dem munteren Grimmingbach, den wir bei einer Fußgängerbrücke, dem Leinsteg, überqueren. Blumen aller Art von Wiesenenzian, Dotterblumen bis zu unzähligen

Tosender Tauplitz-Wasserfall

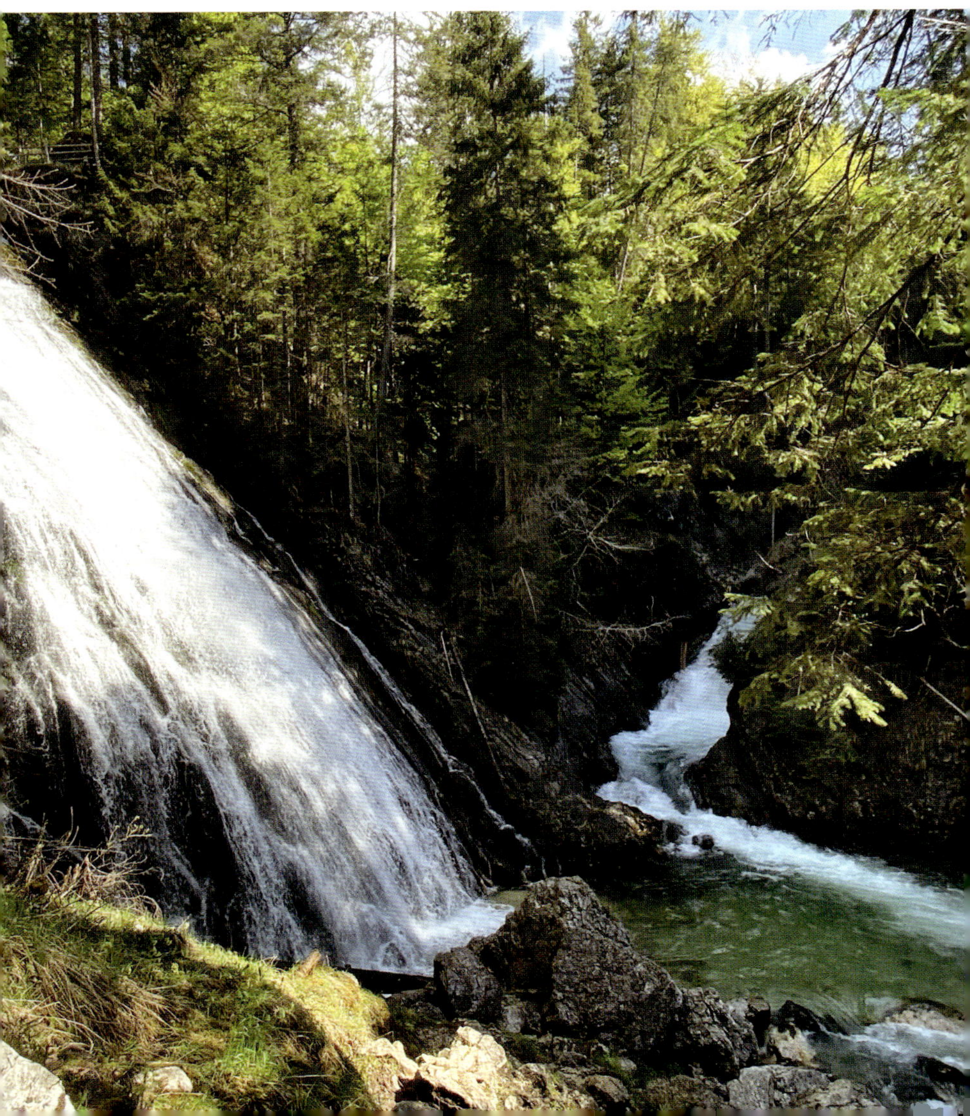

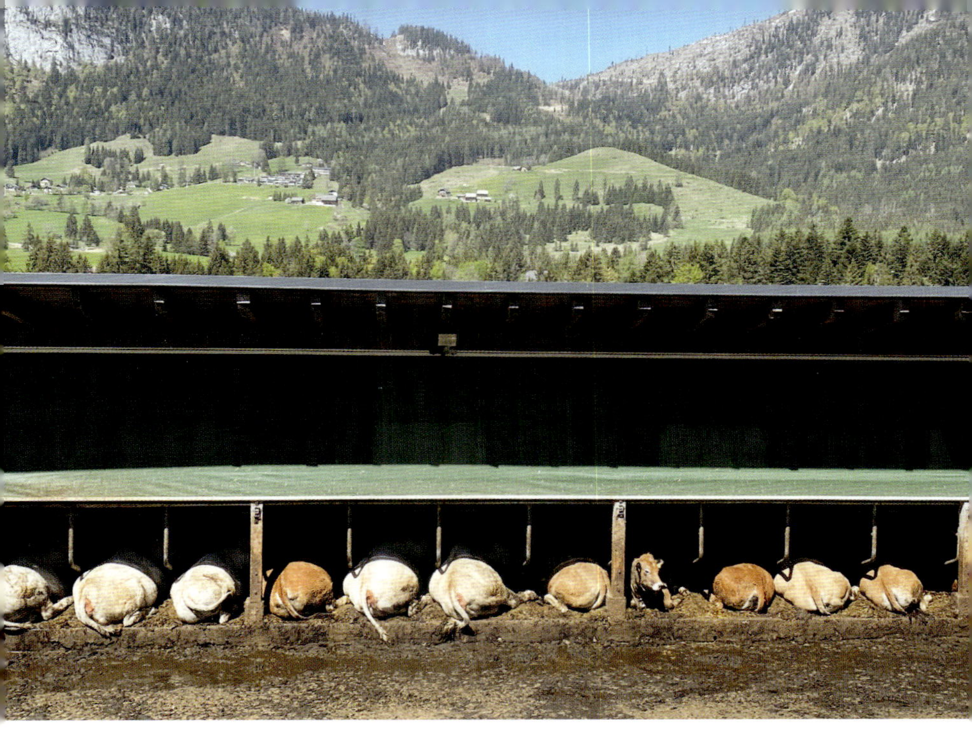

Nur eine Kuh parkt richtig

Schlüsselblumen begleiten uns dabei. Eine mächtige Fichte hat exakt auf einem Karstfelsen ihre Wurzeln ausgebreitet. Die Rinder beim einsam gelegenen Sölknerhof machen gerade ihre Vormittagssiesta. Sie haben sich allesamt mit dem Kopf voran in ihre Ruhekojen gelegt. Nur eine Kuh hat sich mit dem Hinterteil zuerst hineingelegt und blickt entspannt in den sonnenbestrahlten Hof heraus.

🕒 3 Stunden ↔ 8 Kilometer ↗ 180 Höhenmeter
Ausgangspunkt: Tauplitz, Ortszentrum
Öffentl. Verkehr: Bahn bis Attnang-Puchheim, dann Bahn bis Tauplitz Bhf.

36 Scharnstein
Narzissen unterm Zwillingskogel

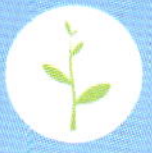
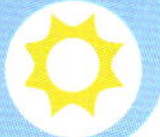

Blick ins Almtal und ins Tote Gebirge

Ein Ausflug nach Scharnstein will sorgfältig geplant sein. Denn eine besondere Attraktion gibt es nur im späten Frühling. Die Wanderkarte, welche von den freundlichen Damen im Gemeindeamt ausgehändigt wird, vermerkt sie schlicht als „Narzissenwiese“. Vom Parkplatz am Ende des Hauergrabens wären die Narzissenwiesen in einer halben Gehstunde erreichbar. Wir wählen jedoch die sportliche Variante, mit der man sich gestärkt mit Gipfelluft den Narzissen nähert. Der Weg soll über den 1 402 m hohen Zwillingskogel führen, so etwas wie der Hausberg von Scharnstein. Am Talschluss gegenüber einem idyllischen Knusperhäuschen nehmen wir einen Jägersteig, der in gerader Linie auf den Gipfel führt. Auf halbem Weg erinnert ein eisernes Kreuz daran, dass hier vor 150 Jahren ein junger Jäger von einem Wilderer erschossen wurde. Keine wirklich gute alte Zeit.

Die 700 Höhenmeter bis zum Gipfel sind zwar herausfordernd, aber die Mühe lohnt sich. Einmal auf dem Grat angekommen, bietet sich ein großartiger Rundblick. Im Norden liegen dem Betrachter das Almtal und das weitläufige Alpenvorland zu Füßen, nach Süden weitet sich der Blick ins Tote Gebirge. Je länger man dem Gipfelpfad Richtung Westen folgt, desto näher rückt der Traunstein. Beeindruckend seine markante Pyramidenform auch von der unbekannteren Südseite.

Wir folgen der Markierung 411 und verlassen den zum Traunsee führenden „Durchgang“. Nach einer weiteren Gehstunde einem Waldweg folgend, heißt es bei einem Schranken links abbiegen. Geradezu geblendet steht man vor den über und über

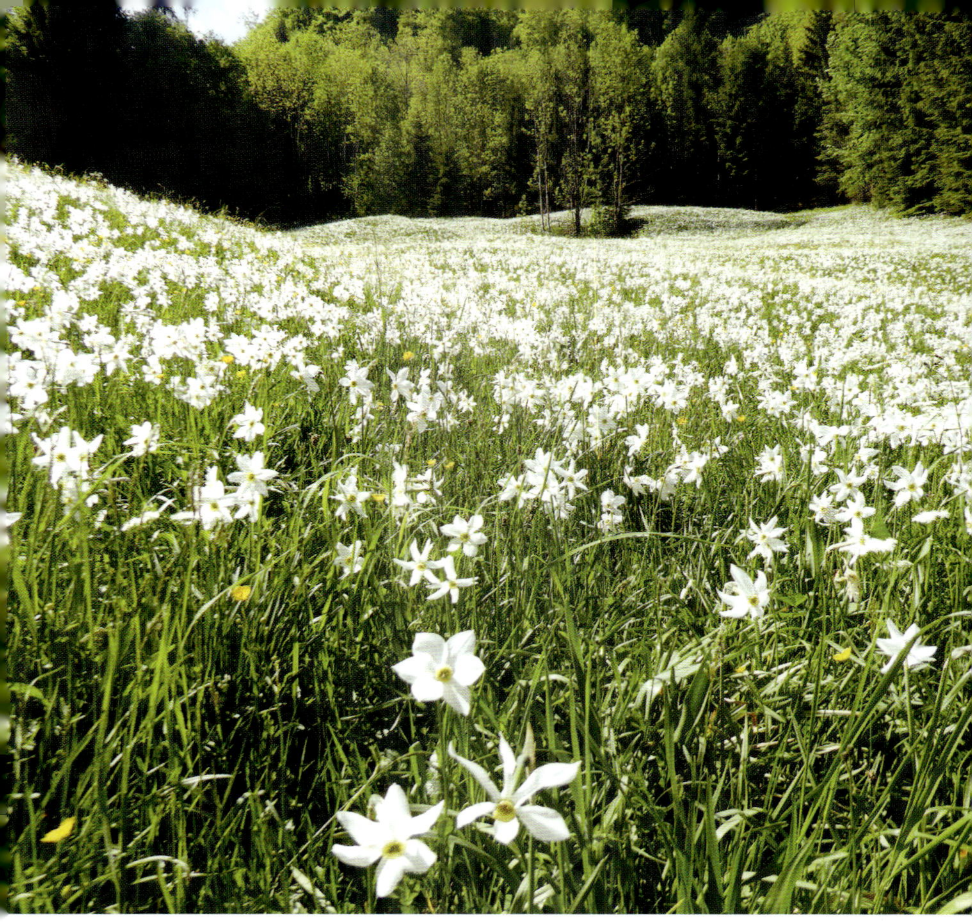

Die Narzissenwiese in Scharnstein

narzissenweißen Wiesen. Die Luft ist erfüllt von ihrem intensiven Duft.

Angesichts der Pracht dieser Blumen versteht man, dass sie die griechische Mythologie von einem Halbgott abstammen lässt: Der schöne selbstverliebte Jüngling Narziss wurde nach seinem Tod in eine Narzisse verwandelt, um so der Nachwelt erhalten zu bleiben. Die Worte der früher in Scharnstein lebenden, inzwischen verstorbenen Dichterin Hanna Maria Drack (1913 –1988) werden uns auch noch später im Gedenken an die Narzissen begleiten: „Die Erinnerungen überkommen dich und sind dann mitunter wie ein Sonnenstrahl."

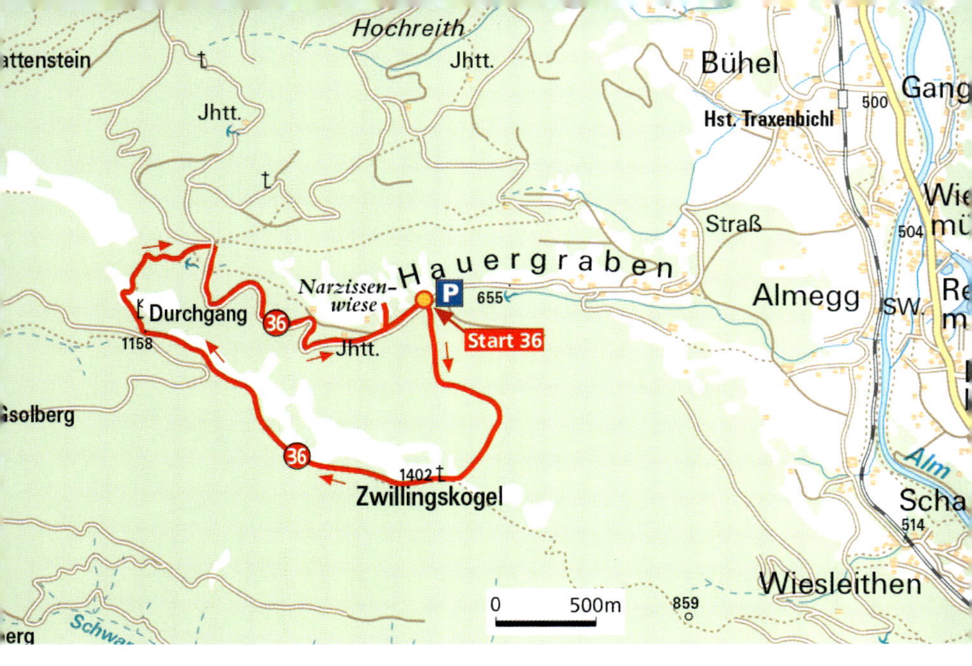

Mit diesen unvergesslichen Eindrücken geht die dreistündige Rundtour zu Ende. Der Steckerlfisch am Ufer des Almflusses schmeckt vorzüglich. Bürgermeister Rudolf Raffelsberger hatte recht: Obwohl auf der 50 km langen Alm unglaubliche 50 Kleinkraftwerke stehen, fühlt man sich als Gast davon nicht gestört. Die Balance ist gelungen.

🕒 3 Stunden ↔ 6,5 Kilometer ↗ 750 Höhenmeter
Ausgangspunkt: Scharnstein, Parkplatz am Ende des Hauergrabens
www.scharnstein.ooe.gv.at

Blick vom Zwillingskogel auf den Traunstein

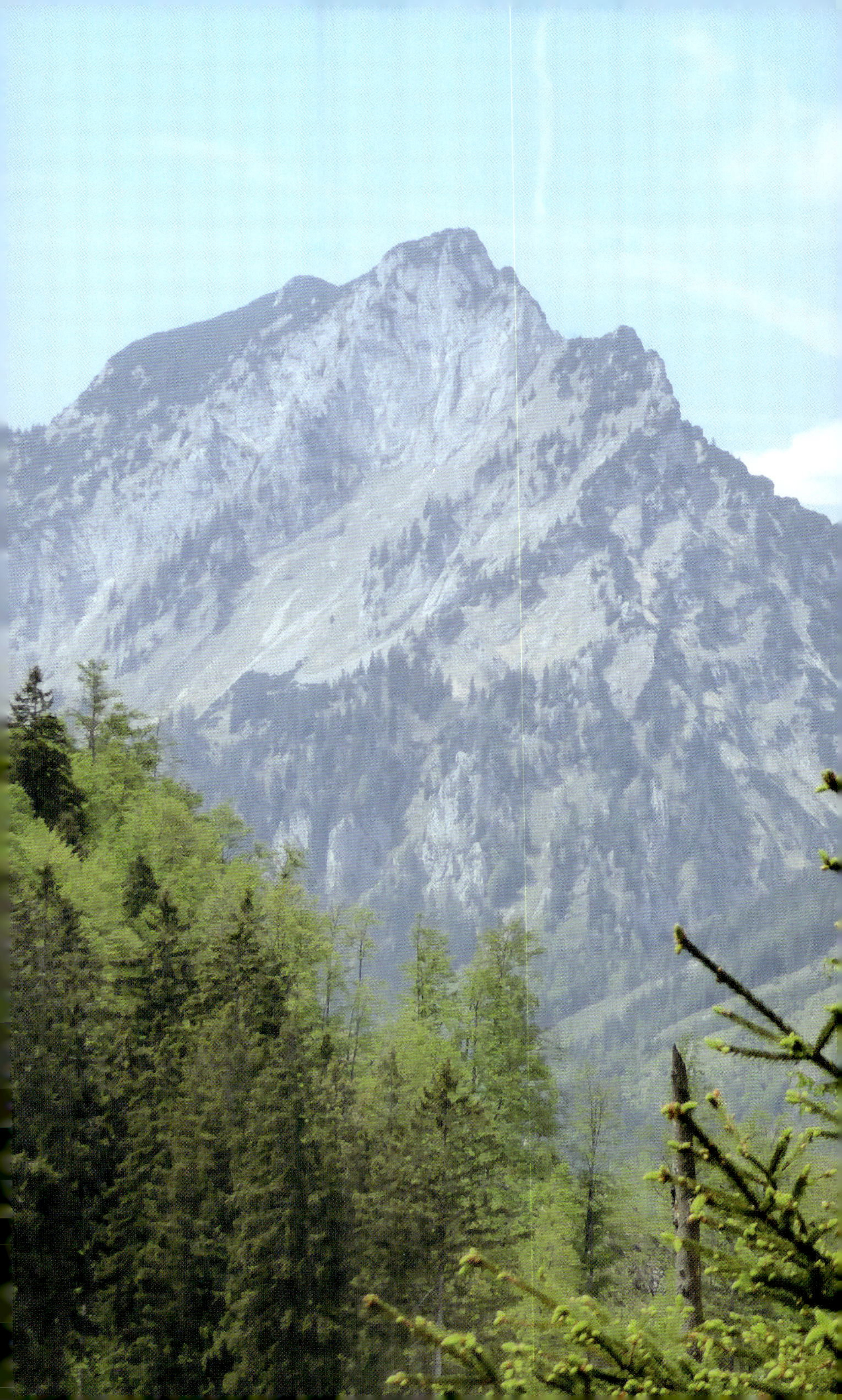

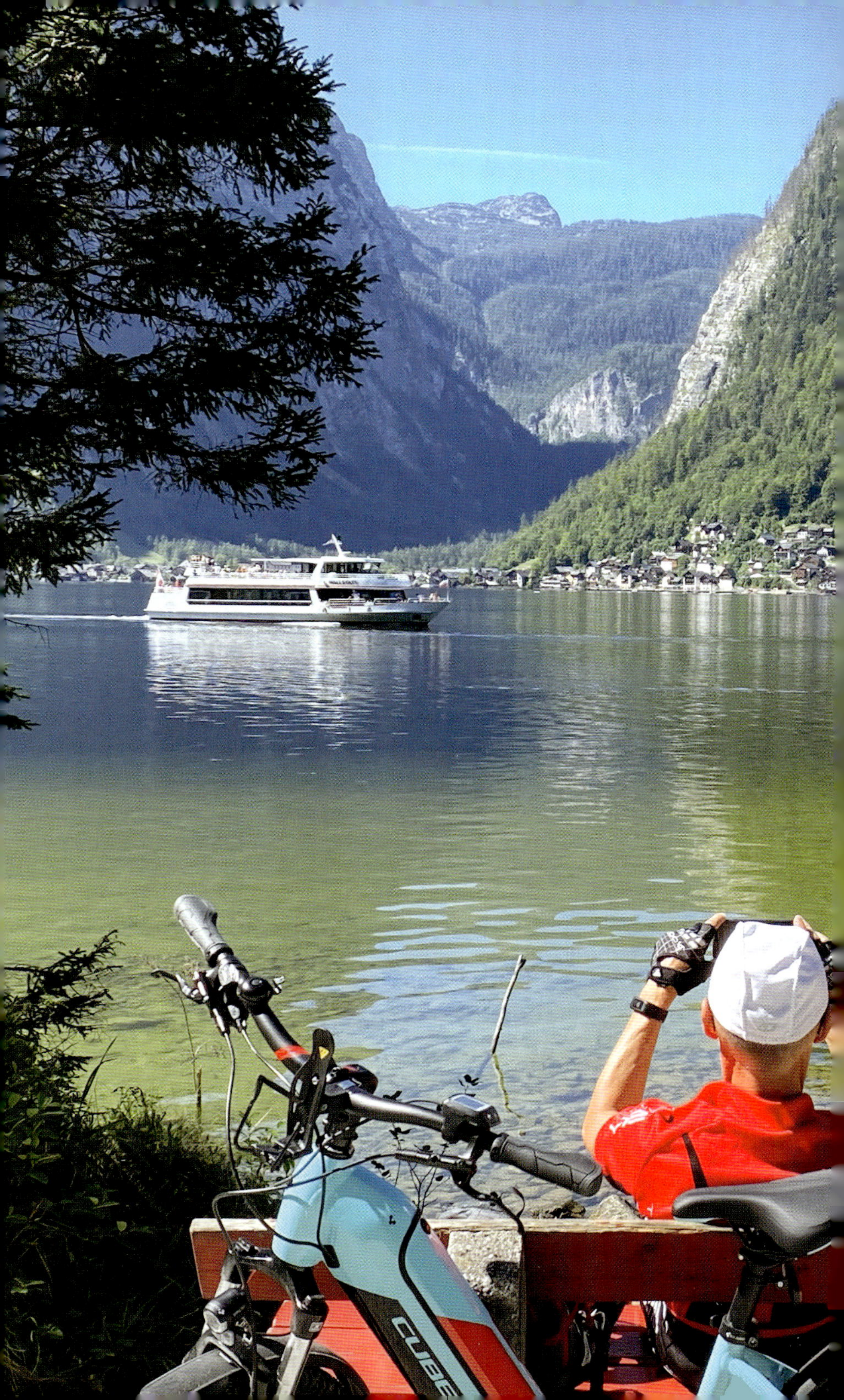

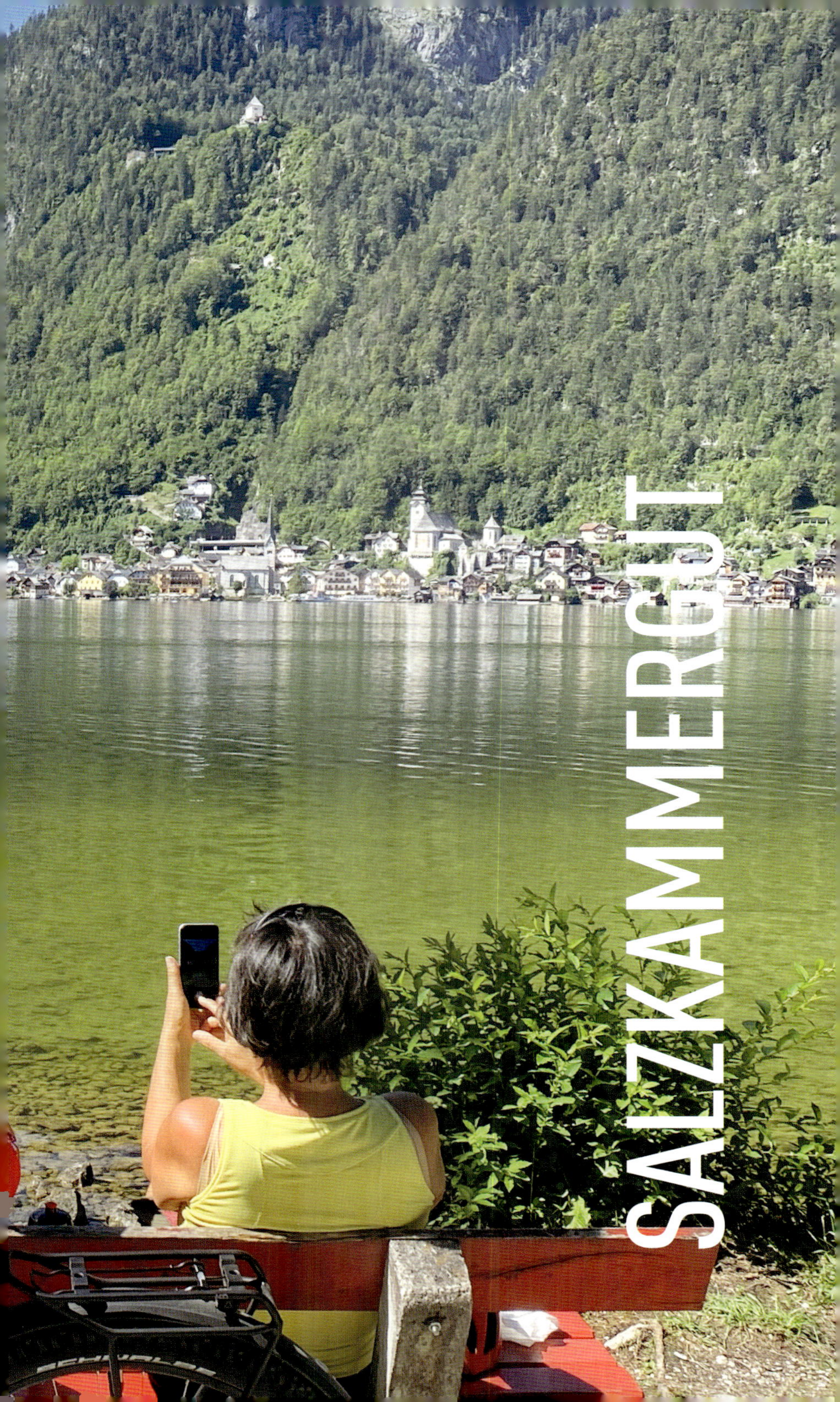
SALZKAMMERGUT

37 Gmunden

Aug' in Aug' mit den Baumwipfeln

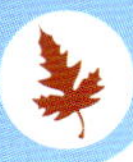

Vom Baumwipfelpfad am Grünberg führt eine idyllische Wanderung zum Laudachsee

Zum Greifen nahe sind die Baumwipfel der Buchen. Ein ungewöhnliches Wandererlebnis, mächtigen Baumriesen auf Augenhöhe zu begegnen. Auf dem „Baumwipfelpfad Salzkammergut" hoch über Gmunden kann man dies als Besucher auf 1 400 Metern Länge genießen.
Die Grünberg-Seilbahn hat den Aufstieg auf den 1 000 Meter hohen Grünberg vergnüglich erleichtert. Douglasien- und Lärchen-Riesenstämme haben mit Unterstützung von 260 Tonnen Stahl einen robusten Weg in 21 Metern Höhe ermöglicht. Schautafeln informieren über Bemerkenswertes aus Geschichte und Natur.

Frondienst für Ort

So erfährt der Besucher, dass Graf Herberstorff das tief unten am Traunsee liegende Seeschloss Ort im Jahr 1627 von aufständischen Bauern als Wiedergutmachung im Frondienst errichten ließ. Auch dass die Stadt Gmunden die älteste Keramikwerkstätte Europas besitzt. Und, dass der Uhu mit einer Flügelspannweite von 180 Zentimetern zu Recht als „König der Nacht" bezeichnet wird, ganz anders als der Sperlingskauz, der mit 20 Zentimetern Spannweite die kleinste Eulenart repräsentiert. Auch dass der Wanderfalke auf der Jagd 300 km/h schnell unterwegs ist. Ebenso ist neu für uns, dass die Gämse bis zu 50 Stundenkilometer schnell laufen kann und dass ihr ein Sprung aus fünf Metern Höhe nichts ausmacht. Schließlich mündet der Hochpfad beim futuristisch gestalteten

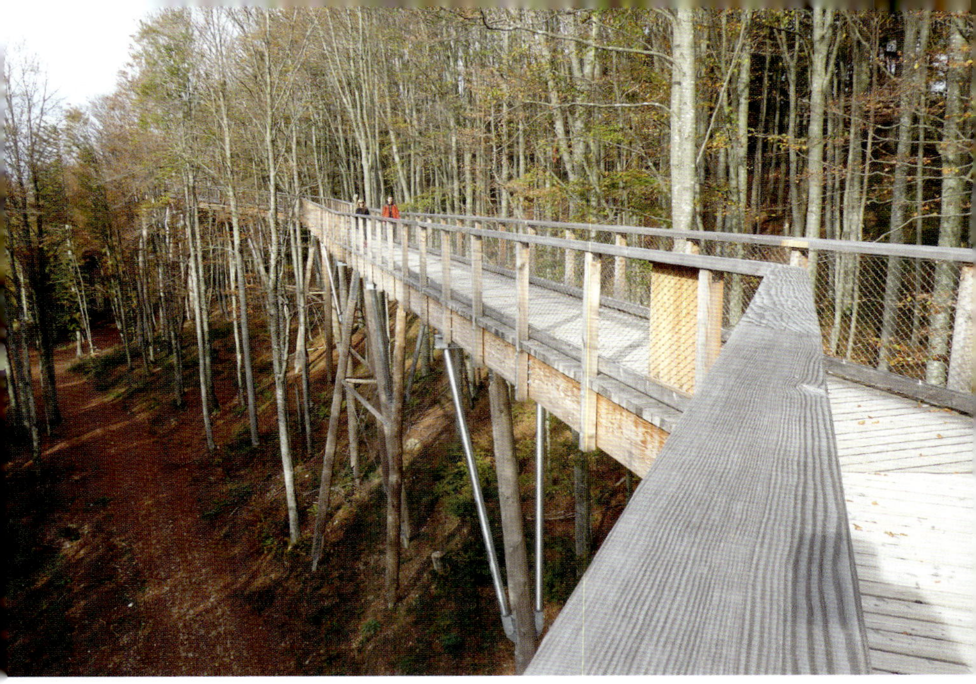

Auf dem Baumwipfelweg

Aussichtsturm. Der kinderwagentaugliche Rundparcours führt uns ganz entspannt auf die 39 Meter hohe Plattform. Ein einzigartiger Blick bietet sich auf das gesamte Alpenvorland und das Salzkammergut, vom exakt drei Kilometer entfernten, 1 691 Meter hohen Traunstein bis zum Dachstein. Nach unten geht es allerdings blitzschnell. Die 75 Meter lange Tunnelrutsche lässt uns mit prickelndem Tempo in wenigen Sekunden wieder am Fuß des Turms ankommen.

Ein weiteres Ausflugsziel peilen wir in der nächsten Gehstunde an: den Laudachsee. Ein Brunnen am Wegrand erinnert an eine der Sagen dieser Gegend. Christof Buchegger ist Naturschauspiel-Führer und kennt die Geschichte des „Sieben-Brünnleins": „Die Hexe Kranawitha hat die sieben Söhne eines hier ansässigen grausamen Königs in Brünnlein verwandelt." Gleich daneben steht die große Holzskulptur des Riesen Erla mit der Nixe Blonderl, die auf die sagenhafte Entstehung des Schlosses Ort hinweist, das der Riese für seine Geliebte errichtet haben soll.

Um den See

Zwischen zwei steil aufragenden Bergen, dem 1 349 Meter hohen, malerisch-schroffen Katzenstein und dem noch höheren Traunstein begrüßt uns der geheimnisvoll smaragdgrün schimmernde See wie eine stille Bergschönheit. In einem 40-minütigen Rundweg können wir ihn immer in einer anderen Perspektive erleben. Vom Weg abzuweichen ist nicht zu empfehlen: Das Gebiet um den See ist ein geschütztes Hochmoor, das keine Störung verdient. Rast machen wir bei der nahe am Seeufer gelegenen Ramsaualm. Sie wurde bereits 1285 urkundlich erwähnt. Wirt Gerhard Kornbinder serviert uns köstlich-zarten Schweinsbraten, den wir auf der Terrasse bei herbstlich schönem Wetter genießen.

🕒 2 Stunden ↔ 7 Kilometer ↗ 130 Höhenmeter
Ausgangspunkt: Bergstation Grünbergbahn/Gmunden
www.gruenberg.info • www.laudachsee.com
Öffentl. Verkehr: Bahn bis Schwanenstadt Bhf, dann Bus 520 bis Gmunden Busbahnhof, dann Bus 511 bis Gmunden Grünbergseilbahn Talstation

Laudachsee mit der Ramsaualm

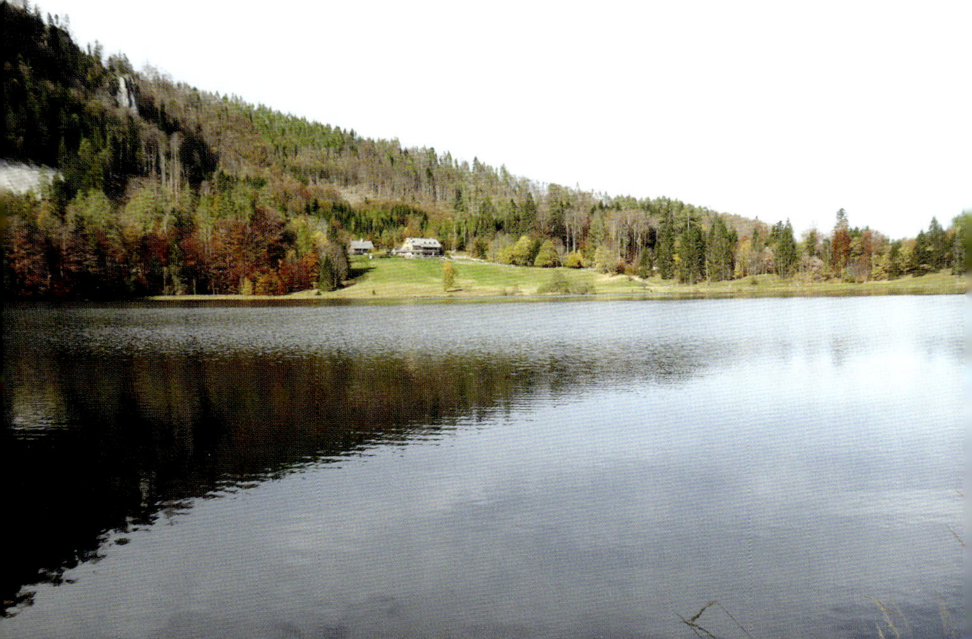

Der Elefant mit dem Schweinsrüssel

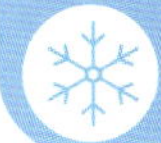

Kripperlroas: Jede Salzkammergut-Krippe ist ein Unikat

Hätte Kaiser Joseph II. im Jahr 1782 geahnt, was er mit seinem Verbot, Weihnachtskrippen in Kirchen aufzustellen, angerichtet hat, hätte er es wohl unterlassen. Die weihnachtliche Erbauung durch die bildhafte und szenenartige Darstellung des Weihnachtsgeschehens verlagerte sich fortan in Privathäuser und verblieb dort bis heute, auch wenn das Krippenverbot 1804 wieder aufgehoben wurde.

Die „Mutterkrippe"

Vom 26. Dezember bis zum 2. Februar laden zahlreiche Hauskrippen zum Besuchen und Bestaunen ein. Begleitet von der Traunkirchner Kulturexpertin Rosa Höller beginnen wir unsere Krippenwanderung in der Pfarrkirche Altmünster. Die Beichtkapelle der prunkvollen Kirche birgt als besonderes Kleinod die „Mutterkrippe" des Salzkammerguts. Diesen Ehrentitel erhielt sie, weil sie späteren Schnitzern als Vorbild für unzählige weitere Krippen diente. Hedwig Wiesmayr ist Krippenführerin und führt durch die siebenteilige Riesenkrippe, die von Johann Georg Schwanthaler, dem Urenkel des großen Thomas Schwanthaler, vor 250 Jahren geschaffen wurde. Die Kindheit Jesu wird mit mehr als 60 Figuren in einem Nebeneinander von himmlischem Jerusalem und lokaler Alpenlandschaft dargestellt.

Schwanenhals

Wiesmayr weist auf kuriose Tiere hin: „Da Schwanthaler weder ein Kamel noch einen Elefanten in natura gesehen hatte, sind bei der Anbetung der Könige gar wundersame Tiere zu sehen. Das

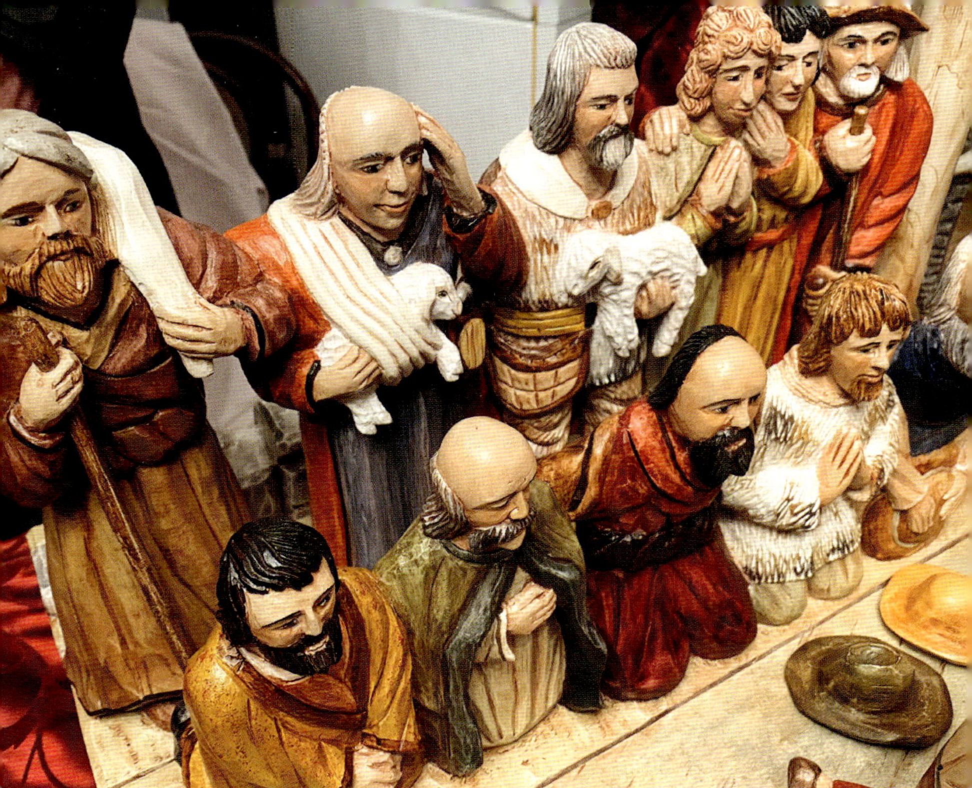

Klaus Müllegger schnitzt seit 25 Jahren Blockkrippen

Kamel hat einen Schwanenhals und der Elefant einen Schweinsrüssel, Pfoten wie ein Hund und einen Schwanz wie ein Ochse. Die künstlerische Fertigkeit und die unnachahmliche Farbgebung zeichnen das einmalige Krippenwerk aus."

Tanzender Ziegenbock

Erschütternd zeigt sich die plastische Darstellung der schmerzerfüllten Frauen beim Kindermord zu Bethlehem. Dafür erheitert die Figur des „Juchitzers", ein Hirte, der mit seiner Flöte einen Ziegenbock zum Tanzen bringt.

In der nahen Viechtau in Neukirchen werden wir von einer gänzlich anderen Krippe in Staunen versetzt. Die „Gschwandthäusl-Krippe" der Familie Harringer ist eine „bewegte" Krippe, die einen eigenen Raum ausfüllt. Alle Figuren sind in

Bewegung und stellen das Leben der kleinen Leute um 1900 dar. Ein komplizierter, ursprünglich mit Wasserkraft angetriebener Mechanismus erweckt die mehr als 40 Figuren zum Leben: Maria wiegt die Krippe mit dem Kind, während Josef einen Balken durchsägt, der Lämmerhirt treibt seine Tiere an, der Schmied beschlägt ein Pferd und die Sennerin melkt ihre Kuh. Eine Handwerkergruppe errichtet gerade ein neues Haus. Gut nachvollziehbar, dass der Aufbau dieses komplizierten Werkes ganze drei Wochen gedauert hat. Im Nachbarort Ebensee zeigt uns Alfred Reisenbichler seine 200 Jahre alte „Loidlkrippe". Sie ist umrahmt von einer Girlande, auf der Vögel sitzen. Wozu das? „Vögel holen die Seelen der Verstorbenen in die Krippenandacht." Gleich darunter thronen neun musizierende Engel, die für das himmlische „Gwammlert",

Der Elefant ähnelt einem Ochsen

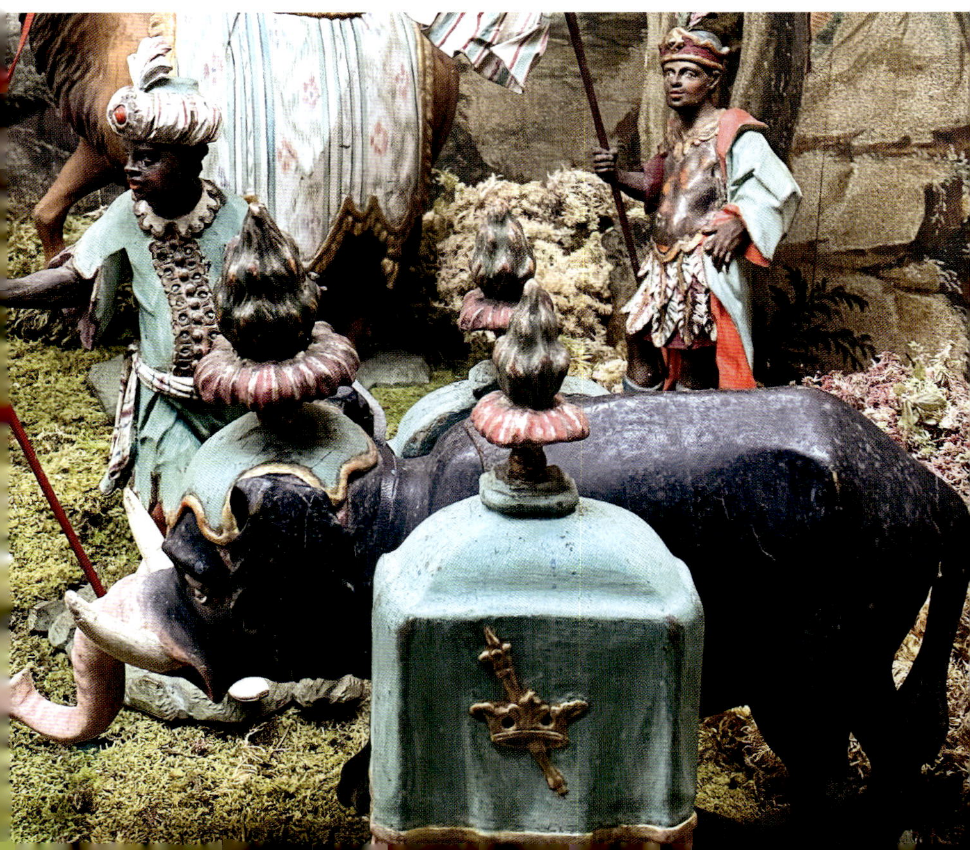

also das Gewimmel, zuständig sind. Musik begleitet das gesamte Krippengeschehen.

„Aussig'sungen"

So wie bei jedem Krippenbesuch gesungen wird, wird auch drei Tage vor Lichtmess die Krippe „aussig'sungen", denn: „So wie man etwas schickt, so kehrt es wieder", weiß Reisenbichler. Eine Menge alter Geschichten ist ins Krippengeschehen eingebaut. Eine typische Krippenfigur ist der „Huß, geh Melag". Eine Szene, in der ein Hirtenhund, „Melag" (benannt nach einem berüchtigten General Napoleons, der angeblich Melanque hieß), einen Wolf mit Lamm im Maul verfolgt.
So gelangen wir zur letzten Station unserer Kripperlroas in den Ebenseer Ortsteil Rindbach. Klaus Müllegger ist seit 25 Jahren Krippenschnitzer und zeigt uns seine neuesten Werke.

Blockkrippen

Es sind Blockkrippen, die aus einem Stück Holz geschnitzt werden. Sechs Blöcke aneinandergefügt ergeben eine perspektivisch angeordnete biblische Szene. Sei es mit Figuren aus Ebensee mit Traunsee und -stein im Hintergrund oder eine orientalische Blockkrippe. „Alle Gesichter schauen zum Betrachter und haben eine andächtige und ehrfürchtige Haltung."

Ausgangspunkt: Pfarrkirche Altmünster
Gschwandthäusl-Krippe, Familie Harringer, Viechtau 1, Neukirchen, Tel.: 07618-8487
Loidl-Krippe, Alfred Reisenbichler, Langbathstraße 66, Ebensee, Tel.: 0699-10253966
Klaus Müllegger, Ortsteil Rindbach, Ebensee, Tel.: 0681-10362259
www.altmuenster.at

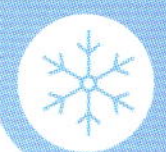

In einer Stunde in Jahrtausende eintauchen

In Traunkirchen trifft der Besucher unvermittelt auf eine uralte Kultur. Der historische Siedlungsboden am Ufer des Traunsees war Schauplatz heidnischer Kulte, hallstattzeitlicher Salzhafen, christliche Mutterpfarre und elegante Sommerfrische. Wie eine kleine Bühne schiebt sich der älteste Teil des Ortes in den See. Wir beginnen unseren Rundgang vor dem im Jahr 1020 von Benediktinerinnen des Salzburger Nonnbergs gegründeten Kloster. Das pfarrliche Betreuungsgebiet reichte bis nach Hallstatt und Nussdorf am Attersee. Die heutige Gestalt erhielt es von den Jesuiten im 17. Jahrhundert. Rosa Höller, pensionierte Geschäftsführerin des Tourismusverbandes, ist eine profunde Kennerin: „Bereits im Jahr 632 soll die Abtei Trunseo gegründet worden sein. Bedeutendstes Kunstwerk ist die von den Jesuiten im Jahr 1753 beauftragte Fischerkanzel in der barocken Klosterkirche."

Wunder des Fischfangs

Wir stehen vor der von einem unbekannten Meister geschnitzten prunkvollen Kanzel. Sie stellt das Wunder des reichen Fischfangs dar. Die Apostel Jakobus und Johannes ziehen das mit Fischen gefüllte Netz ins Boot. Im Hintergrund steht Christus und vor ihm kniet Petrus. Das Licht der Sonne bestrahlt bei unserem Besuch exakt das Gesicht des Apostels. Höller: „Der Künstler hat die zentralen Figuren bewusst so platziert, dass sie dem Sonnenlauf folgend in helles Licht getaucht werden." Petrus scheint den Platz an der Sonne zu genießen.

Wir verlassen das prunkvolle barocke Ensemble und verbringen noch einige besinnliche Augenblicke am kleinen Friedhof. Dieser schiebt sich als dicht mit kunstvollen Kreuzen besetzte Terrasse scheinbar schwerelos zwischen Himmel und See. Mit

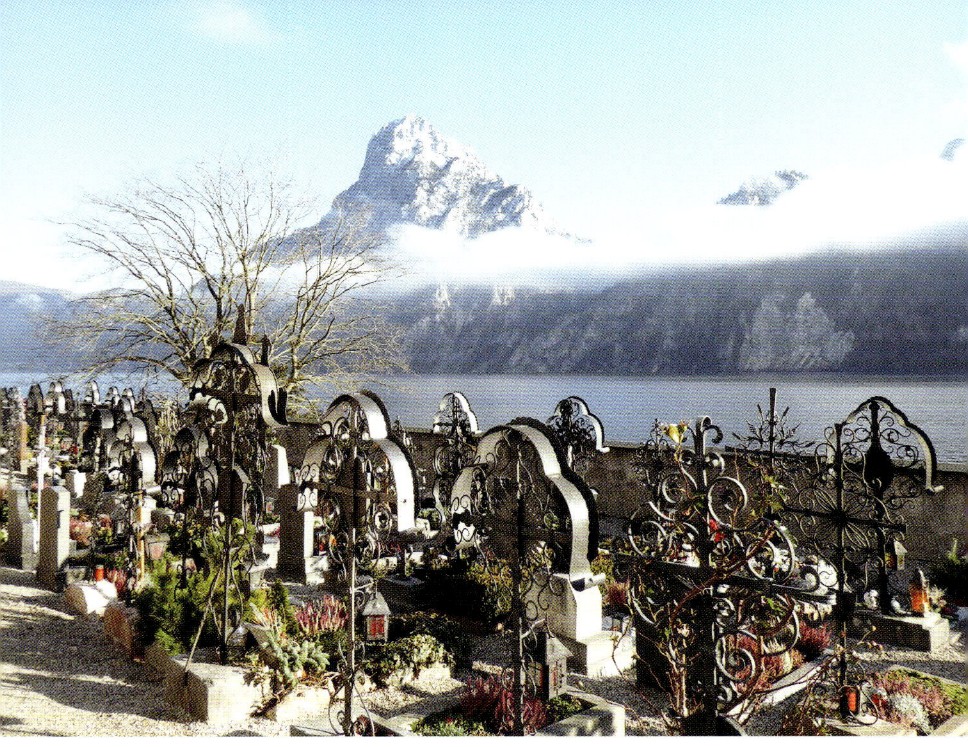

Friedhof von Traunkirchen mit Blick auf den Traunstein

Respekt blicken wir auf die am anderen Ufer liegende Riesenpyramide des Traunsteins. Die letzten Winternebel lösen sich gerade auf und geben das Bergpanorama bis zur Schlafenden Griechin frei. Ein erhabener Anblick.

Wir begeben uns auf „die zierlichste aller Seepromenaden", wie sie der Schriftsteller Alfred Komarek genannt hat. Sie führt rund um einen steilen Hügel, den Johannesberg. Schon in vorgeschichtlicher Zeit war er Sitz heidnischer Götter und hieß Odinstein. Die jetzige, dem heiligen Johannes gewidmete Kapelle ist von einem für diese Region einzigartigen, dichten Eibenwald umgeben.

Hochsteinalm

Die anschließende Winterwanderung führt uns nach kurzer Anfahrt vom Wanderparkplatz oberhalb von Traunkirchen auf die Hochsteinalm. Beim Aufstieg genießen wir die Aussicht auf den Traunstein und bei der auf 907 Metern gelegenen Almhütte eine fantastische Gipfelrundschau vom Höllengebirge bis zum Toten Gebirge. Entlang des letzten Wegstückes treffen wir auf verschiedene Tierarten wie Yaks, neugierige Alpakas oder in tiefe Meditation versunkene Esel. Wirtin Sabine Ammering bereitet vorzugsweise Spezialitäten vom Hochlandrind oder ein deftiges Bratl in der Rein zu.

🕒 1 ½ Stunden → 4,2 Kilometer (einfacher Weg) ↗ 220 Höhenmeter
Ausgangspunkt für Besichtigung: Ortszentrum Traunkirchen
Ausgangspunkt für Wanderung Hochsteinalm: Parkplatz Röd (ca. 690 m) am Ende des Mühlbachberges.
Öffentl. Verkehr: Bahn bis Traunkirchen Bhf
www.traunkirchen.at • www.hochsteinalm.at

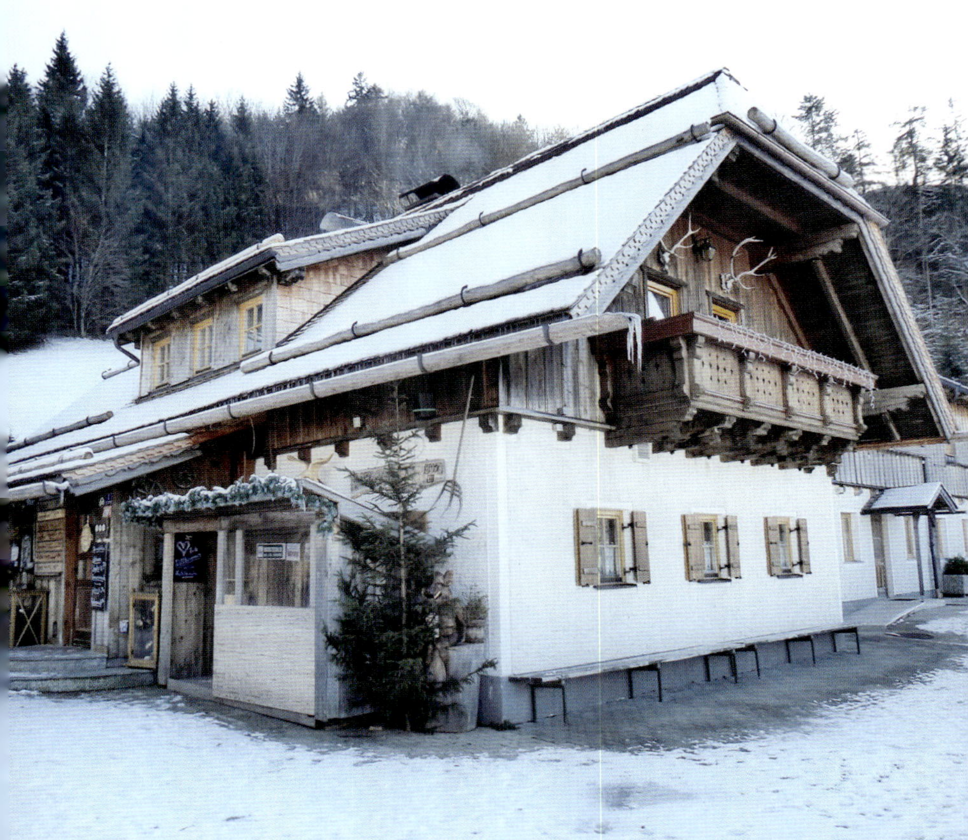

40 Bad Ischl
Salzabbau seit 1563

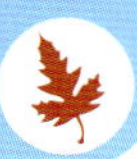

Der Themenweg „Via Salis" führt durch eine bewegte Bergbaugeschichte. Die Hoisnrad-Almhütte ist ein perfekter Rastplatz inmitten des Salzkammerguts

Das Wasser des Sulzbaches erfüllt die Luft mit kräftigem Rauschen, Hühner flanieren auf der Straße und ein Feuersalamander quert gemächlich den Weg: So sieht der Beginn unserer Wanderung auf der „Via Salis" im Bad Ischler Ortsteil Perneck aus. Ein Glockenturm mitten am Ortsplatz erinnert an die seit dem Jahr 1563 andauernde Bergwerksgeschichte der Region. Die Schichtglocke rief die Bergleute zur Grubeneinfahrt und begleitete die Mannschaft am Ende jeder Schicht mit ihrem hellen Klang zum Zeichen einer glücklichen Ausfahrt aus der Grube. Erst ab 1563 begann der Salzabbau in Bad Ischl, viel später als im nahen Hallstatt. Die günstige Lage für den Transport sowie die unberührten Waldvorkommen waren wichtige Gründe dafür. Bürgermeisterin Ines Schiller: „Für Generationen von Ischlern wurde in der Folge das Salz zur wichtigsten wirtschaftlichen Grundlage. Anfang des 19. Jahrhunderts begann man das Salz auch für gesundheitliche Zwecke zu verwenden. So wurde Ischl in Verbindung mit Schwefelwasser und Heilschlamm zum Kurort."

„Mundlöcher"

Der „Interessengemeinschaft Mitterbergstollen" ist es zu verdanken, dass insgesamt 12 Stollenportale, „Mundlöcher" genannt, wiederhergestellt und auf der „Via Salis" für Besucher zugänglich sind. Wir wählen die „Reinfalzrunde", um uns diesen historischen Stätten zu nähern. Zunächst passieren wir den Gasthof

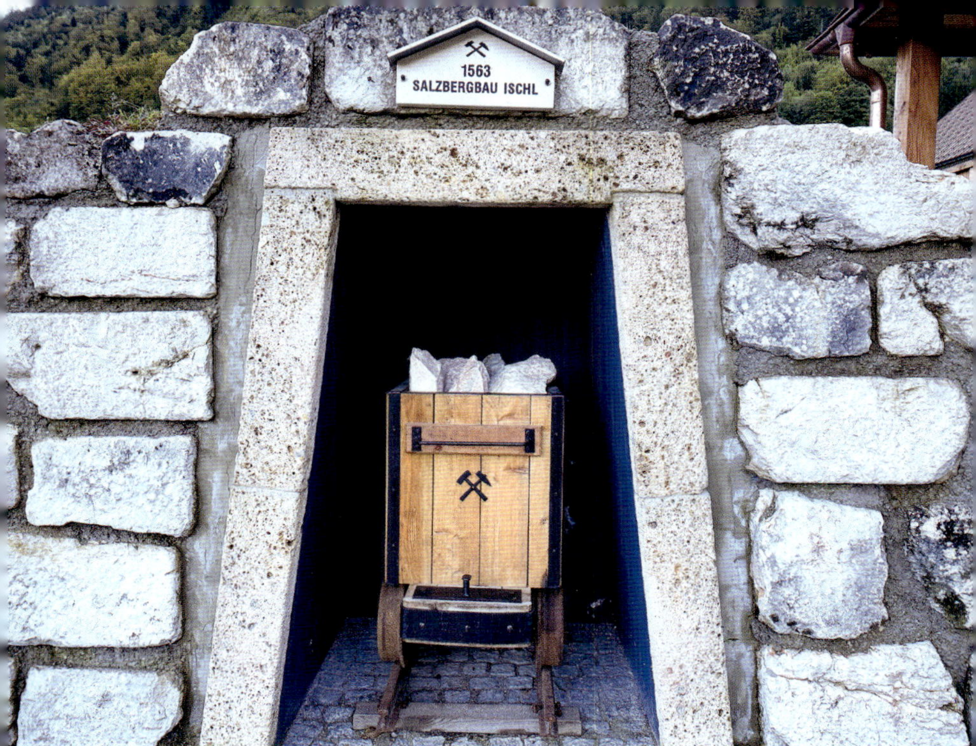

Stolleneingang, auch Mundloch genannt

„Zum Salzberg", wo uns Stefan Stögner, der diesen bereits in vierter Generation betreibt, auf die ehemalige Schaffersäge hinweist, auf die wir bald treffen werden. „Eine Säge war für den Betrieb des Salzbergs von essenzieller Bedeutung, da eine große Menge Bretter, Pfosten und Balken benötigt wurde."

Auf naturbelassenem Weg setzen wir die Erkundungstour fort. Kleine Bergwerkseingänge wie der Matthias- oder der Alte Steinbergstollen wechseln mit monumentalen Portalen wie dem Ludovika-Stollen ab. Ursprünglich hieß dieser Maria-Theresia-Stollen und wurden nach der Heirat des Habsburger-Kaisers Joseph II. im Jahr 1808 nach seiner aus Modena stammenden Frau benannt. Ein Spruch am linken Sockel erinnert daran: „Lang leb in Glanz und Freuden, unser hohes Kaiserpaar. Lang blüh' in späteren Zeiten, dieser Salzberg immerdar." Das ist nicht gänzlich Erfüllung gegangen.

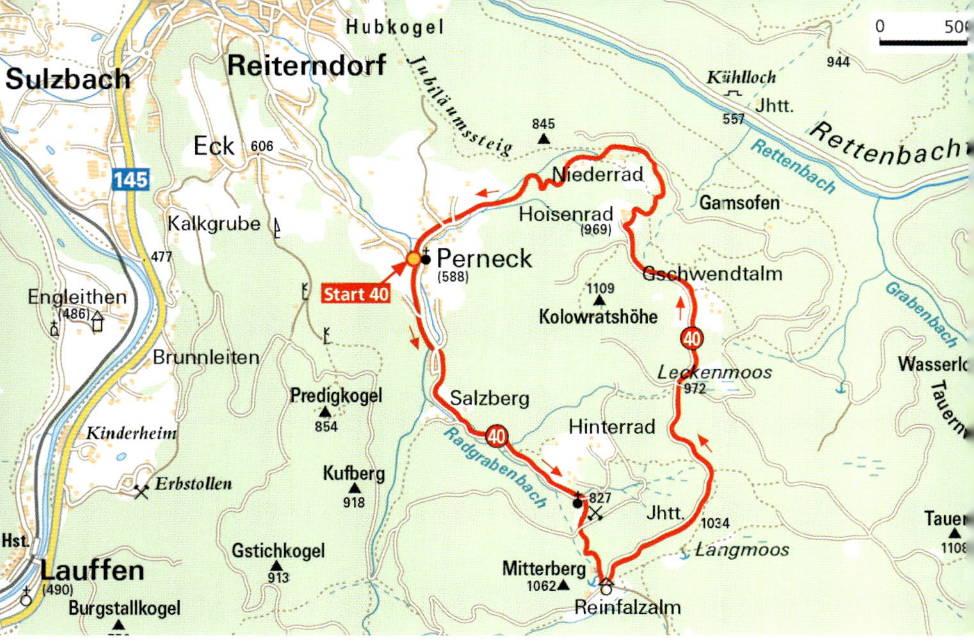

Rolle in der NS-Zeit

Der Obmann des Ischler Heimatvereins, Johannes Eberl, weist auf die besondere Rolle des Ischler Salzbergs im Jahr 1944 hin: „Die Nazis lagerten hier Kunstschätze ein. Wertvolle Handschriften aus der Nationalbibliothek, Bilder von Rembrandt, Raffael, Dürer, Rubens und Klimt aus Wiener Museen wurden deponiert."

Nach 440 Höhenmetern erreichen wir die Reinfalzalm. Nichts verrät, dass tief unter den Grasmatten auf mehreren Ebenen Salz abgebaut wurde. In früheren Zeiten soll hier auch Kupfer- und Eisenabbau betrieben worden sein.

Wir verlassen die „Via Salis" und erreichen über die Gschwendalm die Hoisnrad Alm. Eine traumhafte Idylle mitten im Salzkammergut! Wir genießen das 360-Grad-Panorama von der Katrin über die Zimnitz und Hohe Schrott bis zu den Ausseer Bergen Sandling und Loser. Gleich hinter der Stadt Bad Ischl lugt sogar der Wolfgangsee herüber.

Stephan Köhl, der Geschäftsführer des Tourismusverbands Bad Ischl, weist auf den Spruch an der Ischler Trinkhalle hin: „In sale et in sole omnia consistunt“ (Alles begründet sich auf Salz und Sonne). Diesen finden wir hier im besten Sinn bestätigt, bevor wir nach kurzem Abstieg nach insgesamt dreieinhalb Gehstunden wieder den Ausgangspunkt in Perneck erreichen. Bürgermeisterin Ines Schiller ist sich der Bedeutung des Salzes im Rahmen der Europäischen Kulturhauptstadt 2024 bewusst. „Salz und Wasser“ waren die Kernelemente der erfolgreichen Bewerbung.

🕒 3 ½ Stunden ↔ 9 Kilometer ↗ 470 Höhenmeter
Ausgangspunkt: Bad Ischl, Ortsteil Perneck
Öffentl. Verkehr: Bahn bis Bad Ischl Bhf, Bus 552 bis Perneck Ort
www.viasalis.at • www.hoisnradalm.at
https://badischl.salzkammergut.at • www.bad-ischl.ooe.gv.at

Zwischen Katrin und Zimnitz erblickt man den Wolfgangsee

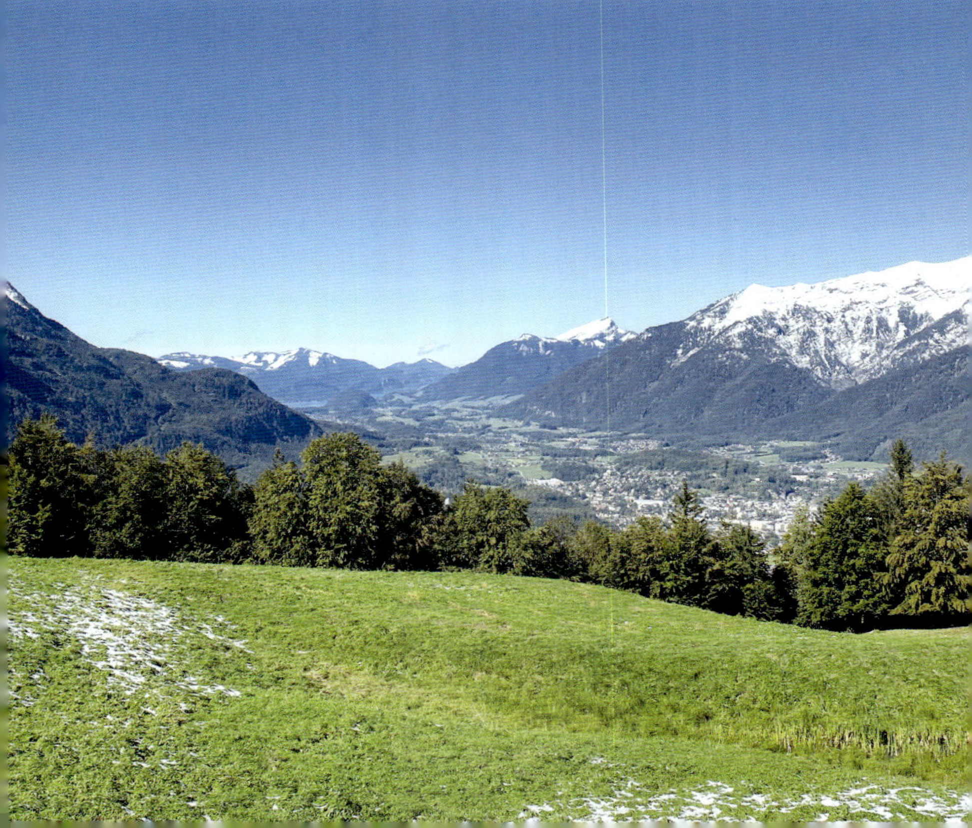

41 Bad Goisern
Almidylle und Titanenfelsen

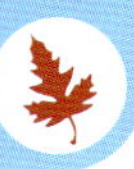

Eine Wanderung um die Zwerchwand zeigt die Vielfalt der Natur

Riesige Felsbrocken liegen wild verstreut unterhalb einer steil aufragenden senkrechten Felswand. Meterhohe Mugeln haben hier in den 1980er-Jahren nach zwei gewaltigen Felsstürzen von der Zwerchwand ihren vorläufigen Platz gefunden. Fünf Jahre hat es gedauert, bis der Wanderweg durch die Felshalden wieder begehbar wurde. Was für ein Gegensatz zur Idylle auf der Roßmoosalm.

Roßmoosalm

Unsere Wanderung hat uns vom Parkplatz am Wurmstein oberhalb von Bad Goisern auf 1 000 Metern Seehöhe nach kurzer Gehzeit zu den lieblichen Grasmatten dieser Alm gebracht. Nichts als pure Natur, wo nur mehr zwei Ziegen bei einer der Almhütten an die sommerliche Weidewirtschaft erinnern. Nach vierzig Gehminuten liegt dieser Felsenfriedhof vor uns. Herbert Elmer war vor der Stilllegung des Skigebiets Betriebsleiter der Predigtstuhl-Doppelsesselbahn und kennt die Hintergründe dieses Elementarereignisses. „Ein gewaltiger Windwurf hat auf der Rückseite der Zwerchwand große Waldflächen kahlgeschlagen. In den Folgejahren konnten Regen- und Schmelzwasser mehrerer schneereicher Winter ungebremst in den Boden eindringen. Dieser besteht aus Haselgebirge, das sich aus einem Konglomerat aus Steinsalz und sandig-tonigem Trümmergestein zusammensetzt. Die Folge des Wassereintritts war, dass sich das tonige Gestein ausdehnte, was schließlich zu einer explosionsartigen Abspaltung eines Teils des darüber liegenden

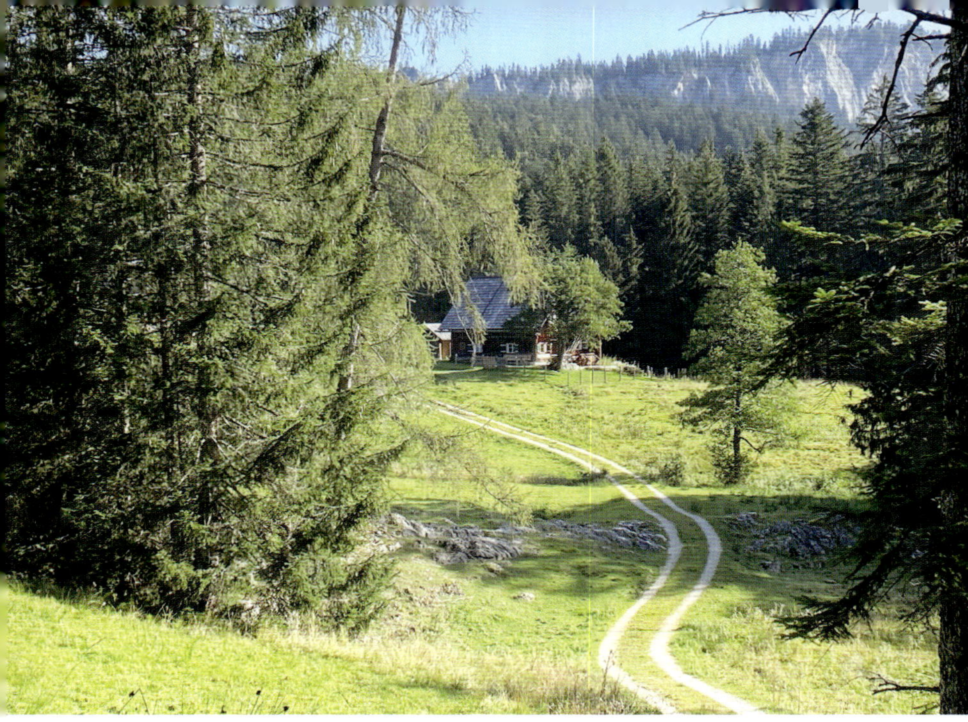

Idyllische Roßmoosalm

Dachstein-Kalkfelsens führte." Das Getöse des Felssturzes soll man bis nach Hallstatt gehört haben.

Kletterrouten

Auf den freigesprengten Felswänden finden sich mittlerweile zahlreiche mit Seilen gesicherte Kletterrouten. Diese sind ein Paradies für Felsakrobaten, welche die grandiose Berg- und Seenkulisse schätzen. Ein Pärchen schickt sich gerade an, eine für uns furchterregend steile Felspassage zu erklimmen. Im Frühling dürften sie das nicht, da dann gerade die Wanderfalken in den steilen Wänden brüten.

Wir folgen dem „Wanderweg 247" weiter zur Hütteneckalm. Hier inmitten des friedlichen Almgebietes erinnert nichts mehr an die Naturgewalten der Zwerchwand. Auf der Sonnenterrasse des Alpengasthofs auf 1 240 Metern können wir einen atemberaubenden Ausblick auf das ganze Salzkammergut und den

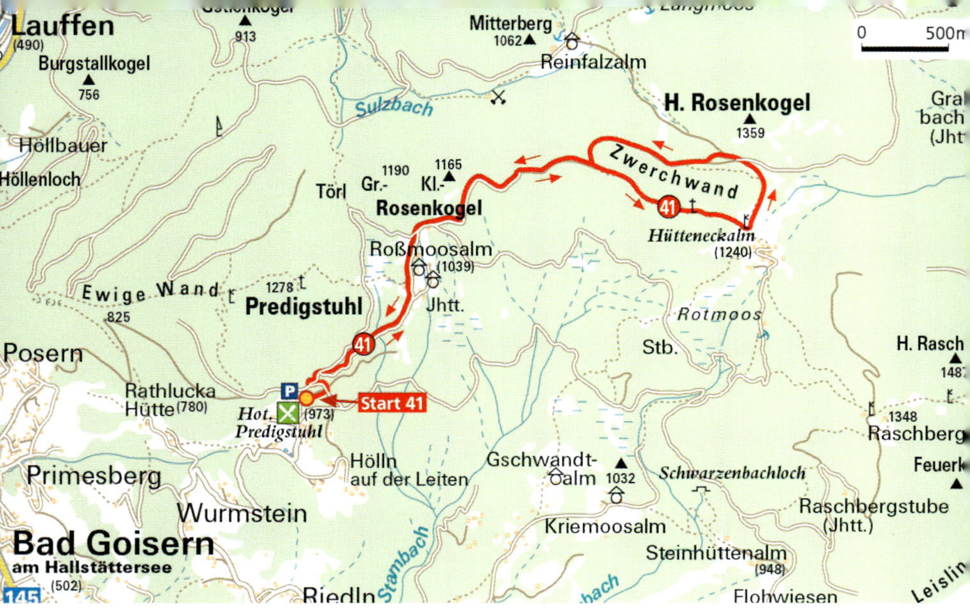

faszinierenden Dachsteingletscher genießen. Schon das Kaiserpaar soll diesen Ort als Lieblingsplatz genossen haben.
Auf dem Rückweg umrunden wir die Zwerchwand und passieren ein Gebiet, das treffenderweise „Wetterlöcher“ heißt. Gänzlich von den Geräuschen abgeschirmt, die aus dem Tal der Traun aus Bad Goisern heraufdringen, herrscht hier absolute Stille. Man sollte hier keinesfalls vom Weg abweichen. Immer wieder tauchen schmale Abgründe auf, Dolinen, die sich in nicht einsehbaren Untiefen verlieren. In diesen Felstrichtern ist wohl das viele Wasser versickert, das den Felssturz ausgelöst hat.

Schließlich treffen wir wieder auf den Wanderweg zur Roßmoosalm, der uns nach zwei Gehstunden zum Ausgangspunkt zurückführt. Digitale Infotafeln geben Aufschluss über Lebensräume, Tiere und Pflanzen der Almenregion, die nicht nur Erholungsort für uns Wanderer ist, sondern auch hohen ökologischen Wert besitzt.

🕒 3 Stunden ↔ 9,4 Kilometer ↗ 320 Höhenmeter
Ausgangspunkt: Bad Goisern, Parkplatz Wurmstein
huetteneckalm.at (Mo und Di Ruhetag)

Der Loser – Krone des Ausseerlandes

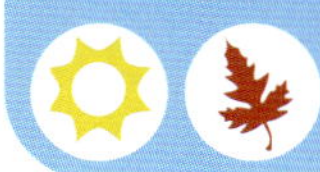

Einzigartige Ausblicke bei einer Rundwanderung zu den vier Gipfeln des Loser-Massivs

Riesige hochaufragende Türme gruppieren sich um einen idyllischen Bergsee, der wie ein Kristall in der Sonne funkelt. So wird der Besucher bei der Loser-Alm auf 1 600 Metern begrüßt. Die neun Kilometer lange Loser-Panoramastraße hat uns von Altaussee mitten in diese Titanenlandschaft geführt.

Korallenriff

Wir befinden uns auf den westlichen Ausläufern des Toten Gebirges, dem größten zusammenhängenden Kalkstock Europas, der vor 220 Millionen Jahren ein tropisches Korallenriff war. Wir blicken auf den Kegel des Atterkogels (1 826 m), der uns seine grüne Südseite zeigt. Sein Spiegelbild in der glatten Oberfläche des fast bewegungslos ruhigen Augstsees ist fast so prächtig wie der echte Berg. Üblicherweise versickert das Regenwasser im Toten Gebirge in den wasserdurchlässigen Untiefen des Kalkgesteins. Den Grund, warum hier überhaupt ein See existieren kann, kennt der Betriebsleiter der Loser Bergbahnen, Florian Loitzl: „Durch jahrtausendelange Ablagerung von Sedimenten bildete sich eine wasserundurchlässige Schicht. So kann der See das ganze Jahr seinen Wasserspiegel gleich hoch halten.“ Uns Besucher kann das nur freuen. So begeben wir uns auf den Höhenweg in Richtung des ca. 200 m höheren Losergipfels und machen halt bei einem Durchblick durch ein mehrere Meter hohes Felsenfenster. Die Rast auf der Bank vor diesem spektakulären Loserfenster bringt Entspannung und malerische Panoramablicke auf den Schönberg und die sich unter einem

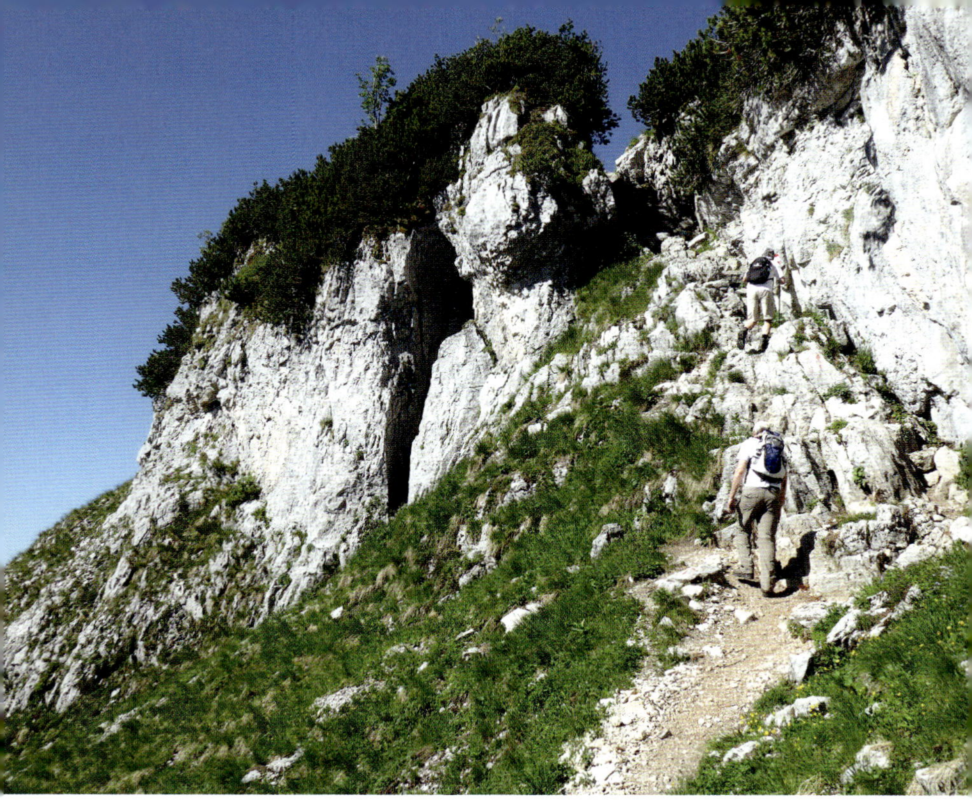

Aufstieg auf den Losergipfel

gewaltigen Felsabbruch erstreckenden Nordwände. Wir lassen das einmalige Naturschauspiel hinter uns und setzen den Höhenweg über den Latschengürtel fort, der immer wieder durch pink leuchtenden Almrausch und blauen, hochgiftigen Eisenhut optisch angereichert wird. Eine gigantische Felsenplatte zieht unsere Blicke an. Sie ist so gewaltig, dass sie das Fundament für einen Zeustempel bilden könnte. Inmitten einer grünen Senke, dem Loserboden, blitzt der letzte Schnee aus kreisrunden Dolinen-Vertiefungen herauf.

Schließlich erreichen wir die Plateauhochfläche des Losergipfels auf 1838 m. Wie eine Krone erheben sich die scharfen Kalkklippen des Losergipfels über die vom Gletscher abgeschliffenen Hänge. Wir teilen den fast unbegrenzten Panoramablick auf die Gipfel des Toten Gebirges mit einer Klettergruppe, die gerade den herausfordernden Loser-Klettersteig bezwungen hat. Fast das gesamte Salzkammergut, Grimming, Dachstein, Niedere und Teile der Hohen Tauern liegen vor uns. Tief unter uns leuchtet der Altausseer See herauf. Er hat keinen ganzjährigen oberirdischen Zufluss, sondern wird durch Karstquellen gespeist, die unterhalb der Seeoberfläche münden.

Losen heißt zuhören

Der Name „Loser“ kommt vom Dialektwort „losen“, also hören. Es gibt zwei Interpretationen. Die eine sagt, dass Nachrichtenüberbringer auf den Berg gestiegen sind, um zu hören, ob die Truppen Napoleons im Ennstal bereits im Anmarsch sind. Die anderen wollen wissen, dass die Hirten hinaufgegangen sind, um einen Überblick über ihre Schafe zu haben.

Wieder zurück und am tiefblauen Augstsee vorbei passieren wir den sanften Höhengrad zwischen den beiden Gipfeln Greimuth

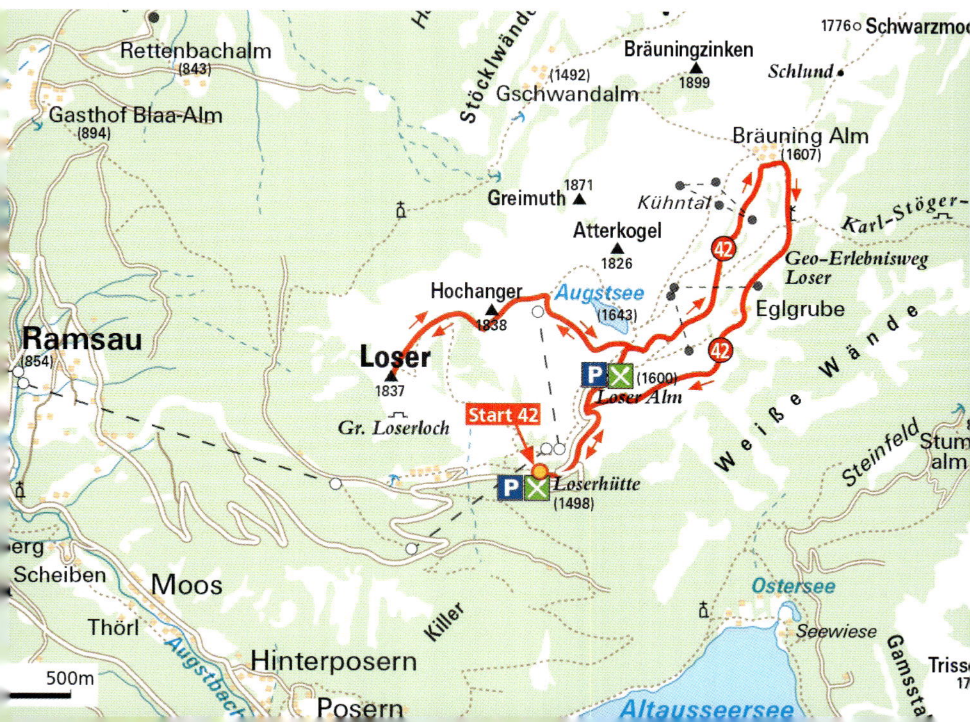

und Atterkogel. Dieser zeigt uns seine senkrechte Nordwand: nicht glatter Fels, sondern wie eine von Riesenhänden aus Steinziegeln gemauerte Felsenwand. Eine besondere geologische Formation, zu der sich fantastische Märchengeschichten von versunkenen Reichen erfinden lassen würden. Schließlich liegt der Gipfel des Bräuningzinkens (1 899 m) vor uns, der vierte und höchste Gipfel des Loser-Massivs. Auch seine Nordflanke ist furchterregend steil abfallend. Zu seinen Füßen dehnt sich die grüne Senke der Bräuning-Alm aus. Die braungefleckten Tiere einer großen Rinderherde haben sich friedlich zu einer kompakten Gruppe zusammengefunden. Die sanften Almmatten im Vordergrund stehen in deutlichem Kontrast zu den rauen und felsigen Flächen dahinter. Mehrere kleine Alm- und Jagdhütten schmiegen sich in eine bizarre Erlebnislandschaft. Ein wahrer Geo-Erlebnispfad lädt zum Flanieren ein. Felsen und Geländestufen erinnern an surrealistische Skulpturen.
Nach vier Stunden und vier Gipfeln endet diese außergewöhnliche Bergrunde am blauen Augstsee.

🕒 4 Stunden ↔ 8 Kilometer ↗ 380 Höhenmeter
Ausgangspunkt: Altaussee, Loserhütte
Öffentl. Verkehr:
Die Loserhütte ist zum einen mit dem Auto und zum anderen im Winter aus Altaussee bequem mit den Liften des Skigebietes zu erreichen. Im Sommer kann man die Mautstraße hinaufradeln oder in der Zeit von Anfang Juli bis Mitte September mit dem Wander- und Flieger-Express, einem Kleinbus-Shuttle-Service (erreichbar unter 0676-87 81 32 06), fahren.
Die Anreise mit dem Postbus Nr. 955 sowie Nr. 9675 beginnt am Bahnhof in Bad Aussee und endet bereits an der Mautstelle der Loser Panorama-Straße.
www.altaussee.at • www.willkommeninaltaussee.at

Traum-Radtour rund um den Sarstein

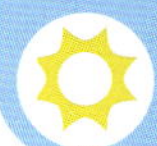

Altaussee und Hallstättersee

Eine vierstündige Radtour führt nach Altaussee und zum Hallstättersee. Wer „Gravel Biken“ nicht kennt, hat auf der 44 Kilometer langen „Gravel Bike Tour“ rund um den Sarstein die perfekte Gelegenheit, es kennenzulernen. Meist fährt man dann nicht auf Asphalt, sondern auf Schotter, was auf Englisch „gravel“ heißt.

Radeln immer mit Bergblick

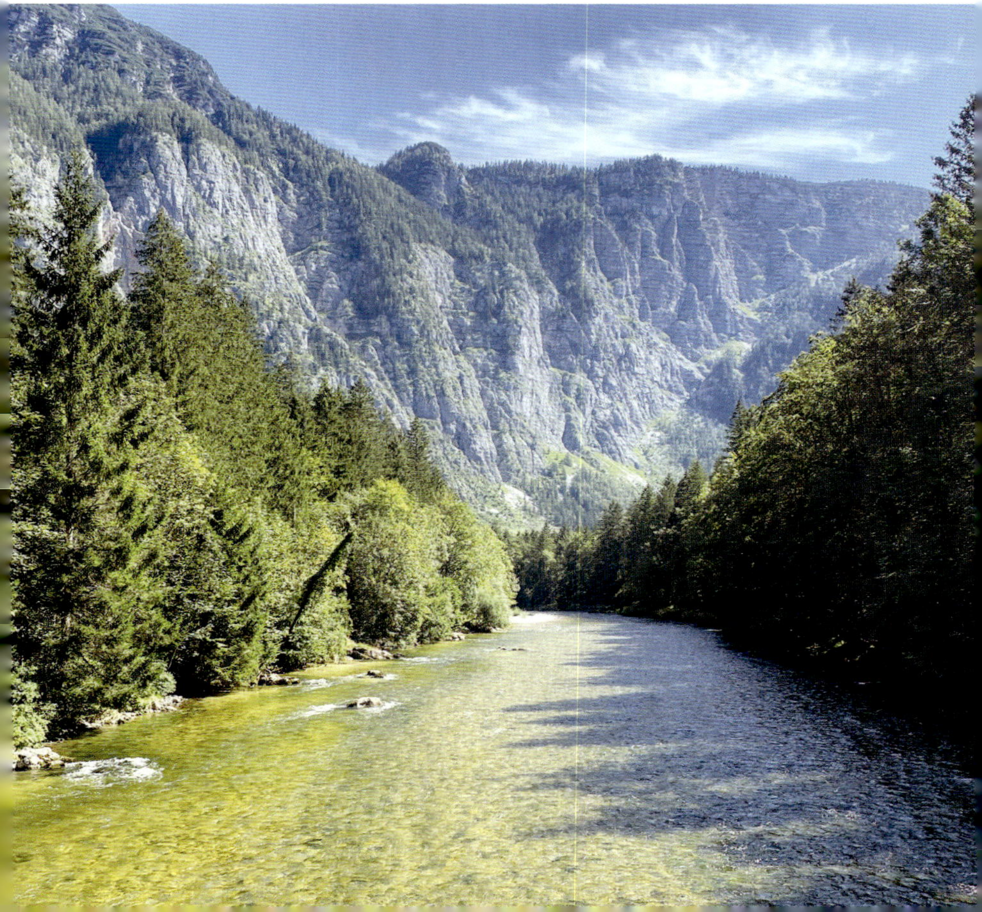

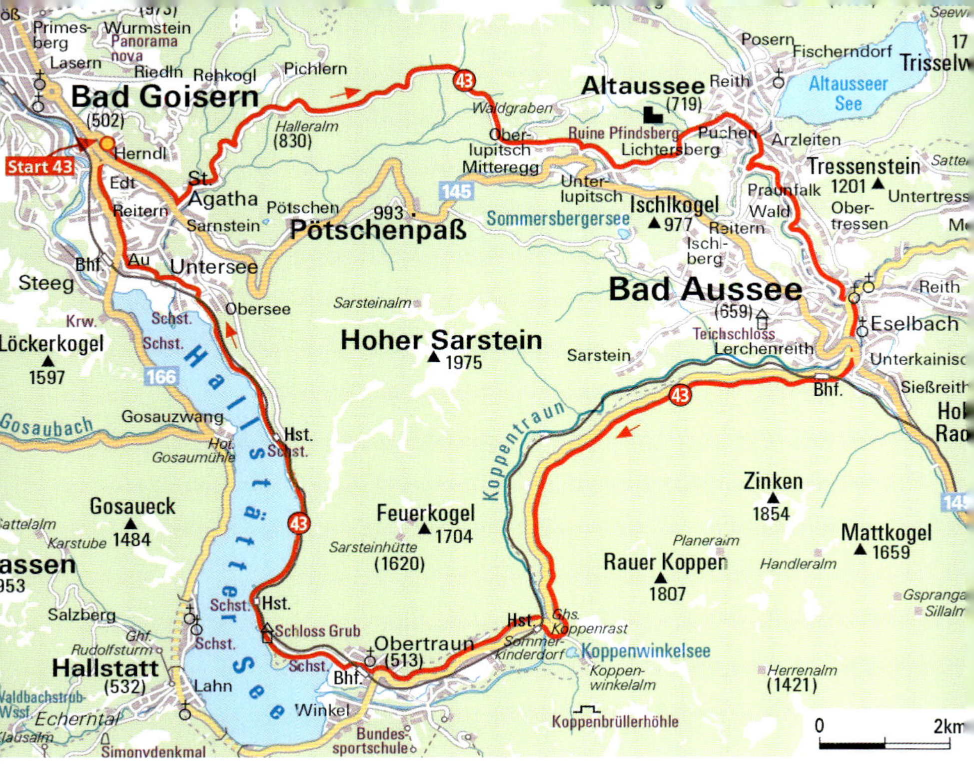

Pötschenwand

Nach dem Start im Bad Goisener Ortsteil St. Agatha geht es im Taleinschnitt zwischen Loser und Sarstein – stets von Bachrauschen begleitet – nach oben. Bald taucht die wild zerfurchte und senkrecht abfallende Pötschenwand auf. Wie ein riesiger Riegel ragt sie nahe dem höchsten Punkt am Pötschenpass über das Land. Nach einer alten Überlieferung soll hier der Sitz einer Berggöttin sein. Wir genießen eine kurze Rast und erreichen in Kürze das Becken von Aussee mit dem Gebirgsstock des Sarsteins im Hintergrund. Dichter Wald liegt hinter uns und die dörfliche Idylle von Altaussee taucht auf. Die Holzhäuser mit ihren geschnitzten Veranden haben ihren Platz zwischen den Bergen Loser und Trisselwand gefunden. Der rüstige 82-jährige Hans Moser stutzt gerade die Triebe der Weintrauben an seinem Haus. Das alte Marterl neben rot blühenden Rosen an der Hauswand hat seine Großmutter aus ihrer früheren Heimat im Innviertel mitgebracht, erzählt er.

Anziehend

Gern erinnert er sich an seine eigene Jugend: „Die weiblichen Angestellten in den örtlichen Gasthäusern und Hotels waren der attraktive Anziehungspunkt für uns Burschen. So manche Kellnerin wurde so in Altaussee zur Mutter und neuen Einwohnerin. Es war eine schöne Zeit."

Wir durchqueren das wie in einem Märchenschlaf schlummernde Örtchen und setzen die Rundfahrt über die historische Postbrücke der Traun nach Bad Aussee fort. Dort erwartet uns auf dem „Salzkammergut-Radweg R 19" eine Idylle ganz anderer Art. Auf verschlungenen Waldwegen gleiten wir der Koppentraun entlang. Wir durchqueren einen alten Bahntunnel, der an die ehemalige Bahnlinie durch das Koppental erinnert. Sie

Radweg führt entlang des Koppenwinkelsees

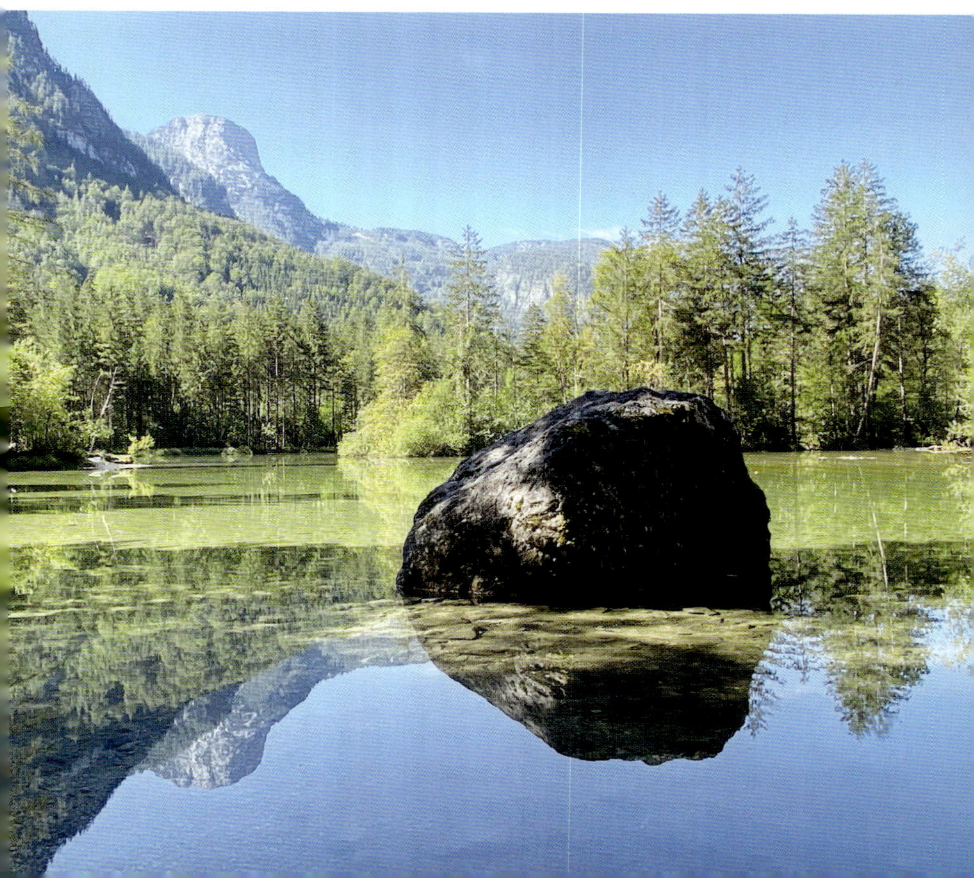

gehörte zu den spektakulärsten und wohl auch gefährlichsten Schienenwegen der Monarchie. Ein großes Hochwasser 1897 beendete schließlich den Betrieb dieser Strecke entlang der Felswand. Für uns Radfahrer jedenfalls ein sicherer Weg, den wir über eine kühne Brücke auf der anderen Seite der Traun fortsetzen. Pures Radfahrvergnügen entlang des naturbelassenen Gewässers.

Hallstättersee

Die besonders attraktive Strecke zieht auch andere Biker an. Eine Gruppe von 30 Radlern aus Estland hat sich eingefunden und startet vor der Koppenbrüllerhöhle ihre Rundfahrt. Wir lassen uns dafür von der mystisch anmutenden Koppenbrüllerlacke verzaubern. Ein riesiger Felsblock ruht inmitten der sich spiegelnden Berge im glatten Wasser. Ein Anblick, wie er selten zu finden ist. Eine besondere Naturkulisse, die wir bei einer ausgiebigen Rast genießen. Nach dem Ort Obertraun fasziniert der am Hallstättersee entlangführende Ostuferweg. Eine Zeit lang führt er auf einem künstlich angelegten Steg direkt über das Wasser. Auf der anderen Seeseite verschwindet der Ort Hallstatt fast zwischen den aufragenden Bergen des Plassen und Hirlatz, er ist zu Recht ein Weltkulturerbe. Da tut es gut, im Uferwirtshaus Seeraunzn eine Rast einzulegen und diese einmalige Kulisse bei einem frisch gefangenen Fisch zu genießen, bevor nach vier Fahrstunden und 914 Höhenmetern wieder der Ausgangspunkt erreicht ist.

🕒 4 Stunden ↔ 45 Kilometer ↗ 916 Höhenmeter
Ausgangspunkt: Bad Goisern, Ortsteil St. Agatha
www.badaussee.at • www.bad.goisern.ooe.gv.at • www.seeraunzn.at

Im Reich von König Dachstein

Karst-Rundwanderung beginnt bei der spektakulärsten Aussichtsplattform der Alpen

Lautes Grollen erfüllt die Luft. Es ist jedoch kein Gewitter, das am Krippenstein im Anzug ist, sondern ein Hubschrauber, der Brennholz für die Krippenstein-Lodge transportiert. Wir befinden uns oberhalb der Baumgrenze auf 2 063 Metern am Fuß des Dachsteins, nur wenige Minuten von der Bergstation der Dachstein-Krippenstein-Seilbahn entfernt, die uns von Obertraun heraufgebracht hat.

5fingers mit atemberaubender Aussicht

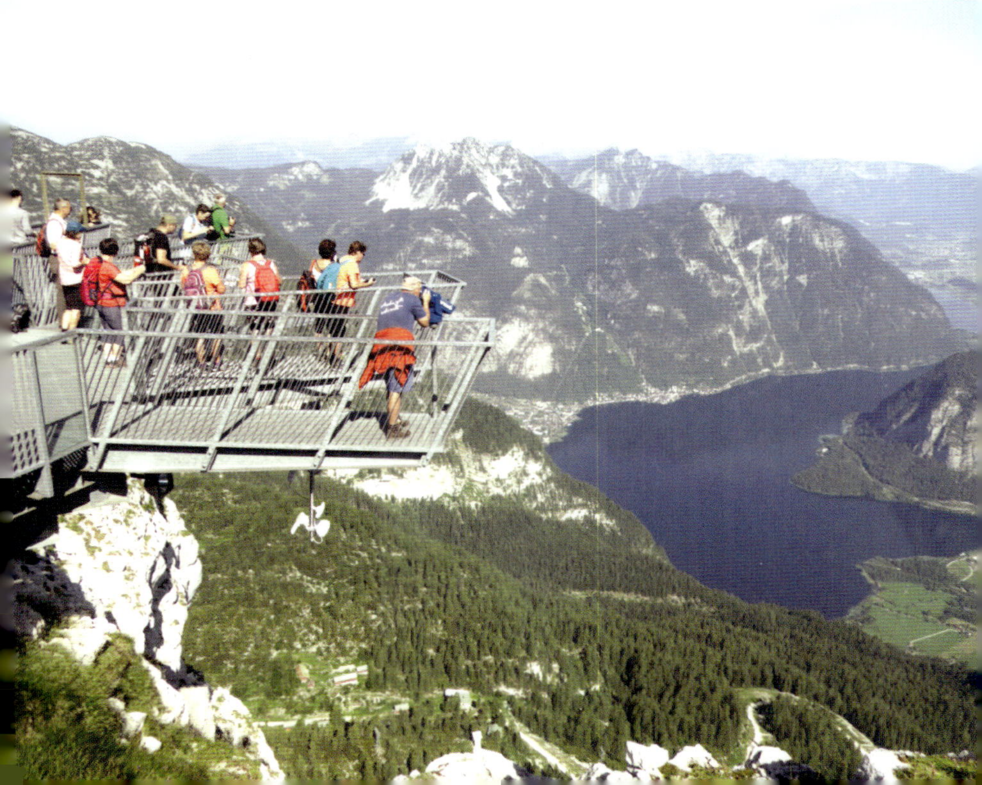

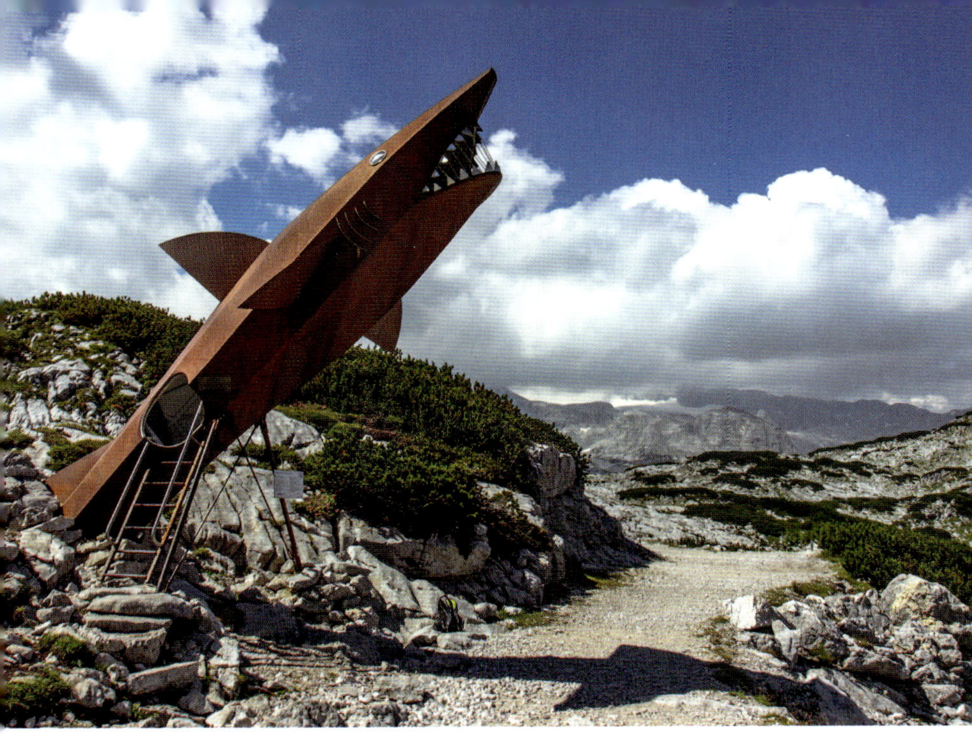

Der Dachstein-Hai erinnert daran, dass hier früher alles von Meer bedeckt war

Mit einer Höhe von 2 996 Metern über dem Meer ist er nicht nur der höchste Berg von Oberösterreich, sondern auch der zweithöchste Gipfel der nördlichen Alpen: der Dachstein. Die Krippenstein-Lodge war früher einmal ein Schutzhaus im Schatten dieses mächtigen Bergmassivs. Hüttenwirt Clemens Unterdechler ist Teil der Geschichte der edlen Beherbungsstätte. „Sie befindet sich seit 15 Jahren im Besitz unserer Familie. Seitdem bauen wir das Hotel aus und wollen mittelfristig energieautark werden. Die Übernachtungsvarianten gehen von einer Schlafkoje bis zur Luxus-Panorama-Suite mit 180-Grad-Blick", berichtet er.

Highlights

Zur Einstimmung in diese karstige Höhenlandschaft folgen wir für einige Minuten dem Wegweiser „5fingers". Das touristische Highlight des Krippensteins ist wahrlich einen Besuch wert. Weit ragen die fünf Stahlbalkone über die 1 500 m zum

Hallstättersee abfallende Steilwand. Ein junges Pärchen aus Südkorea genießt neben Touristen aus aller Welt ebenfalls diesen atemberaubenden Blick.
Gleich einem Fjord füllt der See am Nordfuß des Dachsteinplateaus ein schmales eiszeitliches Becken. Tiefblau schmiegt er sich an den Ort Hallstatt. Mehrere Paragleiter starten hier ihren Rundflug über die spektakuläre Landschaft. Der Himmel über Hallstatt füllt sich nach und nach mit bunten Gleitschirmen. Auf dem Weg zurück passieren wir die „Welterbe-Spirale", ein Schiff aus Aluminium, das einen fantastischen 360-Grad-Rundumblick bietet.
Schließlich begeben wir uns auf den „Karstlehrpfad", der uns in drei Stunden durch eine außergewöhnliche Felslandschaft führt. Bei der hochsommerlichen Höhenwanderung werden wir immer vom Hallstätter Gletscher begleitet. Er ist der größte der sieben Gletscher des Dachstein-Massivs. Schautafeln informieren über die Besonderheiten des Karsts. Der Begriff „Karst" stammt aus der slowenischen Sprache (slow. Kras = dünner, steiniger Boden).

Dachsteinkalk

Der Dachstein besteht aus Kalk, dem Dachsteinkalk. Das ist ein mehr als 1 000 m dicker Gesteinsblock, der vor rund 220 Millionen Jahren aus Muscheln und Korallen entstand. Regen sickert im Kalkgestein ein, fließt unterirdisch ab und lässt so die klassische Karstlandschaft entstehen. Zuerst entwickeln sich nur kleine Risse und Spalten, aber mit der Zeit brechen an der Oberfläche ganze Krater ein und unter der Erde entstehen riesige Höhlensysteme. Immer wieder entdecken wir ausgewaschene Rinnen mit messerscharfen Kanten, Karren genannt. Dazwischen findet sich eine erstaunlich vielfältige Blütenpracht aus pinkem Almrausch, weißen Margeriten, gelben Alpen-Sonnenröschen, rosaroten Kalk-Polsternelken und blauen Glockenblumen.
Dass hier einmal der Boden eines Ozeans war, symbolisiert eindrucksvoll die riesige Skulptur eines Hais aus Metall. Durch eine

Öffnung steigen wir in das Innere des Dachstein-Hais hinein und genießen eine beeindruckende Aussicht durch die furchterregenden Zähne des Riesentiers.
Das nahe Heilbronner Kreuz erinnert an die Tragödie des Jahres 1954, als am Gründonnerstag drei Lehrer und zehn Schüler aus Heilbronn entgegen vieler Warnungen eine Wanderung ins Dachsteinmassiv unternahmen und im Schneesturm umkamen. Bei der größten Suchaktion der alpinen Geschichte mit über 400 Bergrettern konnten erst nach neun Tagen die ersten Opfer geborgen werden, die letzten beiden Opfer erst nach 43 Tagen. Ein schreckliches Ereignis, das man sich an diesem herrlichen Sommertag gar nicht vorstellen kann.

Hirzkaralm

Den bestens markierten Weg finden wir leicht und erreichen schließlich eine grüne Senke, die Hirzkaralm. Schon seit der Bronzezeit vor 4000 Jahren lassen sich hier Spuren menschlicher Tätigkeit nachweisen. Aufgrund der geschützten Lage in einer Mulde, der Ablagerung von fruchtbarem Moränenmaterial und einiger Wasserstellen war dies ein idealer Standort für eine Alm. Hier befindet sich auch die Station „Gjaid" der Dachstein-Krippenstein-Seilbahn, die uns nach der dreistündigen Rundtour wieder zum Krippenstein hinauf- und dann nach Obertraun zurückbringt.

🕒 4 Stunden ↔ Karstlehrpfad 9 Kilometer
Ausgangspunkt: Obertraun, Bergstation der Dachsteinseilbahn
Öffentl. Verkehr: Bahn bis Obertraun Dachsteinhöhlen Bhf, dann Bus 543 ab Obertraun Abzw Bhf Dachsteinhöhlen bis Obertraun Dachsteinseilbahn Talstation
wwww.dachstein-krippenstein.com • www.lodge.at • www.obertraun.net

E-Bike-Tour ins Almparadies des Inneren Salzkammerguts

Mit dem Rad auf die Roßalm, die Plankenstein- und die Grubenalm. Unterwegs durchs größte zusammenhängende Almgebiet der Region Dachstein-Salzkammergut

Kehre um Kehre windet sich der Forstweg hinauf ins Bergplateau zwischen Gosaukamm und dem hoch über dem Hallstättersee thronenden Plassen. Ein letzter Blick richtet sich noch auf den tief unten liegenden Gosausee.
Der Start war in Gosau. Von dort führt der Weg in die Ortschaft Hintertal. Der Radweg schlängelt sich entlang des munteren Gosaubachs bis zum gleichnamigen See, immer die majestätischen Felskronen des Gosaukamms vor Augen. Am tiefblauen See angekommen, zieht der Gebirgsstock von König Dachstein mit dem weißschimmernden Gletscher unsere Blicke an. Eines der schönsten Naturbilder Oberösterreichs. Nach eineinhalb sportlichen Fahrstunden auf der als „Plassen- und Dachstein-Runde" markierten Radroute sind wir in das schönste Almgebiet des Inneren Salzkammerguts eingetaucht.

Hochlandrinder

Auf der Roßalm erzählt Hüttenwirtin Elisabeth Hubner-Koch Erstaunliches über die Geschichte der Alm. Bereits im 16. Jahrhundert wurde diese urkundlich erwähnt. Seit diesem Zeitpunkt ist sie auch im Besitz ihrer Familie. Von Mitte Juni bis Ende September lebt sie mit 20 Mutterkühen und schottischen Hochlandrindern auf der 1 387 m hoch gelegenen Naturidylle. Der Trend zu elektrisch verstärkten Fahrrädern hat der Roßalm neben den Wanderern zahlreiche neue Gäste beschert. Die beliebte

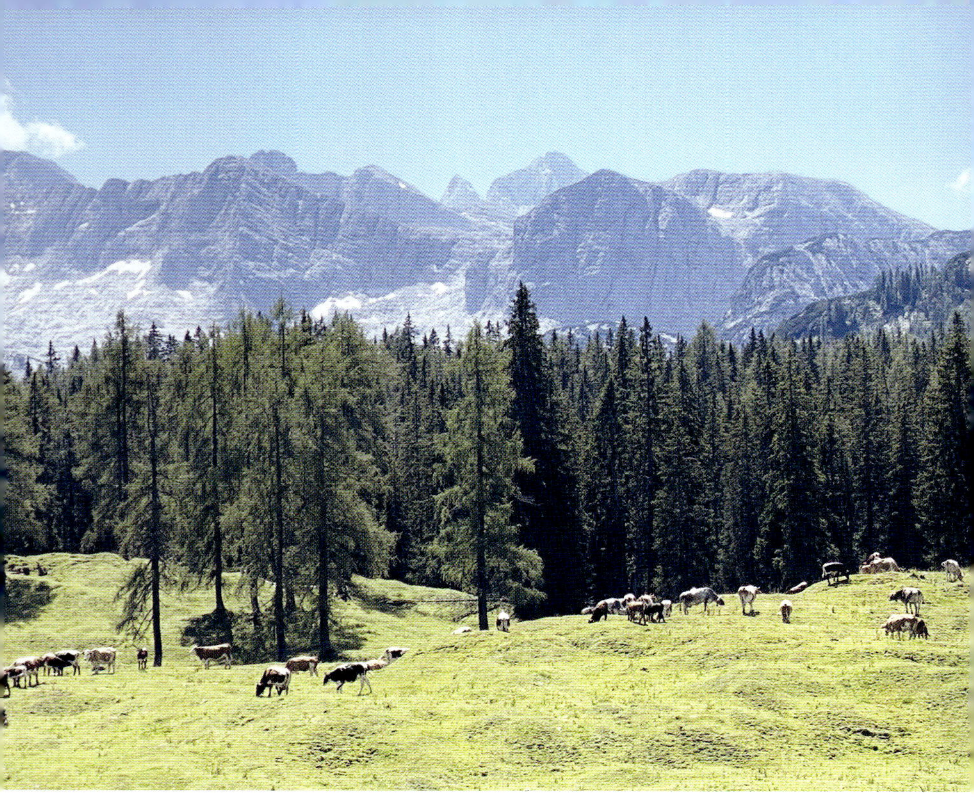

Die Plankensteinalm ist die größte Alm des Inneren Salzkammerguts

Dachstein-Runde sowie ein Streckenabschnitt der bekannten Salzkammergut-Mountainbike-Trophy führen hier vorbei. Die Auswahl aus den selbstgemachten Köstlichkeiten fällt nicht leicht. Auf Eier mit Speck und ofenfrisches Bauernbrot folgt hausgemachter Zirbenschnaps. Beides genießen wir mit Blick auf das Tennengebirge am Horizont. Frisch gestärkt verlassen wir die – nach der Einschätzung des Salzkammergut-Experten Reinhard Aschauer – schönste Alm dieser Region. Wieder ein Wegstück zurück führt ein Abstecher auf die von hohen Gipfeln umringte Plankensteinalm auf 1 530 Metern Höhe. Die 120 Hektar große Alm liegt auf einem weit geschwungenen Waldsattel unter dem zentralen Dachsteinmassiv. Die Leutgebhütte ist eine von 13 Almhütten auf den weitläufigen Almböden. Hüttenwirtin Marlene Loidl verbringt bereits den achten Sommer auf der Alm und verblüfft mit der exakten Kenntnis ihrer Almtiere. Sie erkennt auf einen Blick jedes ihrer 100 Rinder. Einige in der Nähe der Hütte weidenden Tiere ordnet sie in Sekundenschnelle sieben unterschiedlichen Eigentümern zu. Die 14 Pferde auf der Alm sind ihr als Reiterin sowieso bestens vertraut. Stundenlang könnte man hier verweilen und die Ruhe genießen, aber eine weitere Station auf der vierstündigen Rundtour wartet auf uns. Nach einem kurzen Wegstück zurück treffen wir bei der Grubenalm ein.

Hier verlassen wir die „Plassen-Route" und wechseln auf die „Seekar-Runde", der wir in weiten Serpentinen auf gepflegten Forststraßen wieder nach Hintertal folgen. Gut durchgeschüttelt von der rasanten Abfahrt retournieren wir nach vier Fahrstunden, 1 180 Höhenmetern und 40 zurückgelegten Kilometern die geliehenen E-Bikes wieder in Gosau.

🕒 4 Stunden ↔ 40 Kilometer ↗ 1 180 Höhenmeter

Ausgangspunkt: Gosau

www.gosau.at • www.rossalm.at • www.plankensteinalm.at

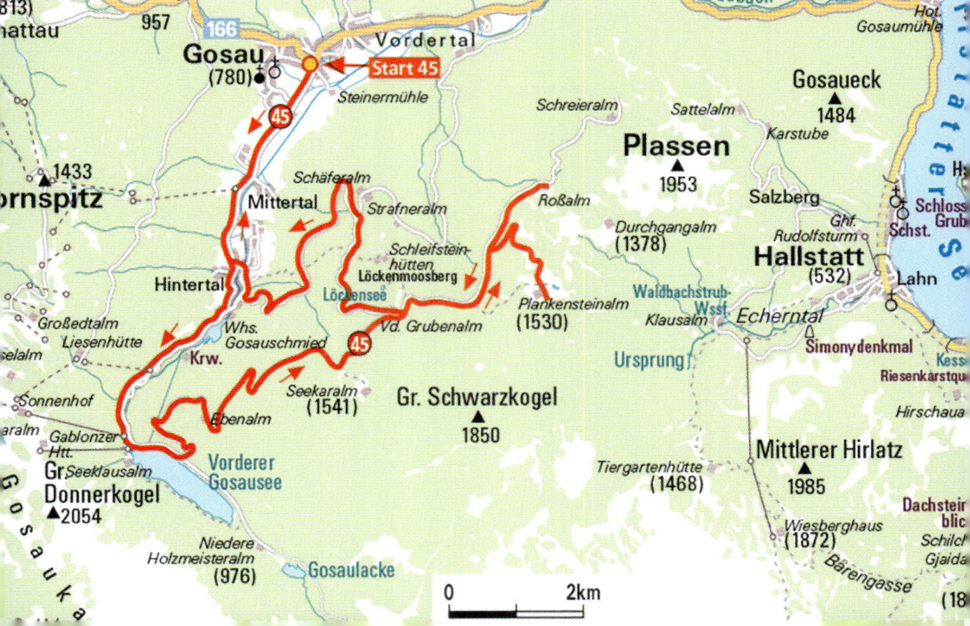

46 Rußbach
Almidylle und fossile Schätze

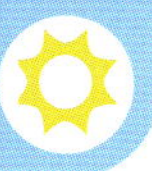

Tor zum Salzkammergut, Grenzgemeinde Oberösterreich–Salzburg

Eingebettet zwischen Dachstein und Wolfgangsee gibt es ein besonderes Juwel aus dem Naturschatz Österreichs zu entdecken. Rußbach, auch „Tor zum Salzkammergut“ genannt, ist der Ausgangspunkt unserer Wanderung. Über Jahrhunderte war hier die Staatsgrenze zwischen dem Erzbistum Salzburg und dem Kaiserreich Österreich, wie der ehemalige Volksschuldirektor Alois Brugger weiß.
Auf halber Höhe zwischen Rußbach und dem Gamsfeld, einem markanten 2000er-Gipfel, führt eine aussichtsreiche vierstündige Rundwanderung über blühende Almwiesen. Woher wohl der Name Rußbach stammt? Der Legende nach, so berichtet Altbürgermeister Sepp Grasl, sollen die Wilderer von Rußbach ihre geschwärzten Gesichter im gleichnamigen Bach gewaschen haben. Wir lassen den rauschenden Bach hinter uns und folgen der Markierung 34 zur Traunwandalm. Bei jeder Gehpause gibt es faszinierende Ausblicke auf das Dachsteinmassiv und den Gosaukamm. Rasch sind die 600 Höhenmeter überwunden. Die weidenden Pferde genießen ihr Almleben und wälzen sich vergnügt im Gras. Immer auf gleicher Höhe zieht sich der Weg durch Almmatten und lichte Fichtenwälder über die Angerkaralm zur Rinnbergalm. Die Hüttenwirtin Hanni serviert die von ihr selbst erzeugten Köstlichkeiten. Neben Hirsch- und Schweinespeck kann sich der Gast an unterschiedlichen Käselaiben bedienen. „Esst, so viel ihr wollt“, so die Einladung der Gastgeberin. Eine besondere Art von Gastfreundschaft, die einen eigenen Besuch lohnt. Beim spätsommerlichen Sonnenschein erscheint die harte und entbehrungsreiche Arbeit auf der Alm in einem idyllischen und verklärten Licht.

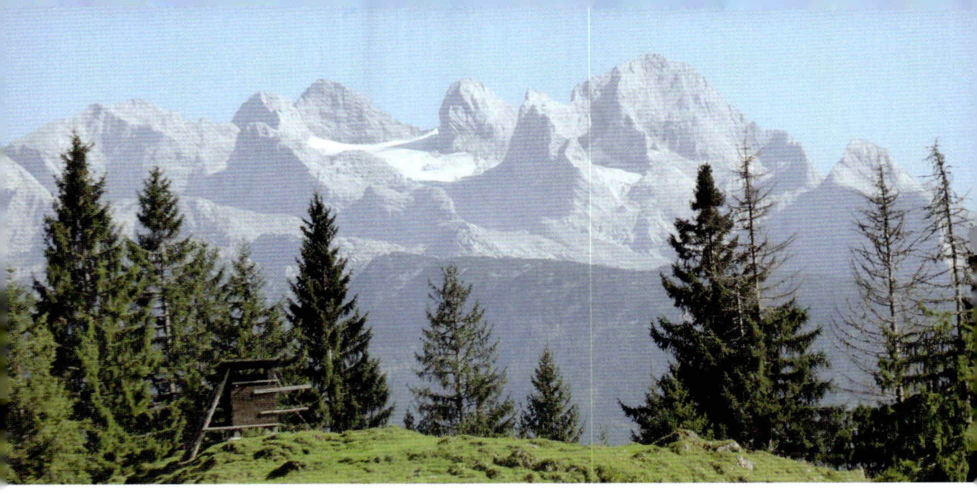

Wieder am Dorfplatz von Rußbach angekommen, gibt es noch eine besondere Spezialität. Rußbach ist eine bekannte Fundstelle für Fossilien. Diese Versteinerungen entstanden vor vielen Millionen Jahren durch die Ablagerung von toten Tieren auf dem Meeresgrund. Wolfgang Schwaighofer sammelt seit 50 Jahren bei der „Schneckenwand" und entlang von Bächen heimische Fossilien. Er führt uns durch das von ihm gegründete Mineralien- und Fossilien-Museum, das „Haus der 1 000 Steine". Unzählige versteinerte Schnecken, Ammoniten und Korallen aus der Jura-, Kreide- und Triaszeit hat er hier zusammengetragen, auch eine Auswahl an Mineralien aus der ganzen Welt. Wir erfahren zum Beispiel, dass die 240 Millionen Jahre alten Ammoniten die Vorläufer der heutigen Tintenfische waren und, dass der Gosaukamm aus Korallen besteht. Wie recht hatte doch der Dichter Novalis: „Die Natur ist eine versteinerte Zauberstadt." So findet höchst lebendig – ganz und gar nicht wie ein Fossil – der Besuch in Rußbach seinen Abschluss.

🕒 4 Stunden ↔ 8 Kilometer ↗ 1 200 Höhenmeter
Ausgangspunkt: Rußbach am Pass Gschütt, Ortszentrum
Öffentl. Verkehr: Bahn bis Golling-Abtenau Bhf, dann Bus 470 bis Rußbach am Pass Gschütt Ortsmitte
www.russbach.info

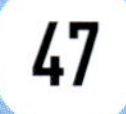

St. Wolfgang/St. Gilgen
Magischer Kultweg über dem Wolfgangsee

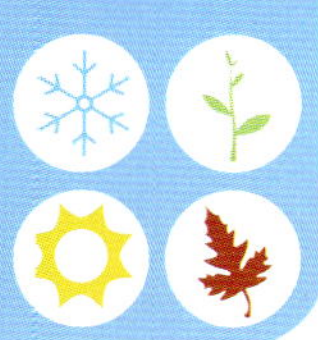

Nachtwanderung nach St. Wolfgang. Einsiedler zogen sich auf den Falkenstein zurück

Die ersten Reisen gab es vermutlich im Alten Ägypten. Es waren Wallfahrten zu den Tempeln der Götter. Eine Tour im Salzkammergut bringt uns zwar zu keinem Tempel, aber zu einem der wichtigsten Wallfahrtsorte im europäischen Mittelalter neben Rom und Santiago de Compostela. Die Reise beginnt am späten Nachmittag mit einer Schifffahrt von St. Wolfgang nach St. Gilgen. Von da ist es nicht weit zur Ortschaft Fürberg. Hier beginnt ein historischer Pilgerweg über den Falkenstein nach St. Wolfgang.
24 beschilderte Erlebnispunkte dokumentieren seine besondere Bedeutung – von den Kultstätten der Urzeit über die christliche Missionierung durch den heiligen Wolfgang bis zum mittelalterlichen Wallfahrtsboom. Der gut begehbare Weg führt eine knappe Stunde entlang des Wolfgangsees. Stellenweise ist er aus dem Fels geschlagen und mit soliden Geländern abgesichert. Nur die Lichter am anderen Ufer des Wolfgangsees begleiten den Wanderer. Es ist dunkel und es ist kein Laut außer den eigenen Schritten zu hören. Innere Ruhe kehrt in dieser magischen Stille ein.

Steine wie Sünden

Dann verlässt der Weg das Seeufer. Der eigentliche Pilgerweg beginnt – mit Laternen beleuchtet und von Kreuzwegstationen begleitet. Er ist auch Teil des Europäischen Pilgerweges „Via Nova“. Zur ersten Rast auf dem Aufstieg zum 200 Meter

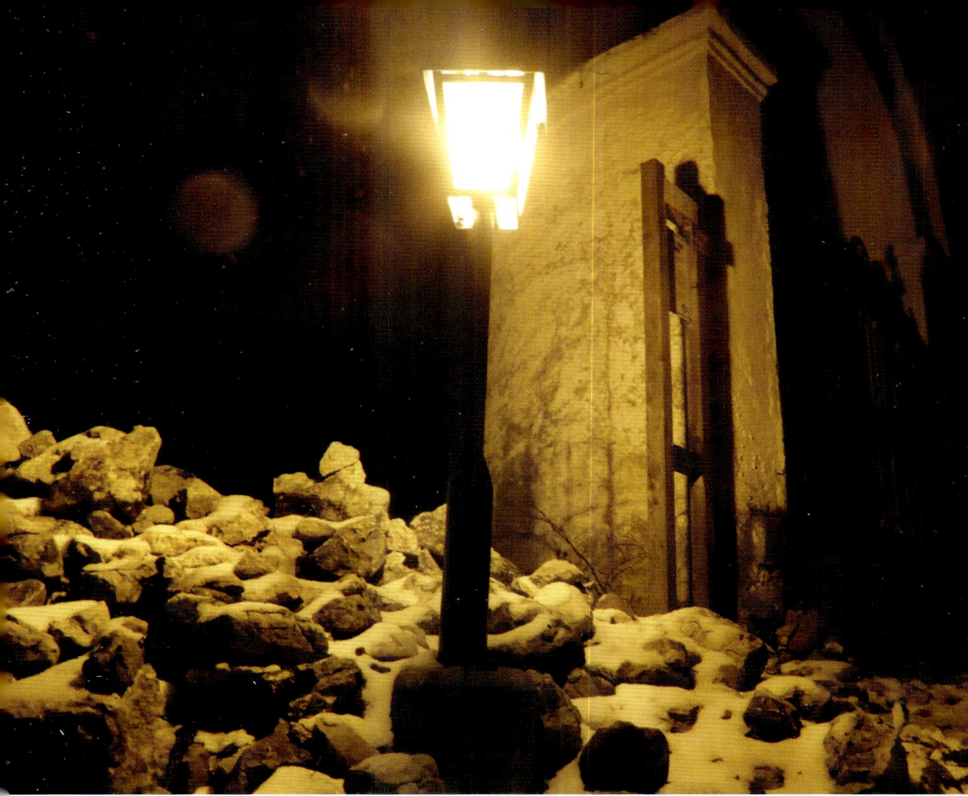

Steine auf dem Pilgerweg befreiten von Sünden

höheren Falkenstein lädt ein großer Steinhaufen bei einer Kapelle. Pilger haben Steine mitgebracht und hier abgelegt: Je schwerer der Stein, desto mehr Sünden wurden vergeben. Die Stimmung erinnert an die mystische Atmosphäre, die der Schriftsteller Lernet-Holenia in seiner Erzählung „Strahlenheim" schildert. Nach seinen Worten begeht der Pilger einen „heiligen Weg". Dem winterlichen Pilgerweg folgend, gelangen wir zur Wolfgang-Kapelle. Der Legende nach soll sich der Bischof von Regensburg im Jahr 976 hier als Einsiedler zum Fasten und zum Gebet zurückgezogen haben. Wer das Glöckchen an der Kapelle dreimal zum Klingen bringt, dessen Wünsche werden erfüllt. Eine ähnliche Funktion soll auch der „Durchkriechstein" haben. Es ist ein schmaler Felsspalt, in dem der Teufel den Heiligen zermalmen wollte. An diesem Ort beschloss

Wolfgang, im Tal eine Kirche zu bauen. Den Ort des Baus überließ er durch seinen berühmten „Beilwurf" einer göttlichen Fügung. Er warf eine Hacke mit dem Gelöbnis, dort, wo er sie wiederfände, eine Kirche zu errichten. Er fand das Beil nach drei Tagen und machte sein Gelübde wahr. Rund um das Gotteshaus, in dem auch seine Gebeine ruhen, entstand das heutige St. Wolfgang. Der Heilige wird bis ins unsere Tage als Patron der Bildhauer, Holzarbeiter und Hirten verehrt. Bis ins 19. Jahrhundert sind Einsiedler dem Vorbild Wolfgangs gefolgt und haben sich auf den Falkenstein zurückgezogen. So auch Verwandte von Mozart, der mütterlicherseits aus St. Gilgen stammte. Berühmt war das in Richtung See gerufene Echo: „Heiliger Wolfgang, bist da, wennst da bist, schreist Ja", worauf ein deutliches Ja zu hören war.

Uferpromenade

Vorbei an mehreren teilweise aus vorchristlicher Zeit stammenden Steindenkmälern führt der Weg wieder hinunter zum Wolfgangsee. Die flache Uferpromenade gibt Gelegenheit, die vielen Eindrücke dieses uralten Kultweges in sich wirken zu lassen. Wir stimmen Meister Eckhart zu, wenn er sagt: „Horche auf deine innere Uhr und du wirst merken, dass schon viel zu viel Zeit vergangen ist, von der du nicht weißt, wo sie geblieben ist."

🕒 3 Stunden ↔ 9,3 Kilometer ↗ 250 Höhenmeter
Ausgangspunkt: St. Wolfgang bzw. St. Gilgen, Ortschaft Fürberg
www.gemgilgen.at • www.stwolfgang.at

St. Wolfgang/Vormauer

48

Atemberaubender Ausblick auf den Wolfgangsee

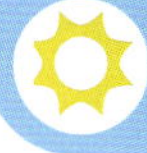

Ein sportlicher Bergläufer überholt uns auf dem Weg zur Vormauer, einem 1450 Meter hohen Berg nördlich von St. Wolfgang. In seinem großen Rucksack trägt er seinen Gleitschirm. Diesen wird er dann auf dem fast senkrecht über dem See liegenden Gipfel auspacken. Gleich einem Adler wird er über dem tief unten liegenden Wolfgangsee schweben und die wie Spielzeug kleinen Häuser von St. Wolfgang betrachten.

Bergpanorama

Dieses Erlebnis werden auch wir Wanderer in Kürze auf dem Gipfel der Vormauer haben. Und das zeitig am Morgen, wenn die Luft noch klar ist und keine Wolke die Aussicht auf das schier endlose Bergpanorama zwischen Dachstein und Hochkönig trübt. Auch ohne von einem Paragleitschirm getragen zu sein, genießen wir als Wanderer in ähnlicher Weise die Aussicht von einem der schönsten Gipfel im Schafbergmassiv.
Ausgangspunkt für eine außergewöhnliche Gipfeltour ist der Ortsteil Schwarzenbach in St. Wolfgang. Vor dem Beginn des Güterweges Aschau bietet sich der Parkplatz direkt neben dem lauschigen Tiefenbach an. Diesem folgend, geht es Richtung Vormaueralm rasch steil ansteigend bergauf. Auf einem ausgewaschenen Forstweg gewinnt man schnell an Höhe und erreicht in Kürze die kleine Mauruskapelle.

Samtig und weich

Als Schüler des heiligen Benedikt und Nachfolger als Abt von Subiaco wurde Maurus als Patron der Schneider und Schuhmacher verehrt. Angerufen wird er gegen Heiserkeit, Schnupfen

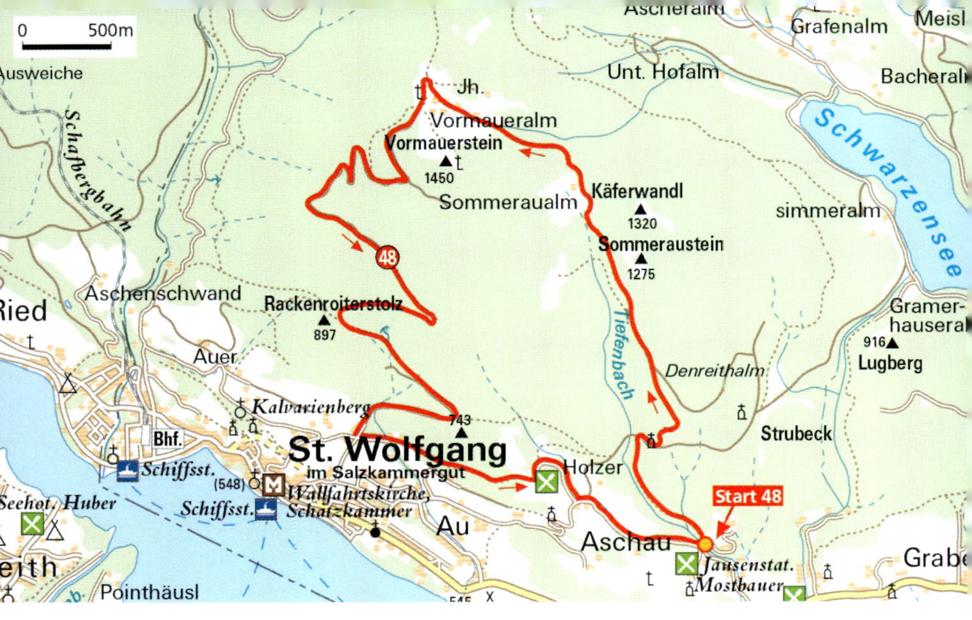

und Kopfweh. Weiter geht es durch klassische Salzkammergut-Berglandschaft. Wald wechselt mit Wiesen. Die Wege verändern sich von schmal und steinig auf ganz samtig weich voller Nadeln oder Laub. Immer wieder tauchen an Bäumen befestigte Tafeln mit Zwergensprüchen auf. Diese richten sich wohl weniger an Kinder als an Erwachsene. Zum Beispiel ein Rat, der sich gegen das Pflücken von Blumen richtet: „Pflück sie nicht, schau sie an, trink lieber einen Enzian." Ein weiterer Zwergenspruch möchte uns Mut für den folgenden Weg machen: „Wer schwitzt und schnauft, der lebt gesund – jetzt gehen wir noch a halbe Stund'." Das tun wir gerne. Denn bald taucht die auf 1 350 Metern Seehöhe gelegene Vormaueralm auf. Der Duft wilder Minze begleitet uns auf die sanft ansteigende, 64 Hektar große Almfläche. Von Juni bis September grasen hier ca. 40 Jungrinder. Sieben Almbauern besitzen auf der Gemeinschaftsalm sechs Almhütten und eine Jagdhütte.

Am westlichen Ende der Alm bietet sich bei einem Wegkreuz eine Genusspause an. Der Ausblick auf den Schafberg ist überwältigend. Die schroffe Südwand des Bergmassivs ist zum Greifen nahe. Gut erkennbar sind die Wanderwege, die sich durch die steile Wand ziehen. Dann geht die Almfläche nach oben und nach einer harmlosen Kletterpassage durch kurze Felsstufen auf den Gipfel der Vormauer.

Senkrechte Wand

Vom schmalen Felsspitz ist der Ausblick atemberaubend. Da der Gipfel gegen Süden mit einer senkrechten Wand abstürzt, ist der Blick frei hinab in die blauen Fluten des Wolfgangsees und die Orte an seinem Ufer. Darüber die Berge der Osterhorngruppe, dahinter das Tennengebirge. Dreht man sich um und blickt nach Norden, überschaut man den ganzen Attersee und das Höllengebirge, und bei guter Sicht kann man sogar die Berge des Mühlviertels erkennen.

Beim Abstieg wählen wir den „Vormaueralmweg“ mit der Nummer 26. Den Serpentinen folgend, wechseln die Blicke

Der Gipfel der Vormauer mit Blick auf den Wolfgangsee

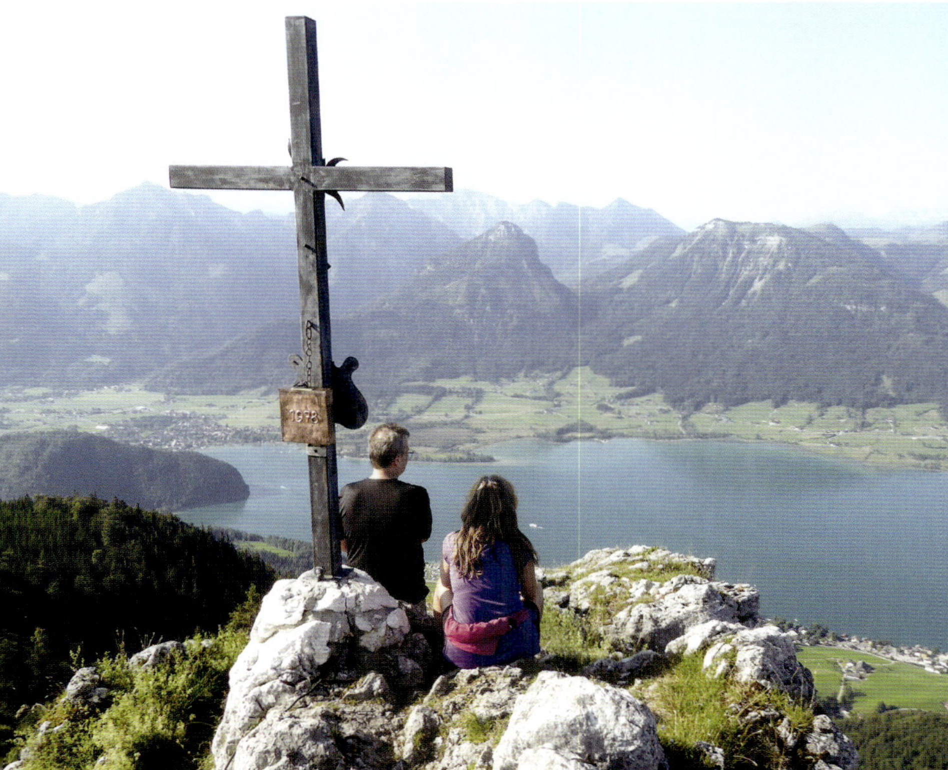

von der Schafbergwand, die immer näher zu rücken scheint, zu den grünen Kegeln des Zwölferhorns. Dann tauchen wir wieder in den kühlen schützenden Wald ein und erreichen nach eineinhalb Stunden die Nähe des Talbodens. Über den Bauernhof Holzerbauer führt der Weg zum Mostbauer, wo die Speisekarte verkündet: „Jausnen vom Feinsten, Hofmetzgerei, Bratl, Stelzen, jeden Donnerstag ‚Kesselheiße' und jeden Freitag Räucherfisch". Diese Leckereien lassen wir uns nicht entgehen und erreichen anschließend in Kürze den Ausgangspunkt.

🕒 4 Stunden ↔ 12,4 Kilometer ↗ 860 Höhenmeter
Ausgangspunkt: St. Wolfgang, Ortsteil Schwarzenbach, Parkplatz am Beginn des Güterweges Aschau
Öffentl. Verkehr: Bahn bis Bad Ischl Bhf, dann Bus 546 bis St. Wolfgang im Salzkammergut Schwarzenbach
www.mostbauer.net

Die Vormaueralm mit Blick auf den Schafberg

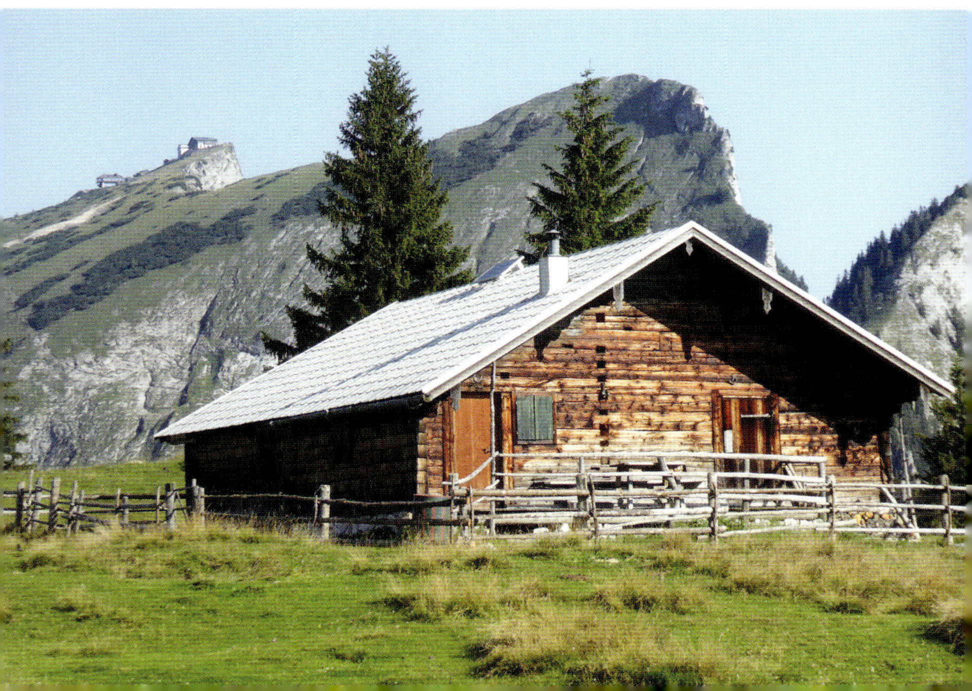

Durch den Burggraben zur Eisenau

Schnitzler, Hofmannsthal und Danzer genossen das südliche Ende des Attersees

See – Schlucht – Alm: Alles bestens an einem heißen Sommertag und wie eine Komposition aufeinander abgestimmt. Von Burgau, am südlichen Ende des Attersees, nahe Unterach gelegen, geht es auf dem durch den Burggraben führenden „Valerieweg" nach oben. Der 1890 erbaute Weg zieht sich in Serpentinen auf einem kühn aus dem Fels geschlagenen Steig weiter. Wir passieren das mystisch im Wald stehende Marienheiligtum Maria Klamm. Einige Wegstücke sind mit Stahlseilen gesichert. Das rauschende Wasser des Burgaubaches ist zu hören. Inmitten des eindrucksvollen Burggrabens blicken wir in die tief unten liegende Schlucht. Eine Gedenktafel erinnert treffend: „Viele Wege führen zu Gott. Einer über die Berge."

Dem Wegweiser „Eisenau" folgend, queren wir auf einem eisernen Steg die Schlucht und erreichen die Magdalenen-Quelle. Gestärkt durch das frische Quellwasser geht es 200 Höhenmeter bis an das Ende der Schlucht. Das Almgebiet der Ackeralm ist erreicht, das sich bis zu der weiten Hochebene der Eisenaueralm zieht. Üppige Blumenpracht bedeckt die Almwiesen. Legionen von Purpurginsterblüten färben die Landschaft violett. Auf der Buchberghütte, direkt unter der Nordwand des Schafbergs gelegen, gibt es eine verdiente Rast. Ein besonders idyllischer Ort, der Wanderer aus allen Richtungen anzieht. Die Kaspressknödel geben wieder neue Kraft.

Der Rundweg zurück folgt dem Wegweiser „Unterach" und schlängelt sich in steilen Serpentinen nach unten. Ein

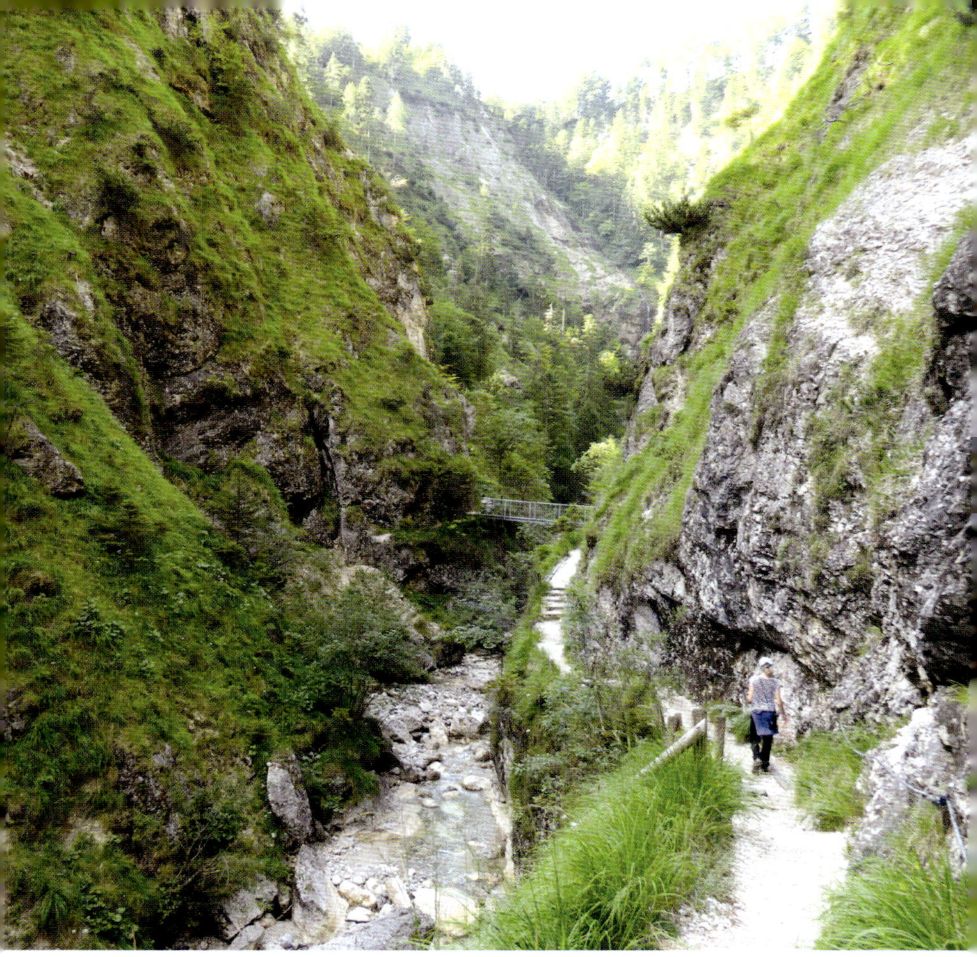

Der „Valerieweg" führt durch den Burggraben

berauschender Rundblick reicht vom Mondsee bis zum Attersee. Genau dazwischen liegt Unterach.
Hier mündet die Seeache, der Abfluss des Mondsees in den Attersee. Früher war der Ort am besten mit dem Boot erreichbar, daher die Bezeichnung „Klein-Venedig". In der Zeit der Monarchie bot Unterach mehr Ruhe als andere Orte der Sommerfrische. Gustav Klimt malte hier einige seiner berühmtesten Bilder. Der Literat Karl Emil Franzos beschrieb in seiner Novelle „Der Hiob von Unterach" den Ort als „liebes, stilles Berg- und Seedörfchen im Hausruckviertel". Bürgermeister Georg Baumann:

„Die Kraft dieses Ortes inspirierte zahlreiche Künstler wie Schnitzler und Hofmannsthal bis zu Heinz Konrads und Georg Danzer in der Gegenwart. Unter den Ehrenbürgern ist auch Viktor Kaplan, der Erfinder der nach ihm benannten Turbine.“ Unser Weg führt der Seeache entlang zum Kaiserbrunnen in Burgau. Von hier geht's rasch zum Ausgangspunkt zurück. Die Rundwanderung von vier Stunden führt durch eine besondere Schatzkiste unserer Heimat und ist es wert, entdeckt zu werden.

🕒 4 Stunden ↔ 11 Kilometer ↗ 550 Höhenmeter, Trittsicherheit!
Ausgangspunkt: Burgau, Ehemaliges Gasthaus Jagawirt
Öffentl. Verkehr: Bahn bis Kammer-Schörfling Bhf, dann Bus 562 bis Unterach Attersee Ortsmitte
www.unterach-attersee.ooe.gv.at

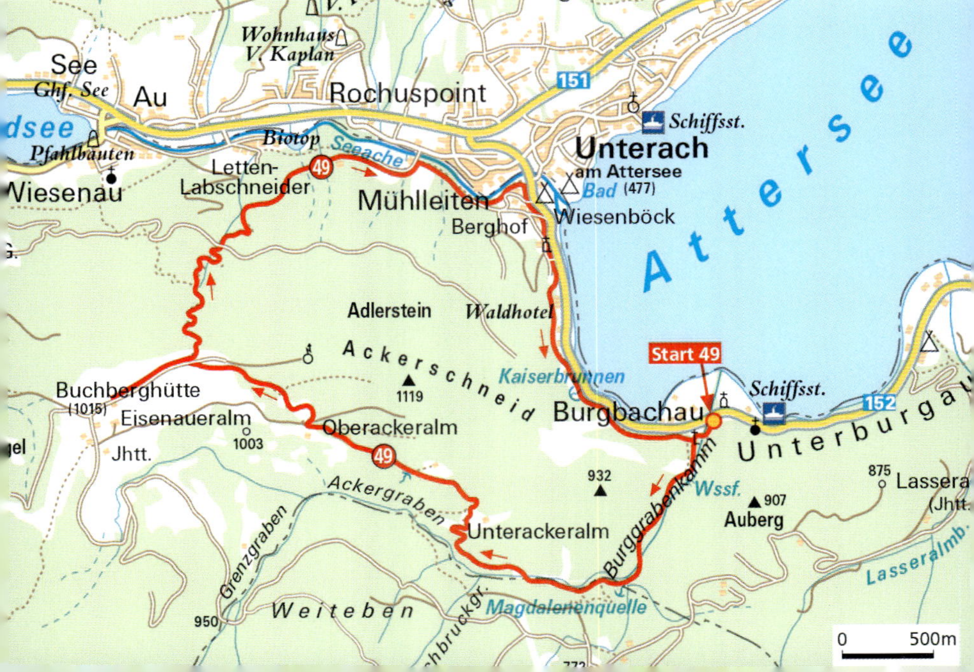

50 Mondsee
Unterwegs im kaiserlichen Salonwagen

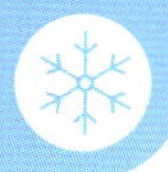

Es ist ein erhebendes Gefühl, wie ein Kaiser im weichen Plüschsessel eines Luxus-Eisenbahnwagons zu sitzen. Wir befinden uns im Verkehrs- und Ischlerbahn-Museum in Mondsee, wo der kaiserliche Salonwagen S1, der Kaiserwagen, die Besucher erfreut. Erster offizieller Fahrgast war Kaiser Franz Joseph im Juli 1893, als er von Wien über Salzburg kommend nach Ischl weiterreiste. Eine Sitzprobe im originalerhaltenen Wagon der 3. Klasse vermittelt auch das Reisegefühl, das bis zu 2,15 Millionen Fahrgäste pro Jahr erlebten, welche die 66 Kilometer lange Strecke von Salzburg nach Bad Ischl zurücklegten. Zwei betriebsfähige Originallokomotiven, die 130 Jahre alte Lok Nr. 4 und die Lok Nr. 9, scheinen immer noch auf einen neuen Einsatz zu warten. Dies alles befindet sich im letzten erhaltenen Heizhaus an der idyllischen Seepromenade in Mondsee. Die Lokomotiven mussten vor der Ausfahrt am Morgen die ganze Nacht durchgeheizt werden, da sie eine mehrstündige Vorlaufzeit für den Betriebseinsatz brauchten.

Wallfahrten

Johannes Pfeffer ist Obmann des Heimatbundes Mondseeland und verweist auf die Zeitspanne von 6 000 Jahren, in denen das Leben im Mondseeland von Handels- und Verkehrswegen bestimmt wurde. „Es begann bereits mit den Pfahlbauern über die Römer, welche die ersten Straßen bauten. An die Anwesenheit der Römer erinnert eine in Stein gemeißelte Inschrift, welche sich im Portal der Stiftskirche befindet. Sie erzählt vom damaligen römischen Bürgermeister von Iuvavum, dem heutigen Salzburg, der den klingenden Namen Lucius Martialis trug.“ Er scheint ganz friedlich und unmartialisch das Leben auf seinem Gutshof im Mondseeland genossen zu haben.

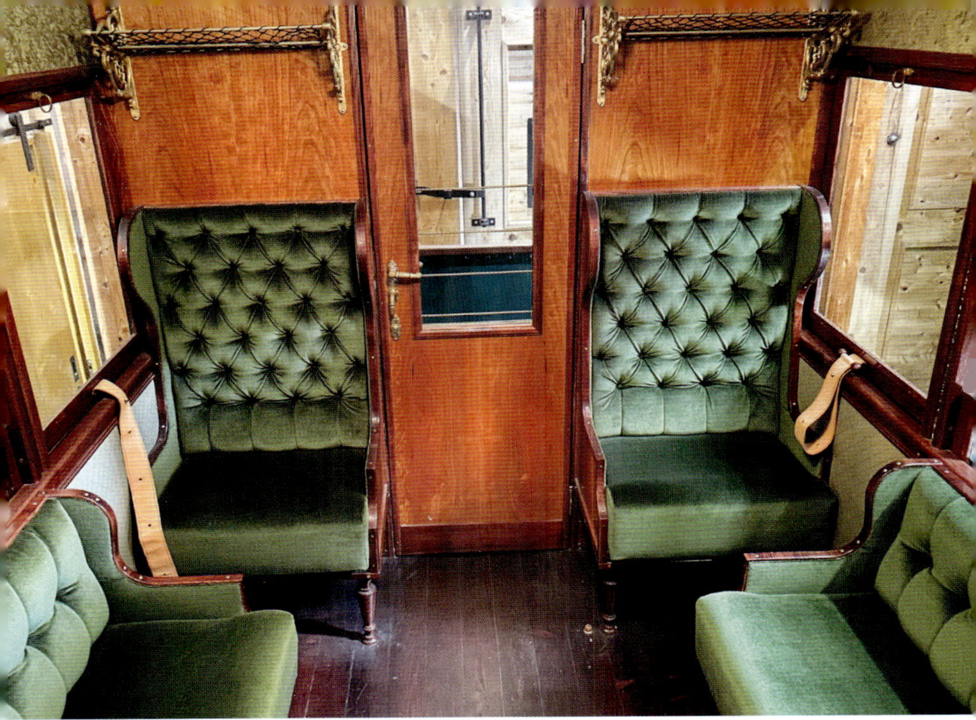

Wie ein Kaiser im kaiserlichen Salonwagen S1 unterwegs

Eine weitere Verkehrsentwicklung brachte das Wallfahrtswesen. Beginnend mit dem 12. Jahrhundert erreichte der Pilgerstrom auch Mondsee. Hier war für viele der letzte Haltepunkt vor St. Wolfgang, das zum Kloster Mondsee gehörte. Mit dem Boot ging es dann über den Mondsee nach Scharfling, wo die Pilgerreise zu Fuß fortgesetzt wurde. Die geschäftstüchtigen Mondseer verkauften Opfergaben aus Wachs, die ein Bein oder einen Arm darstellten, an die Pilger. Diese opferten sie dann in St. Wolfgang, worauf die Devotionalien wieder zurück nach Mondsee transportiert wurden und neue wallfahrende Käufer fanden.

Filmreif

Neben dem Beginn der Dampfschifffahrt auf dem Mondsee am Ende des 19. Jahrhundert war die Salzkammergut-Lokalbahn das wichtigste Fortbewegungsmittel für die Region. Zahlreiche

Künstler wie Gottfried Keller, Johannes Brahms oder August Strindberg kamen per Bahn zur Sommerfrische nach Mondsee. Sie wurde in Filmen wie Franz Antels „Kaiserball" verewigt, wo das populär gewordene Lied „Zwischen Salzburg und Bad Ischl fährt a liebe kleine Eisenbahn …" an sie erinnert.
Nach einer bewegten Geschichte durch zwei Weltkriege musste die Bahn schließlich im Jahr 1957 der neuen Zeit weichen. Der Autobus wurde als viel moderner angesehen. Trotz großer Proteste aus allen Bevölkerungsteilen wurde sie eingestellt. Der rührige Club „Salzkammergut-Lokalbahn" bemüht sich, die Bahnstrecke nach dem Motto „Zukunft mit Herkunft" zu reaktivieren. Ein drittes Schienengleis soll neben dem Betrieb der Schmalspur-Nostalgiebahn das Befahren mit einer modernen Regionalbahn ermöglichen. Möge die Übung gelingen. So manch genervter Autofahrer könnte aufatmen und mit der Bahn entspannt dahingleiten. Auch wir hoffen das für die Zukunft und genießen heute den Spaziergang an der idyllischen Mondsee-Uferpromenade.

Verkehrs- und Ischlerbahn Museum, Seebadstraße 2, 5310 Mondsee
Öffentl. Verkehr: Bahn bis Salzburg Hbf, Bus 140 bis Mondsee
www.museum-mondsee.at

Entspannung auf der Uferpromenade von Mondsee

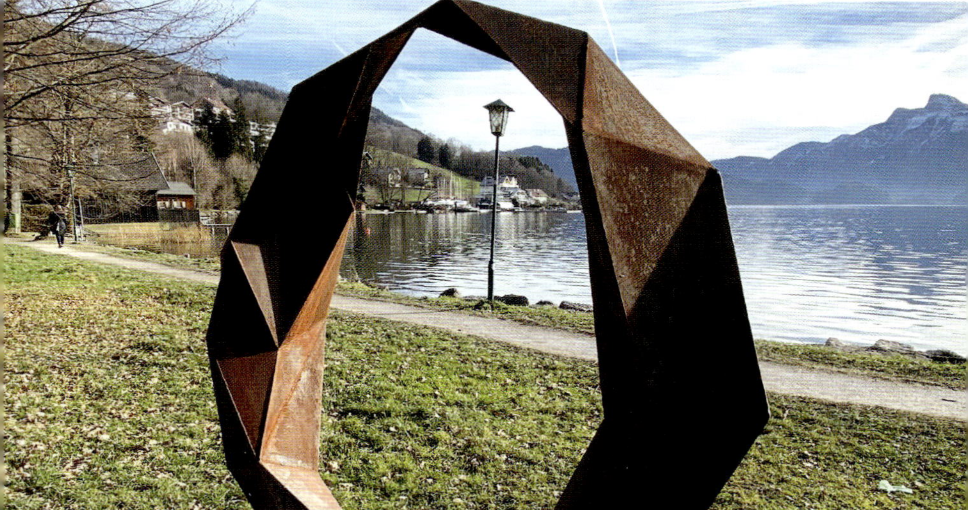

Thalgau/Fuschl 51

Sportlicher Salzkammergut-Doppelgipfel mit Traumblick

Was für einen Gourmet der Besuch eines Haubenlokals, ist für den Naturfreund die Besteigung eines der schönsten Doppelgipfel im Salzkammergut, Schober und Frauenkopf. Beide sind gewürzt mit so mancher Überraschung, jenseits von Routine mit einem Schuss Abenteuer.

Ausgangspunkt dieser besonderen Wanderung sind die Orte Thalgau oder Fuschl, von wo man in einer Stunde auf gut markierten Wegen den Ansitz Wartenfels erreicht. Wir ziehen es vor, zeitig am Morgen direkt von dort zu starten. Das schlossähnliche Eventlokal und das in einem 100 Jahre alten Forsthaus befindliche Gasthaus werden wir erst später kennenlernen. Auf der Markierung 10 geht es Richtung Schober vorbei an der Ruine Wartenfels. Der gut ausgebaute Wanderweg führt durch den Wald nach oben – in den Pausen immer mit Blick auf den darunterliegenden Fuschlsee. Drahtseile erleichtern im felsigen Gelände den trittsicheren Wanderern den Aufstieg.

Kaum zu glauben: Zu so früher Stunde begegnen uns bereits ein Dutzend jugendliche Wanderer. Sie haben den Gipfel des Schobers bestiegen, um den Sonnenaufgang zu erleben. Nach 400 Höhenmetern erreichen auch wir ihn und sind fast geblendet vom Ausblick, der sich uns bietet. Der Morgen hat seine Spur über die Landschaft gezogen. Letzte Nebel liegen in den Tälern wie Reste von Träumen. Manche Orte sehen so aus, als wäre für sie das Wort „Idylle“ erfunden worden. Der Blick fällt auf den Fuschlsee mit dem Schloss, in dem Romy Schneider als Kaiserin Sissi ihre Jugend filmisch verbracht hat. Denn Schloss Fuschl war das Double für Schloss Possenhofen, dem Geburtsschloss der Kaiserin. Dahinter lächelt der viel kleinere Irrsee

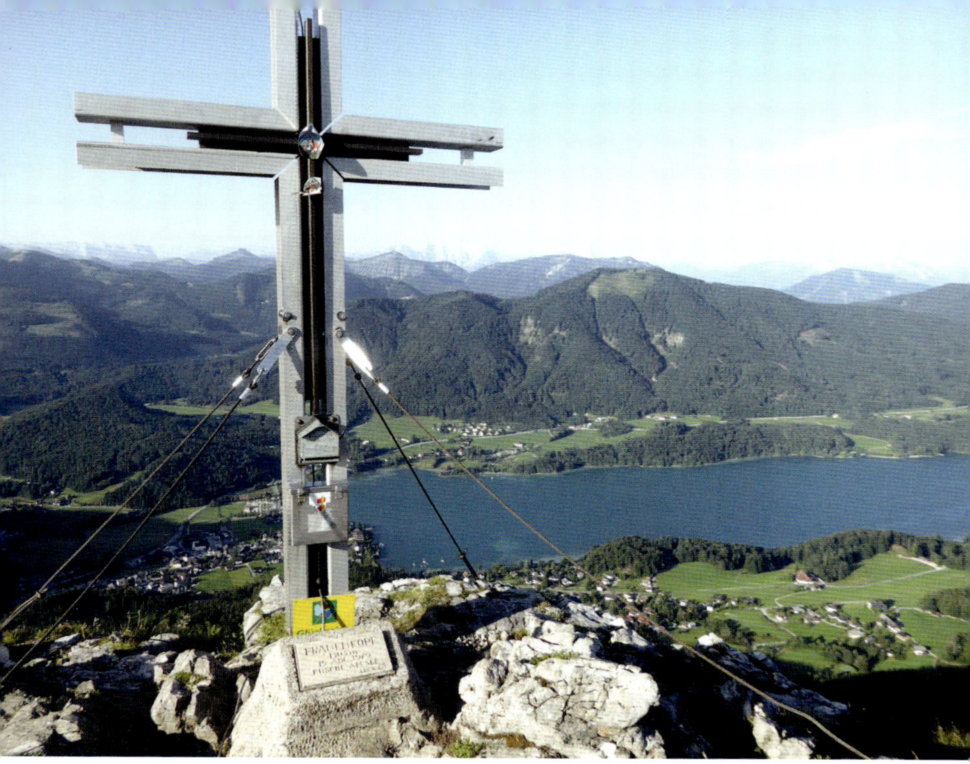

Gipfel des Frauenkopfs mit Blick auf den Fuschlsee

herauf. Im Uhrzeigersinn folgen dann Mondsee, Wolfgangsee und Attersee. Im Süden grüßen die hohen Berge der Alpen mit dem markanten Dachsteinmassiv – schon befreit von den morgendlichen Nebelschwaden. Ein fast mystisches Erlebnis, das von einigen anderen Wanderern in Stille geteilt wird.
In weiteren 20 Gehminuten geht es auf den etwas niedrigeren Frauenkopf. Der Sage nach war er in früheren Zeiten eine Pilgerstätte für unfruchtbare Frauen. Wieder bietet sich ein atemberaubender Panoramablick.
Der Markierung folgend, geht es auf steilen Serpentinen zurück zur Ruine Wartenfels. Bereits 1259 auf einem kleinen Felsvorsprung am Fuß des Schobers erbaut, bietet die exponierte Lage eine großartige Aussicht ins Mondseeland. Jahrhundertelang Gerichtsgebäude der Salzburger Bischöfe, verfiel es Ende des 16. Jahrhunderts. Vorher noch war Paracelsus zu Gast und soll

auch eine enge Beziehung zur Frau des Burgpflegers unterhalten haben. Wer weiß, welche medizinischen Erkenntnisse der berühmte Arzt hier gewonnen hat?
Die zweieinhalbstündige Rundwanderung findet im Restaurant des Forsthauses Wartenfels bei einer feinen Jause ihren würdigen Abschluss. Hier trifft Naturfreude auf Gourmetgenuss.

🕒 2 ½ Stunden ↔ 3 Kilometer ↗ 400 Höhenmeter
Ausgangspunkt: Ansitz Wartenfels, Vordereggstraße 30, 5303 Thalgau
Öffentl. Verkehr: Bahn bis Salzburg Hbf, dann Bus 140 bis Thalgau oder Bus 150 bis Fuschl am See Ortsmitte
www.wartenfels.at

Blick auf das Mondseeland und den Irrsee beim Aufstieg zum Gipfel des Schobers

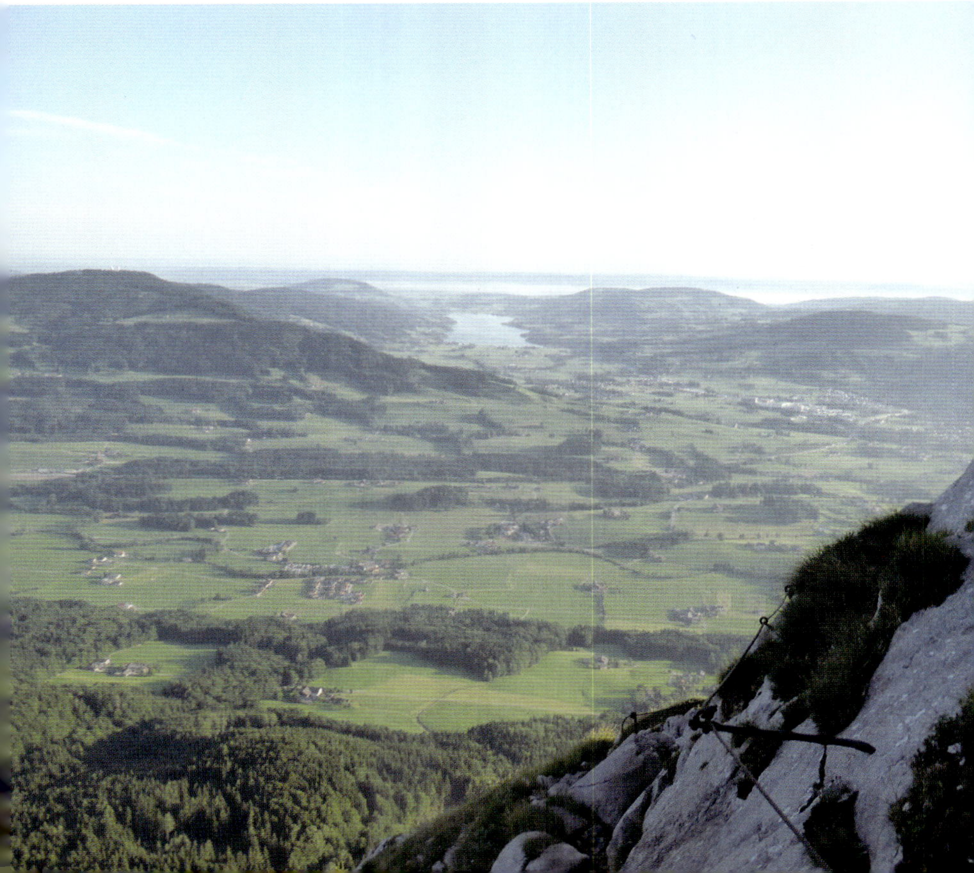

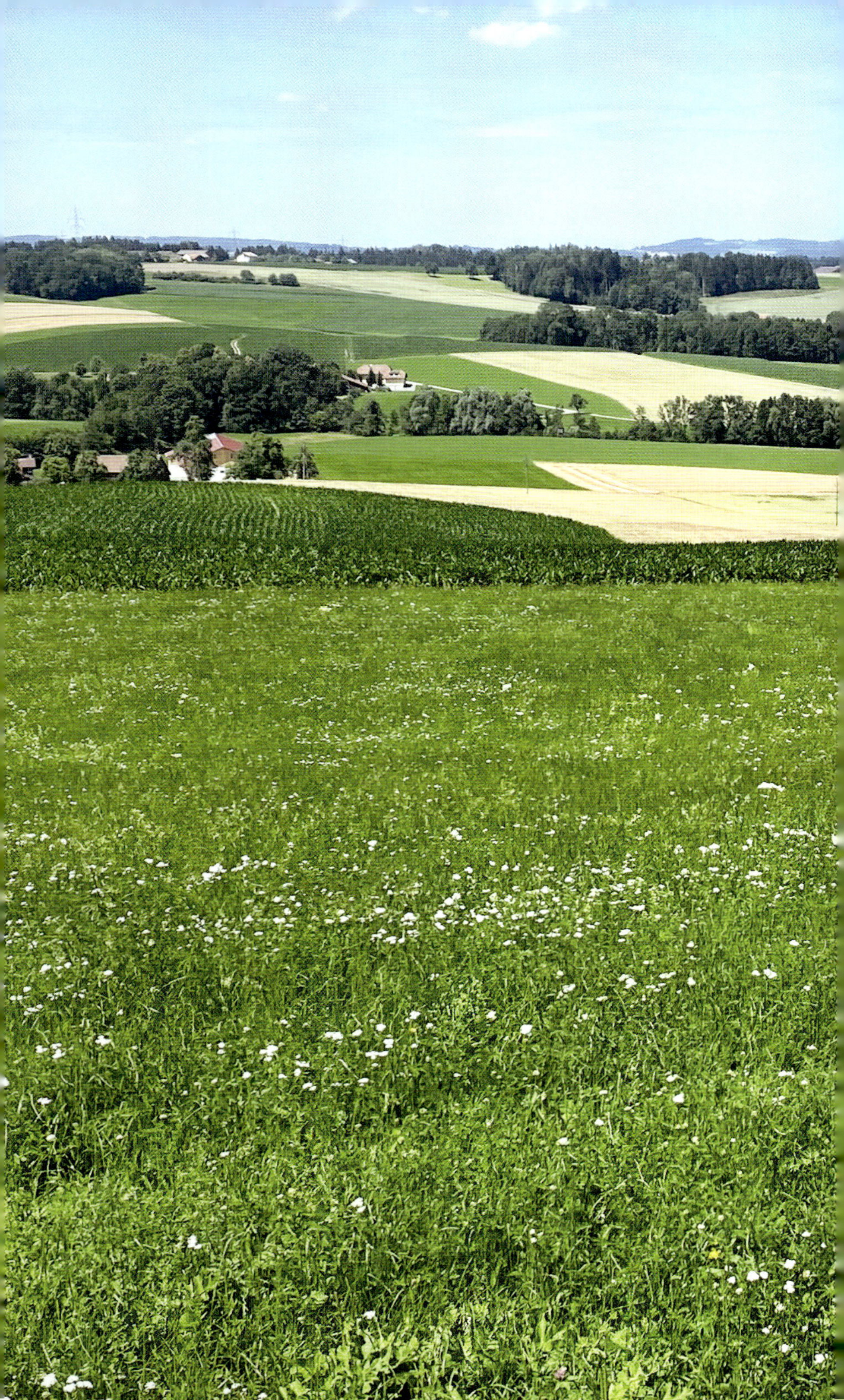

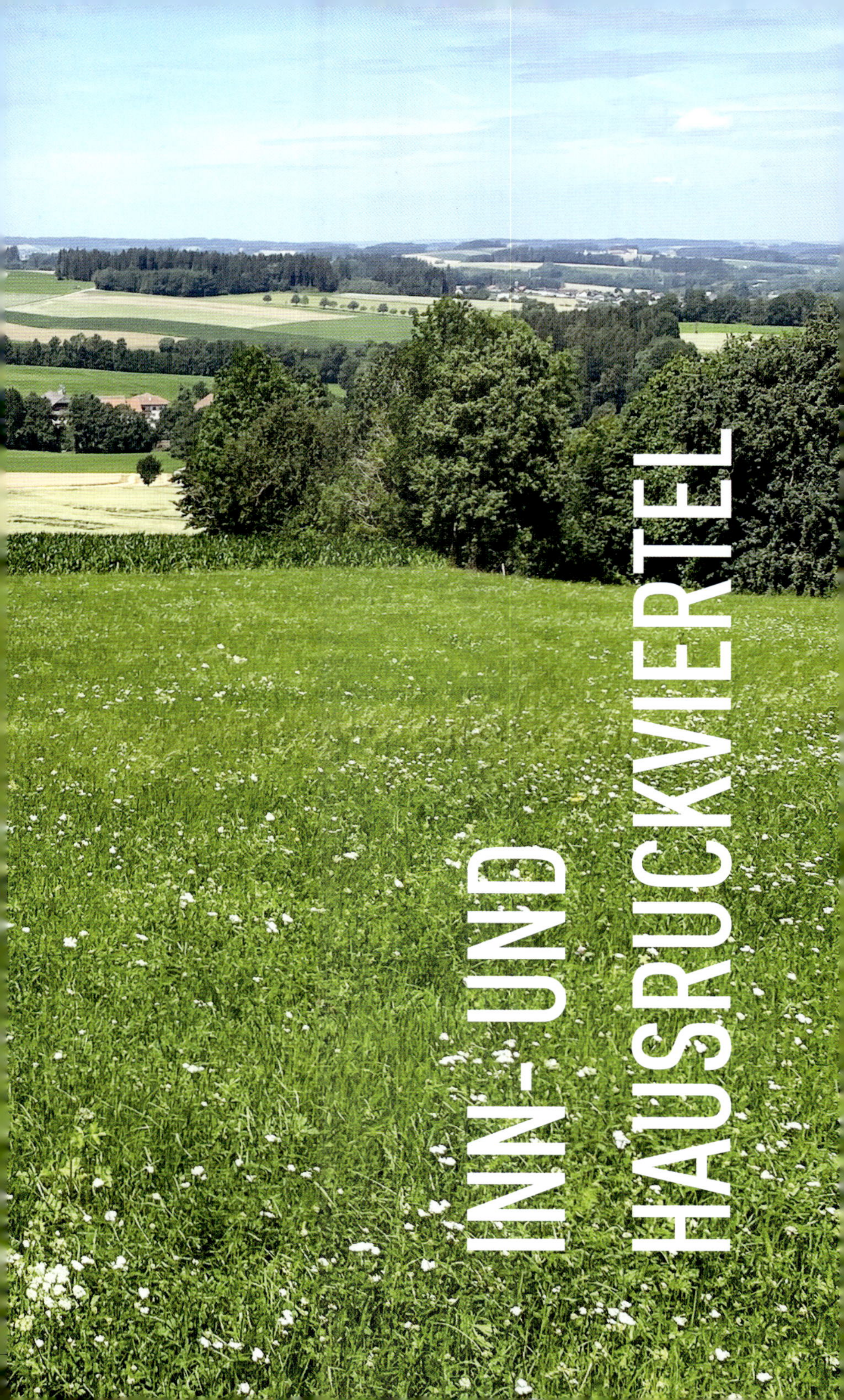
INN- UND
HAUSRUCKVIERTEL

52 Seewalchen
Gotik-Genuss im Attergau mit Rad und Bahn

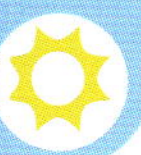

Es gibt nicht viele Gründe, das einmalig türkisblau schimmernde Wasser des Attersees zur Sommerzeit zu verlassen. Den berühmten gotischen Flügelaltar in der Pfarrkirche im nahe gelegenen Ort Gampern (Bezirk Vöcklabruck) zu besichtigen, ist aber jedenfalls einer. Von früher 2000 Flügelaltären in Oberösterreich ist er ein besonderes Juwel.

Um das Jahr 1500 von einem Passauer Domprobst in Auftrag gegeben, stellt der Altar – je nach dem liturgischen Jahreskreis entweder geöffnet oder geschlossen – Figuren aus der Heilsgeschichte sowie die Heiligen Katharina, Pantaleon, Remigius, Sebastian und Barbara dar. Höchst bemerkenswert ist das an der Rückseite angebrachte Bild des Jüngsten Gerichts. Die Gestalten, von Engeln ermuntert, schicken sich gerade an, den Himmel zu betreten. Sie erinnern frappant an Badende, die gerade aus dem Attersee steigen. Die Badebekleidung würde in einem Strandbad der heutigen Zeit als geradezu modern angesehen werden.

Dämonische Gestalten

Die Sünder auf der anderen Seite des Bildes werden dagegen von fratzenhaften dämonischen Gestalten in die ewige Verdammnis geführt. Sie erinnern an Darstellungen von Hieronymus Bosch.

Mit dem Fahrrad durchqueren wir von Seewalchen aus auf dem „Römerradweg R6" die sanft hügelige Landschaft durch den Attergau. Besonders idyllisch gestaltet sich die Strecke entlang der Dürren Ager. Nach ihrer Mündung in die Ager ist sie eine wichtige Wasserquelle für den Attersee. Wir radeln durch kleine Ortschaften mit Bauernhöfen. Streckenweise teilen wir die Route mit dem „Jakobsweg" und dem „Jerusalem Way". Eine

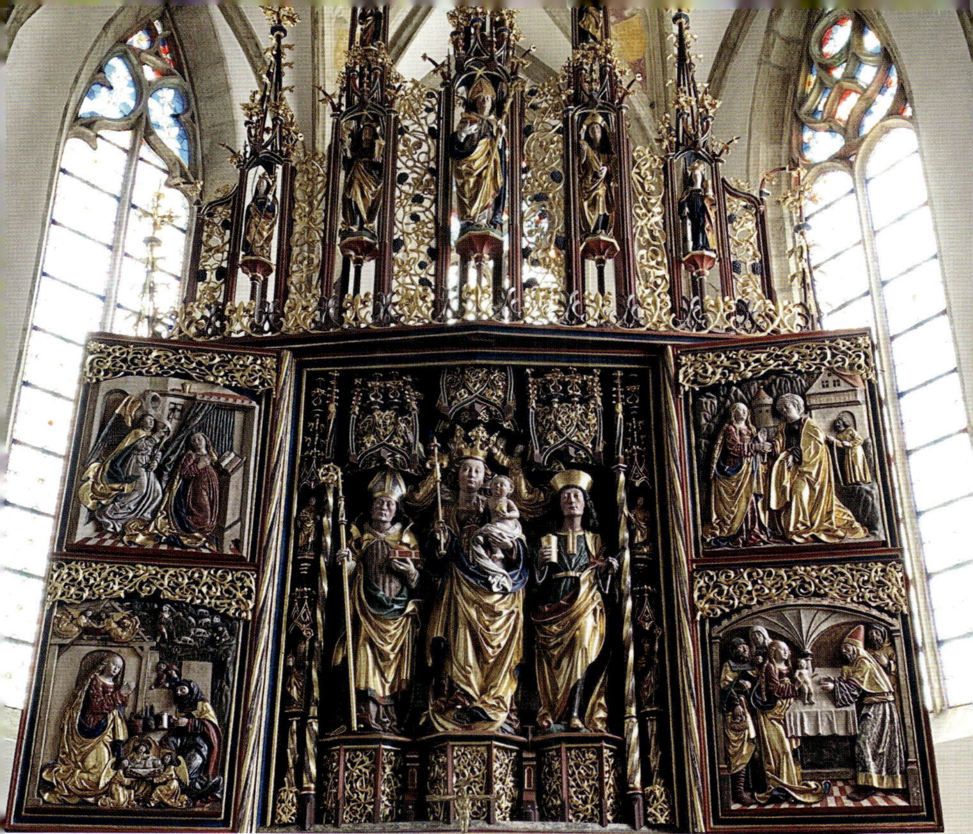

Gotischer Flügelaltar in Gampern

Katzenfamilie betrachtet uns Radler interessiert. Wir lassen immer wieder friedlich grasende Rinder hinter uns und treffen auf ein Bio-Getreidefeld. Dieses besitzt geradezu Seltenheitswert. Eine Vielzahl von blühenden Pflanzen hat sich neben den blauen Kornblumen mit der dominierenden Sommergerste angefreundet. Dieses bunte Bild Natur unterscheidet sich wohltuend von den monoton einfärbigen Getreidefeldern, in denen jedes Beikraut eliminiert worden ist.
Der „Römerradweg R6" führt uns schließlich nach Vöcklamarkt, wo wir samt unseren Rädern die Lokalbahn nach Attersee besteigen. Zugführerin Erika kennt die lange Geschichte der Schmalspurbahn. „Bereits vor dem Ersten Weltkrieg wurde die Bahn errichtet, um mit dem aufkommenden

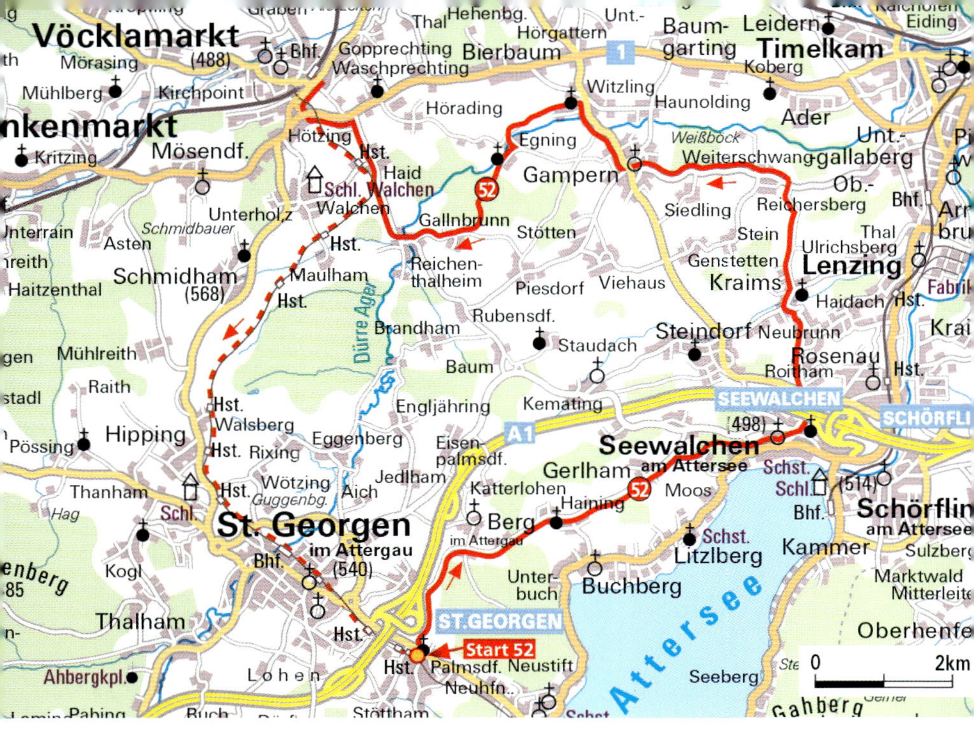

Fremdenverkehr eine Anbindung an die Bahnstrecke Linz–Salzburg zum Attersee zu ermöglichen. Anfangs war auch der Holz-, Dünger- und Biertransport sehr wichtig." So gleiten wir auf der einen Meter breiten Spur in südliche Richtung. Die schmale Gleisanlage hebt sich nur unwesentlich von der Landschaft ab, sodass es fast scheint, als führe man mitten durch die Wiesen. Purer Landgenuss also. Dann taucht die majestätische Bergkette des Höllengebirges am Horizont auf. Ein Zeichen, dass wir uns wieder dem Attersee nähern. Diesen treffen wir an dieser Stelle allerdings nicht, sondern beenden die nostalgische Zugfahrt in der Ortschaft Palmsdorf. Auf dem R2, dem „Salzkammergut-Radweg", fahren wir mit Genuss und ohne PKW-Verkehr über Berg im Attergau nach Seewalchen, immer mit bestem Blick auf den türkisblauen Attersee.

🕒 3 Stunden ↔ 30 Kilometer
Ausgangspunkt: Seewalchen am Attersee
www.gampern.at

Lengau **53**

Mit dem Fahrrad auf dem Triftweg durch neun Gemeinden

Immer mit einem leichten Gefälle radeln wir auf dem Triftweg durch neun Innviertler Gemeinden (Bezirk Braunau) und 33 Ortschaften. Und immer wieder legen wir eine Pause ein, um die vielen Besonderheiten am Weg zu erkunden. Der Lengauer Bürgermeister Erich Rippl war an der Errichtung des Triftweges maßgeblich beteiligt. „Der Triftweg führt auf 44 Kilometern entlang des Schwemmbaches und der Mattig von Schneegattern bis nach St. Peter nahe Braunau. Über 250 Jahre wurde an diesen Bächen Holz vom Kobernaußerwald nach Norden an den Inn und dann per Schiff in Richtung Passau, Linz und Wien transportiert.“ Die Städte brauchten Holz, das allerdings schwierig zu transportieren war, da es weder Eisenbahnen noch Straßen gab. Triftholzhacker fällten Bäume, arbeiteten das Holz auf und stapelten es entlang der Kanäle. Die Zeit der Holztrift war während der Waldschneeschmelze im Frühjahr. Herbert Nagl, der Amtsleiter von Lengau: „Die Schwemmkanäle waren etwa eineinhalb Meter breit und einen halben Meter tief. An mehreren Klausen wurde das Wasser aufgestaut. Diese durften nur abwechselnd geöffnet werden. Das Einwerfen musste rasch vor sich gehen und das eingeworfene Holz konnte man auch nicht sich selbst überlassen. Entlang der gesamten Schwemmstrecke waren Scheitertreiber aufgestellt. Sie regulierten mit einer etwa drei Meter langen Stange, an deren Ende ein eiserner Haken angebracht war, die Trift.“ Nach fast 250 Jahren war nach der Errichtung der Eisenbahnstrecke nach Braunau im Jahr 1887 und einer Hochwasserkatastrophe 1897 das Ende der Holztrift gekommen. Dafür können sich die Radfahrer von heute an der ländlichen Idylle am Triftweg

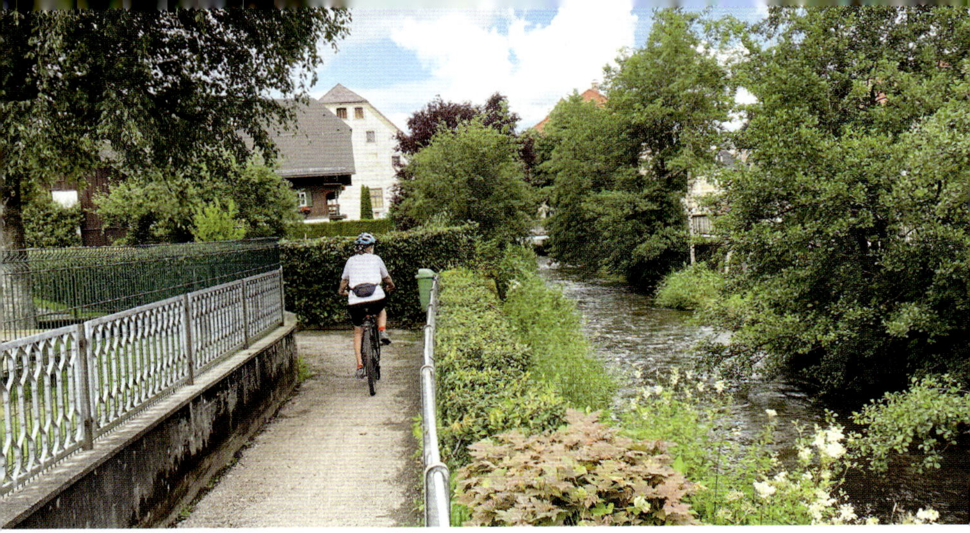

Der Triftweg führt durch Munderfing

erfreuen. Ortsnamen wie Apfelberg, Weinberg oder Stallhofen erinnern an die unterschiedliche landwirtschaftliche Nutzung am Westabhang des Kobernaußerwaldes. Wir passieren so manches Haus, das zur Gänze von Wildem Wein überwuchert ist und wie in einem Dornröschenschlaf vor sich hindämmert. Nahe Munderfing treffen wir auf Hans, der eine alte Pestkapelle renoviert und gerade einen neuen Anstrich anbringt. Eine Kuhherde genießt am Ufer des Schwemmbaches das saftige Gras. In Schalchen begegnen wir Pilgern des hier ebenfalls verlaufenden Jakobsweges und können uns am prachtvollen Inneren der wohl schönsten Jakobskirche Österreichs erfreuen. Kunstkenner werden auch am Werk von Thomas Schwanthalers „Enthauptung der Heiligen Barbara" von 1660 verweilen.

Soldaten-Friedhof

Auf einem markanten Hügel erinnert die gotische Wallfahrtskirche St. Florian mit dem schlichten Kriegerfriedhof an die Toten der Weltkriege. Die Überreste der Stalingrad-Armee wurden 1945 in dieser Gegend aufgelöst und die in den Lazaretten Verstorbenen hier begraben. Schließlich begleiten wir die breitere Mattig, in der eine moderne Fischtreppe den Fischen die Überwindung einer Wehr erleichtert. So erreichen wir nach drei

Fahrstunden das nördliche Ende des Triftweges und begeben uns zum Bahnhof Braunau, von wo uns die Bahn wieder zurück nach Lengau nahe dem Ausgangspunkt bringt.

🕒 3 Stunden ↔ 44 Kilometer ↗ 214 Höhenmeter
Ausgangspunkt: Lengau, Ortsteil Schneegattern (Dorfplatz),
Start auch beim Bahnhof in Lengau möglich
Öffentl. Verkehr: Bahn bis Neumarkt/Wallersee, dann Bahn bis Lengau Bhf

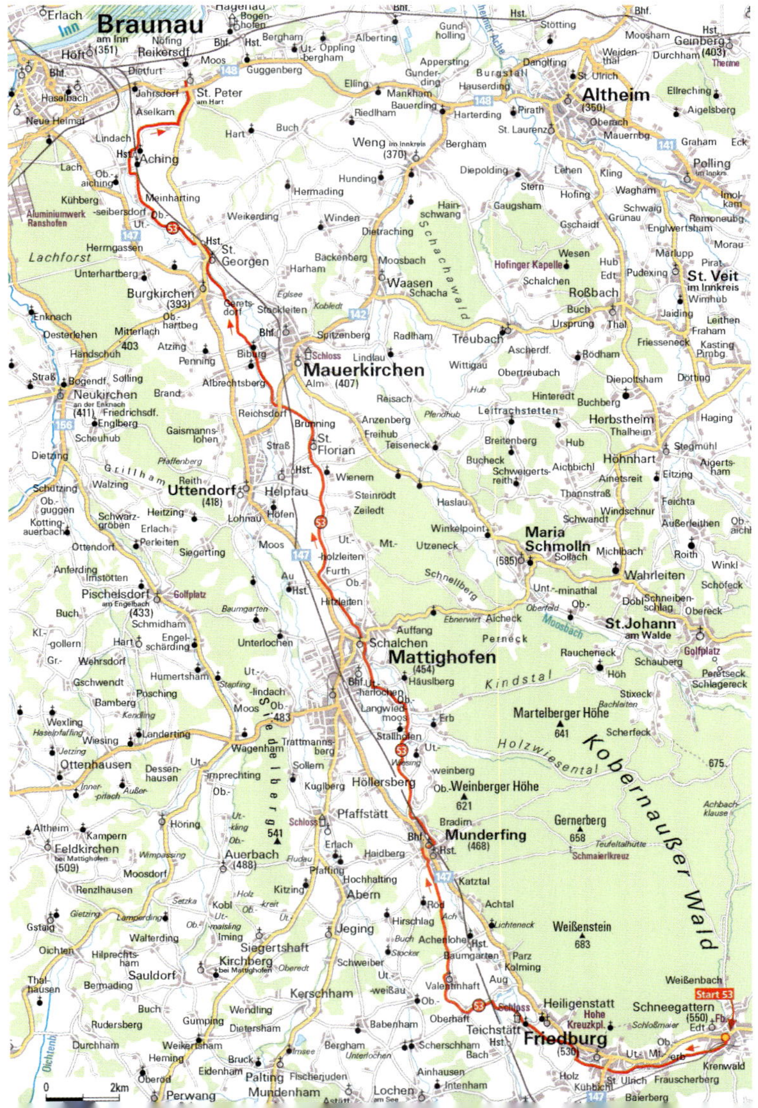

54 Lengau
Innviertler Riese bereiste die Welt

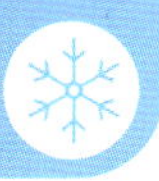

Wer kann schon ohne Leiter seinen Haustürschlüssel in der Dachrinne deponieren oder mit einer Hand zwei Oktaven auf dem Klavier bespielen? Fähigkeiten, die den größten Menschen des 19. Jahrhunderts auszeichneten. Im Innviertler Ort Lengau (Bezirk Braunau) findet sich im Riesenmuseum eine beeindruckende Erinnerung an den Riesen Franz Winkelmeier, dessen Körpergröße ihn allerdings nicht glücklich machte und ihm auch kein langes Leben bescherte.

Zuerst kleinwüchsig

„Winkelmeier wurde 1860 in Lengau geboren und war bis zu seinem 14. Lebensjahr eher kleinwüchsig. Nach einer Infektionskrankheit begann er übermäßig zu wachsen, bis er mit 21 Jahren die Größe von 2,58 Metern erreicht hatte. Er wog 140 Kilogramm", erzählt Günther Pointinger, der zu den Mitbegründern des Museums gehört, das an Winkelmeier erinnert. „Das außerordentliche Wachstum machte ihn für die Arbeit am bäuerlichen Hof der Familie ungeeignet. Dem Schneider aus dem nahen Ort Friedburg, Johann Klamer, gelang es, Winkelmeier zu Schaustellungen zu animieren. Die Reisen führten ihn bis nach Budapest, Berlin, Paris und London." Dort wurde er anlässlich des Thronjubiläums von Königin Victoria dem versammelten europäischen Adel vorgestellt. Eine goldene Uhr, die er bei diesem Besuch als Geschenk erhielt, erinnert als Schaustück im Museum daran. Knapp nach seiner Rückkehr aus England starb der damals weltweit größte Mensch am 24. August 1887 in Lengau an einer Lungenkrankheit.

Einfühlsam gestaltet beeindrucken uns Originalobjekte aus dem persönlichen Besitz des „Riesen von Lengau", wie etwa das für

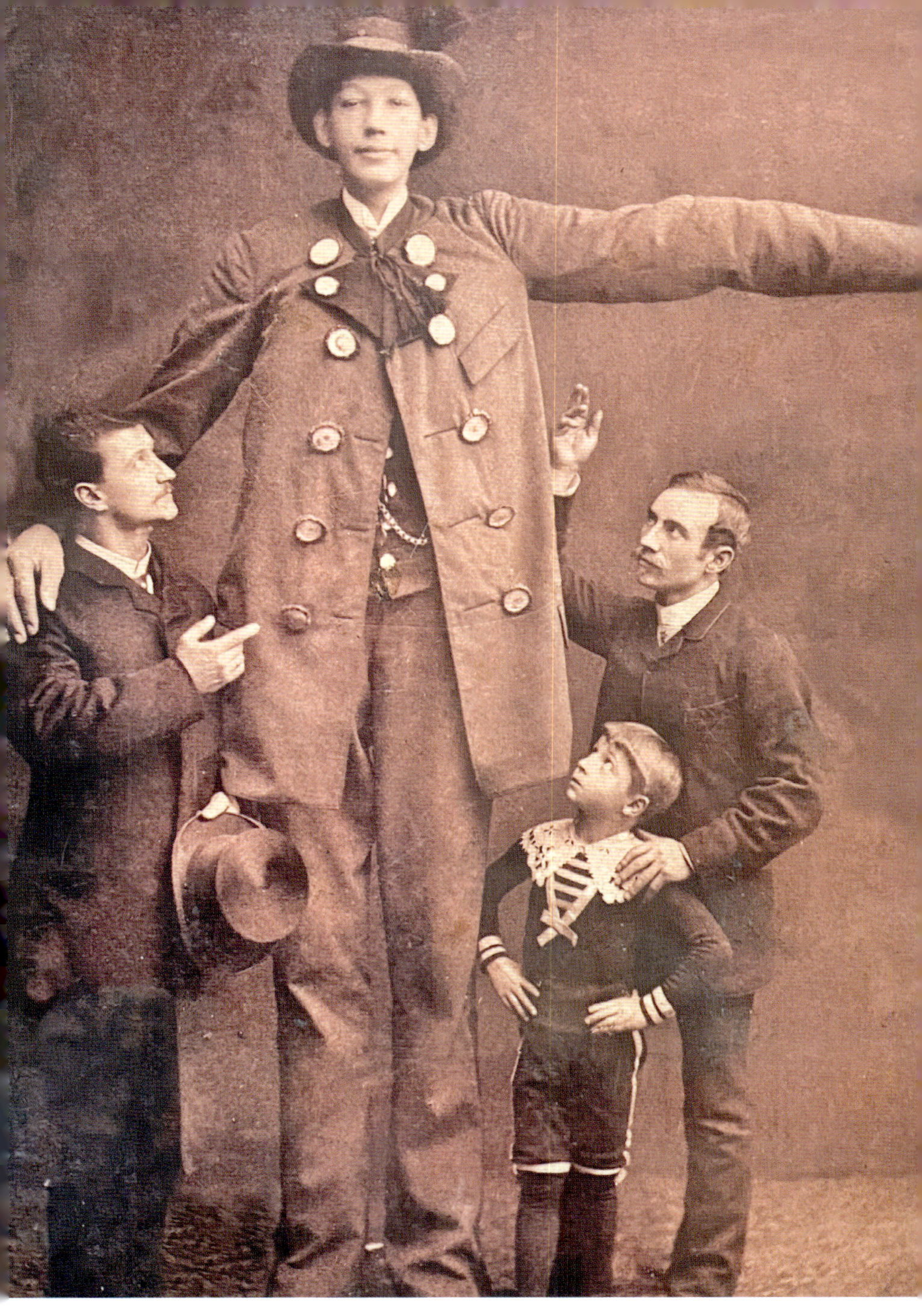

Der Riese von Lengau mit Johann Klamer (rechts)

ihn angefertigte 283 Zentimeter lange Sofa, ein Reisekoffer, die Schuhe in Größe 59 und die von ihm gerne gespielte Zither. Der Obmann des Museumsvereins, Michael Weber, erzählt von kuriosen Erinnerungen der Zeitgenossen Winkelmeiers: „Als dieser einmal den Pflug auf dem Acker führte, wirkte es so, als wäre nicht ein Pferdegespann, sondern es wären zwei Hunde eingespannt. Die Mitglieder der örtlichen Musikkapelle wirkten neben ihm wie ein Zwergenorchester. Bei aller Beschwernis der körperlichen Übergröße erreichte das Honorar, welches er auf den Schaustellungen verdiente, immerhin die Höhe des Jahreslohns eines Bauernknechts."
Der friedliche Riese wurde manchmal auch zum Friedensstifter, der bei einer Wirtshausrauferei einfach einen streitsüchtigen Gesellen wie einen Feldhasen langsam an die Zimmerdecke hob. Schnell kehrte da wieder Ruhe ein. „Die Biografie Franz Winkelmeiers steht für Toleranz und Respekt gegenüber dem Anderssein", so Museumsobmann Weber.
Recht anschaulich kann man die Veränderung der eigenen Körpergröße beim Blick in einen Zerrspiegel erleben. Blitzartig wird man in eine kleinwüchsige oder riesige Gestalt verwandelt. Wie recht hat doch der Aphoristiker: „Dem anderen sein Anderssein verzeihen, das ist der Anfang der Weisheit."

Der Riesenweg

Ein einstündiger Rundweg auf dem Riesenweg durch Lengau bildet einen guten Abschluss für unseren Besuch beim Riesen. Sechs Erinnerungstafeln informieren über das Leben dieser ausgewöhnlichen Persönlichkeit.

Kinderwagentaugliche Wanderung
🕒 1 Stunde (ohne Besichtigung des Museums) ↔ 4 Kilometer
Riesenmuseum, Lengauer Hauptstraße 22, Lengau
https://riesevonlengau.at/museum
Öffentl. Verkehr: Bahn bis Neumarkt/Wallersee, dann Bahn bis Lengau Bhf

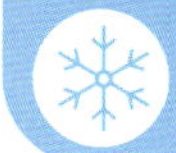

Ein Herz für ein Bergwerk

Im Keller von Robert Tkauz lebt der Bergbau weiter

Vor dem Haus von Robert Tkauz in St. Pantaleon steht unter einem Holzdach nicht ein PKW, sondern eine elektrisch betriebene Lokomotive. Dass sie strahlend gelb lackiert wie neu aussieht, hat sie dem handwerklichen Geschick des Hausherrn zu verdanken. Er hat es sich zum Hobby gemacht, die Erinnerung an den Bergbau in St. Pantaleon am Leben zu erhalten.

Industriegeschichte

In seinem privaten Museum können wir in die längst vergangene Geschichte des Kohleabbaus in St. Pantaleon eintauchen. „Rund 250 Jahre lang wurde in verschiedenen Zeitepochen hier Kohle gewonnen. Im Ortsteil Wildshut von 1756 bis 1949. Im Ortsteil Trimmelkam wurde 1947 die Salzach-Kohlen-Bergbaugesellschaft (SAKOG) gegründet, die im November 1993 die letzte Tonne Braunkohle förderte und damit eine erfolgreiche Industriegeschichte beendete“, weiß Tkauz, der selber noch als Jugendlicher zwei Jahre lang in der Grube tätig war. Sein Vater hat es auf 25 Dienstjahre gebracht. Das Bergwerk prägte das gesamte Leben der Gemeindebewohner, vom Werkskindergarten bis zum organisierten Italienurlaub. Etwas Besonderes in dieser Zeit. Im Keller des Hauses können wir uns dann so richtig in die Bergbaugeschichte vertiefen. Der Sammler hat unzählige Schriftstücke, Baupläne und Fotos gesammelt sowie zahlreiche Maschinen restauriert. Neben einer wie neu aussehenden über 70 Jahre alten Akku-Lok sehen wir eine Tauchpumpe, die 6 000 Liter Wasser in der Minute aus dem Stollen pumpte. Ein elementarer Vorgang, weil sonst die Grube sofort unter Wasser

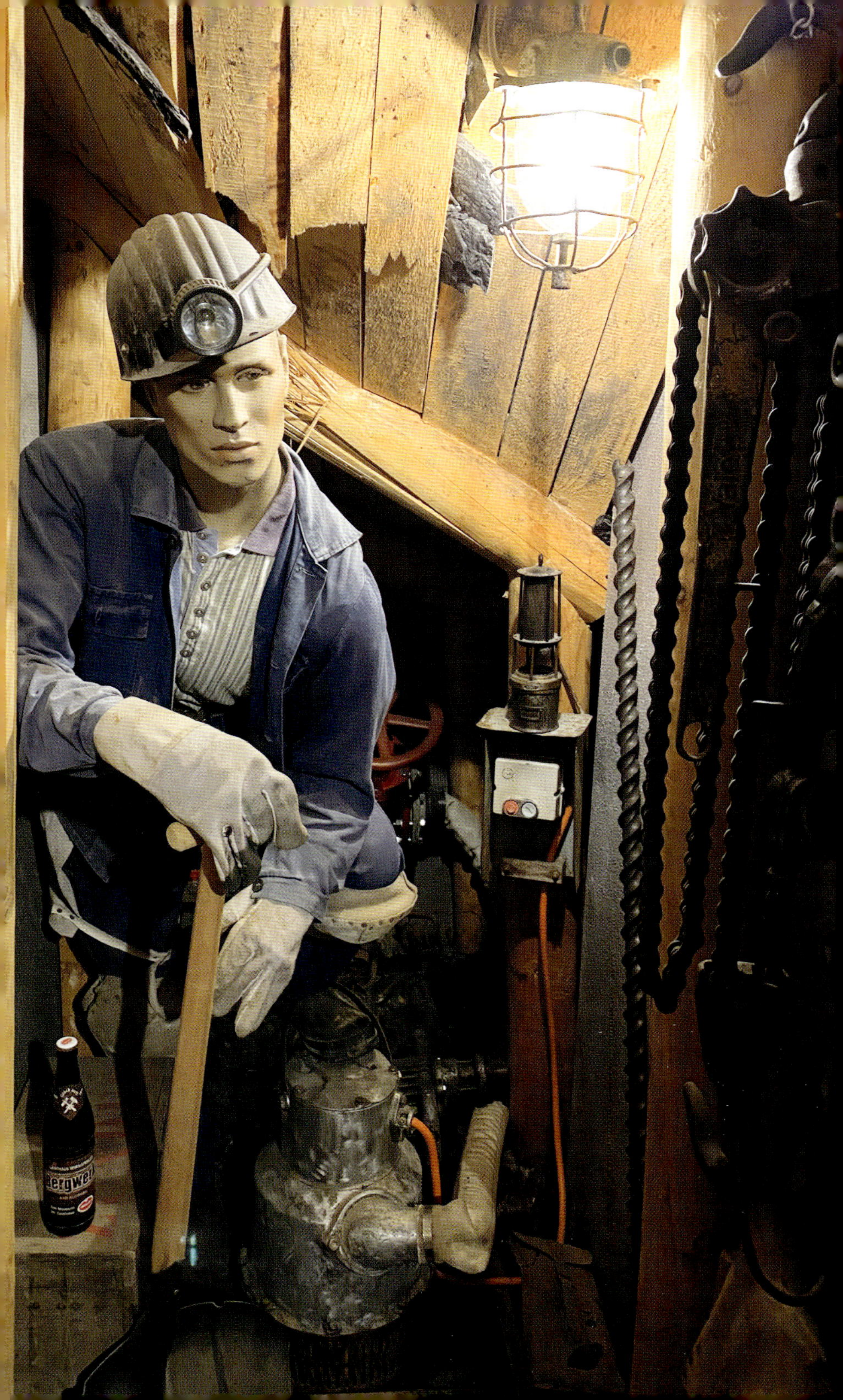

gestanden wäre. „Das Abbaugebiet war 100 Meter tief und erstreckte sich auf 35 Quadratkilometern in nördlicher Richtung bis in die Gemeinde Tarsdorf und den Weilhartsforst." Auf einer Tafel finden wir sauber geordnet die „Fahrmarken", welche jeder Bergmann im Dienst tragen und bei Dienstende auf dieser Tafel platzieren musste. So war sofort ersichtlich, wenn ein Bergmann bei Dienstende fehlte. Spezielle Fundstücke gehen weit über die Bergbaugeschichte hinaus: Ein Kupfergusskuchen aus der Bronzezeit ist so ein derartiges Objekt. Die 14 Kilo schwere Kupferscheibe stellt das Rohmaterial für die Weiterverarbeitung durch Kupferschmiede dar. Wie sie auf eine Wiese in St. Pantaleon gelangte, bleibt ein Rätsel. Bewundern können wir auch den 15 Millionen Jahre alten Unterkiefer eines Dinotheriums, den Vorgänger des heutigen Elefanten.

Museum zum Anfassen

Viele Geschichten hat Tkauz aus unzähligen Gesprächen mit ehemaligen Bergleuten gesammelt. In einem an das Besprechungszimmer eines Universitätsprofessors erinnernden Raum mit einer langen Tafel können wir ihnen interessiert lauschen. Regelmäßig finden sich hier Schulklassen ein, die im „Museum zum Anfassen" auch alle ausgestellten Gegenstände berühren dürfen, wie Tkauz betont.

Bergbaumuseum der Familie Tkauz, Pirach 9, St. Pantaleon
Öffentl. Verkehr: Bahn bis Salzburg Hbf, dann Lokalbahn bis Wildshut Kirchberg Bhf
http://themenwege.com/bergbaumuseum.htm

Nachbildung einer Bergarbeiter-Szene im Museum von Robert Tkauz

56 Wildshut
Urbier wie vor 5 000 Jahren

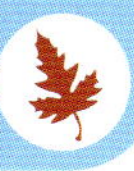

Stiegl erinnert mit einem Biergut an die ursprüngliche Braukunst und stellt Spezialbiere her

In Österreich gibt es viele Weingüter, jedoch nur ein Biergut. Es steht in Wildshut, einem Ortsteil von St. Pantaleon und befindet sich im Eigentum der Stiegl-Brauerei. Ein Besuch lässt uns in die Ideenschmiede rund ums Bier eintauchen.

Sorten-Vielfalt

Karin Aigner ist Biersommelière und erläutert ein zentrales Ziel des Bierguts: „Schon seit 1 000 Jahren wird in St. Pantaleon Getreide geerntet. Im Lauf der Zeit verschwand die Vielfalt der Sorten und wich einem Einheitsbrei. In der Bio-Landwirtschaft des Stiegl-Guts werden nun wieder längst vergessene Urgetreidesorten kultiviert. Mit klingenden Namen wie ‚Alpine Pfauengerste', ‚Vögeles Gold' oder ‚Bordeaux Weizen' regen sie die Fantasie unserer Braumeister an und führen zu einzigartigen Bieren." So können wir im traditionell gestalteten Kramerladen Biere mit besonderen Namen wie „Wildshuter Sortenspiel" oder „Wildshuter Männerschokolade" finden. Diese braunschwarze Spezialität wurde mit feinem Schwarzhafer komponiert und beeindruckt uns mit einer cremigen Schaumkrone und dem Duft nach Schokolade und Mocca. Der architektonisch wie eine Holzwelle gestaltete Urbierkeller soll daran erinnern, dass alles aus der Erde kommt und auch wieder zu ihr zurückkehrt. Hier wird Bier in zitronenförmigen Ton-Amphoren wie vor 5 000 Jahren gebraut. In der nahen Braubar laden uns geschwungene Vollholzskulpturen, die an aus dem Himmel wachsende Bäume erinnern, zum Genuss der verschiedenen Biersorten ein.

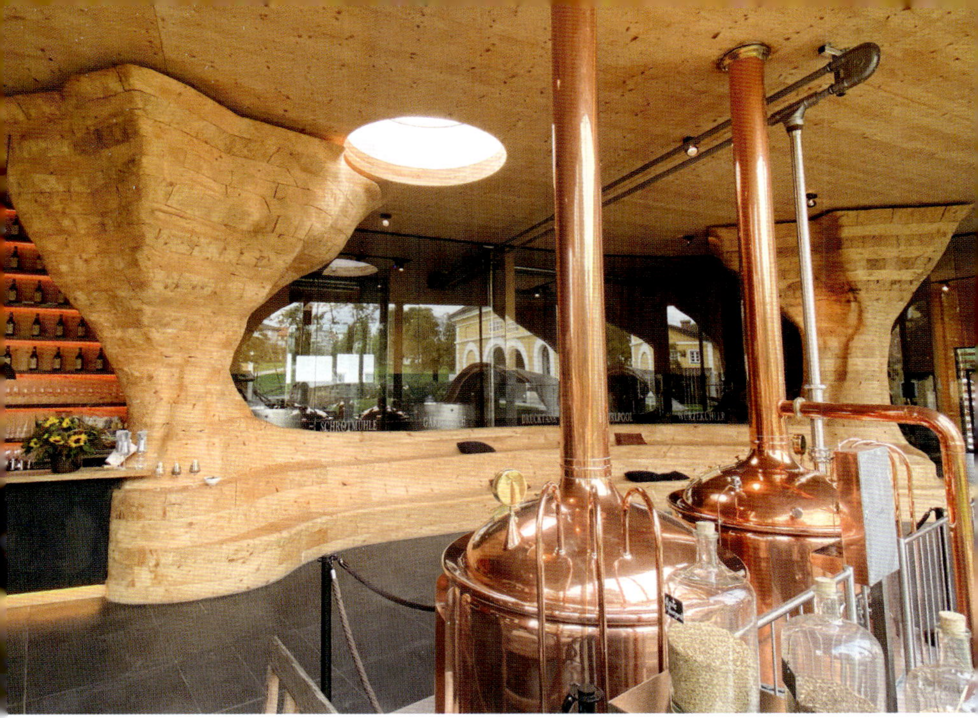

Vollholzskulpturen laden in der Braubar zum Biergenuss ein

Bio-Landwirtschaft

Eine weitere Tradition der seit 1492 bestehenden Brauerei ist der Betrieb einer eigenen Bio-Landwirtschaft. Mitte des letzten Jahrhunderts besaßen von 36 oberösterreichischen Kleinbrauereien noch 25 eine Landwirtschaft, um einerseits Getreide für das Bier zu erzeugen, aber auch die nahrhaften Brauereiabfälle wie Malzkeime und Biotreber als Dünger und in der Tiermast zu verwerten. Im Wildshuter Kramerladen bereichert so das Fleisch der Pinzgauer Rinder und Mangalitzaschweine das gastronomische Angebot, dies neben selbstgebackenem Brot und eigener Butter. „Geht's dem Boden gut, geht's der Pflanze gut, dann wird das Bier besonders gut." Nach dem Grundsatz einer ökologischen Kreislaufwirtschaft, so Aigner, wird der Boden aufgebaut und nicht ausgelaugt.

Um auch die Natur und Kultur der Umgebung kennenzulernen, begeben wir uns mit dem Fahrrad auf den elf Kilometer langen Themenweg „Weg der Geschichte & Ökologie“, der von den St. Pantaleoner Bergbaufreunden errichtet wurde. Er führt uns auf dem „Tauernradweg“ entlang der beschaulich fließenden Salzach. Schautafeln informieren über die Bedeutung des Flusses als Handelsweg. Beginnend mit der Bronze- und Hallstattzeit, vor allem aber im Mittelalter wurden Salz, Kohle und Holz transportiert. Im Jahr 1611 wurde wegen Unstimmigkeiten im Salzhandel sogar ein Krieg zwischen dem bayrischen Herzog Maximilian I. und dem Salzburger Erzbischof Wolf Dietrich von Raitenau geführt. Wegen des nichtigen Anlasses wurde er als „Ochsenkrieg“ bezeichnet.

↔ ca. 11 Kilometer
Stiegl-Gut Wildshut, Wildshut 8, St. Pantaleon
www.biergut.at
Öffentl. Verkehr: Bahn bis Salzburg Hbf, dann Lokalbahn bis Wildshut Bhf

Heute der Wildshuter Badeteich, wurde früher hier Braunkohle abgebaut

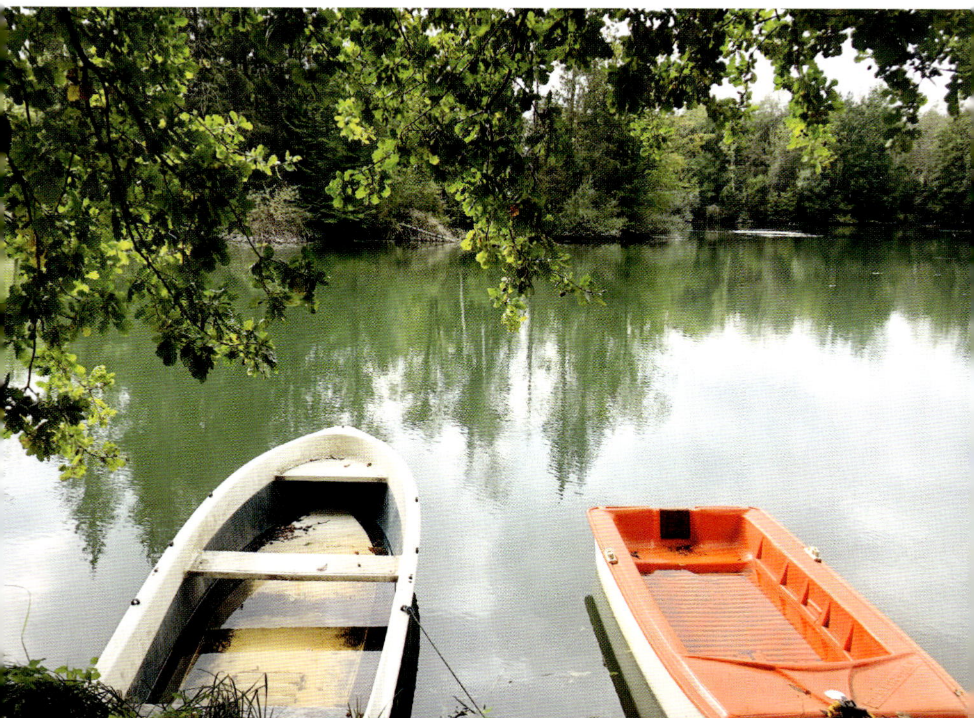

2 200 Schiffe führen den Inn abwärts

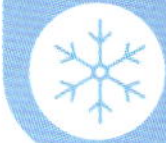

Christophorus und Georg waren die wichtigsten Heiligen der Reformationszeit

Ganz bescheiden umringt die gotische Keilsteinmauer die Pfarrkirche von Mining. Seit 500 Jahren bewacht sie die historische Anlage. Im Inneren der gotischen Kirche beeindrucken das überlebensgroße gotische Kruzifix am großen Frontbogen vor dem Altarraum sowie prunkvolle Grabreliefs. Diese erinnern an die mächtigen Adeligen in der an Geschichte reichen Region.

Schlösserweg

Ein Besuch im Dorf an der Grenze zu Bayern im Bezirk Braunau führt auch zu den drei Herrschaftssitzen Frauenstein, Mamling und Sunzing, die am neun Kilometer langen „Schlösserweg" erkundet werden können. Wir beginnen den Rundgang bei dem direkt am Innkraftwerk Frauenstein-Ering gelegenen Schloss Frauenstein und treten durch den Torturm des Schlosses. Bei der Besichtigung der Reste der 1 000 Jahre alten, einst feudalen Anlage erinnert der dreigeschoßige Salzstadl daran, dass hier seit den Zeiten der Kelten und Römer am Inn-Wasserweg ein Handelsstützpunkt war.

Reger Schiffsverkehr

Stromabwärts wurden neben Salz auch Holz, Kalk, Marmor, Öl, Getreide, Eisenerz und Gips verschifft. Stromaufwärts transportierte man Wein aus Österreich, Geräuchertes, Käse und Häute. Noch im Jahr 1870 fuhren 2 200 Schiffe mit Gütern flussabwärts. Jedes hatte eine Tragkraft zwischen zehn und

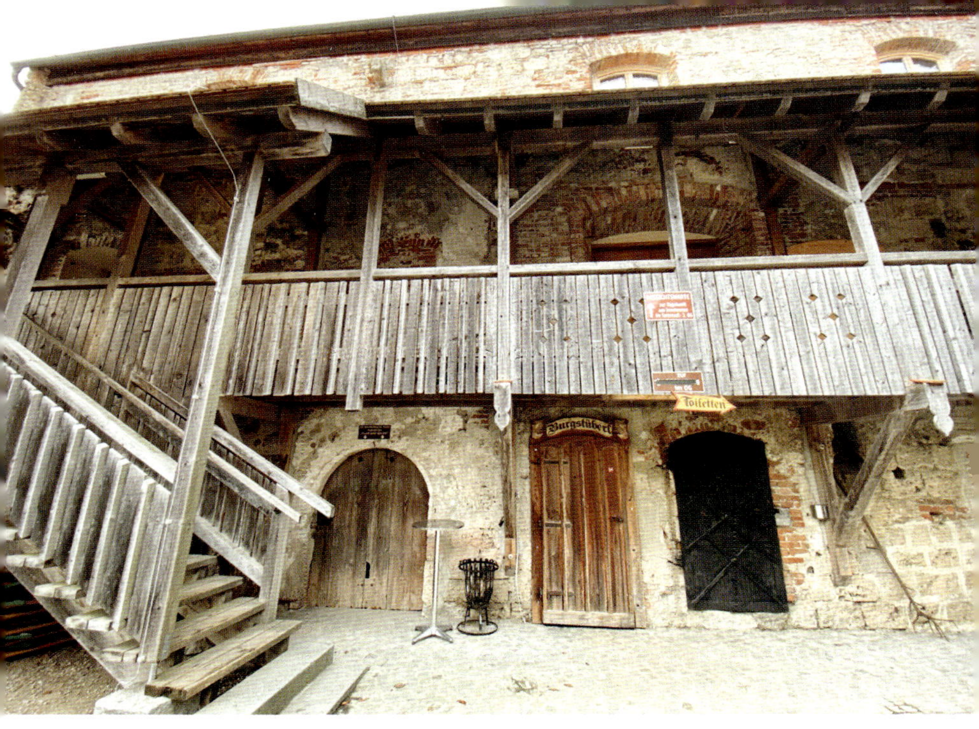

Salzstadl von Schloss Frauenstein

zwanzig Tonnen. Eine aus heutiger Sicht zukunftsweisende Art des Gütertransports.
Die Autorin der wissenschaftlichen Dokumentation über den „Schlösserweg", Adelheid Schwendtner, weist besonders auf das Geschlecht der Baumgartner hin. Über viele Generationen vom frühen 16. Jahrhundert bis ins 19. Jahrhundert agierten sie im Spannungsfeld zwischen Wittelsbacher und Habsburger Hausmachtspolitik. Die Expertin erwähnt einige besondere Leistungen dieser Dynastie. Bereits zu Beginn ihrer Herrschaft soll das erste Reinheitsgebot für Bier erlassen worden sein. Johann Josef Baumgartner soll sich verdient gemacht haben, dem Habsburger-Kaiser Joseph II. nach dem Tod dessen erster geliebter Frau eine neue Frau zu vermitteln, welche dieser im Jahr 1765 auch geheiratet hat.

400-jährige Eiche

Wir begeben uns auf den weiteren Rundweg, der uns zum Naturdenkmal „400-jährige Eiche“ führt. Eine Informationstafel berichtet Interessantes über die Geschichte von Mining. Mining war ursprünglich ein karolingischer Meierhof und wurde schon 885 urkundlich erwähnt. Die zahlreichen auf „-ing“ endenden Namen verweisen auf einen Personennamen, also einen Angehörigen. So verweist Mining auf einen Muno, Sunzing auf einen Sunzo und Mamling auf Mammilo.
Dann geht es beschaulich entlang der Urwald-Auen des Inns, die auch eines der größten Vogelschutzgebiete Europas sind, weiter. Hier verlaufen gleichzeitig der „Römerradweg“, der „Inn-Salzach-Radweg“ und auch der Pilgerweg „Via Nova“.

Mühlenzwang

Die nächste Station, das Schloss Sunzing, ist auch ein ehemaliger karolingischer Meierhof. Wir blicken auf das von mächtigen Kastanienbäumen geschützte Gebäudeensemble, das auch eine alte Mühle umfasst. Diese war sogar bis in die 1970er-Jahre in Betrieb. Bis ins 19. Jahrhundert herrschte hier „Mühlenzwang“. Auch die weit entfernten Bauern mussten all ihr Getreide in Sunzing mahlen lassen. Der Grundherr bestrafte jeden, der sich gegen die hohen Mahlgebühren wehrte. Der Heimatforscher Wilfried Katzlberger hat in seiner Jugend in der hier befindlichen Gastwirtschaft so manche feuchtfröhliche Zusammenkunft erlebt. Viele Menschen haben sich an Sommerabenden unter den einladenden Baumriesen eingefunden und sich des Lebens erfreut.

Kinderwagentaugliche Wanderung
🕒 3 Stunden ↔ 9 Kilometer
Ausgangspunkt: Bahnhof Mining, Beginn des „Schlösserweges“ ist bei Schloss Frauenstein
Öffentl. Verkehr: Bahn bis Mining Bhf
www.mining.ooe.gv.at

58 Aspach

Daringer Kunstmuseum: Kunst, die berührt

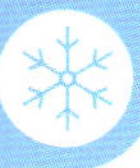

Inspiration von den Werken der Künstlerdynastie

Der Kopf der Skulptur ist perfekt proportioniert. Im Inneren findet sich allerdings ein zweites Gesicht, das seinen Schmerz herausschreit und an Darstellungen von Edvard Munch erinnert. Diese Arbeit des Bildhauers und Wotruba-Schülers Manfred Daringer ist nur eines von vielen Kunstwerken des DARINGER Kunstmuseums im Innviertler Markt Aspach (Bezirk Braunau). „Gerade die Skulptur ‚Gefühle zulassen' drückt die Auseinandersetzung des Künstlers mit dem Zwiespalt der Gefühle zwischen Freude und Schmerz aus. Diese und andere Skulpturen sprechen die Emotionen der Besucher an", weiß der Freund und Weggefährte des Künstlers, Engelbert Fellner. Diesen Eindruck können wir voll und ganz teilen. Besonders auch in der Figur „Ausgebrannt". Eine menschliche Gestalt, deren Kopf und Brustbereich verbrannt ist. Eine treffende Darstellung von Burn-out, das gerade in der heutigen Welt weit verbreitet ist. Wir lassen uns von der klaren Formensprache inspirieren und entdecken in weiteren Skulpturen die Themen „Liebe" und „Tod", aber auch „Familie" und „Sinn des Lebens", welche berühren und zum Nachdenken anregen.

Ein besonderer Glücksfall hat diesen Kulturschatz in den Besitz der Marktgemeinde gebracht. „Der im Jahr 2009 verstorbene Manfred Daringer hinterließ sein gesamtes künstlerisches Erbe der Marktgemeinde Aspach, mit dem Wunsch, dass seine Arbeiten weiterleben. 2013 wurde ganz im Sinne des Bildhauers das DARINGER Kunstmuseum gegründet, als Ort der Begegnung mit der Sinnlichkeit. Zu sehen sind Daringers Stein-, Marmor

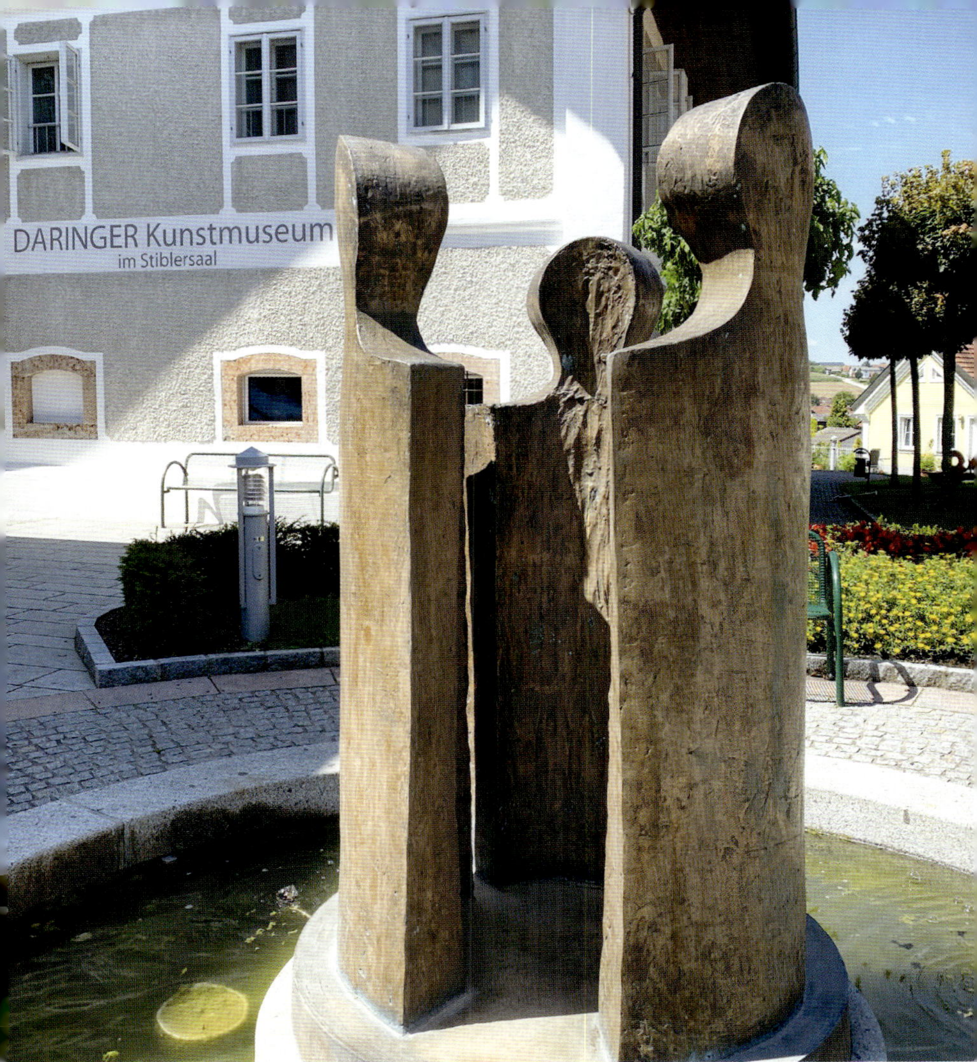

Wir-Brunnen vor dem Gemeindeamt

und Bronze-Skulpturen, die naturalistisch und vom Leben am Land geprägt sind“, weiß die Obfrau des Museumsvereins, Erika Oberleitner. Überdies ist es im DARINGER Kunstmuseum im Gegensatz zu anderen Kunstzentren erlaubt und sogar erwünscht, die Objekte zu berühren. Dazu lädt besonders eine Skulptur ein, welche vom weiblichen Körper in gleicher Weise wie von der sanften Innviertler Hügellandschaft inspiriert ist. Beide scheinen in der Marmordarstellung eine harmonische Symbiose gefunden zu haben. Neben den Werken Manfred Daringers finden sich als Besonderheit dieses Museums auch die Werke von drei Vorfahren der Daringer-Familie: Franz, Otto und Engelbert. Engelberts hier als Faksimile gezeigtes Bild der Schutzmantelmadonna wurde nach den Bombenschäden 1945 für den Herz-Mariä-Altar im Maria-Empfängnis-Dom in Linz gefertigt und ist dort auch im Original zu bewundern.

Nach so viel künstlerischer Inspiration führt uns Erika Oberleitner auf dem „Lebensweg der Kunst" mit 12 Stationen zu weiteren Werken der Daringer-Dynastie. Allesamt sind sie im Ortszentrum von Aspach platziert. Manfreds Kriegerdenkmal, das von der Bevölkerung „Die Trauernde" genannt wird, weicht völlig von den üblichen heldenhaften Darstellungen ab. Es zeigt eine am Boden kauernde Frau mit angezogenen Beinen, die ihren Kopf in die Hände legt. Die Skulptur symbolisiert das Leid der Frauen im Zweiten Weltkrieg und steht heute stellvertretend für trauernde Frauen aus gegenwärtigen Kriegsgebieten. Unmittelbar vor dem Gemeindeamt treffen wir auf den „Wir-Brunnen". Bürgermeister Georg Gattringer: „Drei Figuren stehen so in einem Kreis, dass auch eine weitere Figur darin Platz hätte. Wir sind daher alle aufgerufen, das Gemeinsame über das Trennende zu stellen und offen zu sein für andere."
Nach dem inspirierenden Rundgang, der auch zum überlebensgroßen Aspacher Friedensengel führt, können wir dem Projektleiter des Museums, Engelbert Fellner, nur zustimmen: „Es ist Kunst, die man spürt und die berührt."

Kinderwagentaugliche Wanderung
Ausgangspunkt: Aspach, Ortszentrum
Daringer Kunst- und Museumsverein, Marktplatz 9, Aspach
www.Daringer.at
Öffentl. Verkehr: Bahn bis Ried im Innkreis Bhf, dann Bus 862 bis Aspach Schule

Geiersberg bis St. Willibald
Am Granatzweg entlang historischer Grenzen radeln

In Geiersberg (Bezirk Ried) ist heute nichts mehr von einer Grenzstation zu sehen. Nur das zugemauerte „Schwärzertor" an der Südseite der St.-Leonhard-Kirche erinnert daran, dass hier bis zum Jahr 1779 die Grenze zwischen Österreich und Bayern verlief.

An dieser Stelle beginnt auch der 40 Kilometer lange „Granatzweg". Bürgermeister Friedrich Hosner: „Der Name stammt vom altslawischen Wort ‚Granica', was so viel wie ‚Grenze' bedeutet." Bevor wir aufbrechen, genießen wir zuerst den Rundblick von der höchstgelegenen Gemeinde des Bezirkes Ried. Er reicht im Norden bis zum Böhmerwald, im Süden erheben sich über dem Hausruckkamm das Höllengebirge und der Dachstein.

Dann begleitet uns pures Radfahrvergnügen durch eine ruhige, sanft hügelige Landschaft. Nach wenigen Kilometern überqueren wir die Innkreisautobahn und erreichen Taiskirchen. Eine Legende beschreibt die Entstehung des Namens: Vor langer Zeit sollen sich Pilger im Nebel verirrt haben und entdeckten nach verzweifelter Suche plötzlich den Turm der Kirche aus dem Dunst auftauchen. Voll Freude sollen sie gerufen haben: „Da is d'Kirchen." Daraus soll „Taiskirchen" entstanden sein. Historisch belegt ist allerdings die erste urkundliche Erwähnung des Ortes bereits im Jahr 1120. Uns beeindrucken jedenfalls das komplexe Netzrippengewölbe und ein beachtliches Renaissance-Fresko aus dem 16. Jahrhundert in der Pfarrkirche. Ein weiß-blaues Rautenmuster an der Decke des gotischen Kirchenschiffes erinnert an die ehemals bayrischen Landesherren.

Auf dem weiteren Weg genießen zwei Störche mitten in einer üppigen Wiese die Sommerstimmung und lassen sich von uns

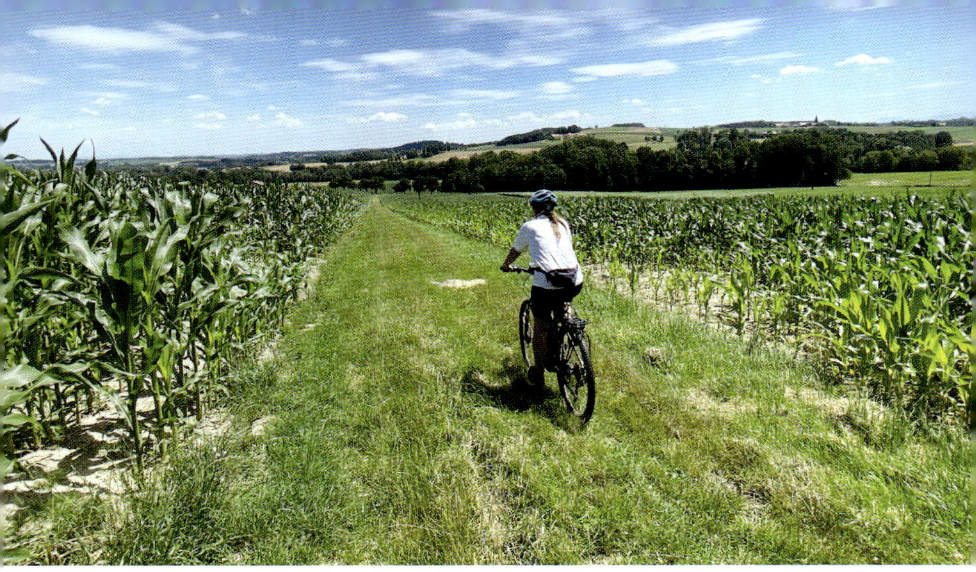

nicht stören. Durch fruchtbare Felder und Obstbaumalleen führt der Weg zum Stausee Altmannsdorf. Er ist das Rückhaltebecken für die Pram.

Der „Granatzweg" setzt sich über die Orte Pram, Dorf und Riedau fort, bis er in Zell an der Pram das Tal der Pram verlässt. In Zell treffen wir gleich neben der imposanten Pfarrkirche, auch „Innviertler Dom" genannt, auf das prachtvoll restaurierte ehemalige Jagdschloss in den ehemals wildreichen Pramniederungen. Es dient heute als Landesbildungszentrum mit Schwerpunkt Musik.

Die stellvertretende Leiterin Sandra Panhuber führt uns durch den prachtvollen barocken Freskensaal. Ein jugendlicher Teilnehmer an einem Musikkurs im Rahmen der „Austrian Master Classes" erfüllt gerade den Raum mit den Klavierklängen des „Warschauer Konzerts", einem Werk des britischen Filmkomponisten Richard Addinsell. Auch die zahlreichen Gestalten, die in den barocken Fresken dargestellt sind, scheinen es zu zu genießen.

Im nahen Sallaberger Haus tauchen wir in das frühere bäuerliche Leben ein. Das typische zweigeschossige Innviertler Haus in

Holzblockbauweise besteht aus einem Wohn- und einem Stallteil und dient heute als Museum und Ort der Begegnung, von Kursen für Kinder bis zu Treffen von Gstanzl-Sängern. Die Kustodin Maria Ertl zeigt uns in der Schneiderwerkstatt der ehemaligen Besitzerin Anna Sallaberger ein Brautkleid von 1936. Es ist schwarz und war die typische Hochzeitsbekleidung für Bräute bis in die 1960er-Jahre. Für die weiß gekleideten Bräute von heute völlig unvorstellbar. Wesentlich älter ist in der gerade

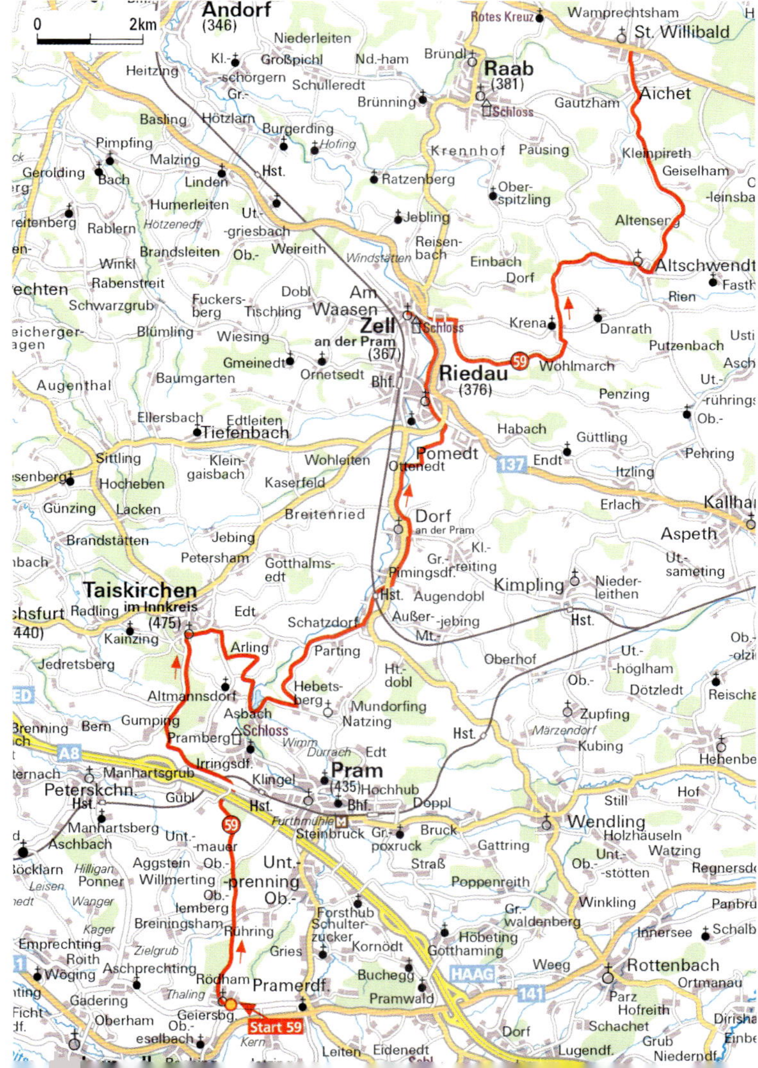

stattfindenden Ausstellung über Bienen ein kurioser Bienenstock. Der kunstvoll bemalte „Rauchfangstock“ ist der Vorläufer des heute gebräuchlichen Bienenstocks und war in dieser Form im 8. Jahrhundert üblich. Er ist der ursprünglichen Behausung der Bienen nachgebildet, einem hohlen Baum.
Die weitere Fahrt nach Altschwendt (Bezirk Schärding) führt durch den auf Hügeln platzierten Windpark, von wo wir einen wunderbaren Panoramablick ins Innviertel genießen. Eine besondere kulturhistorische Besonderheit erwartet uns in einer kleinen Kapelle nahe dem Ortszentrum, die uns der Doblinger-Wirt öffnet: „Das Rauche Weib“. Die eineinhalb Meter große Statue einer nackten Frauengestalt, deren Körper mit langen zottigen Haaren bewachsen ist. Sie ist die einzige Darstellung der heiligen Maria von Ägypten in Oberösterreich. Der Legende nach soll die „ägyptische Maria“ im 4. Jahrhundert gelebt haben. Sie soll mit reichen Gaben des Körpers ausgestattet gewesen sein und in ihrer Jugend ein lasterhaftes Leben geführt haben. Bei einer Wallfahrt wurde sie wundersam bekehrt, zog sich in die Wüste zurück und führte das Leben einer Büßerin. Ihr entblößter Körper bedeckte sich zum Schutz der Keuschheit mit einem zottigen Pelz. Genau so steht sie jetzt vor uns. Eine kulturelle Besonderheit, die uns in Staunen versetzt.
Reich mit Natur- und Kulturschätzen beschenkt, radeln wir nach einer ausgiebigen Rast in St. Willibald wieder nach Geiersberg zurück.

🕒 2 ½ Stunden (ohne Besichtigungen) → 40 Kilometer ↗ 120 Höhenmeter
Ausgangspunkt: Ortszentrum von Geiersberg
Endpunkt: St. Willibald
www.Granatz.com

Sandsteinkeller lagerte Eis zum Kühlen von Bier

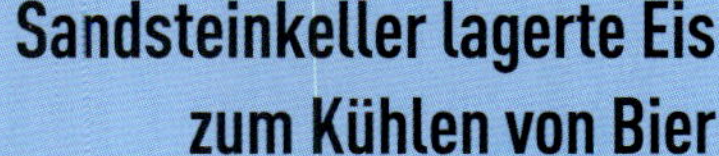
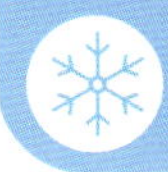

Fast scheint es, als hätte sich diese Kellergasse in die falsche Gegend verirrt. Nämlich in die Marktgemeinde Raab (Bezirk Schärding) im Innviertel – nicht im Weinviertel oder im Burgenland. Wir stehen am unteren Ende der „Kellergröppe", einem Hohlweg am Ortsrand von Raab. Von hier tauchen wir in einige der 26 Keller ein, die zu beiden Seiten in den Sandstein gegraben wurden.

V-förmiger Einschnitt

Hilde Ganglmair vom Verein „Raaber Museen" ist eine profunde Kennerin der für Oberösterreich sehr ungewöhnlichen Anlage: „Die Ursprünge dieses Hohlweges liegen wohl in der Zeit, als eine Römerstraße über die sandige Kuppe führte. Wagenräder und Pferdehufe lockerten den Sand und Regen schwemmte ihn weg. So kam es im Lauf der Jahrhunderte zu diesem V-förmigen Einschnitt. In den Sandstein wurden von Hand tiefe Schächte gegraben, die als Lagerräume in erster Linie für Bier, Most und Obst dienten. Die Existenz der Kellergasse lässt sich bis ins Jahr 1620 zurückverfolgen." Anders als in den Kellergassen bekannter Weinorte wurde nicht Wein, sondern Bier gelagert. Drei Brauereien nutzten die konstanten 8 °C für die Lagerung des im Ort gebrauten Bieres. Im „Eiskeller" finden wir noch ein jahrhundertelang begehrtes Lagergut, nämlich Natureis. In einer naturnahen Installation ist das nachgestellt. Da es weder Kühlschränke noch Eiserzeugungsmaschinen gab, wurde das Eis aus der Natur zum Kühlen verwendet.

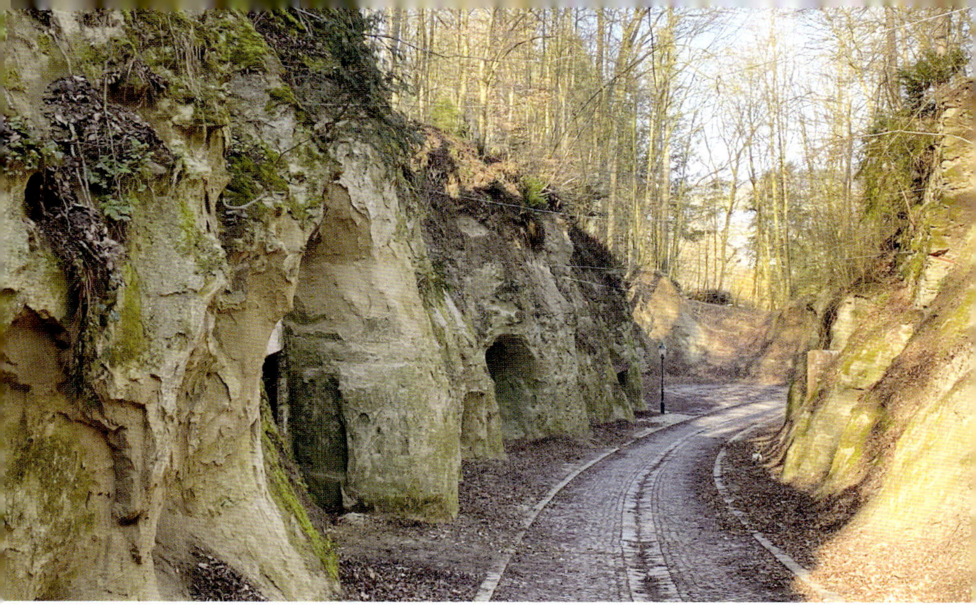

Raaber Kellergasse, genannt Kellergröppe

Eiskeller

Das Eis wurde im Winter aus dem nahen Teich, „Im Paradeis" genannt, mit speziellen Sägen herausgeschnitten. Damit es auch in der warmen Jahreszeit nicht schmolz, wurde es im kühlen Sandkeller gelagert. Die feuchte Sandwand diente als idealer Isolator. Das Eis wurde gemeinsam mit dem Bier von den Brauereien das ganze Jahr über an die Gastwirte geliefert. Um beim Transport nur wenig zu schmelzen, wurde es in Stroh gepackt und zur Nachtzeit mit Pferdekutschen befördert. Erst 1920 endete die lange Periode der Natureis-Ernte.

Drei Brauereien

Ein in der Kellergasse platziertes Denkmal des Innviertler Heimatdichters Franz Stelzhamer erinnert daran, dass dieser vom Raaber Bier besonders angetan war. Insgesamt drei Brauereien (Lindinger Brauerei, gegründet 1588, Schatzl Brauerei, 1589, und Neumayer Brauerei, 1609) erfreuten sich eines guten Rufes und waren weithin als besonders stark bekannt, was auch des öfteren Stelzhamer zu spüren bekam und in einem Kurzreim ausdrückte: „Raaba Bier, Raaba Bier, bist wia a graba Stier, haust um di, schlagst um di, sakra di!" In der Zwischenkriegszeit endete die Bierproduktion in Raab und wurde erst im Jahr 2013 anlässlich der 200-Jahr-Feier der Marktgemeinde als „Raaber Bier" wiederaufgenommen. Gastwirt Wolfgang Schraml schenkt das rein biologisch erzeugte bernsteinfarbene Zwickel in Achtelgläsern aus. Wir stoßen mit dem malzigen Gerstensaft an, der Wirt weist allerdings darauf hin, dass man dabei nicht „Prost" sagt, sondern „Sakra di". Eine Erinnerung an den Innviertler Dichter.

Kinderwagentaugliche Wanderung
Raab, Kellergasse am nordwestlichen Ortsrand, Kellergröppe 9, 4760 Raab
Führungen in der Kellergröppe mit Biersandkellermuseum
unter der Tel.: 0677/61451462
www.raab.ooe.gv.at/kellergroeppe
Öffentl. Verkehr: Lokalbahn S 5 bis Peuerbach, dann Bus 820 bis Raab Kommuneplatz

Eis wurde im Winter im Eiskeller eingelagert

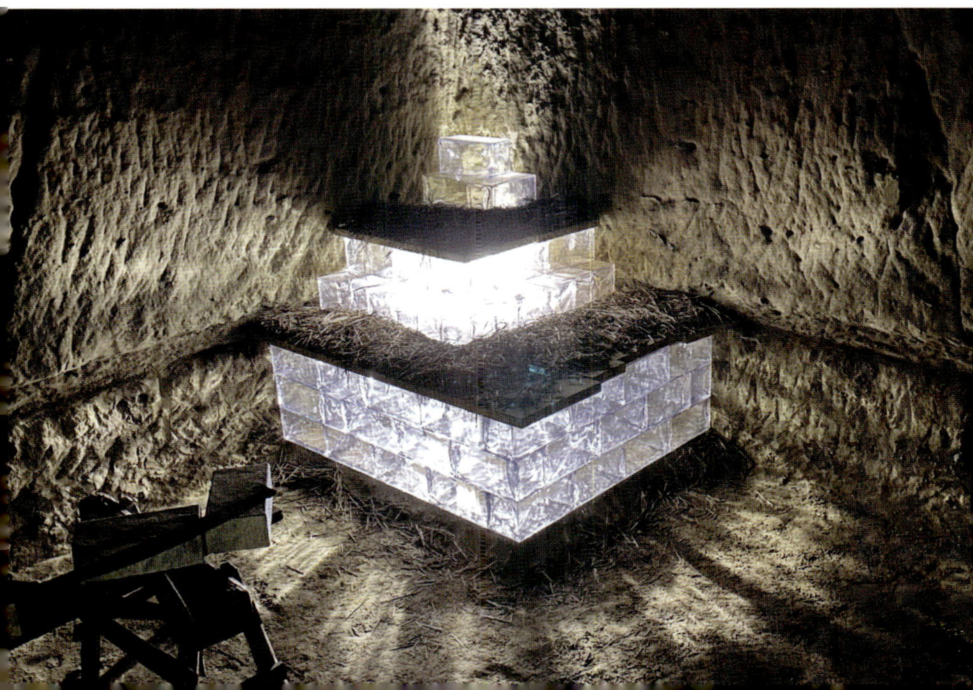

61 Taufkirchen an der Trattnach

Auf dem Panorama-Rundweg über dem Aschach- und Trattnachtal

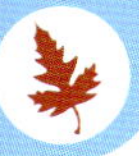

Vier Schlösser auf einen Blick. Diese Aussicht genießen wir vom Höhenrücken des „Panorama-Rundweges“ in Taufkirchen an der Trattnach (Bezirk Grieskirchen). In der Ferne erheben sich die geschichtsträchtigen Prachtbauten Tollet, Roith, Aistersheim und das Schloss Starhemberg in Haag am Hausruck.

Der Wanderweg hat uns vom Ortszentrum auf diesen Platz mit dem blumigen Namen „Rosenhaide“ geführt. Neben den Schlössern in der Ferne entdecken wir zahlreiche Wildrosen und dazu eine Rieseneiche, die majestätisch auf dem Aussichtsplatz zwischen Aschach- und Trattnachtal thront. So mancher Vers des berühmtesten Sohnes des Ortes, des Mundartdichters Josef Krempl, kommt uns in den Sinn: „Auf der Höh' ist man fröhlich und frei. Gibt koa Lug und koa Falschheit dabei … Ob auf der Höh, ob unt' im Tal, sündigen tuat a jeder amal.“
„Taufkirchen gehörte einst zur römischen Provinz Noricum und war von einem Straßennetz durchzogen, das vorwiegend für den militärischen Einsatz bestimmt war“, erzählt Bürgermeister Gerhard Schaur. Friedlicher ging es wohl nach der Besiedlung durch die Bajuwaren zu, wo nach der Christianisierung die Menschen sogar aus der heutigen Bezirksstadt Grieskirchen nach Taufkirchen pilgerten, um sich taufen zu lassen. Der Name des Ortes stammt auch davon und das Gemeindewappen zeigt heute ein Kreuz über einer blauen Welle, die die Trattnach darstellt.

Schließlich treffen wir auf das Kornfeldner Kreuz, exakt am geografischen Mittelpunkt der Gemeinde gelegen. Der Taufkirchner Wanderbegleiter Heini Kornfeldner erinnert sich: „Mein

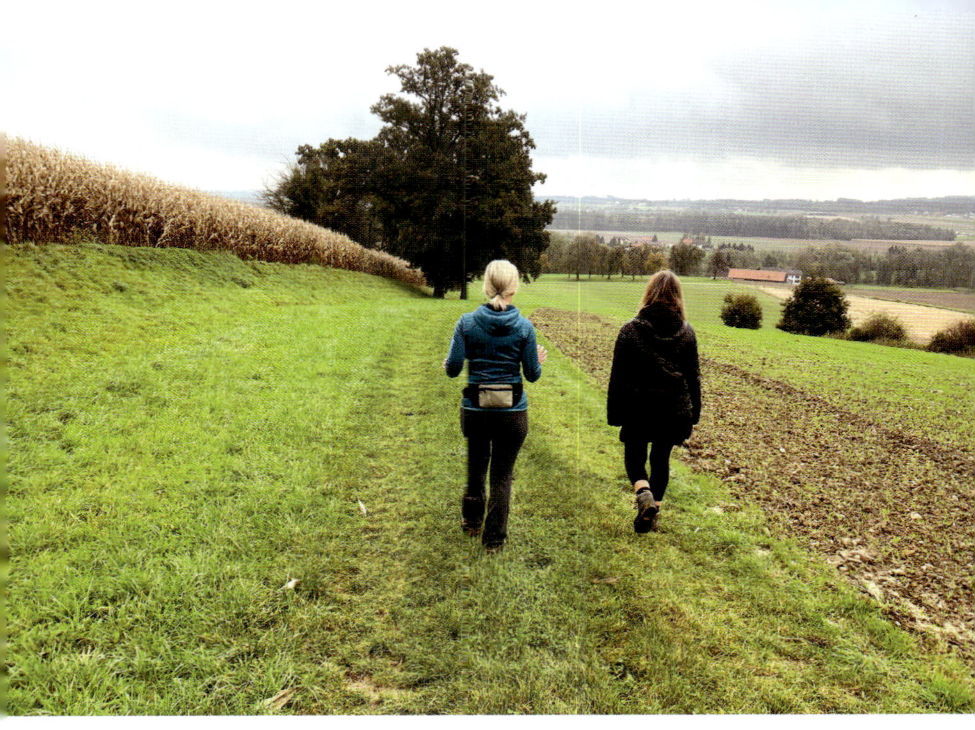

Auf der Rosenhaide

Vater hat das Grundstück mit diesem Kreuz als Geschenk zu seiner Firmung erhalten. Viele Jahrzehnte lang hat er das Kruzifix gepflegt und dafür gesorgt, dass das Bild zu Ehren der heiligen Maria immer im alten Glanz erstrahlt."

Geheimnisvolle Plätze

Wir legen an diesem beschaulichen Ort eine Pause ein, bevor wir die Ortschaft Hehenberg erreichen. Exotische Straußenvögel begrüßen uns mit Interesse. Im holzgedeckten Vituskirchlein am Ortsplatz wird gerne geheiratet und wir lassen uns ebenfalls zu einer kurzen Rast nieder.

Vieles gäbe es in Taufkirchen noch zu entdecken. Vizebürgermeister und Kulturreferent Kurt Pimmingsdorfer weist auf geheimnisvolle Plätze im Ort hin. „Unter einigen Häusern befinden sich mittelalterliche Erdställe. Diese unterirdischen Stollen sind an die 1 000 Jahre alt und harren der exakten Klärung

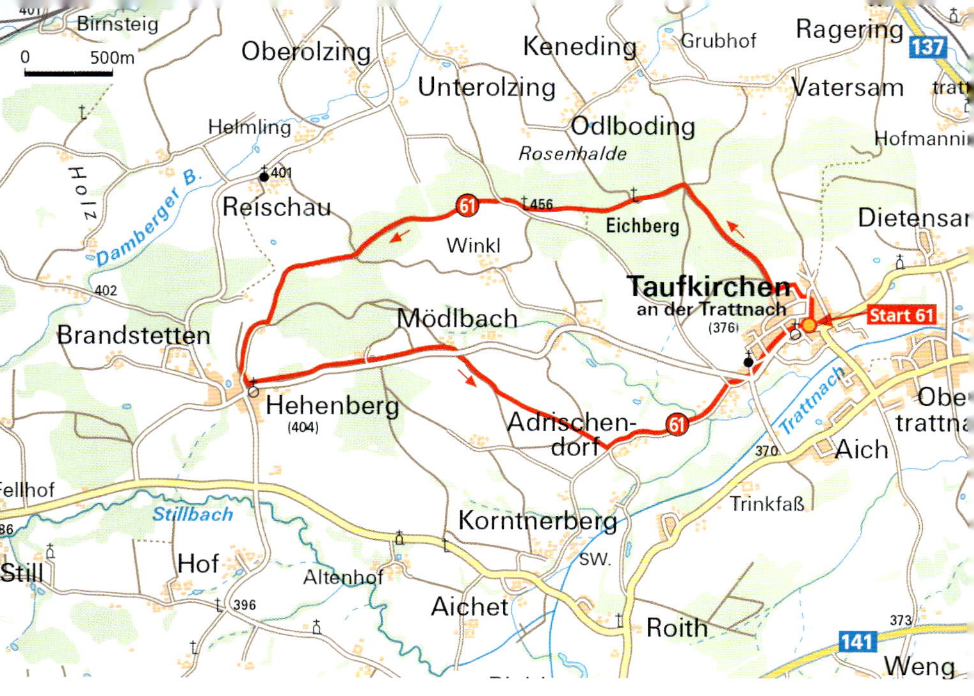

durch die Wissenschaft, ob sie Ritual- oder Zufluchtsstätten waren."

Ganz schön gruselig finden wir jedenfalls beim abschließenden Besuch in der Pfarrkirche das Portal des Beinhauses. Es ist mit mehreren Reihen von Totenköpfen versehen. Für die Kirchenbesucher vieler Jahrhunderte wohl eine gelungene Erinnerung an die Vergänglichkeit des Lebens.

Da tut es gut, nach der zweieinhalbstündigen Wanderung beim Kirchenwirt einzukehren. Bereits seit 350 Jahren finden hier Gäste Labung. Wirtin Elisabeth Kalteis serviert uns eine köstliche knusprige Weidegans, die wir anschließend nebst Grieskirchner Bier noch mit einem Obstler begießen.

2 ½ Stunden ↔ 12 Kilometer ↗ 160 Höhenmeter
Ausgangspunkt: Taufkirchen an der Trattnach, Ortszentrum
Öffentl. Verkehr: Bahn bis Obertrattnach-Markt Hofkirchen Bhf
www.taufkirchen.at

Friedliche Wanderung 400 Jahre nach den Bauernkriegen

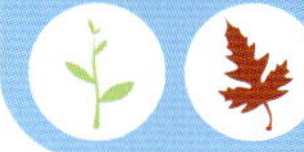

Es ist pures Vergnügen, an einem strahlenden Frühlingstag in St. Agatha (Bezirk Grieskirchen) zu wandern. Es fällt aber nicht leicht, sich um 400 Jahre zurückzuversetzen. Die Bauernaufstände im Jahr 1626 waren ein bitteres Kapitel für den Ort und das ganze Land. Der begnadete Bauernführer Stefan Fadinger (1585–1626) stammt von hier und bildete mit Christoph Zeller aus Lembach das Führungsgespann gegen den bayerischen Statthalter Herberstorff.
Das Stefan-Fadinger-Museum im Gemeindeamt von St. Agatha gibt interessante Einblicke in diese Zeit. Museumsleiter Alois Ferihumer: „Die Bauern formulierten in zwölf Punkten ihre Begehren, die vor allem religiöse, aber auch politische und wirtschaftliche Forderungen umfassten.“ Diese wurden allerdings von der Obrigkeit abgelehnt.

Ausgepresst

Die Bauern waren Protestanten und sie wurden vom bayerisch-katholischen Statthalter Graf Herberstorff steuerlich ausgepresst. Denn der Habsburger-Kaiser Ferdinand II. hatte den Bayern Oberösterreich für acht Jahre als Lehen überlassen. Damit bezahlte er für die Unterstützung der bayerischen Truppen bei der Schlacht am Weißen Berg (bei Prag) 1618, als die katholischen kaiserlichen Truppen die aufständischen protestantischen Stände niedergeschlagen hatten.
Ganz präsent war überdies die Erinnerung an das im Jahr davor durchgeführte Frankenburger Würfelspiel mit dem bekannt tragischen Ende. So gab Fadinger als Oberbefehlshaber für das Hausruck- und Traunviertel den legendär gewordenen Befehl:

„Es muaß seyn." Das war der Beginn des größten und anfangs auch erfolgreichen Bauernaufstandes. Wenig später verstarb er in Linz nach einer Schussverletzung an Wundbrand.
Sein Bauernhof wurde durch die Herrschaft Stauf abgebrannt, seine Witwe samt den Kindern des Landes verwiesen. Fadinger sollte dennoch für Jahrhunderte zur Symbolfigur werden. In mehr als 25 Orten in ganz Österreich findet sich eine nach ihm benannte Straße. Sowohl marxistische als auch nationalsozialistische Regime haben ihn in ihrer Propaganda vereinnahmt.
Wir begeben uns auf die Spuren des Bauernhauptmannes und treffen auf dem „Ruinenweg" nach einer knappen Gehstunde auf das Stefan-Fadinger-Denkmal. Unmittelbar daneben befindet sich der stattliche Stefan-Fadinger-Hof. Hier soll auch das ursprüngliche Anwesen Fadingers gestanden sein. Dieser hätte wohl auch seine Freude mit der gepflegten Anlage.
Dem auf einem Höhenrücken verlaufenden Weg folgen wir in Richtung der Burgruine Stauf. Der Blick trifft in der hügeligen Hausruckviertler Landschaft auf gepflegte Wiesen und Felder, von ganz hinten dringt noch das Blau der Donau hervor. Der Kirchturm von Haibach ob der Donau leuchtet herüber. Wohl an die hundert Alpakas tummeln sich auf einer grünen Weide und scheinen ebenfalls die Aussicht zu genießen. Durch

Alpakas genießen ihre Weide

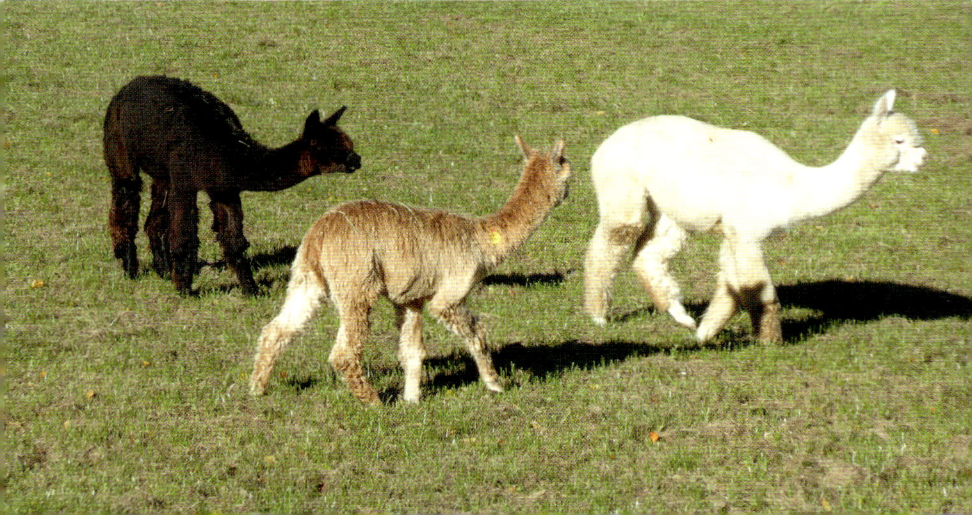

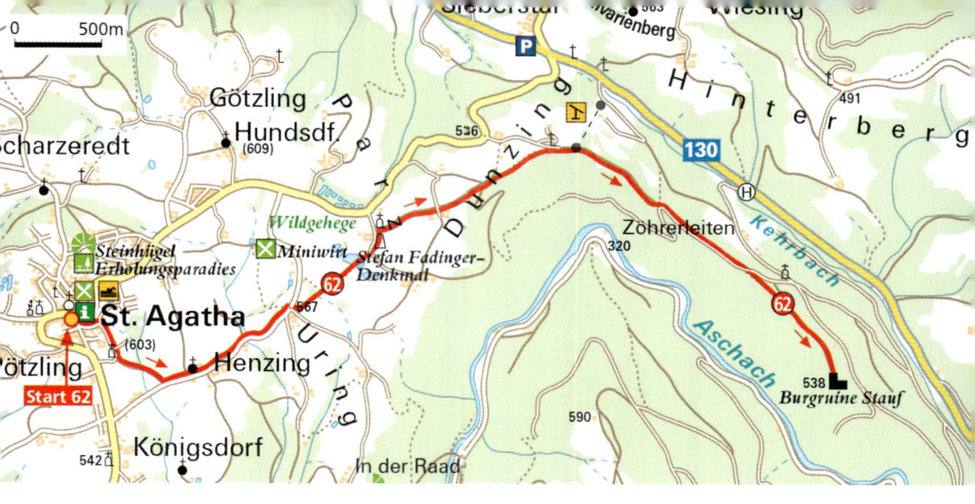

frühlingsgrünen Laubwald nähern wir uns in einer weiteren Gehstunde dem Ende des Höhenrückens, auf dem die Burgruine Stauf thront. Bereits im 12. Jahrhundert von einem Vorfahren der Schaunberger erbaut, waren es im 17. Jahrhundert die Herren von Stauf, denen die Bauern der Gegend tributpflichtig waren. Die in der Literatur als „Bilderbuchruine" bezeichnete Burg Stauf inspirierte den Dichter Richard Billinger zum Gedicht „Hoch ragt ein Turm". Dank dem Engagement ehrenamtlich tätiger Restauratoren ragt dieser auch heute weit in den Himmel. Im inneren Burghof fühlt man sich sofort ins Mittelalter zurückversetzt. Wenn William Shakespeare empfiehlt, „Das Verlorene loben, macht die Erinnerung liebenswert", so fällt es in diesem Fall nicht leicht. Immerhin haben – auch unter Mitwirkung der damaligen Burgherren – Tausende Bauern ihr Leben gelassen. Alle ihre damals gestellten Forderungen sind heute erfüllt. Für uns Nachkommende sollte das keine Selbstverständlichkeit sein.

🕒 3 Stunden (ohne Besichtigung) ↔ 11,6 Kilometer
Ausgangspunkt: St. Agatha, Ortszentrum
Öffentl. Verkehr: Bahn bis Grieskirchen Bhf, dann Bus 692 bis St. Agatha bei Waizenkirchen
www.st-agatha.at • www.haibach-donau.ooe.gv.at

63

Pupping

Auf den Spuren der Nibelungen

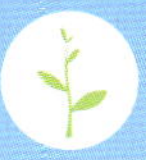
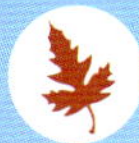

„Immer bereit zum Neuanfang." Dieses Lebensmotto des heiligen Wolfgang könnte auch für das heutige Kloster Pupping gelten und soll auch den Besucher auf dem „Wolfgangweg" in Pupping begleiten. An diesem Ort ist der populäre Heilige im Jahr 994 gestorben. Seine letzten Worte waren: „Lasst die Türen der Kirche offen." Diesem Geist fühlt sich auch der im heutigen Kloster lebende Franziskanerpater Fritz Wenigwieser verpflichtet. Die Türen des Klosters sind immer offen. Neben den Ordensmitgliedern leben bis zu zehn Gäste auf Zeit hier.

Pater Fritz kennt die wechselvolle Geschichte: „Die dem heiligen Othmar gewidmete Kapelle, in der Wolfgang gestorben ist, wurde weitgehend in den Wirren der Jahrhunderte zerstört. Nur mehr ein Fußknochen von Wolfgang erinnert als besondere Reliquie an diese frühe Zeit. Sie befindet sich in einer Steinplatte vor dem heutigen Altar." Ebenso zerstört wurde das von den Schaunberger Grafen gestiftete Kloster. Dieses hat der engagierte Franziskanerpater in den letzten zwanzig Jahren wieder zur spirituellen Blüte geführt.

Nach einem letzten Blick in den Klostergarten mit dem künstlerisch gestalteten Meditationsweg geht es zur zweieinhalbstündigen Wolfgangrunde. Längere Zeit zieht sich der Weg entlang fruchtbarer Felder und den Wasserarmen der nahen Donau. Wenn es stimmt, was die alten Sagen berichten, sind im Mittelalter genau hier Tausende Krieger durchgezogen. Jetzt laden Gaststätten wie der Nibelungenhof zur Stärkung ein. Einer der vielen Gemüsebauern dieser Gegend verteilt gerade Bewässerungsrohre auf seinem mit Schutzhüllen zugedeckten Feld. Darunter warten schon Kraut- und Kohlrabipflanzen auf die wärmende Frühlingssonne. Nach einer Gehstunde tauchen die Sprungschanzen von Hinzenbach auf. Furchterregend, von oben auf die Landepiste zu blicken. Umso größer ist der Respekt vor den mutigen jugendlichen Skifliegern, die hier Spitzenleistungen erbringen.

Nächstes markantes Ziel ist die Landerlkapelle. Das beliebte Hochzeitskirchlein bietet einen großartigen Blick auf das Eferdinger Becken. Hier ist ein guter Platz für eine wohlverdiente Rast und eine Belohnung nach dem Aufstieg über 150 Höhenmeter.

Nun folgt eine besonders idyllische Wegpassage. Durch den lichten Laubwald blickt man immer wieder in die Ebene und nach einigen Gehminuten auch auf die mächtige Ruine Schaunberg. Einst war sie die größte Burganlage von Oberösterreich. Der

Die Landerlkapelle thront hoch über dem Eferdinger Becken

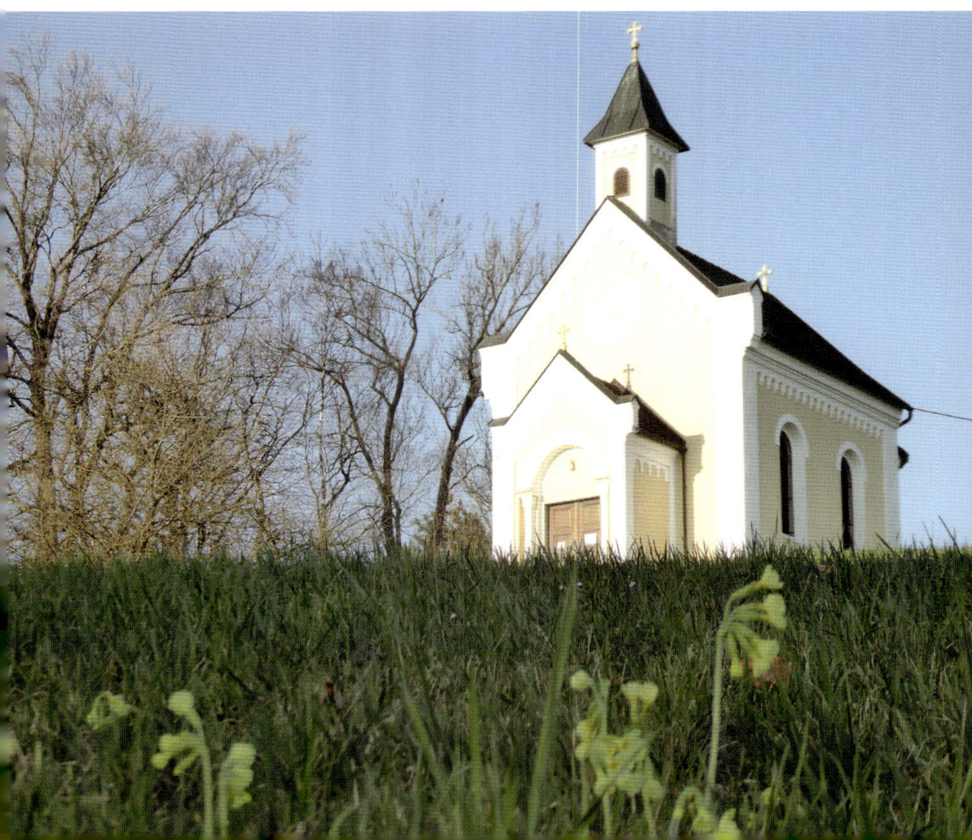

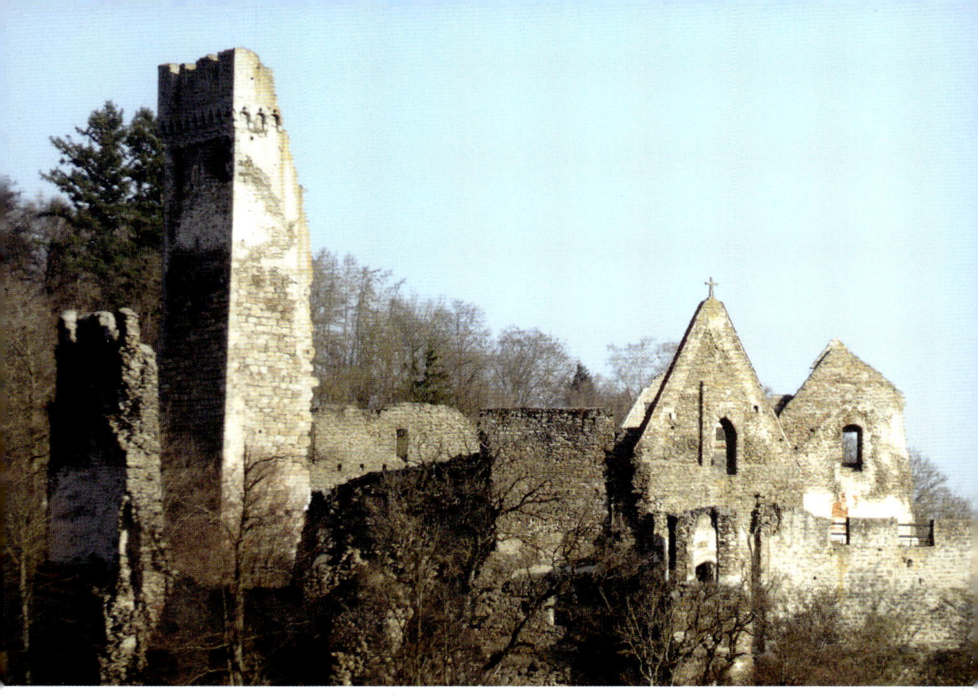

Blick auf die Ruine Schaunberg, die größte Burg Oberösterreichs

Bergfried mit seinen 32 Metern ist einer der höchsten in ganz Österreich. Das von Kaiser Barbarossa verliehene Mautrecht an der Donau stellte die Mittel für den Bau dieser Anlage bereit. Wer von der Burgterrasse hinunterblickt, versteht gut, dass sich der Name „Schaunberg“ von der prächtigen Aussicht ableitet und „vom Berg schauen“ bedeutet. Auf einem steilen Pfad geht es schließlich bergab. Wieder auf der Ebene führt der Weg entlang eines Flugfeldes zurück nach Pupping. Fast verpflichtend ist jetzt eine Stärkung im Gasthof Klinglmayr, einem aus dem Mittelalter stammenden Vierkanter mit einem Eck-Erker im Renaissancestil. Im historischen Gewölbe innerhalb der meterdicken Mauern lässt es sich trefflich speisen.

🕒 3 1/2 Stunden ↔ 12 Kilometer ↗ 260 Höhenmeter
Ausgangspunkt: Kloster Pupping
www.pupping.franziskaner.at
Öffentl. Verkehr: Bus 670 bis Leumühle Bahnhst

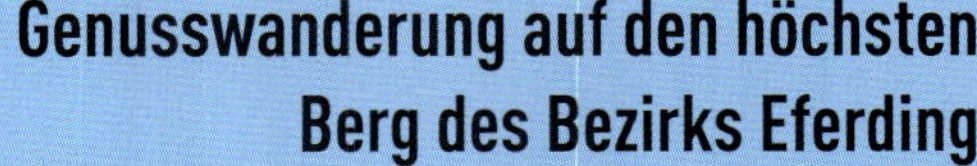

Hilkering 64

Genusswanderung auf den höchsten Berg des Bezirks Eferding

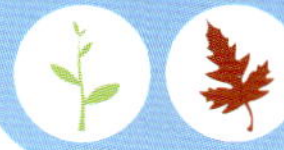

Sanft schmiegt sich die spätgotische Kirche von Hilkering an die steil abfallende Nordterrasse der Aschach. Ein Ort mit langer Geschichte, um den sich so manche Legende rankt. „In frühmittelalterlicher Zeit soll ein Eremit namens Hilarius hier eine Quelle entdeckt und eine Holzkapelle errichtet haben. Viele Menschen hat er in der Not unterstützt“, weiß Theresa Graf. Sie ist Mitglied der Pfarre Hartkirchen und führt uns durch die um das Jahr 1500 auf romanischen Grundmauern erbaute gotische Kirche.

Besonderes Wasser

Obwohl dem heiligen Johannes geweiht, war seit jeher die spätgotische „Schöne Madonna“ das Ziel zahlreicher Pilger. Graf kennt aber noch ein besonderes Kleinod außerhalb der Kirche. Es ist die barocke Brunnenkapelle mit einem Fresko, das Jesus mit der Frau am Brunnen zeigt. Sie betätigt einen Holzschwengel, der als Pumpvorrichtung dient, worauf Wasser ins granitene Becken sprudelt. „Regelmäßig werden hier die Kinder der Umgebung getauft.“ Das Wasser gilt aufgrund seiner Weichheit als bestes Wasser der Gegend. Graf kennt noch eine besondere Heilwirkung: „Frauen, die einen bösen oder gar keinen Mann bekommen haben, trinken aus der Quelle und sollen darauf eine Lösung aus ihrer misslichen Lage erfahren haben.“ Eine nette Legende, auch wenn sie nicht ganz wahr sein sollte.

Dass der Name „Hilkering“ mit dem heiligen Hilarius allerdings nichts zu tun hat, weiß Roland Forster. Er ist Architekt, Kunsthistoriker und auch Pfarrarchivar von Hartkirchen: „Der Ort ist

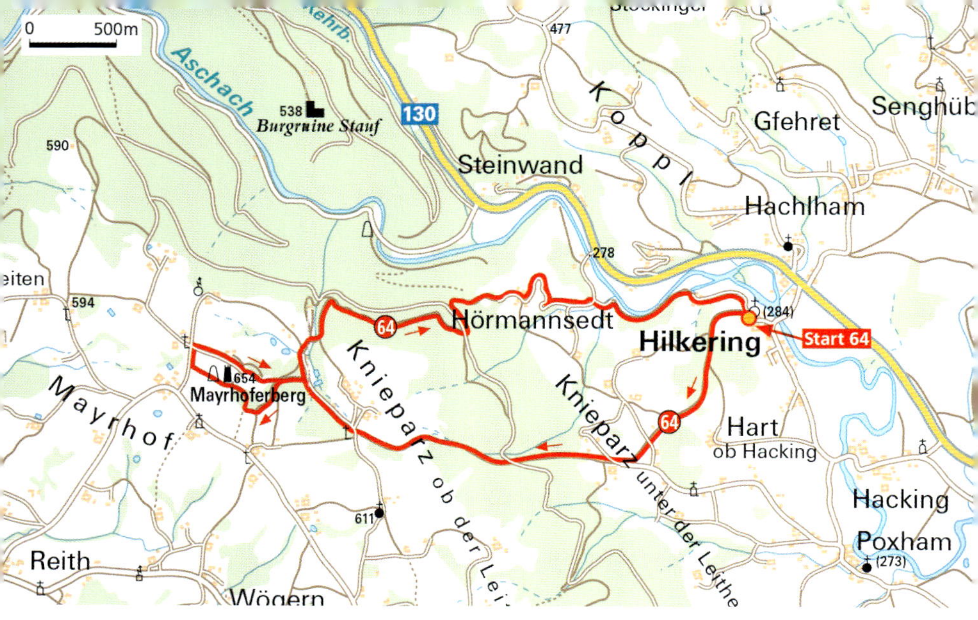

vermutlich nach dem Adelsgeschlecht der Hiltiger benannt, das sich zur Zeit der Einwanderung der Bayern im 6. Jahrhundert hier niedergelassen hat. Zu ‚Hiltiger' wurde ‚-ing' hinzugefügt, woraus schließlich ‚Hilkering' entstand."

Nach dem Eintauchen in diesen energievollen Platz geht es in die nicht minder einladende Hügellandschaft, die sich unmittelbar an die Kirche anschließt. Der „Rundweg 44" führt in eineinhalb Gehstunden auf den höchsten Punkt des Bezirks Eferding, den Mayrhoferberg. Ein wärmender Aufstieg auf einem Waldweg führt dann zum Gipfelplateau, „Knieparz ob der Leithen" genannt. Rasch erreichen wir die Aussichtswarte auf dem Mayrhoferberg. Der fantastische Rundumblick belohnt uns für den Aufstieg auf über 650 Metern Höhe. Bei Föhnwetterlage kann man auf 130 Orte und zur Alpenkette des Salzkammerguts blicken.

Dem Rundweg folgend, erreichen wir die Jausenstation Hofer, wo uns Wirtin Maria „gegossenes" Fleisch auch zum Mitnehmen anbietet, es ist dies gekochtes Selchfleisch, das in Schweinefett eingelegt ist und uns mit Vorfreude auf eine köstliche Jause zuhause erfüllt. Die Aussicht auf die nahe Burg Schaunberg begleitet uns an einem Hirschgehege vorbei ins Tal der Aschach, die uns entlang ihrer romantischen Uferpromenade wieder zum Ausgangspunkt führt.

🕒 3 Stunden ↔ 10 Kilometer ↗ 390 Höhenmeter
Ausgangspunkt: Wallfahrtskirche Hilkering bei Hartkirchen
Öffentl. Verkehr: Bus 201 bis Linz/Untere Donaulände, dann Bus 209 bis Hilkering bei Aschach

Aussichtswarte am Mayrhoferberg

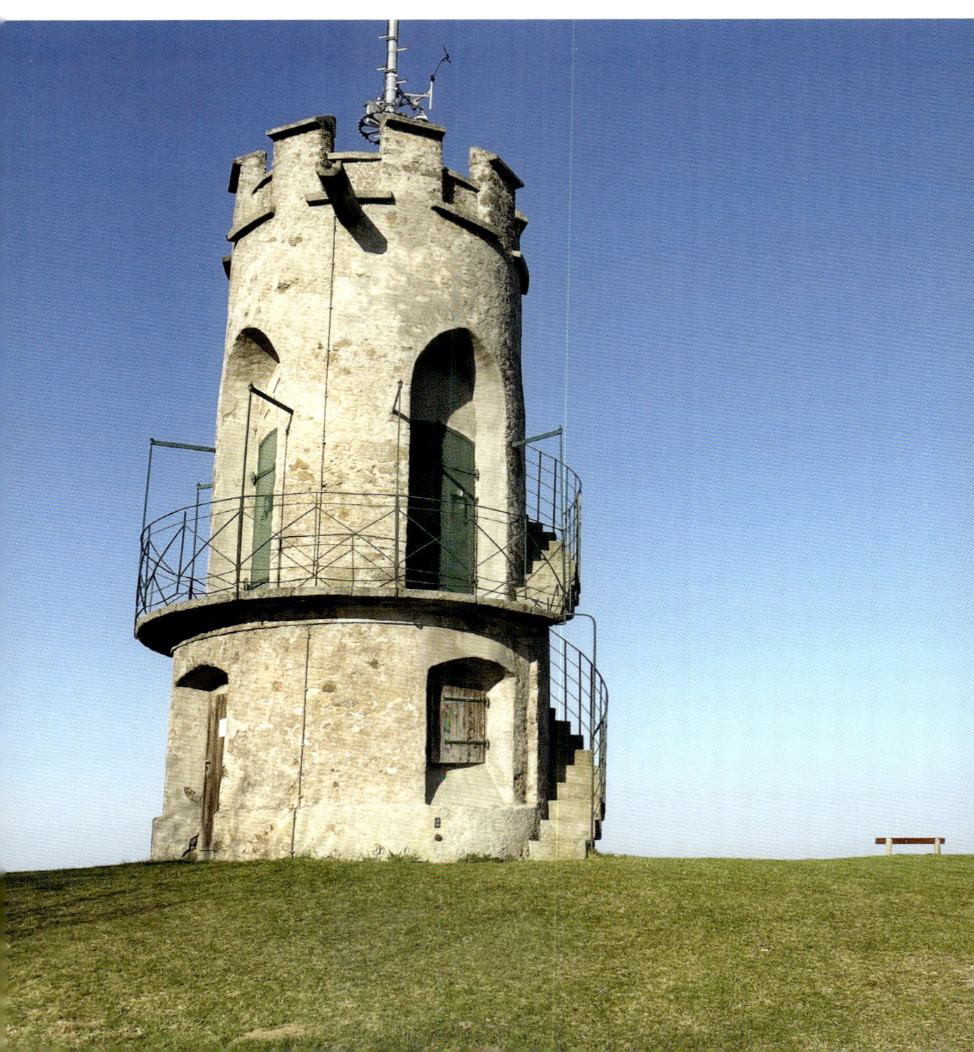

65 Stift Lambach

Plant Herodes im fast 1 000 Jahre alten Fresko seinen Selbstmord?

Herodes blickt ernst entschlossen. Er hält ein Messer mit großer Klinge in seiner Hand und schickt sich an, Selbstmord zu begehen. Ein fast 1 000 Jahre altes romanisches Fresko im Stift Lambach, das älteste nördlich der Alpen, zeigt erstaunliche Szenen rund um das biblische Geschehen. Dies zu sehen, grenzt fast an ein Wunder. Fast 350 Jahre waren diese Fresken hinter Schutt verborgen. Im Zuge der Erhöhung der romanischen Kirchtürme in der Barockzeit wurden Verstärkungsmauern errichtet, hinter denen die Malereien verschwanden. Beeindruckt stehen wir vor dem bewegenden Gemälde.

Stifter Adalbero

Ein anderes Bild, der berühmte „Lambacher Christus", erinnert an die byzantinische Malweise. Diese Fresken stellen die ältesten nördlich der Alpen dar. Ein besonderes Kulturjuwel.
Pater Elija Oberndorfer führt uns durch das Benediktinerstift Lambach und beschreibt die lange Geschichte dieses Ortes: „Es war ein Raum mit keltischer und römischer Besiedlung und im 11. Jahrhundert Sitz der Grafen von Wels-Lambach. Diese Familie war im Aussterben. Der letzte von ihnen im Mannesstamm, Bischof Adalbero von Würzburg, stiftete 1056 einen großen Teil des Familienbesitzes als Kloster. Die ersten Benediktinermönche kamen aus der Abtei Schwarzach in Franken."
600 Jahre später erfolgte die Barockisierung des Klosters, dessen prunkvolle Ausgestaltung wir bewundern können. Das Deckengemälde im Sommerrefektorium, also dem Speisesaal der Mönche zur Sommerzeit, quillt förmlich über vor unzähligen Stücken Manna, die vom Himmel fallen. Über der kunstvoll gestalteten Lesekanzel, von der während der Mahlzeiten die

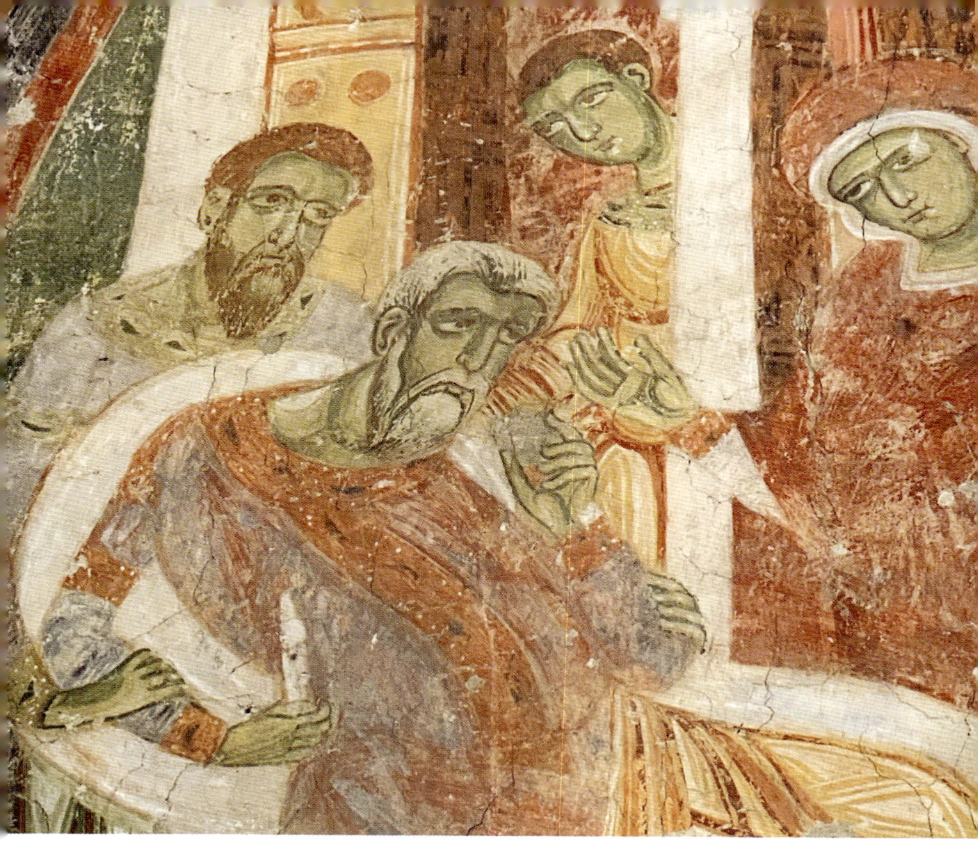

Herodes auf dem fast 1000 Jahre alten Fresko

Tischlesung gehalten wurde, bringt Klostergründer Adalbero der ober ihm thronenden Gottesmutter Maria sein Kloster zum Geschenk. Pater Elija weist noch auf eine Besonderheit weiter oben hin: „Das Wappen des Abtes Maximilian Pagl, der diese Kunstwerke beauftragt hat, zeigt einen Kranich, der in seiner Rechten einen Stein trägt. Es symbolisiert die Wachsamkeit." An der gegenüberliegenden Wand erheitert die Darstellung Jesu, der nach bestandener Versuchung gegenüber dem Teufel von den Engeln offensichtlich mit einem Glas Martini getröstet wird.

Das „Häusl" hinter dem Vorhang

Geradezu kurios ist ebenfalls das Barocktheater aus dem 18. Jahrhundert. Marie Antoinette soll hier mit Vergnügen das Stück

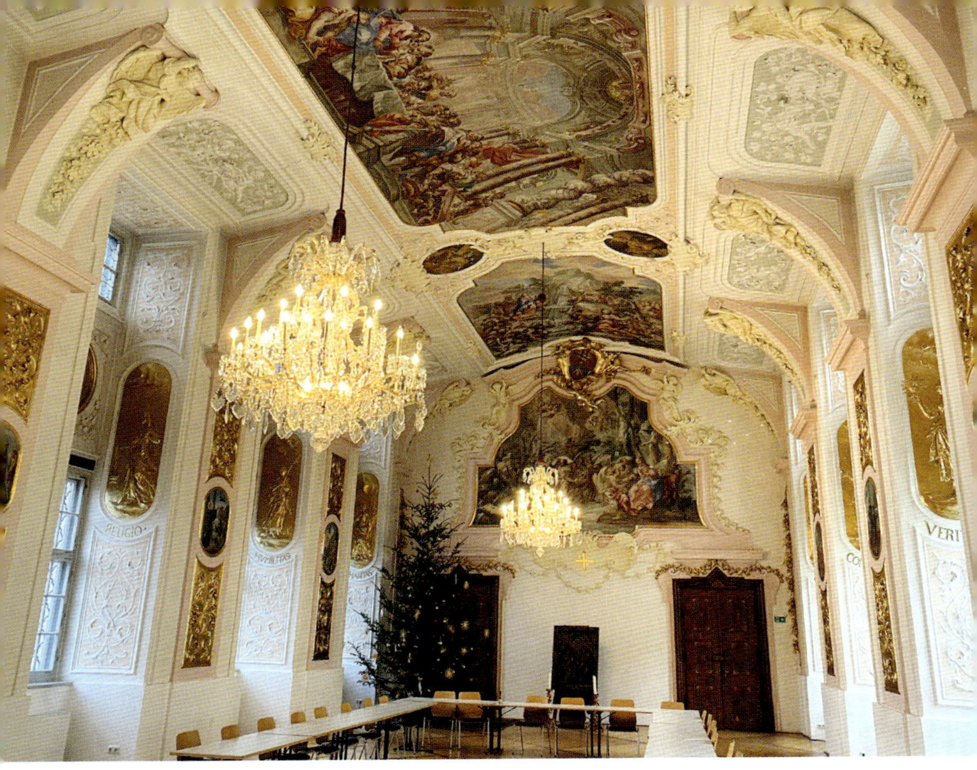

Barocke Pracht im Sommerrefektorium

„Der kurzweilige Hochzeitsvertrag" besucht haben. Vielleicht hat sie auch die durch einen Vorhang geschützte Nische aufgesucht, in der sich eine Toilette befand. Um trotzdem nichts vom Stück zu versäumen, brauchte sie nur den Vorhang etwas zur Seite zu schieben. Sehr praktisch, wenn auch für die heute noch immer stattfindenden Theateraufführungen gänzlich ungeeignet.

In der Klosterkirche entdecken wir noch eine seltene Besonderheit, nämlich die goldenen Reliquienbüsten. Sie stehen am Hochaltar und werden nur zu kirchlichen Hochfesten ausgestellt. Eine Reliquie des Ordensgründers Benedikt soll einen besonderen Schutz für die Klostergemeinschaft bringen.

Ausgangspunkt: Stift Lambach, Klosterplatz 1, Lambach
www.stift-lambach.at
Öffentl. Verkehr: Lokalbahn S 2 bis Lambach Bhf

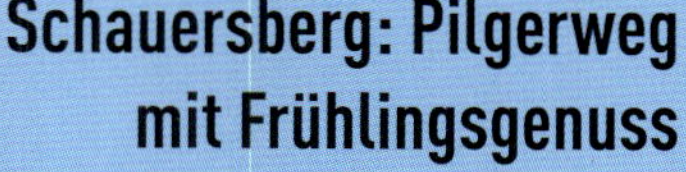

Thalheim 66

Schauersberg: Pilgerweg mit Frühlingsgenuss

Dass sich Frühlingsgenuss in Verbindung mit einer Wallfahrt auch in Stadtnähe erleben lässt, zeigt ein Besuch in Thalheim. Wir wählen als Ausgangspunkt das Welser Hallenbad, da es eine gute Parkmöglichkeit bietet. Der nahe Museumssteg führt uns über die Traun ins Ortsgebiet von Thalheim. Dem gelben Richtungspfeil folgend, geht es dem munter dahinfließenden Gewässer entlang. Von der Uferböschung blitzen Buschwindröschen und Dotterblumen herauf. Nicht zufällig ist dieser Weg gleichzeitig ein historischer Pilgerweg. Geradezu biblisch in einer grünen Au wandelt man dann im folgenden Wegstück. Überall hat der junge Bärlauch die Aulandschaft entlang des Flusses grün gefärbt und erfüllt die Luft mit einem markanten Knoblauchduft. Schließlich taucht auf einer Anhöhe das hochaufragende Gebäude der Wallfahrtskirche Maria Schauersberg vor uns auf. Die spätgotische Kirche wurde genau zu der Zeit geweiht, als Christoph Kolumbus Amerika entdeckte, also vor mehr als 500 Jahren. Pfarrer Wolfgang Pichler kennt die Geschichte des Bauwerks und die Hintergründe des ungewöhnlichen Namens: „Ursprünglich befand sich hier wohl eine römische Befestigung und später eine Kapelle. Nach einer Sage geht die Errichtung des ‚ritterlich wehrhaften' Gotteshauses mit achteckigem Turm auf eine wundersame Heilung zurück, bei der Graf Sigmund von Pollheim von der Gicht befreit wurde."

Der heilige Leonhard

Im Inneren beeindrucken das Schlingrippengewölbe und die hochbarocke Madonna. Auf reges Pilgerinteresse stieß der Altar des heiligen Leonhard. Er war im Alpenvorland sehr beliebt und

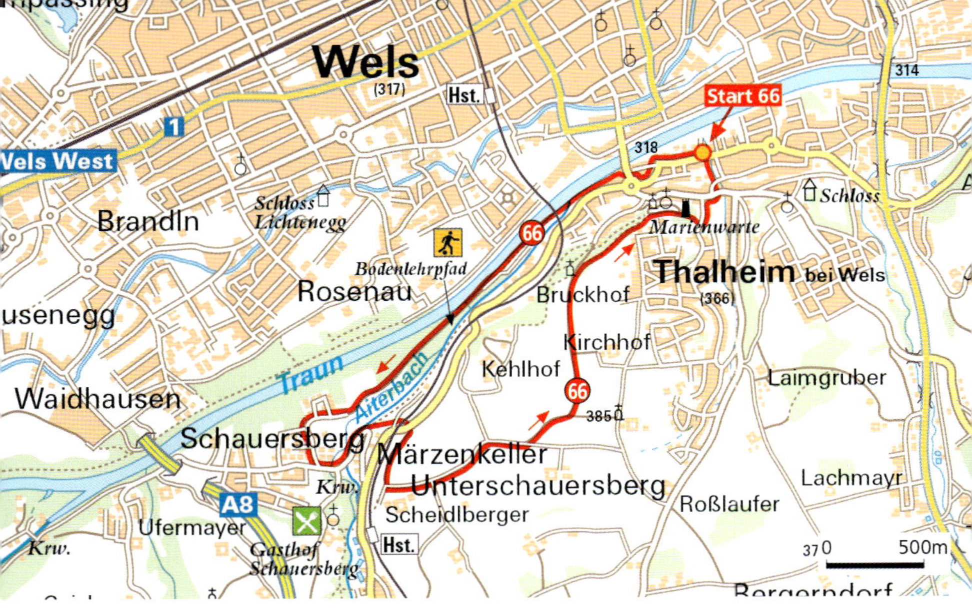

soll bei vielen Nöten geholfen haben. Beim Altar angebrachte Bilder berichten von „Hilfe in allen Hausnöthen, Hilfe in Leibesmängeln und Erlösung aus dem Gefängnis“. Erst später wurde der Heilige vor allem zum Viehpatron.
Der Rückweg führt uns auf dem Pilger-Rundweg hoch über dem darunter fließenden Aiterbach entlang. Die „Kreuzsäule“ am Wegrand verweist auf das Jahr 1697, wo offensichtlich ein reger Pilgerstrom hier vorbeizog. Auf den nächsten 400 Metern betrachten wir mit Interesse die Schautafeln des „Bodenlehrpfades“. So erfahren wir, dass Moorboden nur ein Fünftel des Gewichtes eines mineralisch verdichteten Bodens hat und dass sich manche Regenwürmer bis zu drei Meter tief durch die Erde graben. Unbeeindruckt von diesen Erkenntnissen bemühen sich in einem nahen Tümpel zwei prächtig schillernde Erpel um die Gunst eines Weibchens. Noch ist nicht zu erkennen, wer von beiden das Rennen macht und der glückliche Bräutigam wird.

Schließlich taucht der schwarze Kubus des Museums Angerlehner vor uns auf. Heinz Josef Angerlehner sammelt seit über

Die spätgotische Wehrkirche

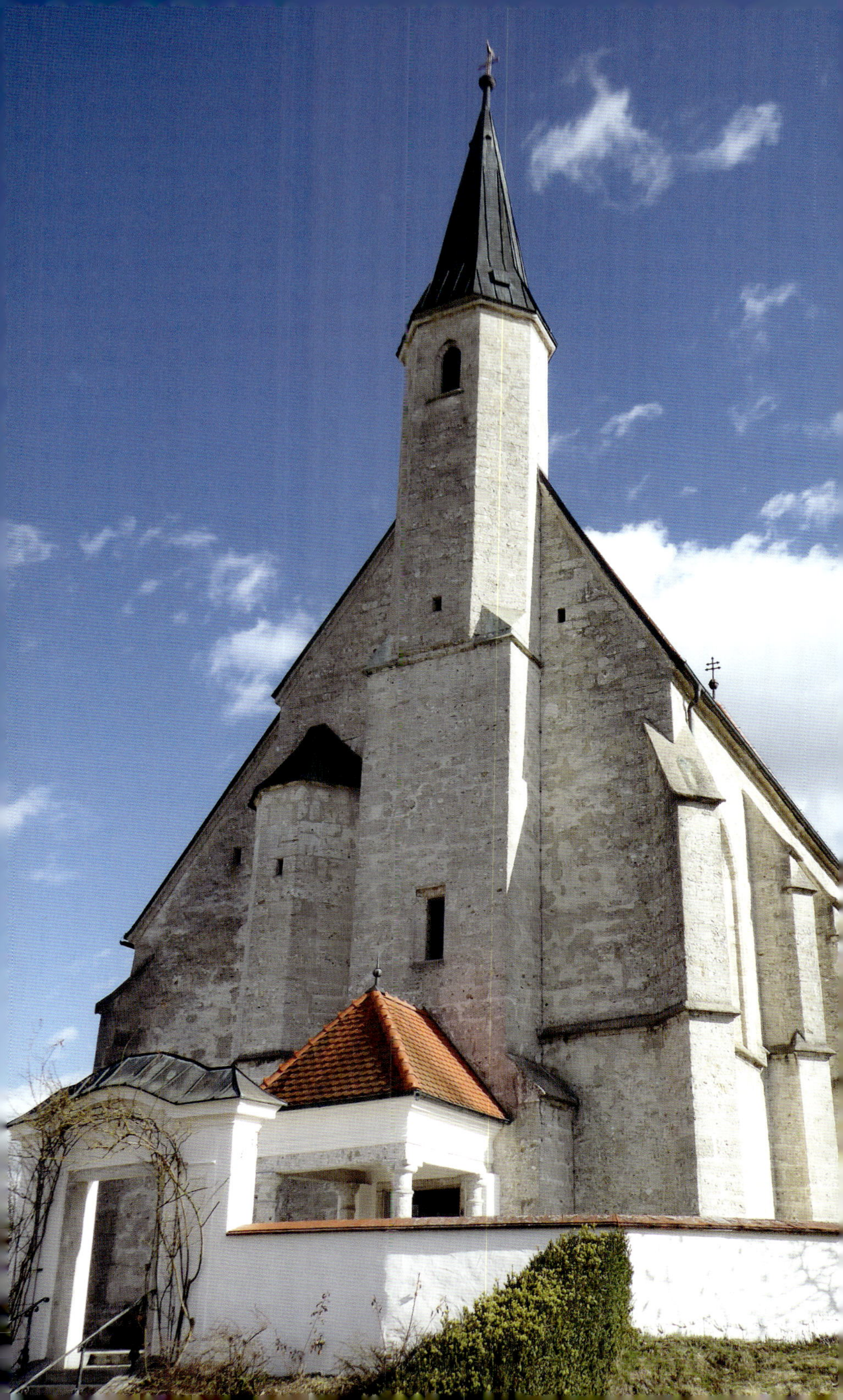

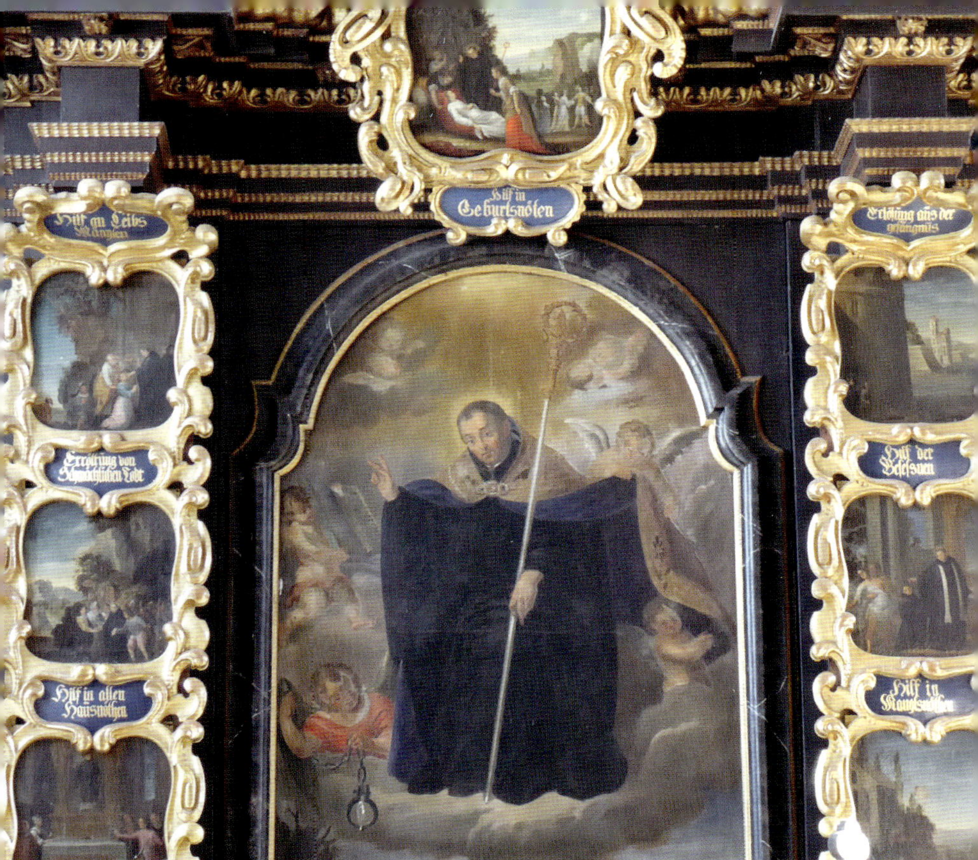

Der heilige Leonhard hilft bei „Leibesnöthen"

40 Jahren vorwiegend zeitgenössische Kunst aus Österreich. 2013 hat er seine private Sammlung, die etwa 3000 Arbeiten umfasst, öffentlich zugänglich gemacht. Das Museum ist an den Wochenenden geöffnet und bietet einen inspirierenden Abschluss der zweistündigen Rundwanderung, die über den Museumssteg wieder zum Ausgangspunkt führt.

🕒 2 Stunden (ohne Besichtigung) ↔ 6,7 Kilometer ↗ 70 Höhenmeter
Ausgangspunkt: Wels, Museumsteg an der Traun
Öffentl. Verkehr: Bahn bis Wels Hbf, dann Bus 16 bis Schwimmbad
www.thalheim.at/Wallfahrtskirche_Maria_Schauersberg
www.museum-angerlehner.at

Scharten 67

Blütenwanderung im Naturpark Obst-Hügel-Land

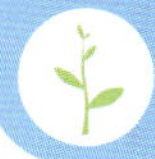

Schon bei der Hinfahrt nach Scharten springen die bunten Flecken in der Landschaft ins Auge. Aus dem Eferdinger Becken 150 Höhenmeter aufsteigend, taucht man in eine Gegend ein, die an die Toskana erinnert. Mehrere namensgebende „Scharten", also Einkerbungen, durchziehen die Hügellandschaft. Hinter üppig blühenden Marillenbäumen blinzelt der Zwiebelturm der Wallfahrtskirche Maria Scharten hervor. Altbürgermeister Johann Meyr berichtet über die Anfänge des Naturparks Obst-Hügel-Land: „Vor mehr als 15 Jahren wurde er gemeinsam mit der Nachbargemeinde St. Marienkirchen gegründet. Ziel war ein nachhaltiger Naturraum mit hoher Lebensqualität für Bewohner und Gäste." Die besondere Herausforderung bestand in einem guten Ausgleich zwischen modernen Erwerbsplantagen und alten Streuobstkulturen. Dass das auch in Zukunft so bleibt, dafür sorgt das Naturpark-Team mit Rainer Silber, dem Geschäftsführer des Naturparks: „Wir entwickeln mit neuen Ideen die Marke weiter. In unserem Programm gibt es regelmäßig Obst-, Gartenbau- und Kräuterworkshops. Besonders wichtig sind uns Angebote für Kinder und Familien."

Aus dem vielfältigen Wanderangebot wählen wir den 11 Kilometer langen „Kirschblütenweg". Vom Ortszentrum beginnend führt dieser gut markierte und kinderwagentaugliche Weg in einem großen Kreis rund um Scharten. Immer wieder öffnen sich Blicke auf blühende Alleen in der hügeligen Landschaft. An einigen Wegstrecken kommt das Gemüt geradezu in Hochstimmung: Majestätische Kirschbäume inmitten eines Streuobstgartens freuen sich sichtlich ihres langen Lebens und zeigen das mit einer üppigen Blütenpracht. Immer wieder

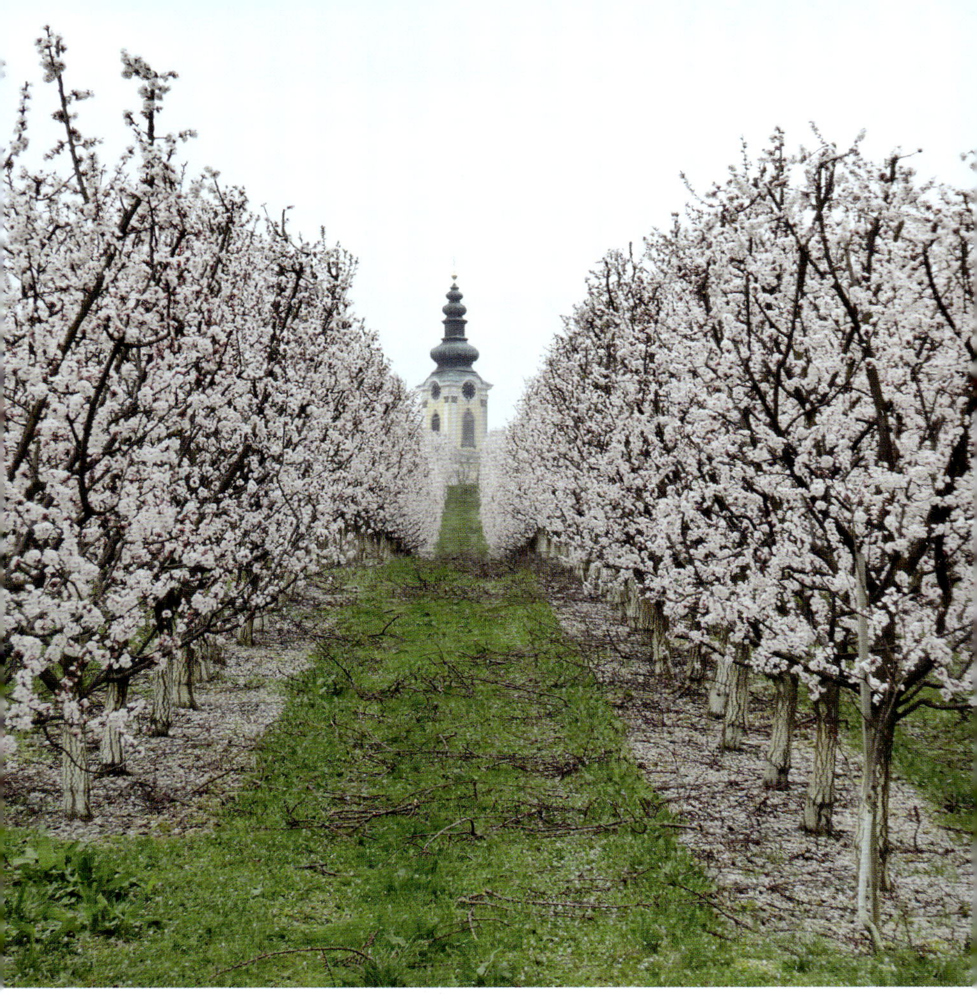

tauchen stattliche Bauernhöfe auf – umgeben von Obst- und Kirschplantagen. Viele Produkte von frischen Früchten über Obstsaft, Schnaps und Essig bis zu Marmeladen werden im Ab-Hof-Verkauf angeboten.

Oberhalb des Firlingerhofs wurde kürzlich eine neue Kapelle in bester Aussichtslage errichtet. Sie ist als Geste der Dankbarkeit gedacht, wie Horst Hubmer, der Besitzer des Firlingerhofs, betont.

Interessantes gibt es in der Ortschaft Leppersdorf zu entdecken. Die Fassade eines weitläufigen Hauses ist übersät mit Badenixen-Figuren. Hier war das Badehaus, in dem das Anfang des 20. Jahrhunderts entdeckte Warmwasser zu Heilzwecken genutzt wurde. Später wurde das Wasser für die Herstellung der „Schartner Bombe" verwendet. Das beliebte Getränk gibt es nach wechselnden Besitzverhältnissen heute immer noch. Ein guter Grund, nicht nur den exzellenten Most aus Scharten zu trinken.

Kinderwagentaugliche Wanderung
3 1/2 Stunden ↔ 11 Kilometer ↗ 150 Höhenmeter
Ausgangspunkt: Scharten, Ortszentrum
Öffentl. Verkehr: Bahn bis Wels Hbf, dann Bus 664 von Wels Neustadt/Grünbachplatz bis Scharten Ortsmitte
www.obsthuegelland.at

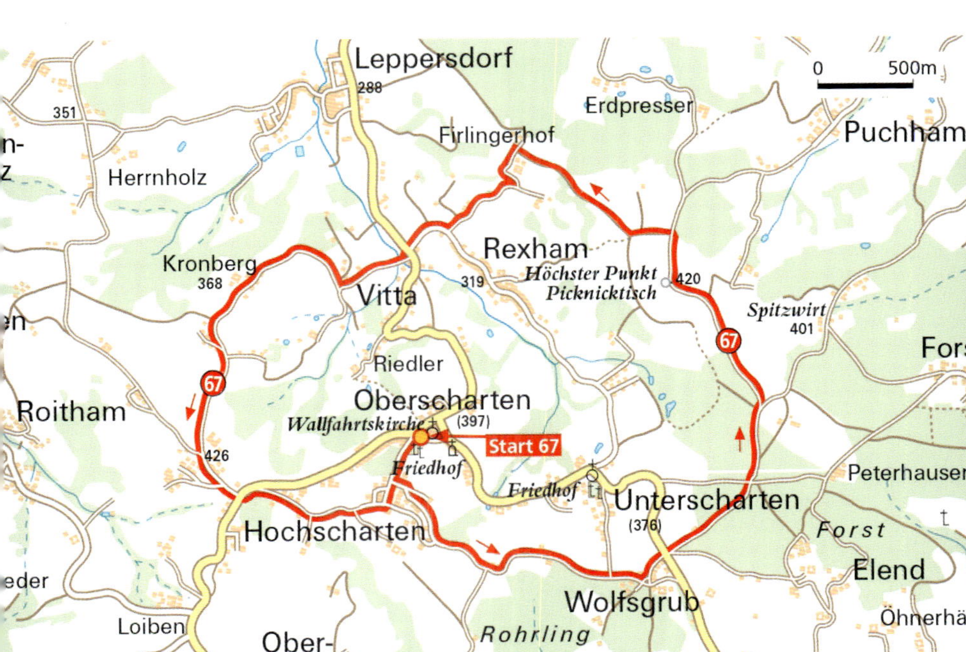

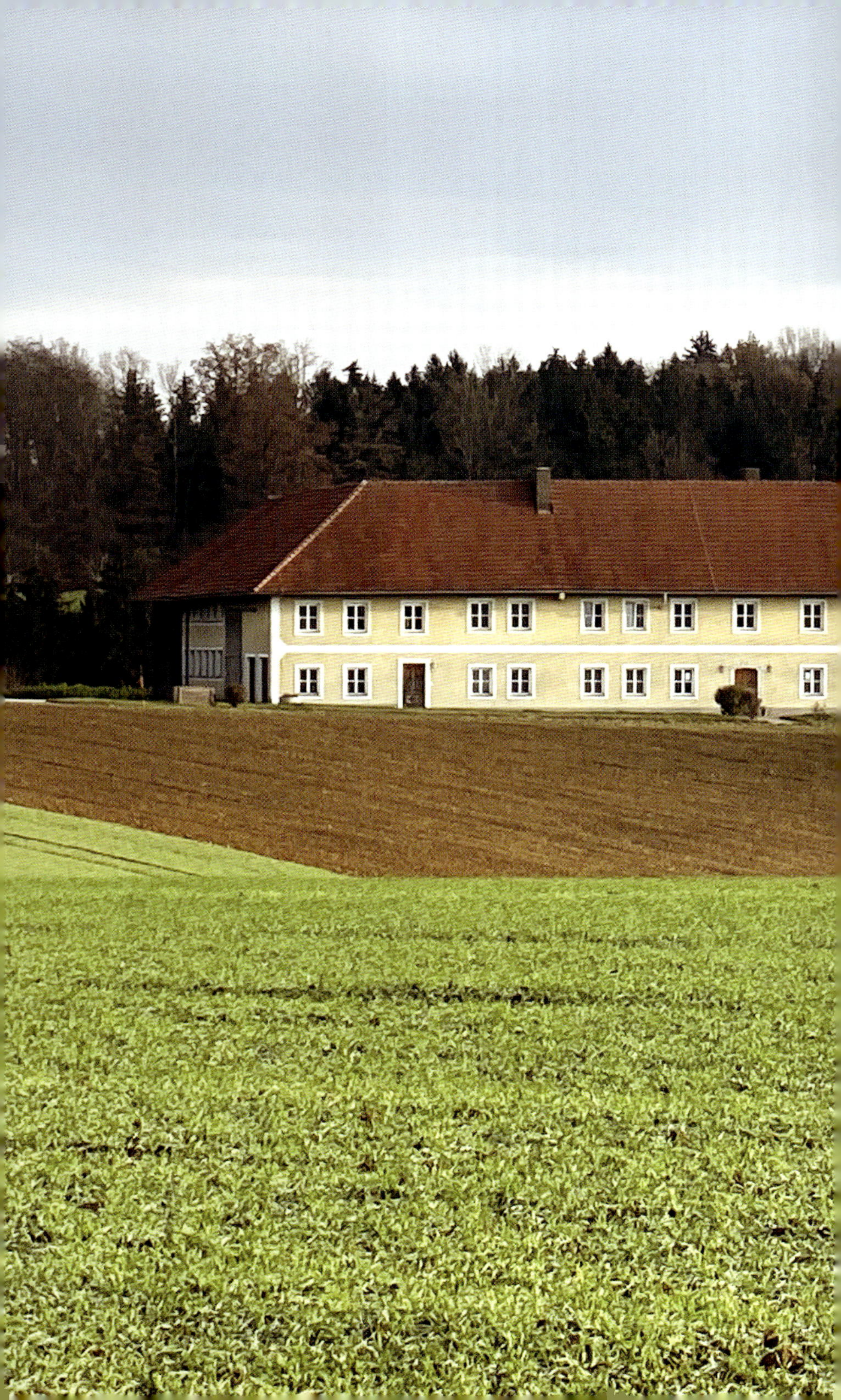

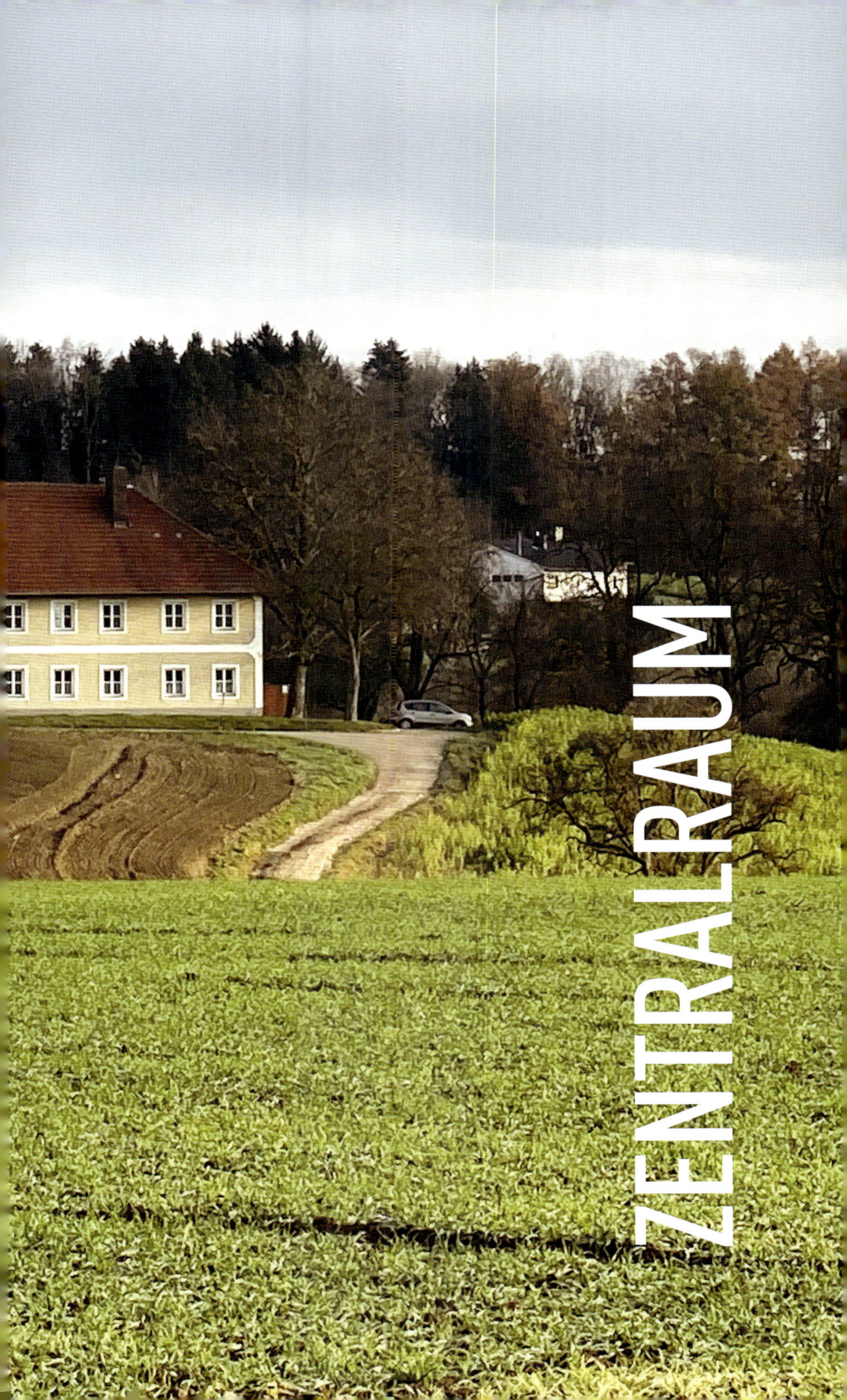
ZENTRALRAUM

68 Ansfelden
Mit Anton Bruckner im Vierkanterland

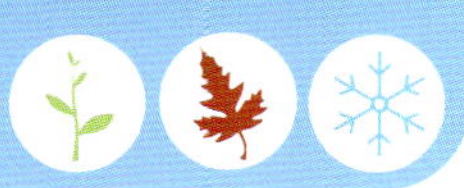

Wandern mit den Klängen von Bruckners „Vierter Symphonie"

Auf dem „Anton-Bruckner-Symphonie-Wanderweg" unterwegs zu sein heißt, durch sanftwelliges Bauernland mit fruchtbaren Feldern bis zum Horizont zu wandern. Wer sich vom Linzer Stadtrand nach Ansfelden (Bezirk Linz-Land) begibt, ahnt noch nichts von der Idylle, die ihn hier erwartet. Der Name der Straße, die zum Ausgangspunkt der zweistündigen Rundwanderung führt, ist aber schon vielversprechend: die „Himmelreichstraße".

Sie leitet uns zur ersten Station des Weges, der zur Erinnerung an den großen Sohn des Ortes, den Komponisten Anton Bruckner, angelegt wurde und bis nach St. Florian führt. In der dortigen Stiftskrypta befindet sich seine Begräbnisstätte. Im ehemaligen Schulhaus von Ansfelden, in dem Bruckner als Sohn des Schullehrers geboren wurde, erinnert das „Anton Bruckner Centrum" an den musikalischen Werdegang des Meisters. Neben der Wohnstube, dem Geburtsraum und einem Klassenzimmer bieten weitere Räume Einblick in das Leben und Schaffen des Komponisten. Zusätzlich kann sich der interessierte Besucher einen MP3-Player ausborgen, um diese Wanderung auch mit Auszügen aus Bruckners zehn Symphonien zu erleben.
Die erste Station beschreibt die Entstehung der „Ersten Symphonie", die Bruckner im Alter von 41 Jahren als Linzer Dom- und Stadtpfarrorganist geschaffen hat. Der Weg schlängelt sich zwischen weitläufigen Feldern an der einsamen Maria-Taferl-Kapelle vorbei, um in eine teilweise prächtig blühende Obstbaumallee zu münden. Alle Restgeräusche der nahen

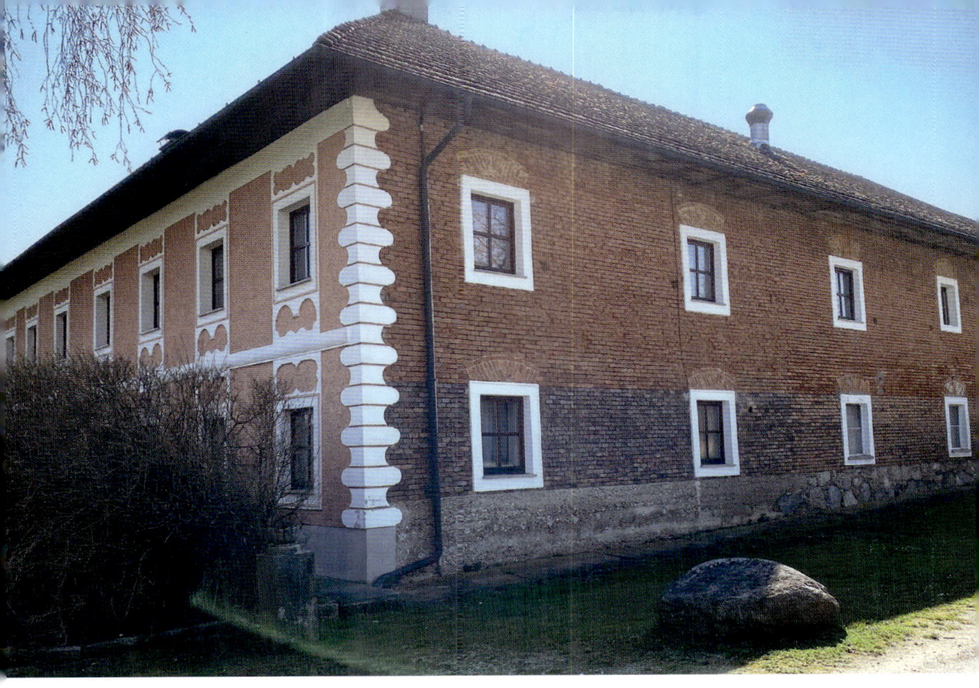

Stattlicher Bauernhof in Ansfelden

Westautobahn sind gänzlich verstummt und wir können ungetrübt die ländliche Idylle genießen.

Wer weiß, wie oft sich Bruckner auf diesem Weg seine Inspirationen geholt hat? Wir überqueren den lauschigen Wambach und erreichen schließlich die fünfte Station, wo die „Vierte Symphonie" beschrieben wird. Die Natureindrücke scheinen sich besonders in diesem Werk, der „Romantischen", wiederzufinden. Peter Aigner ist Obmann des „Brucknerbundes Ansfelden" und beschreibt es treffend: „Sie beginnt mit dem berühmten Hornruf über geheimnisvollem Streichertremolo, worauf der Gesang der Kohlmeise ‚Zizipe' folgt." Man kann die tiefe Naturmystik spüren, die Bruckner auf der Grundlage seines unerschütterlichen Glaubens zum Klingen bringt. Es folgen jähe musikalische Kontraste und Abstürze, ausgedrückt durch monumentale Entladungen bedrohlich tiefer Blechbläser. Alles findet schließlich einen hymnisch strahlenden Ausgang mit der melodischen Volkstümlichkeit des wiederkehrenden Hornrufs vom Beginn

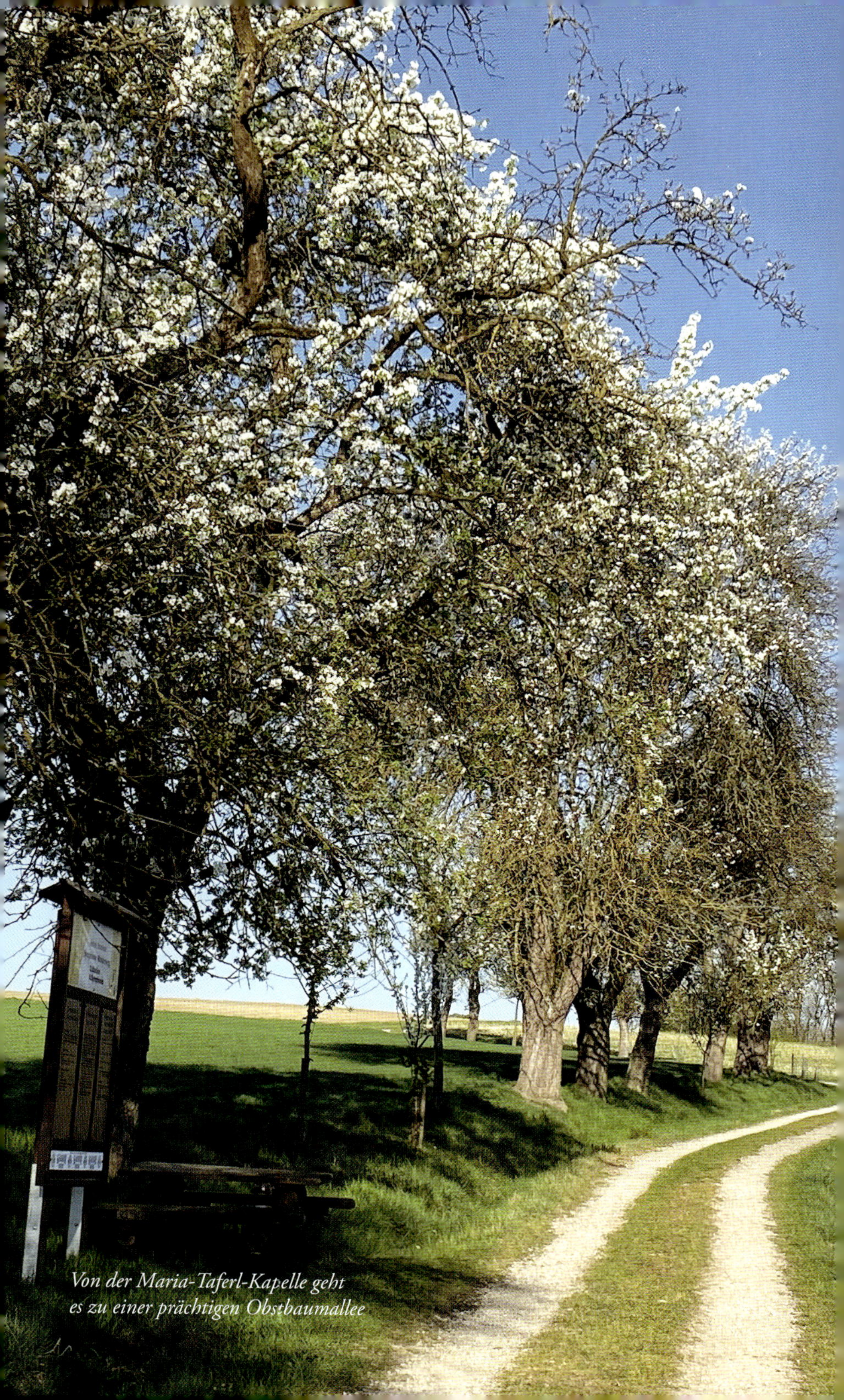

Von der Maria-Taferl-Kapelle geht es zu einer prächtigen Obstbaumallee

der Symphonie." Eine höchst erquickliche Verbindung von Natur und Musik, die sich auf diesem Wanderweg einstellt.
Wir verlassen hier den „Symphonieweg" und genießen auf dem „Rundwanderweg Forstholz" die würzige Waldluft. Über den nahen Riedberg-Hügel, dem mit 366 Metern höchsten Punkt der Tour, durchqueren wir den lichten Wald, die Ortschaft Wambachberg und nähern uns talwärts stattlichen Bauernhöfen. Nach einem Stück auf der Wambacherstraße führt uns vom Bauernhof Jahl ein unmarkierter Feldweg quer durch bestens gepflegte Äcker zurück zum Ausgangspunkt. Der Turm der Richtfunkstation Ansfelden gibt mit seinen 93 Metern eine gute Orientierung.

Kinderwagentaugliche Wanderung
🕒 2 Stunden ↔ 6,5 km ↗ 120 Höhenmeter
Ausgangspunkt: Ansfelden, Ende der Himmelreichstraße
Öffentl. Verkehr: Bus 611 bis Ansfelden Schule
www.antonbruckner.at • www.brucknerbund-ansfelden.at

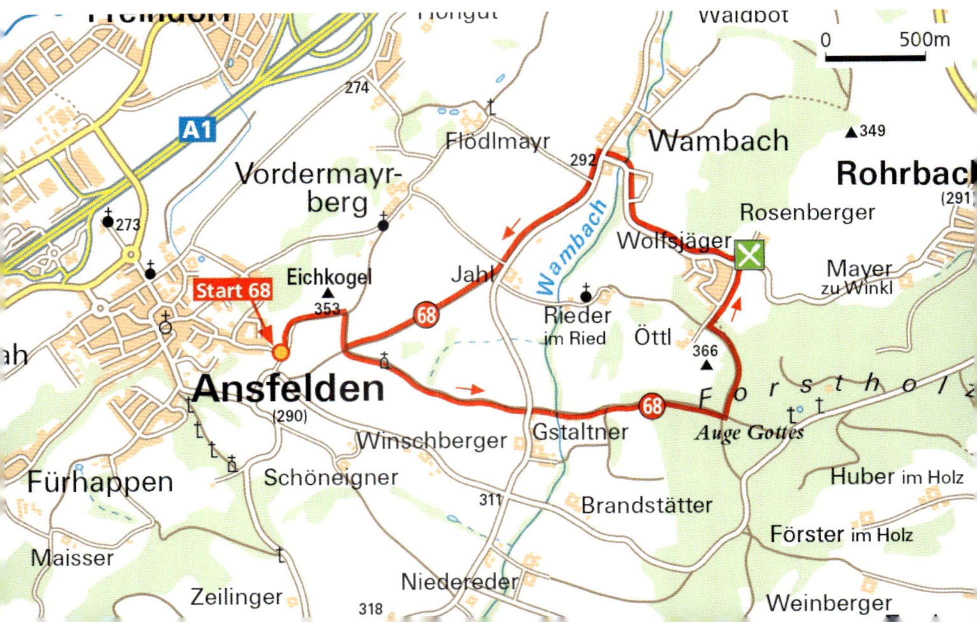

69 Christkindl

Wo das Christkind wohnt, ist der Himmel nicht weit

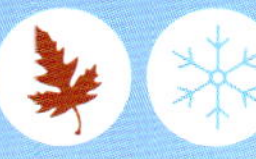

Von Unterhimmel nach Christkindl

Wo das Christkind wohnt, ist der Himmel nicht weit. Beides findet der Besucher am westlichen Stadtrand von Steyr ganz nahe beisammen.

Dem Steyr-Fluss auf dem Wehrgraben folgend, gelangen wir nach Unterhimmel. Der Parkplatz an der „Schwarzen Brücke" ist der Ausgangspunkt für eine geradezu himmlische Rundwanderung. Das Landschaftsschutzgebiet „Unterhimmel" führt durch die Au des Steyrflusses und des Himmlitzer Baches mit ihren Teichen, Schotterbänken und seltenen Pflanzen. Auf dem Steg der Kruglbrücke meditieren – herbstlich entspannt – einige Möwen. Immer wieder richtet sich der Blick auf die nahe Anhöhe mit der Wallfahrtskirche Christkindl.

Der Weg führt über die Trasse der historischen Steyrtal-Bahn bis zum idyllisch gelegenen Schloss Rosenegg. Der Herrensitz aus dem 12. Jahrhundert wurde in der Renaissancezeit zum Schloss ausgebaut. Die amerikanischen Eigentümer – Nachkommen der Familie Werndl – sind in der kalten Jahreszeit nicht anwesend. Wer Glück hat, kann im Sommer Gast einer erlesenen Kulturveranstaltung im romantischen Schloss sein.

Schließlich erreichen wir auf der Christkindlstraße, die hier gleichzeitig Teil des „Mariazellerweges" ist, den Christkindlwirt. Georg Baumgartner – bereits in vierter Generation hier als Wirt tätig – berichtet dazu: „Seit 65 Jahren ist in

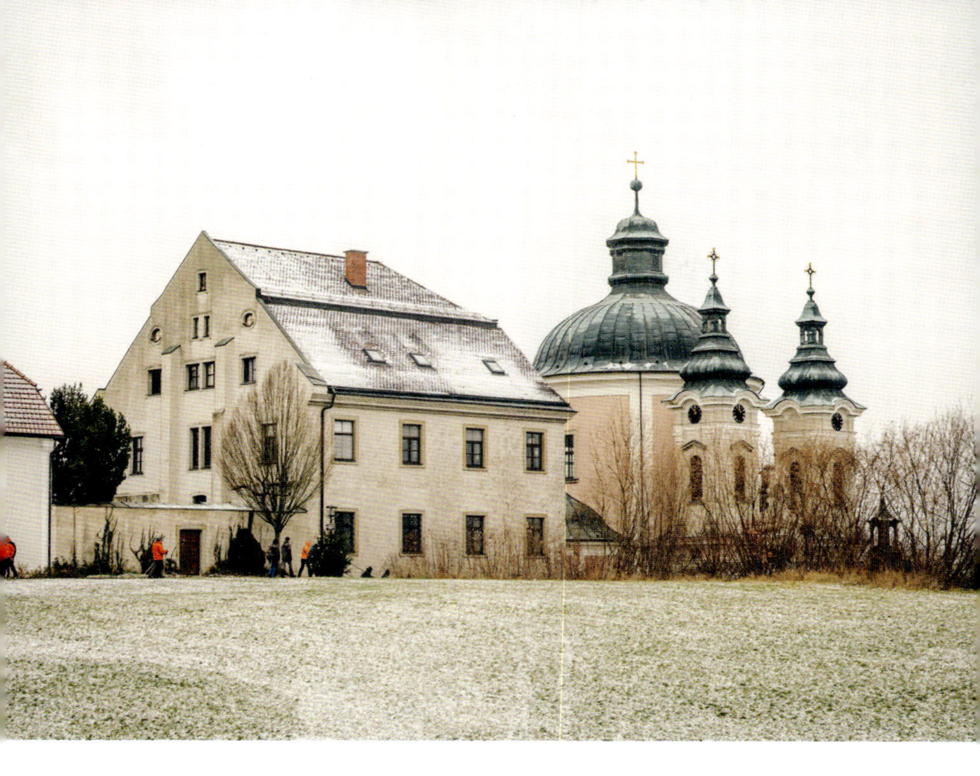

unserem Gasthof das Christkindl-Postamt untergebracht. Jeden Dezember werden von zwölf Post-Angestellten mehr als 2 Millionen Briefe an das Christkind weitergeschickt." Die Geschichte der nahen barocken Wallfahrtskirche geht auf das Jahr 1695 zurück. Der schwerkranke Ferdinand Sertl, Chorleiter und Betreuer der Feuerwache am Steyrer Stadtpfarrturm, stellte ein kleines Jesuskind aus Wachs in eine Fichte und betete für seine Heilung von der Epilepsie. Nach seiner Genesung kamen zahlreiche Pilger „zum Christkindl unterm Himmel". Carlo Carlone und Jakob Prandtauer schufen schließlich wenige Jahre später ein barockes Kirchenjuwel. In der Mitte des Hochaltares ist noch der originale Baumstamm zu sehen. Als „Himmel" wurde damals allerdings eine waldfreie Höhenlage bezeichnet. Das darunterliegende Gebiet am Fluss erhielt, wohl davon abgeleitet, den treffenden Namen „Unterhimmel".

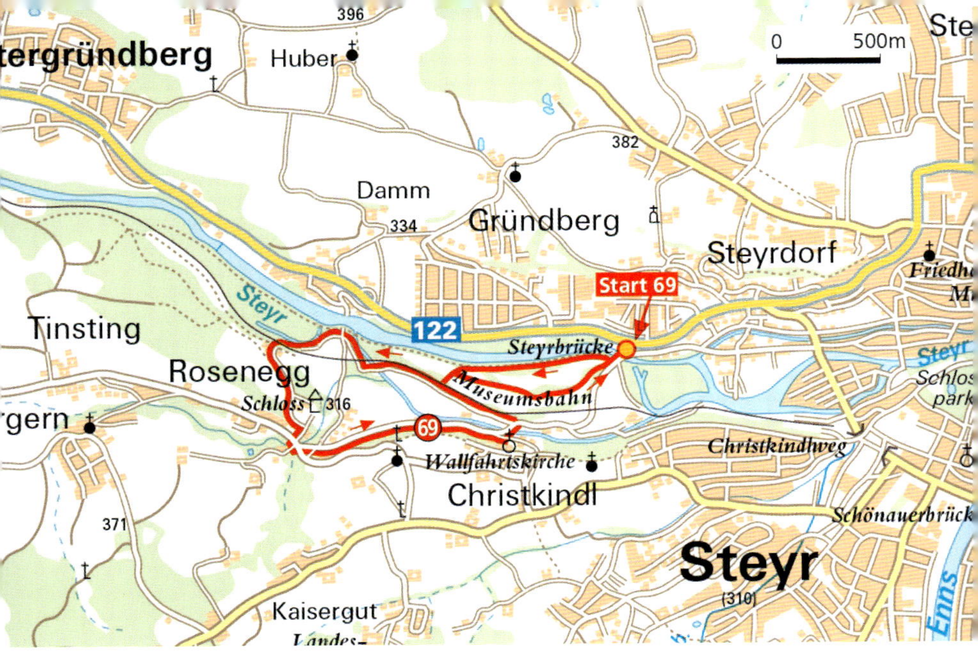

Dorthin führt uns jetzt die Engelsstiege auch wieder zurück. Vorbei an steilen Konglomeratfelsen geht es hinunter zur Steyr. Dort erinnert der „Drahtzug", ein von Josef Werndl errichtetes Fabriksgebäude für die Erzeugung von Nägeln, an die industrielle Vergangenheit. Heute hallt kein Industrielärm mehr, ein gastliches Kaffeehaus gleichen Namens lädt zur besinnlichen Rast als Abschluss der zweistündigen Rundwanderung ein.

🕒 2 Stunden ↔ 7 Kilometer ↗ 70 Höhenmeter
Ausgangspunkt: Steyr, Wehrgraben oder Parkplatz an der Schwarzen Brücke
Öffentl. Verkehr: Lokalbahn S 1 oder Bus 401 bis Steyr Bhf
https://www.dioezese-linz.at/pfarre/4403
www.christkindlwirt.at • www.drahtzug.at

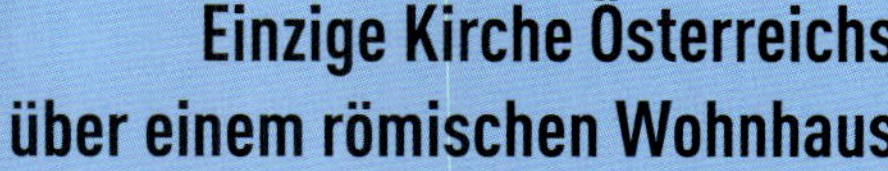

Einzige Kirche Österreichs über einem römischen Wohnhaus

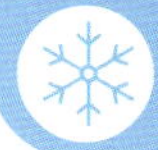

Wer suchet, der findet. Manchmal aber nicht das, wonach er gesucht hat. So erging es den Archäologen, die ab 1960 unterhalb der Basilika von Lorch die Überreste eines römischen Tempels vermuteten. Stattdessen entdeckten sie die Grundmauern eines vornehmen römischen Hauses aus dem 2. Jahrhundert.

Mit schier unerschöpflichem Wissen und vielen Anekdoten aus seinem Leben begleitet Alfred Hudec unsere Geschichtsreise. Er ist der Doyen der Ennser Stadtführer – und das seit über 50 Jahren: „In frühchristlicher Zeit wurde das römische Haus durch einen Versammlungsraum erweitert und schließlich im 4. Jahrhundert zu einer Kirche ausgebaut. Der heilige Florian ist wohl der bekannteste Märtyrer in dieser Zeit."
Wenig Tageslicht dringt in das wegen ihrer besonderen Vergangenheit zur Basilika erhobene Gotteshaus. Die mystische Atmosphäre erleichtert das Sich-Versenken in die alten Zeiten. Als Jugendlicher hat Hudec miterlebt, wie der ganze Kirchenboden entfernt und die darunterliegenden antiken Reste geborgen wurden. Diese sind in der Unterkirche zu bestaunen: Eine gut erhaltene Hypokausten-Heizung und eine steinerne Votivtafel, die dem römischen Genius (Schutzgeist der Zweiten Italischen Legion) gewidmet ist.
Im weitläufigen Kirchenkeller erregt ein Sarkophag des damaligen Landeshauptmanns Bernhard von Scherffenberg aus dem Jahr 1513 besondere Aufmerksamkeit: Darauf sind neben dem Verblichenen auch die Tiere dargestellt, die den sterblichen Leib in den Naturzustand zurückverwandeln sollen. Besonders markant zu sehen: An der Stelle, wo sich das „Heiligtum des

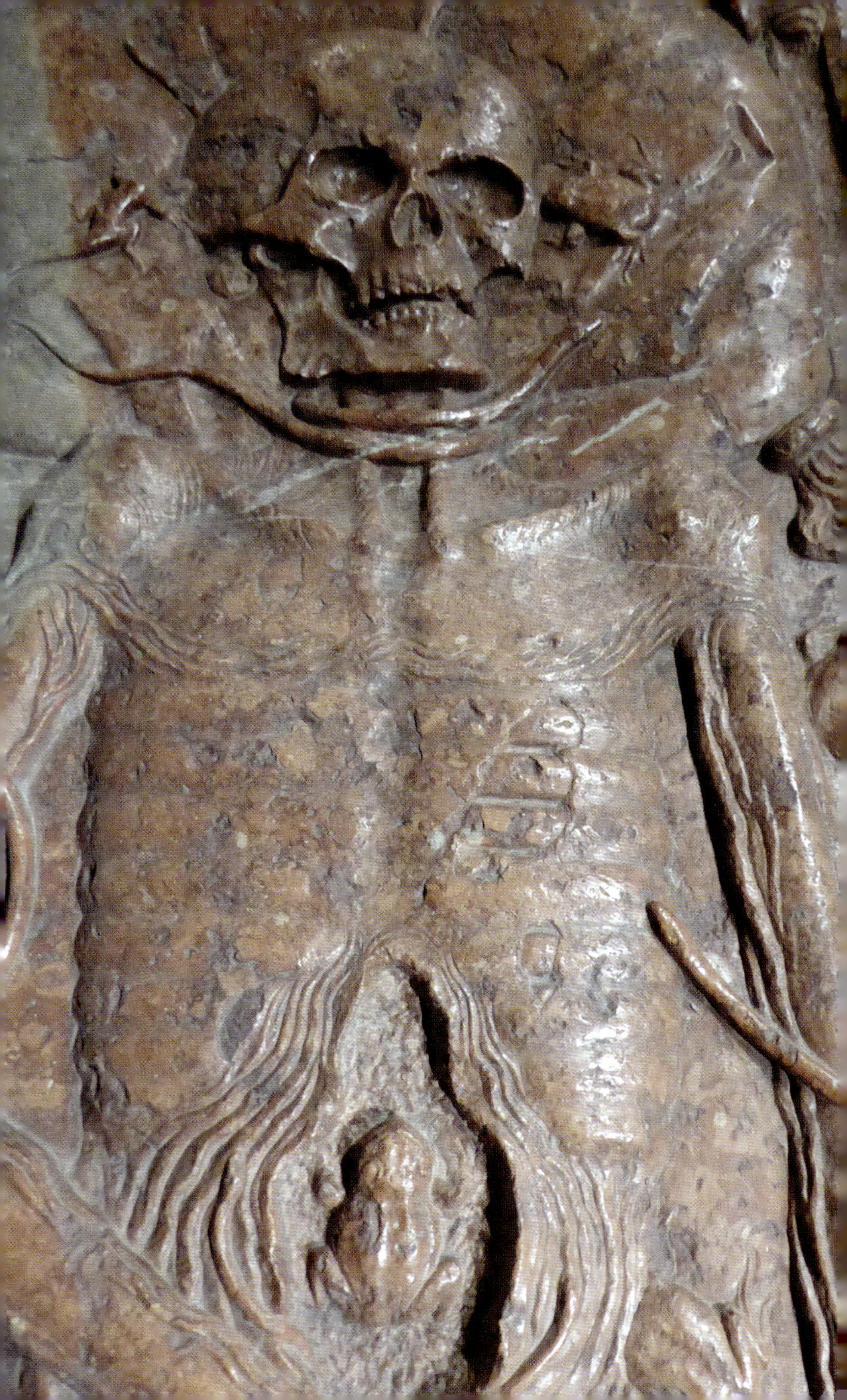

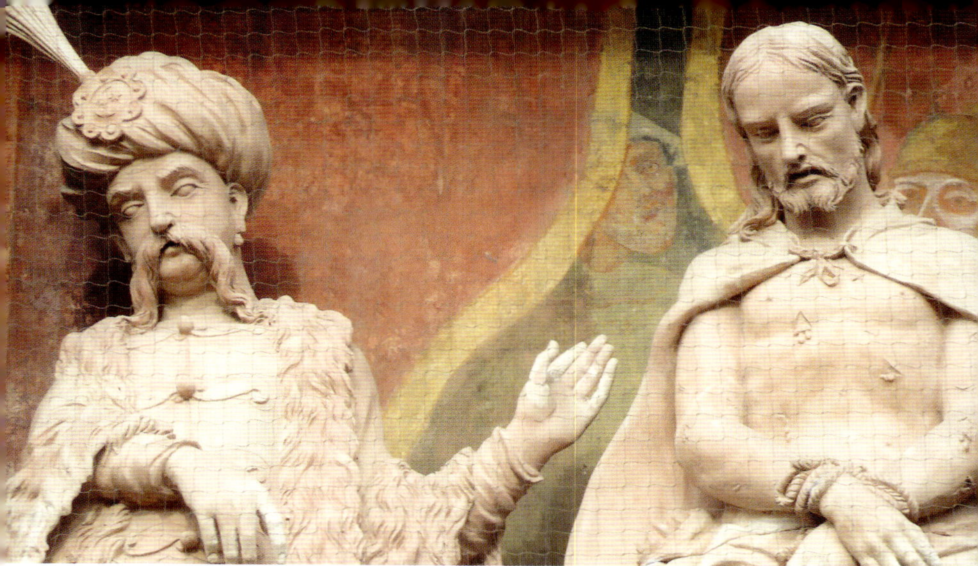

oben: Herodes als Türke mit Turban dargestellt
links: Frosch im heiligen Zentrum des Mannes

Mannes“ befindet, sitzt ein Frosch. Er symbolisiert die Abwehr des Bösen und erinnert daran, dass der Verstorbene Kinder gezeugt hat.

Die Basilika verlassend, besticht das vom gehörlosen Bildhauer Peter Dimmel gestaltete Portal, das die Vita des heiligen Florian einfühlsam darstellt. Ein eindrucksvolles Zeugnis moderner Kunst, das den alten Meistern ebenbürtig ist.

Bevor die 2 000-jährige Zeitreise zu Ende geht, fällt der Blick auf die Ecce-Homo-Gruppe, die am neben der Basilika befindlichen Karner angebracht ist. Eine Frage taucht auf: Warum wird Pontius Pilatus als Türke dargestellt? Unser kundiger Führer weiß die Antwort: „Diese Figurengruppe wurde unmittelbar nach dem Türkenangriff von 1683 gestaltet. Damals wurde der aus christlicher Sicht ohnedies schon böse römische Statthalter doppelt schlecht – nämlich als Türke mit Turban – dargestellt.“

Ausgangspunkt: Basilika St. Laurenz, Lauriacumstraße 4, Enns
Öffentl. Verkehr: Bus 401 bis Enns Lauriacumstraße

71 Donau-Ennswinkel
Romanische Kunst im Schneeglöckerlwald

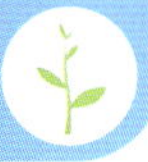

Romanische Kunst inmitten üppig blühender Frühlingspracht – das erwartet den Besucher im Donau-Ennswinkel bei St. Pantaleon. Vizebürgermeister Josef Alkin hat sich besonders für den neu angelegten Kulturwanderweg „Romanisches Dreieck" engagiert. Dieser führt vom Ortszentrum in nördlicher Richtung ins weitläufige Augebiet. Ein Teppich aus weißblühenden Frühlingsboten bezaubert uns Wanderer. Der Duft von frischem Bärlauch erfüllt die Luft. Die nahe Biber-Lacke wird ihrem Namen gerecht. Die aktiven Tiere haben mehrere hohe Bäume kräftig angeknabbert. Daneben liegt ein Schlachtfeld von bereits gefällten Bäumen. Der weitere Weg führt durch ausgedehnte Flächen von frisch gepflanzten Laubbäumen.

Seeadler

Dass das ökologische Gleichgewicht stimmt, bestätigt Mario Ensmann, der zuständige Betriebsleiter des Grundeigentümers der Au: „Besonders sensible Aubewohner, nämlich Seeadler, fühlen sich hier wohl und sorgen regelmäßig für Nachwuchs." Dennoch ist der Schaden, den die Biber verursachen, beträchtlich. Schließlich erreichen wir den Hochwasserdamm der Donau. Ihm folgen wir donauabwärts und passieren immer wieder Wasserläufe. Diese Reste des früheren Donaulaufs nehmen das regelmäßig auftretende Hochwasser auf. Rettungshügel sichern dem Wild das Überleben. Dann erreichen wir den Erla-Bach und kurz darauf den gleichnamigen Ort. Hier besuchen wir die ehemalige Klosterkirche der Benediktinerinnen. Wolfgang Divinzenz ist ein engagiertes Mitglied des Vereins für Dorferneuerung: „Über mehrere Jahrhunderte war das Kloster ein spirituelles und wirtschaftliches Zentrum. Es gilt auch als das

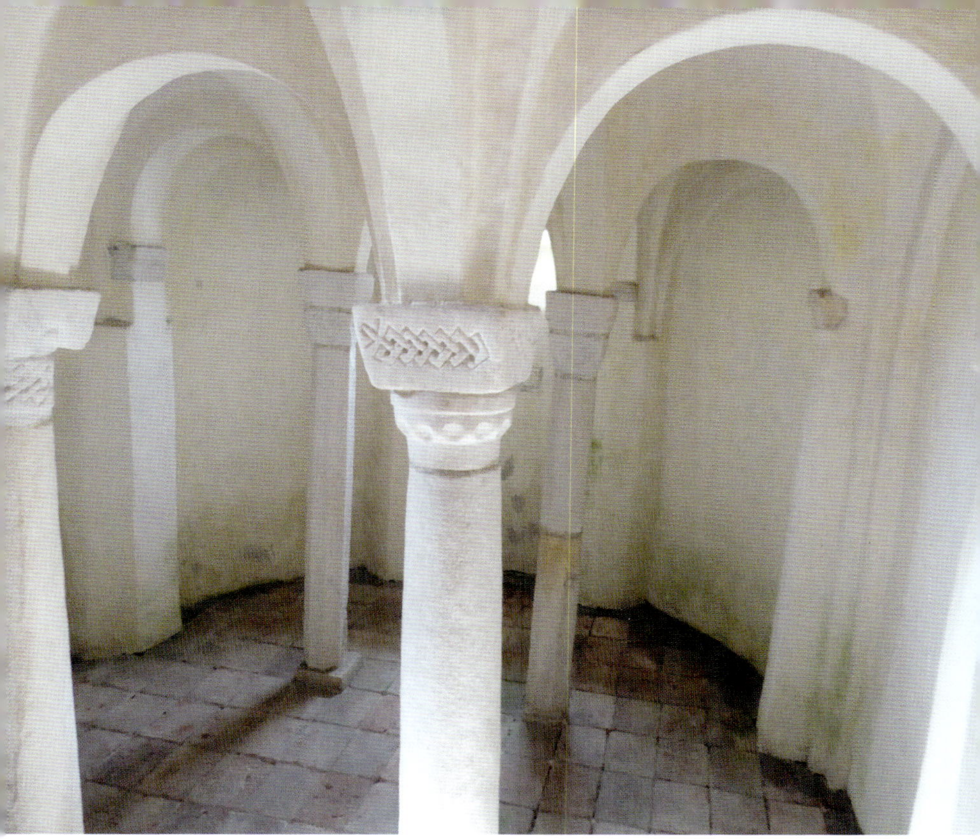

Romanische Krypta in St. Pantaleon

älteste Frauenkloster in Österreich und wurde 1130 von Otto von Machland gestiftet. Einmalig ist die Darstellung des gut erhaltenen gotischen Stammbaums Christi aus dem 15. Jahrhundert. Einer der Besitzer war Wolfger von Erla. Er wurde Erzbischof von Passau und soll das Nibelungenlied in Auftrag gegeben haben."

Nach dieser kulturellen Bereicherung geht es in zwanzig Minuten wieder zum Ausgangspunkt zurück. Ein besonderer Höhepunkt ist sodann der Besuch in der Krypta der Kirche von St. Pantaleon. Die schlichte Säulenhalle aus dem 12. Jahrhundert versetzt uns in eine meditative Stimmung. Die Kapitelle sind von höchstem künstlerischem Wert. Nur mattes Licht und gedämpfte Geräusche dringen von draußen herein.

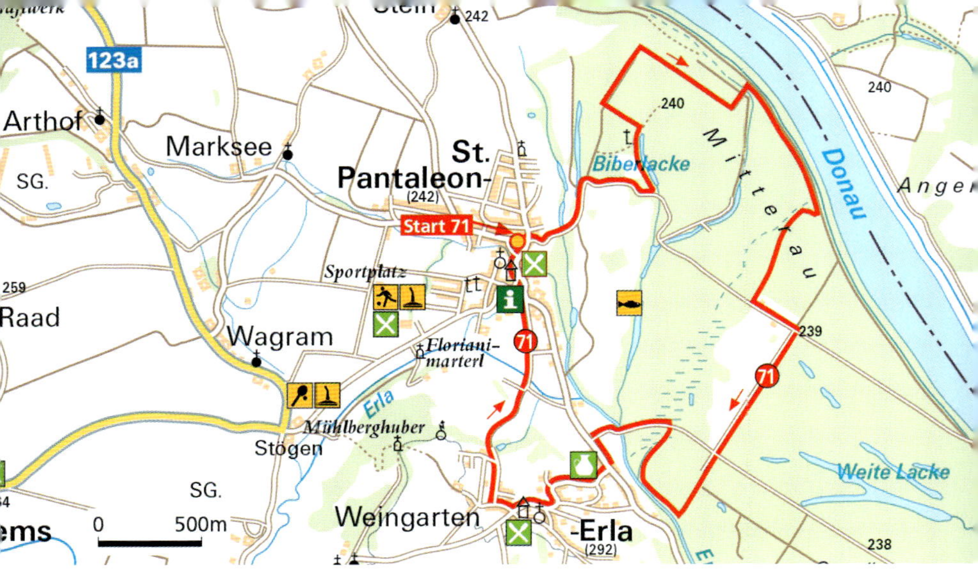

Wir setzen unsere Kulturrunde fort. Kunstfreunde können sich in wenigen Fahrminuten auf eine weitere Station des „Romanischen Dreiecks" begeben.

Wehrkirche

Der dritte Ort im „Romanischen Dreieck" ist die mehr als 800 Jahre alte Wehrkirche in Rems. Sie beeindruckt durch das einmalige romanische Portal. Franz Rosenberger hat sich schon wie sein Vater und Großvater für die Erhaltung dieses Kulturguts eingesetzt. Er öffnet die Tür in den schlichten Innenraum. Ein in der 140 Zentimeter dicken Mauer eingebauter schmaler Wehrgang führt bis in den Turm: gespenstische Atmosphäre in historischen Mauern. So endet ein Naturerlebnis, eingebettet in bemerkenswerte (Kunst-)Geschichte.

Kinderwagentaugliche Wanderung
🕒 3 Stunden ↔ 9,4 Kilometer (ohne Besichtigung)
Ausgangspunkt Schneeglöckerlweg: Ortszentrum von St. Pantaleon
Der Kulturwanderweg „Romanisches Dreieck" führt auf etwa 10 km durch die Orte Erla, Rems und St. Pantaleon.
https://st-pantaleon-erla.gv.at/kulturwanderweg
Öffentl. Verkehr: Bahn bis St. Pantaleon NÖ Bhf

Schloss Wallsee
Wo der Kaiser Ostereier versteckte

Frühlingserwachen beim Römerkastell und Habsburger Schloss

Weithin überragt das Schloss Wallsee in der Frühlingssonne das Land an der Donau in Wallsee-Sindelburg. Der zentrale Rudolfsturm wird von zinnenbewehrten Wachtürmen flankiert. Peter zu Stolberg-Stolberg führt uns in die Geschichte des bedeutenden Anwesens ein. Er ist der Enkelsohn von Graf Bernhard zu Stolberg-Stolberg. Dieser hatte im Jahr 1918 Hedwig von Österreich-Toskana, die Enkelin von Kaiser Franz Joseph, ebendort geheiratet und auch im Schloss gewohnt.

Peter zu Stolberg-Stolberg erinnert sich an Erzählungen seiner Großmutter, wonach der Kaiser bei seinen Besuchen sehr das privat-familiäre Ambiente im Schloss Wallsee genossen, für seine Enkelkinder Ostereier im Schlosspark versteckt und diese mit ihnen anschließend auch gesucht hat. Das heute immer noch im Besitz der Familie Habsburg befindliche Anwesen könnte vielerlei Geschichten erzählen. Zu Stolberg-Stolberg erwähnt nur einige davon: „Die Herren von Wallsee waren Gefolgsleute der Habsburger, prägten maßgeblich die Geschicke des Landes ob der Enns, stellten mehrere Landeshauptleute und gründeten Klöster wie das Stift Schlierbach. Nach deren Aussterben folgte ein häufiger Besitzerwechsel. Im Jahr 1895 erwarben die Tochter Kaiser Franz Josephs, Erzherzogin Marie Valerie, und Erzherzog Franz Salvator das heruntergekommene Anwesen und renovierten es mustergültig. Den Russen als Siegermacht des Zweiten Weltkrieges schien es hier so gut zu gefallen, dass sie im Schloss die Siegesfeier abhielten.“ Als „Engel von Wallsee“ ist Marie Valerie immer noch bei den Menschen präsent.

Römerkastell

Noch viel ältere Geschichte gibt es beim Spaziergang über den Marktplatz von Wallsee-Sindelburg zu entdecken. Schwer vorstellbar heute: Auf dem gesamten Areal des Gemeindezentrums befand sich ein Römerkastell. Grüne Markierungen auf der Straße weisen auf die historischen Befestigungsmauern hin. Exakt an der Stelle, wo sich das schmucke Rathaus befindet, war über Jahrhunderte die Kommandozentrale des Lagerleiters untergebracht. Der Obmann des Museumsvereins, Johann Wahl, führt uns durch ein schmales 2 000 Jahre altes Gässchen zum Museum „Römerwelt". Genau hier befand sich bis ins 5. Jahrhundert ein spätantikes Kleinkastell. In der 29 x 26 m großen Ausstellungsfläche lassen uns raumfüllende Projektionen akustisch und visuell in das Leben am Römerlimes im 5. Jahrhundert nach Christus eintauchen. Ein tönernes römisches Sieb bleibt uns in besonderer Erinnerung. Wahl kennt den Verwendungszweck: „Dieses wurde mit Honig und Gewürzen wie Zimt gefüllt und damit der Wein geschmacklich veredelt." Den Soldaten sollte damit wohl das entbehrungsreiche Leben an der Donaugrenze des Reiches erleichtert werden.

Schloss Wallsee mit dem dominanten Rudolfsturm

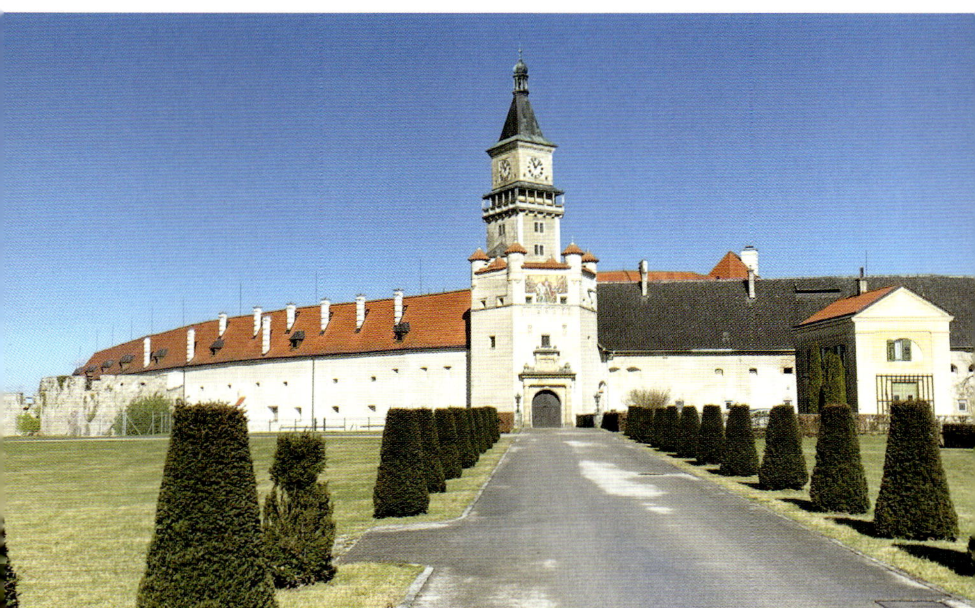

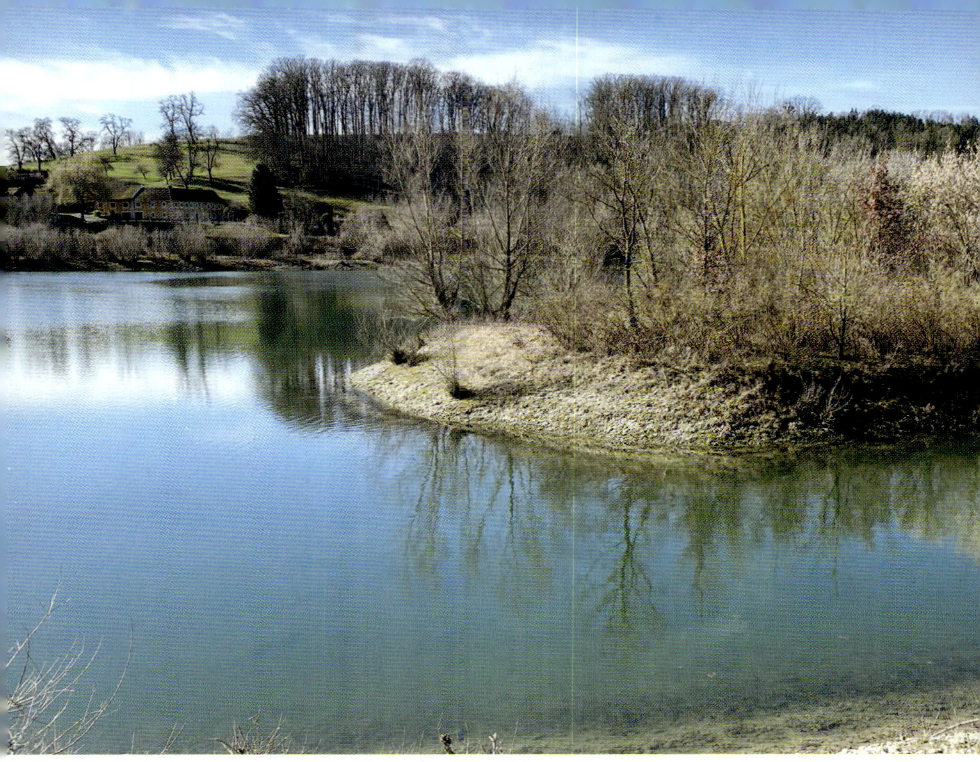

Wanderidylle am Altarm der Donau

Genau dieser Grenzfluss hat heute einen besonderen Reiz für uns Besucher. Seit der Errichtung des Kraftwerks Wallsee-Mitterkirchen in den 1960er-Jahren ist der Altarm der Donau ein Natur- und Wanderparadies. Wir genießen auf acht Kilometern eine faszinierende Frühlingspracht, bei der sich Schneeglöckchen und Bärlauch besonders hervortun. In zwei Stunden Gehzeit teilen wir einige Wegstrecken mit dem österreichischen „Jakobsweg" und dem „Donauhöhen-Rundwanderweg".

Kinderwagentaugliche Wanderung
🕒 2 Stunden ↔ 9,6 Kilometer
Ausgangspunkt: Ortszentrum Wallsee
Öffentl. Verkehr: Bahn bis St. Valentin Bhf, Bus 613 bis Wallsee Ortsmitte
www.wallsee-sindelburg.gv.at • www.schloss-wallsee.at
www.roemer-wallsee.at

73 Tillysburg
Schloss und Bauernhof in einem

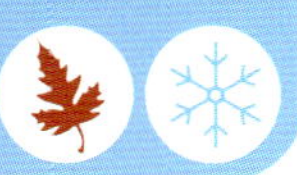

Kühn blickt der Feldherr Graf Tilly (1559–1632) auf uns. Seine metallene Rüstung glänzt, seine Rechte umfasst den Lauf seines Gewehrs. Das lebensgroße Bild im prunkvollen Tilly-Saal des Schlosses Tillysburg erinnert an den Erbauer dieser Anlage mitten im Dreißigjährigen Krieg (1618–1648).

Höhenrücken

Prächtig steht das Schloss heute auf einem Höhenrücken hoch über dem Kristeinerbach im Gemeindegebiet von St. Florian bei Linz. Der heutige Eigentümer ist Georg Spiegelfeld-Schneeburg. Seine familiären Wurzeln gehen bis in das 14. Jahrhundert zurück. Unter Kaiser Franz Joseph diente einer seiner Vorfahren als Statthalter von Oberösterreich. Vom letzten Kaiser von Österreich, Karl I., wurden sein Vorfahre Markus und dessen Brüder in den Grafenstand erhoben. Was dem Besucher nicht auffällt, ist das gänzlich neue Baukonzept dieses Schlosses. „Das Erdgeschoß beinhaltet landwirtschaftlich genutzte Räume, der erste Stock dient Wohn- und Repräsentationszwecken. Es war also Bauernhof und Schloss in einem. In dieser Form einmalig in Österreich."

Kapelle

„Der Hauptraum des Schlosses ist nicht etwa ein Festsaal, sondern eine über die gesamte Gebäudehöhe angelegte Schlosskapelle. Grund dafür war wohl die tiefe Frömmigkeit der Familie Tilly, aber auch das Umfeld der Rekatholisierung des Landes im 17. Jahrhundert." Immer noch wird regelmäßig in der barocken Kapelle die Messe gelesen, an der die Bevölkerung der Umgebung teilnimmt.

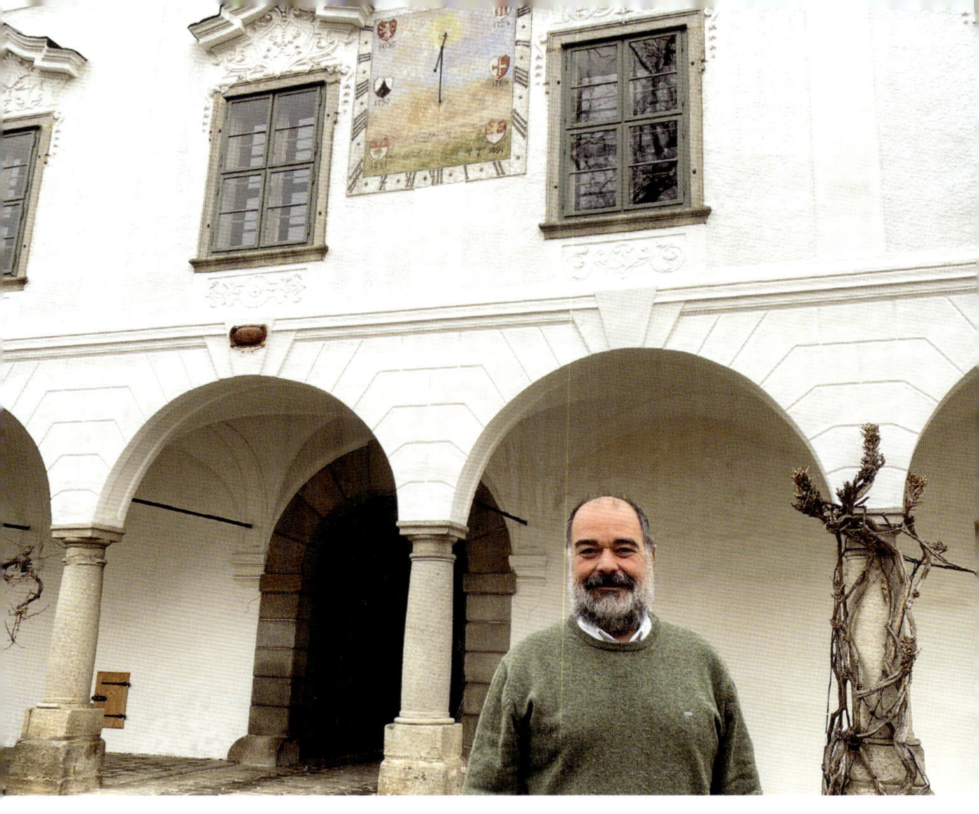

Eigentümer Georg Spiegelfeld-Schneeburg im Innenhof

Spiegelfeld sieht sich als Denkmal-Pfleger und freut sich, wenn die durch Oxidation schwarz gewordenen barocken Fresken im Steinernen Saal wieder im Original erstrahlen. Nichts erinnert heute an die dunklen Zeiten der Geschichte des Gebäudes: „In der Zeit der Napoleonischen Kriege diente es als Lazarett, wobei viel vom wertvollen Inventar verloren ging. Im Zweiten Weltkrieg beschlagnahmt, diente es Hitlers Chefarchitekten für Groß-Linz als Domizil."

Festspiele

Durch das prächtige, dem Vorbild im Stift St. Florian nachgebildete Stiegenhaus begeben wir uns in den großen rechteckigen Innenhof mit einer 120 Jahre alten Linde. Der Hof wurde im Renaissancestil erbaut und später mit barocken Verzierungen

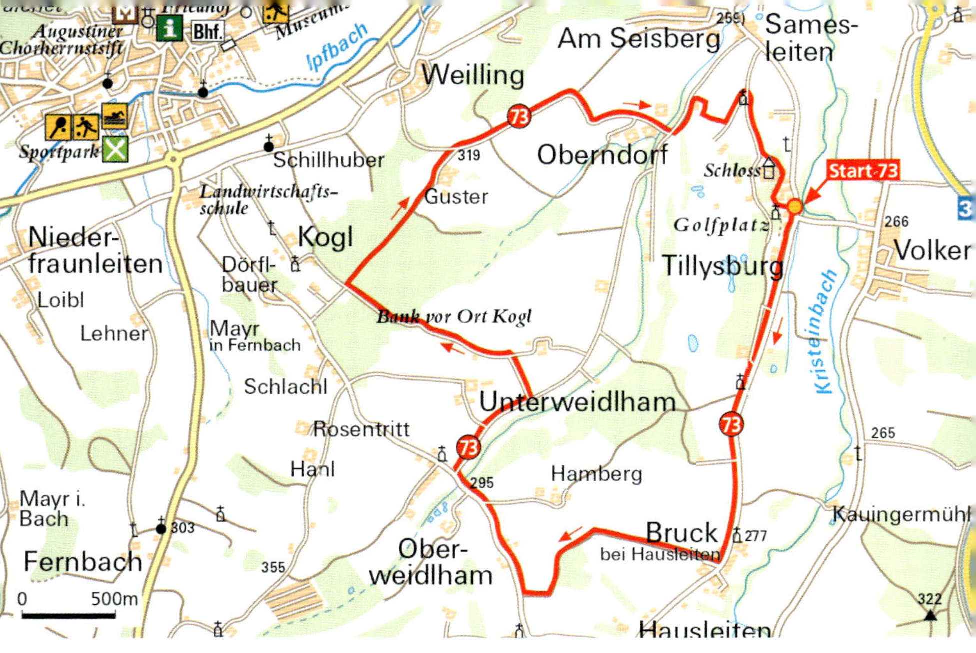

versehen. Ein großartiger Rahmen für die sommerlichen Festspiele, bei denen Intendant Nikolaus Büchel mit einem Team von erstklassigen Schauspielern Weltliteratur zum Leben bringt. Jeden Sommer erwarten die Besucher erlesene Stücke von Franz Grillparzer über Hermann Bahr bis Felix Mitterer. Eine besondere Stimmung, die noch durch die von den Schauspielern persönlich servierten Imbisse und Weine gesteigert wird. Das ist einmalig in der oberösterreichischen Kulturszene.

Rundwanderung

Nach so viel inspirierender Kultur geht es auf den „Tillysburg-Rundwanderweg Nr. 4“. Er führt uns in 9 Kilometern zunächst in südlicher Richtung am weitläufigen Schlossgelände vorbei und durchquert mehrere Ortschaften. Fast ebenes fruchtbares Bauernland mit riesigen Vierkanthöfen erwartet uns. Weit reicht der Blick bis ins südliche Gebirge mit dem markanten Ötscher. Eine erstaunliche Vielfalt an Vögeln tummelt sich in der Landschaft: Silber- und Fischreiher, Bussarde und Falken tauchen immer wieder vor uns Wanderern auf. Zahlreiche Mäusespuren verraten reiche Nahrung für die Beutegreifer.

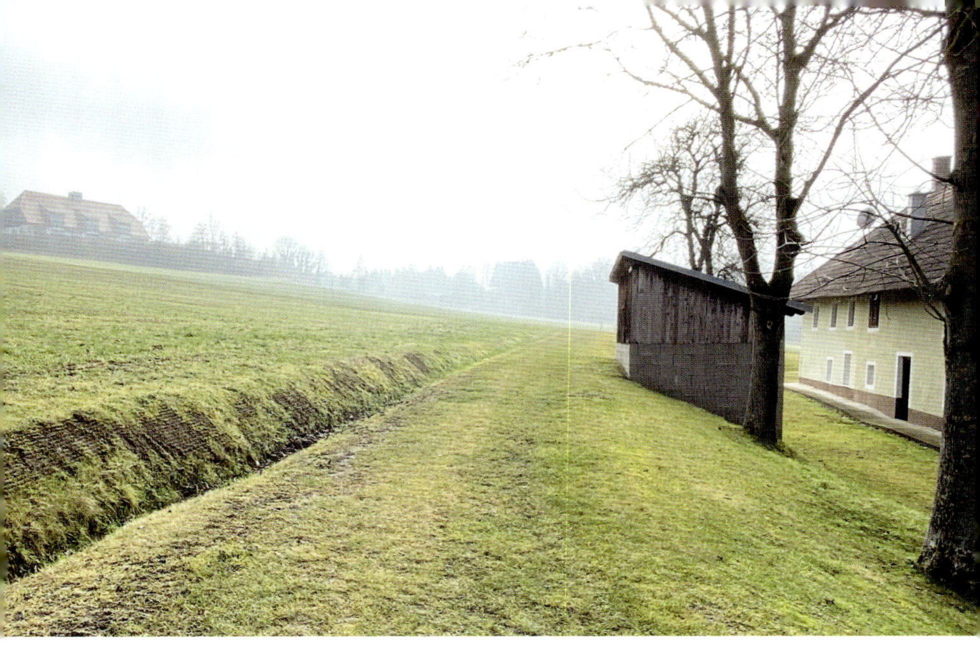

Der „Tillysburg-Rundwanderweg" führt durch fruchtbares Bauernland

Schlossallee

Schließlich taucht gut sichtbar das nahe Stift St. Florian auf, das majestätisch die Landschaft dominiert. In der Ortschaft Oberndorf erfüllt leichtes Dröhnen die Luft. Es ist jedoch kein Flugzeug, das dieses Geräusch erzeugt, sondern schwarzgefleckte Schweine, die in Hütten am Wegrand ihren Mittagschlaf halten – begleitet von lautem Schnarchen. Ein Bild wahren Friedens. So erreichen wir nach zweieinhalb Stunden den zum Schloss gehörenden Golfplatz und über die 200 Meter lange prächtige Schlossallee wieder den Ausgangspunkt.

Kinderwagentaugliche Wanderung
🕒 2 ½ Stunden ↔ 9 Kilometer
Ausgangspunkt: Schloss Tillysburg, Tillysburg 1, St. Florian
https://festspiele-schloss-tillysburg.at
Öffentl. Verkehr: Lokalbahn S 1 bis Enns Bhf, dann Bus 403 bis Tillysburg Nord

74 Linz und St. Florian

Besuch bei der 7 000 Jahre alten Venus von Ölkam

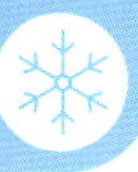

Fast lebensgroß blickt die Frauenstatuette von einer Bildwand im St. Florianer Ortsteil Ölkam auf den Betrachter. Eine ungewöhnliche Begegnung, auf die wir Wanderer auf dem Donausteig von Linz-Ebelsberg nach St. Florian treffen. Durch die leicht wellige Kulturlandschaft südlich von Linz sind wir nicht nur stattlichen Vierkanthöfen inmitten von fruchtbaren Feldern begegnet, sondern der auch als „Venus von Ölkam" bezeichneten Frauenstatue. Welche Geheimnisse verbergen sich hinter der an die Venus von Willendorf erinnernde Figur? Jutta Leskovar bringt Licht in das prähistorische Kulturgut. Sie ist die Leiterin der archäologischen Sammlung Ur- und Frühgeschichte in der OÖ Landes-Kultur GmbH und hat schon als Studentin in den 1990er-Jahren an Ausgrabungsarbeiten in Ölkam mitgewirkt. „Die Statue wurde in einer sogenannten Kreisgrabenanlage entdeckt, bei der zwei circa drei Meter tiefe Gräben mit einem Radius von 45 und 70 Metern entdeckt und erforscht wurden. Sie alle stammen aus der Jungsteinzeit aus den Jahren 4 800 vor Christus und sind die einzigen ihrer Art in Oberösterreich, also eine Art Stonehenge ohne Steine. Dies alles lange vor der Erbauung der Pyramiden in Ägypten."

Mehrere Figuren

Welchen Zweck verfolgte diese Anlage? Die Expertin berichtet von zwei Deutungen: Einmal als Raum für kultische Handlungen, vielleicht aber auch als Viehgehege zum nächtlichen Schutz der Rinder. „Es wurden zahlreiche Tongefäße und auch mehrere bruchstückhafte Frauenfiguren entdeckt. Eine davon vollständig und unversehrt. Farbspuren deuten auf die frühere

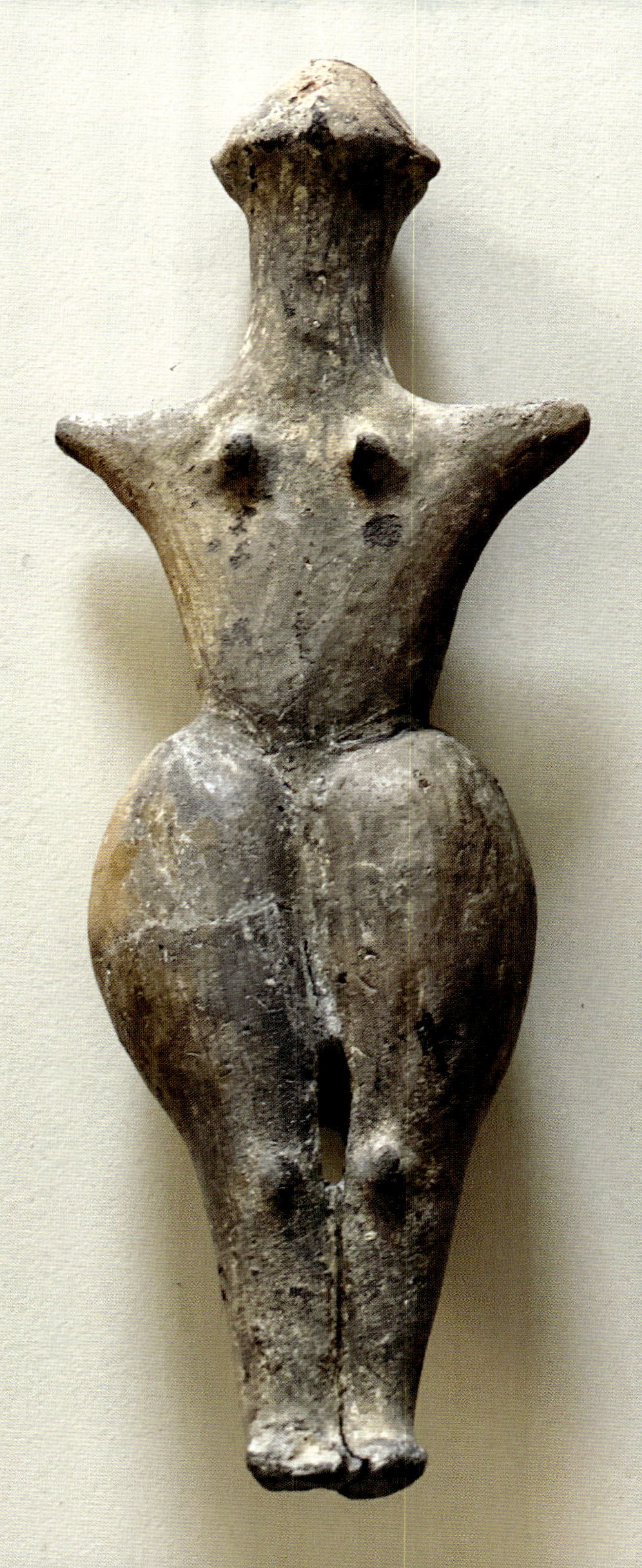

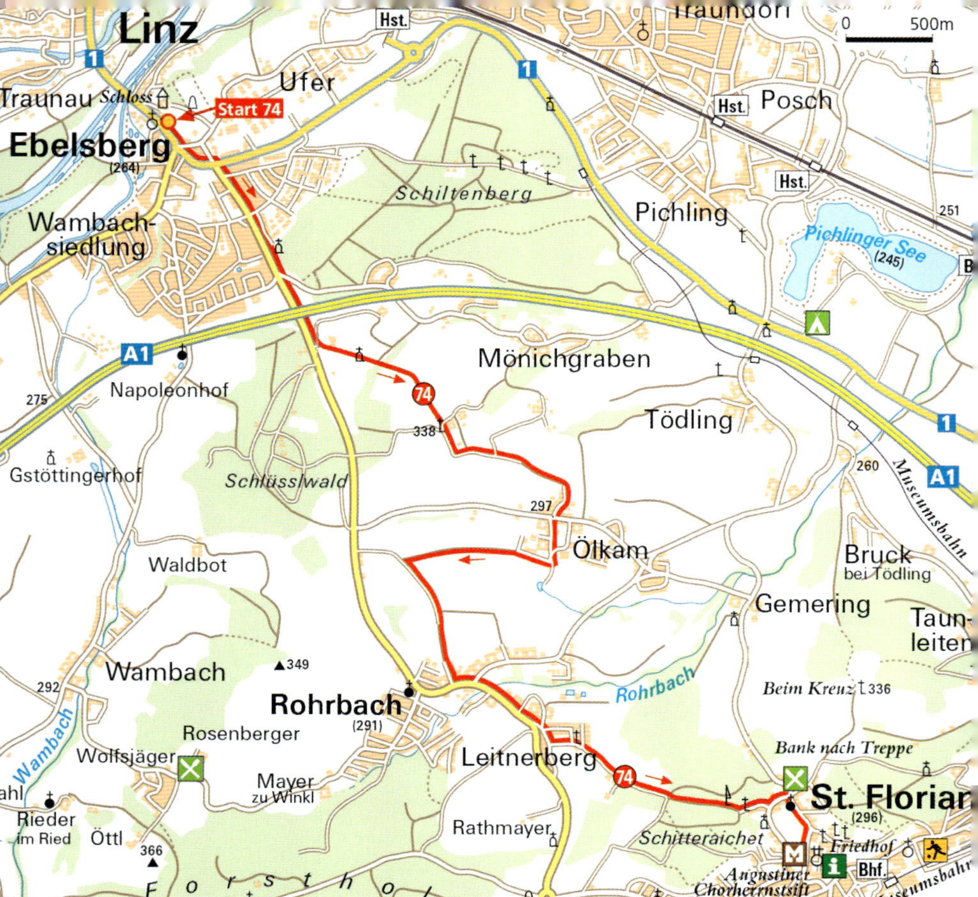

Bemalung hin. Sie weist die typische Betonung von Oberschenkeln und Gesäß auf. Arme, Beine, Brüste und Kopf bleiben nur angedeutet."

Bei einem späteren Besuch im Oberösterreichischen Landesmuseum sehen wir die Originalfigur. Sie ist 17 Zentimeter groß und besteht aus gebranntem Ton. Mangels schriftlicher Aufzeichnungen ist sie eines der wenigen Zeugnisse über die Menschen, die vor Jahrtausenden in unserer Region gelebt haben.

Familiäre Besuche

Auch Anton Bruckner dürfte die besondere kulturhistorische Stätte nicht gekannt haben, wenn er von seiner Wirkungsstätte als Stiftsorganist in St. Florian für seine zahlreichen Besuche bei

Mutter und Geschwistern in Linz-Ebelsberg diesen Weg gegangen ist. Auf die Spuren des Komponisten treffen wir im weiteren Wegverlauf. Eine Station des „Anton-Bruckner-Symphonie-Weges“ erinnert an Bruckners Achte. Anschließend wandern wir durch ein idyllisches Wäldchen über die Waldstraße auf dem Ölberg oberhalb der Stiftsanlage. Hier können wir einen ungestörten Blick auf die prächtigen Türme der Stiftskirche werfen und eine kleine Pause einlegen.
Auch auf dem Rückweg gibt es zahlreiche Orte für einen Wanderstopp, sei es ein majestätischer Urwelt-Mammutbaum oder ein historischer Bildstock. Vereinzelte Heckenzüge lockern die Landschaft zwischen den Feldern erfrischend auf, welche neben Wintergetreide vor allem von mannshohen gelbblühenden Ackersenf-Pflanzen bewachsen sind.
Besonders ins Auge springen jedoch Schweine, die in der Ortschaft Rohrbach eine weitläufige Wiese bevölkern. Vor kleinen spitzen Hütten tummeln sich sichtlich vergnügt zahlreiche Ferkel. Der Eigentümer des bereits 650 Jahre alten Brandtnergutes, Christoph Stadler, hält 20 Zuchtsauen in Freilandhaltung. „Jedes Tier hat 2 000 Quadratmeter Auslauf. Wenn es zwei Mal im Jahr bis zu 12 Junge geworfen hat, zieht die neue Schweinefamilie in eine eigene Hütte. Sonnenlicht, Frischluft, Bewegung und natürliche Fütterung hält die Tiere gesund. Bei Hitze gibt es eine Schlammbadewanne.“ Da kann man nur sagen: Schwein gehabt! Ein Lichtblick in unserer zunehmend industrialisierten Landwirtschaft.

Kinderwagentaugliche Wanderung
🕒 2 Stunden (eine Richtung) → 7 Kilometer
Ausgangspunkt der Wanderung: Linz-Ebelsberg, Pfarrkirche
Zielpunkt: St. Florian, Stiftskirche
www.Donausteig.at
Öffentl. Verkehr: Straßenbahn 1 nach Ebelsberg, Rückweg von St. Florian Stiftstraße nach Linz mit Bus 410

75 Steyregg
3-Buchen-Weg auf den Pfenningberg

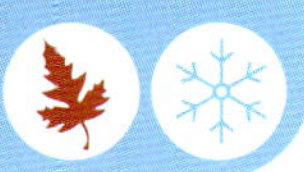

Wir stehen vor dem einzigen erhaltenen mittelalterlichen Stadttor von Steyregg bei Linz, dem Seilertor. Den Namen erhielt es von den Seilern, die im Mittelalter vor der Stadtmauer die Netze der Fischer herstellten und reparierten. Das massive Eisengitter ist geschlossen, so wie es in früherer Zeit im Winter nach 20 Uhr der Fall war. Wer damals nach diesem Zeitpunkt das Stadttor passieren wollte, musste den Wächter ersuchen, die kleine Tür daneben, das sogenannte Mannsloch, zu öffnen. Das kostete ihn allerdings ein halbes Monatsgehalt. Verständlich, dass er darüber in „Torschlusspanik" geriet und trachtete, rechtzeitig wieder in die Stadt zu gelangen. Diese und viele andere Geschichten weiß der Obmann des Heimatvereins, Hans Hametner. Er kennt als Nachtwächterführer die Stadt wie seine Westentasche und begleitet uns auf dem aus 20 Stationen bestehenden historischen „Stadtwanderweg". Auf dem Stadtplatz erfahren wir mehr: „Die Stadt stand lange im Schatten der im 11. Jahrhundert von den Ottokaren errichteten Burg und erlebte im Frühmittelalter einen Aufschwung. Nahe an der Mündung der Traun in die Donau gelegen, war hier ein wichtiger Umschlagplatz für den Salzhandel."
Auf dem Alten Hafnerhaus, das im Besitz der Familie Würzburger ist, entdecken wir ein Sgraffito aus den 1970er-Jahren, das die vier Wesen Adler, Löwe, Engel und Stier zeigt. Hametner: „Im Mittelalter wurden in Erinnerung an die vier Evangelisten Matthäus, Markus, Lukas und Johannes viele Gasthäuser benannt und sind heute noch als Goldener Löwe etc. präsent."

Märzenbier

Bei der Station 12 des Rundweges, dem Sandkeller, erfahren wir, warum Bier oft „Märzenbier" genannt wird. 50 Meter

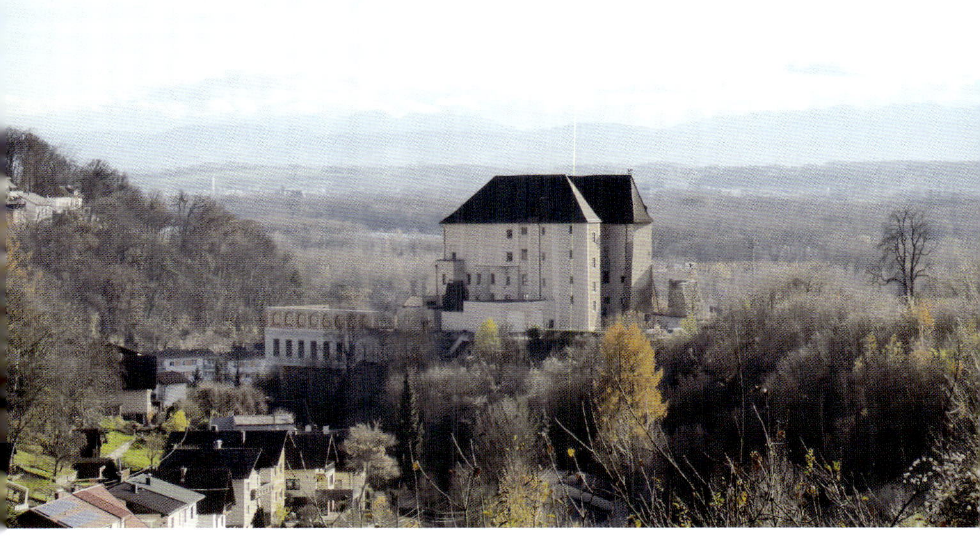

Durch den Finstergraben geht es zum Schloss Steyregg zurück

wurde dieser Stollen im 13. Jahrhundert in den dahinterliegenden Schlossberg getrieben. Er weist das ganze Jahr eine konstante Temperatur auf und eignete sich bestens zur Bier-Lagerung. Aufgrund der hohen Brandgefahr beim Biersieden durfte dieses nur in den Wintermonaten erzeugt werden. Um bis zur nächsten Brausaison nicht ohne Bier zu sein, braute man im März ein besonderes haltbares Bier, das als „Märzenbier“ bezeichnet wurde. Dafür erhöhte man den Gehalt an Alkohol und Stammwürze.
Vor dem Biergenuss beim nahen Stadtwirt steigen wir noch auf den Pfenningberg. Er ist der markanteste Berg des Linzer Beckens und bietet mit seinen 616 Metern Höhe bemerkenswerte Ausblicke. Seinen Namen hat er wohl von einem nahegelegenen Bauernhof, dem Pfenningmaiergut. Wir folgen der Markierung „3-Buchen-Weg“, welcher uns beim Schloss Steyregg vorbei in eine idyllische Waldlandschaft führt. Unzählige Buchen, allesamt winterlich ohne Laub, tanzen geradezu in Hundertschaften mit ihren silberglänzenden Stämmen wie in einem Ballett. Mächtige Riesenstämme wechseln sich mit schlanken, die sich einander zuzuneigen scheinen. Auch im Herbst, wenn die Buchenblätter goldbraun leuchten, muss dieser Weg

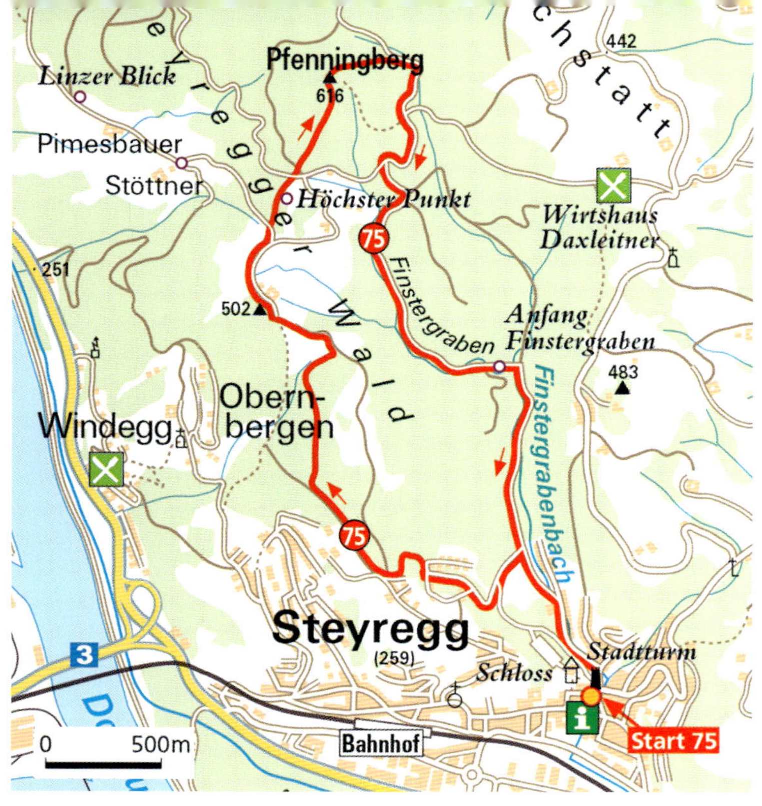

besonders schön sein. Eine intakte Natur, die immer wieder Ausblicke auf das Linzer Industrieviertel bietet: Zum Greifen nahe scheinen die rauchenden Schlote der Großindustrie. Bereits in Sichtweite des Berggipfels wechseln wir nach dem Biobauernhof Burger auf den „Pfenningberg-Gipfelwanderweg". Das von Bäumen umgebene Gipfelkreuz hinter uns lassend, überschreiten wir den Gipfel und wenden uns Richtung Finstergraben, wo wir auf einem bequemen Forstweg die zweieinhalbstündige Wanderrunde beim Schloss beenden.

🕒 2 ½ Stunden ↔ 7,5 Kilometer ↗ 350 Höhenmeter
Ausgangspunkt: Steyregg, Stadtplatz
Öffentl. Verkehr: Lokalbahn S 3 bis Steyregg Bhf
www.steyregg.at

Linzer Festungsring im Dornröschenschlaf

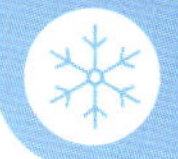

Nie wieder sollte eine feindliche Macht seinen Herrschaftsbereich überfallen! Erzherzog Maximilian-Joseph von Österreich-Este wollte das mit einem Ring von Befestigungen rund um Linz für alle Zukunft verhindern. Hatte er doch mit Napoleon bittere Erfahrungen gemacht. Ausgangspunkt einer spannenden Winterwanderung zu den nördlich der Donau gelegenen Wehranlagen ist Puchenau. Dem Kreuzweg am Ortseingang folgend, gelangen wir bald zu einer Infotafel, welche die „Maximilianische Turmline" mit den nächst gelegenen Festungen darstellt. Sie haben klingende Namen wie „Thekla" und „Luitgarde". Durch den verschneiten Wald geht es ein Stück hinunter Richtung Donau, da taucht der Turm „Edelburga" (genannt „Warte") wie eine verwunschene Burg auf. Mehrere Meter dicke, mächtige Steinmauern sollten jeder feindlichen Beschießung trotzen. Innen sind noch gut sichtbar gemauerte Ziegelgewölbe der dreigeschossigen Ringmauern zu sehen. 60 Soldaten fanden in den Türmen Unterkunft. Munition, Kanonen und Proviant für vier Monate konnten gelagert werden. Wasser erhielten sie über einen im Innenhof errichteten Brunnen. Die Dornröschenstille wird durch keinen Laut getrübt. Zum Glück trifft der Satz Heinrich Heines nicht mehr zu: „Es gibt nichts Stilleres als eine geladene Kanone." Unmittelbar an diese Anlage angebaut ist die sogenannte Anschlussmauer. Fünf Meter hoch führt sie bis an die Donau hinunter. Sie findet ihr Gegenstück vis-à-vis des Flusses in St. Margarethen. Hier konnte eine Kette über die Donau gespannt werden. So war das ganze Tal bis zu den umgebenden Hügeln geschützt. Zurückgekehrt zum Kreuzweg geht es auf einem idyllischen Waldweg weiter. Immer wieder gibt es nette Ausblicke auf die Hügel

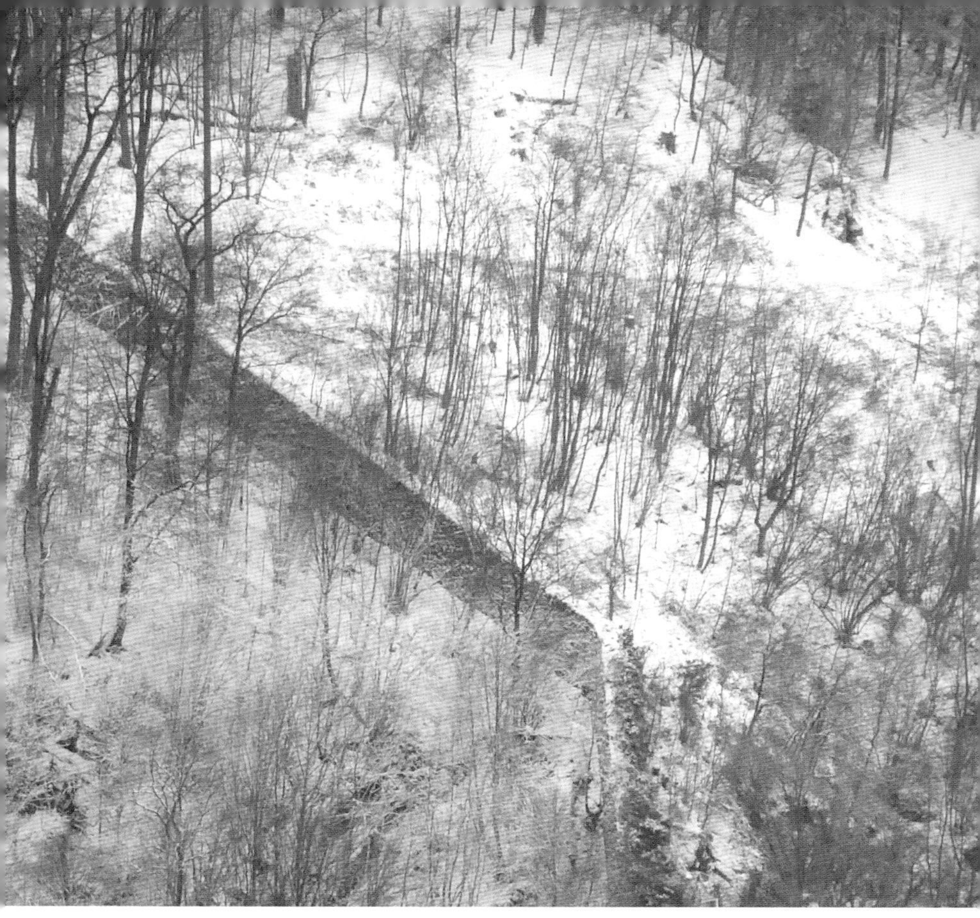

Wehrturm mit Anschlussmauer in St. Margarethen

der anderen Donauseite. Schließlich erreichen wir den Pöstlingberg. An dieser Stelle war die Hauptfestung, das Fort, von dem aus der gesamte Linzer Raum eingesehen werden konnte. Heute sind diese Befestigungen bestens renoviert und werden sehr friedlich genutzt: Als Bergbahnhof für die Pöstlingbergbahn, als touristischer Anziehungspunkt mit der Grottenbahn oder als Aussichtsterrasse.

Von den insgesamt 32 Türmen sind auch einige südlich der Donau erhalten. Eine zweite Wanderung führt zu den sehenswerten Relikten. Ausgangspunkt ist der Anschlussturm „Klause Adelgunde" in St. Margarethen. Einige hundert

Meter stadtauswärts führt ein steiler Pfad von der Donau hinauf in den Kürnberger Wald. Gutes Schuhwerk und Wanderstöcke sind notwendig, um entlang der Anschlussmauer auf das Hochplateau im Leondinger Ortsteil Friesenegg zu kommen. Hier trifft der Wanderer als erstes auf den ehemaligen Turm 14, „Hildegard". Von diesem ist nur mehr eine kreisförmige Baumgruppe rund um einen großen Trichter zu sehen. Das Riesenloch ähnlich dem Krater eines Vulkans lässt die ursprüngliche Größe der Anlage erahnen. Dem Wiesenweg folgend, kommt man zum 13er-Turm „Genoveva", auch Rot-Kreuz-Turm genannt. Hier befand sich viele Jahre das Katastrophenlager des Roten Kreuzes. Der Leondinger Altbürgermeister Walter Brunner berichtet dazu: „Um dieses alte Kulturerbe zu erhalten, haben wir den Turm im Jahr 2000 angekauft. Im Turm 9, ‚Apollonia', der sich auch auf unserem Gemeindegebiet befindet, haben wir das Museum für unsere Stadt eingerichtet. Angeregt durch den Wunsch Picassos, ‚Gebt mir ein Museum, und ich werde es füllen', gibt es heute ein vielfältiges Ausstellungsprogramm. Darunter auch die 7 000 Jahre alte ‚Leondine' [Skelett aus einem Grabfund], die einen Besuch lohnt." Privat genutzt wird der Turm 12, „Agnes". Er wurde renoviert und mit moderner Architektur erweitert.

Wanderung Puchenau: 🕒 2 Stunden → 3 km ↗ 260 Höhenmeter
Ausgangspunkt: Puchenau, Zielpunkt: Bahnhof Linz Pöstlingbergbahn
Öffentl. Verkehr: Hinweg Bus 201, 215 oder 240 bis Puchenau Ost, Rückweg Straßenbahn 50 (Pöstlingbergbahn) bis Linz Hauptplatz, dann Straßenbahn 1

Wanderung St. Margarethen: 🕒 2 Stunden → 5 km ↗ 130 Höhenmeter
Ausgangspunkt: Linz St. Margarethen
Zielpunkt: Turm 9, Stadtmuseum Leonding, Daffingerstraße 55, 4060 Leonding
Öffentl. Verkehr: Hinweg Straßenbahn 2 bis Linz Hauptplatz, dann Bus 192 ab Linz Obere Donaulände (Nibelungenbrücke) bis Linz St. Margarethen, Rückweg ab Leonding Turmmuseum mit Bus 19

77 Linz

Wo sich im Mariendom Himmel und Erde berühren

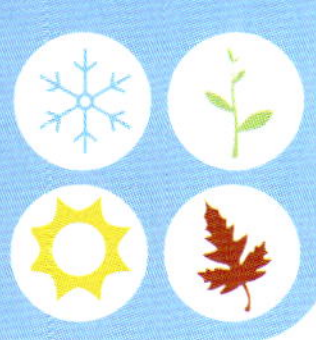

Eine Wanderung durch den Linzer Dom führt durch ganz Oberösterreich

Hell schimmert das Bergmassiv des Großen Priels hinter der Dorflandschaft von Vorderstoder mit der Pfarrkirche in der Mitte. Die Sonne beleuchtet mit ihrem hellen Schein die ganze Szenerie. Wir befinden uns allerdings nicht im südlichen Oberösterreich, sondern mitten im Linzer Maria-Empfängnis-Dom und betrachten eines von 63 farbigen Kirchenfenstern in der größten Kirche Österreichs. Diese stellen neben der Baugeschichte und Szenen aus dem biblischen Heilsgeschehen die bedeutendsten spirituellen Orte des gesamten Bundeslandes dar: Vom Stift Schlägl im Norden bis Spital am Pyhrn im Süden sowie von Reichersberg im äußersten Westen bis Maria Neustift am anderen Ende von Oberösterreich. „Wenn man die komplexe Bildwelt mit ihren Hunderten Figuren, Symbolen und Ornamenten besieht, so eröffnet sich für den Betrachter der Linzer Domfenster ein vieldimensionales mehrschichtiges Kunstwerk, das in einem Zeitraum von einem halben Jahrhundert entstanden ist", weiß der Kustos und Domkapitular Hans Hintermaier. Er selber wurde hier vor 27 Jahren zum Priester geweiht und war mehrere Jahre in der Dompfarre als Kaplan tätig.
Der Domkustos weist bei unserem Rundgang auf das historisch wertvolle „Linzer Fenster" hin. Es zeigt bedeutende Gestalten wie den heiligen Severin, den Apostel der römischen Provinz Noricum, Kaiser Friedrich III., der 1493 in Linz verstorben ist, sowie

Blick in das 130 Meter lange Kirchenschiff

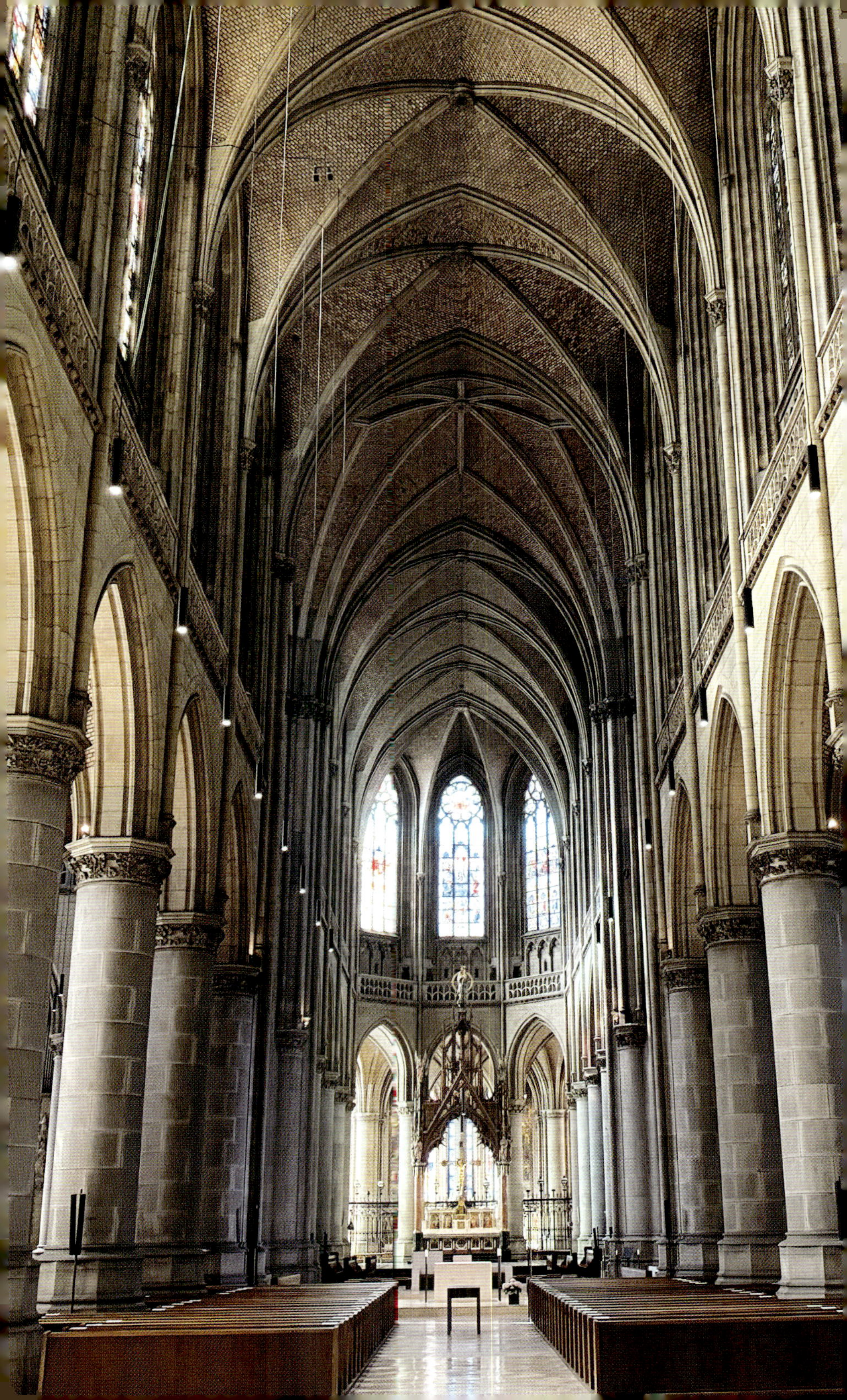

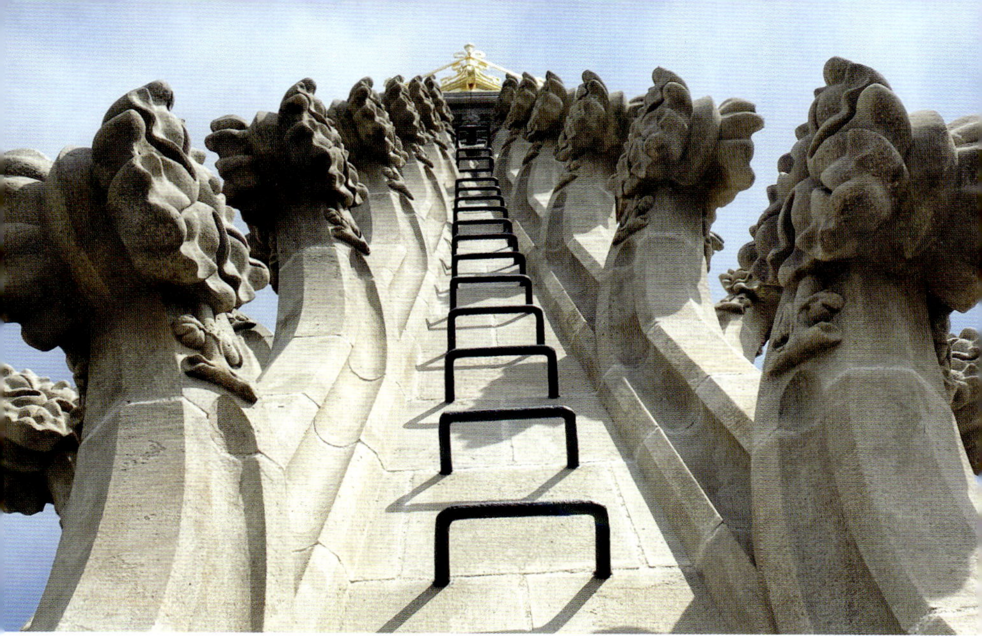

Blick auf die letzten Meter der Turmspitze

Johannes Kepler, der viele Jahre in Linz gewohnt hat. Ebenso finden wir Anton Bruckner dargestellt, der Domorganist war und für die Grundsteinlegung des Doms 1862 die Festkantate und zur Einweihung der Votivkapelle 1869 die eindrucksvolle Messe in e-Moll komponierte. Ein anderes Bild zeigt das Gebäude des bischöflichen Kollegiums Petrinum, welches beim Autor dieser Zeilen vielfältige Erinnerungen an die eigene Internatszeit weckt. Wir stehen zwischen den mächtigen tragenden Säulen aus Mühlviertler Granit, jede mit einem Durchmesser von 1,5 Metern, welche die 130 Meter lange Kathedrale tragen, und lassen den lichtdurchfluteten Raum auf uns wirken. Der Weg führt uns in den vorderen Kirchenraum, wo moderne Glasfenster ihr Licht auf insgesamt 14 Altäre scheinen lassen. Unser Spaziergang führt uns auf die Innengalerie ungefähr auf halbe Höhe des 30 Meter hohen Kirchenschiffs, wo die obere Reihe der Kirchenfenster weitere Geschichten erzählt. Beim folgenden Aufstieg auf den Turm treffen wir auf die sieben Glocken des Doms. Die größte von ihnen, die Immaculata-Glocke, wiegt stattliche acht

Tonnen. Schließen passieren wir nach 395 Stufen auf 68 Metern Höhe die Stube des Dom-Eremiten. In früherer Zeit warnte der Türmer von dort vor möglichen Bränden oder herannahenden feindlichen Kräften. Jetzt begeben sich Menschen dort in freiwillige Einsamkeit und vertiefen sich in ihre spirituelle Suche. Eine neu errichtete metallene Stiege führt uns schließlich auf den Steinbalkon, nur wenige Meter unterhalb des Turmkreuzes. Der höchste Punkt in Linz mit Blick auf die Stadt ist erreicht. Hier auf 100 Metern über der Erde kann man sich dem Himmel so nahe fühlen wie wohl sonst kaum wo. Das Wort des belgischen Ordenspriesters Phil Bosmans kommt uns in den Sinn: „Wenn der Himmel in dein Herz kommt, kommt dein Herz in den Himmel." Hier ist wahrlich ein guter Ort für einen Perspektivenwechsel. Der fantastische Rundumblick über die ganze Stadt weitet sich vom Pöstlingberg bis zu den südlichen Alpen. Der Blick auf die Turmspitze erzeugt einen leichten Schwindel und lässt den Respekt vor den Handwerkern noch mehr wachsen, welche die Turmspitze gerade fertig renoviert haben.

Mariendom, Herrenstraße 26, Linz
www.dioezese-linz.at/site/Mariendom/Domcenter/Domfuehrungen
Öffentl. Verkehr: Straßenbahn 1, 2 und 3 bis Mozartkreuzung

Domkustos Johann Hintermaier auf der Innengalerie des Doms

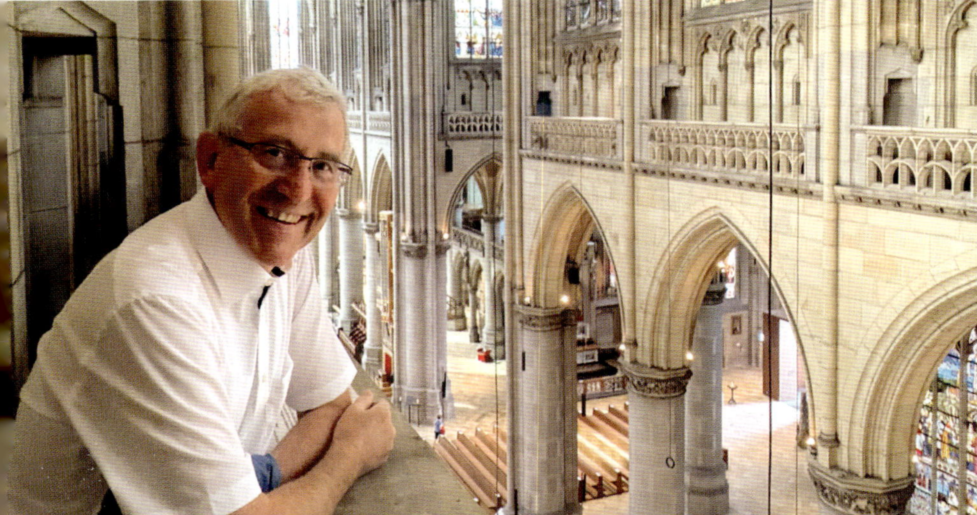

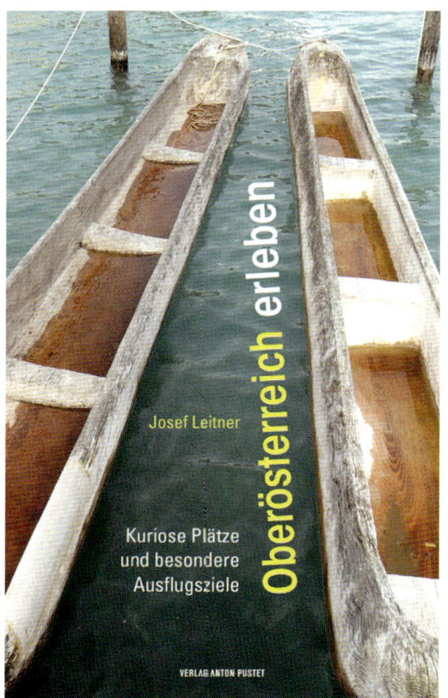

Josef Leitner
Oberösterreich erleben
Kuriose Plätze und besondere Ausflugsziele

Wissen Sie, wo Österreichs längste Mostbaumallee zu finden ist? Wo das erste Weißbier des Landes gebraut wurde? Falls nicht, kommen Sie doch mit auf eine Erkundungsreise durch die facettenreichen Regionen Oberösterreichs und folgen Sie den Spuren einer Waldeisenbahn, wandern Sie zu den Pechölsteinen, schaudern Sie in gruseligen Stollen oder schmunzeln Sie über die lustigen Sprüche der sprechenden Marterl. Oberösterreich-Kenner und Kulturgenuss-Wanderer Josef Leitner begleitet Sie zu Orten, die eine besondere Geschichte zu erzählen haben, und zu engagierten Menschen, denen Natur und Kultur ihres Landes eine Herzensangelegenheit sind. Wanderführer mit 77 leichten Wandertouren im Mühlviertel, Innviertel, Traunviertel, Hausruckviertel, Salzkammergut und oberösterreichischem Zentralraum.

256 Seiten, durchgehend farbig bebildert
ISBN 978-3-7025-0966-8, € 24,–

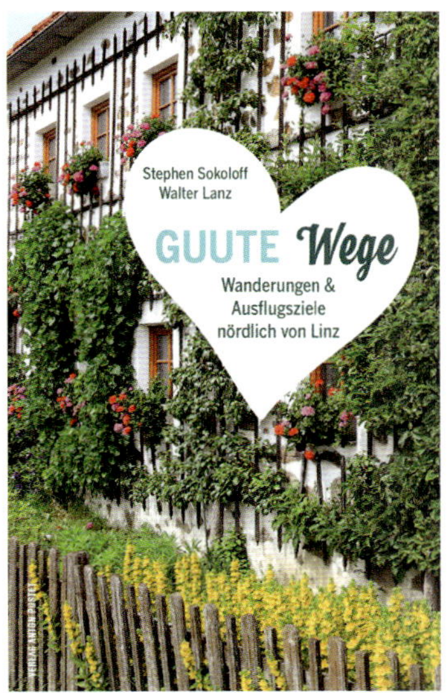

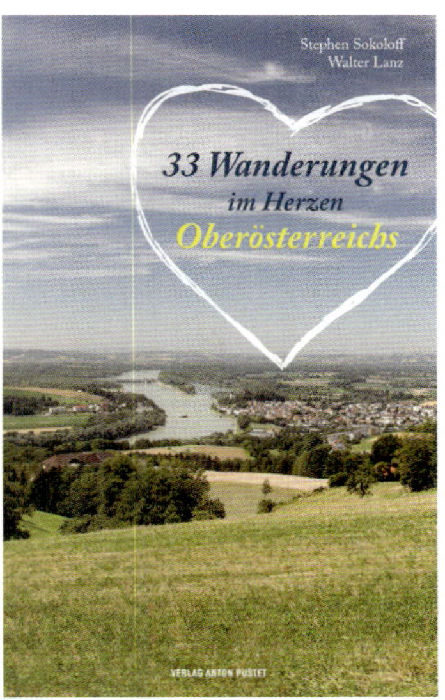

Stephen Sokoloff
Walter Lanz
GUUTE Wege
Wanderungen und Ausflugsziele nördlich von Linz

Die beschriebenen Wege führen über sanfte Geländekuppen, große Felder, durch kleine Wäldchen und malerische Ortschaften und bieten eine Fülle von herrlichen Ausblicken und kulturellen Highlights. Und damit das leibliche Wohl nicht zu kurz kommt, gibt es neben den Streckenbeschreibungen zahlreiche Tipps zu Gastronomie- und Beherbergungsbetrieben.

240 Seiten
durchgehend farbig bebildert
ISBN 978-3-7025-0928-6, € 22,–

Stephen Sokoloff
Walter Lanz
33 Wanderungen im Herzen Oberösterreichs

Ein Wanderbuch, das einlädt, das Schöne, oft Unbekannte und Überraschende zu entdecken. Auf geht's! Es werden Touren vorgestellt, die in großartige Landschaften wie zum Feldaisttal führen oder atemberaubende Panoramen bieten wie die Tour rund um den Damberg. Auch einige Stadtwanderungen sind darunter, die sich ideal für laue Sommerabende oder Sonntagnachmittage anbieten.

224 Seiten
durchgehend farbig bebildert
ISBN 978-3-7025-0842-5, € 22,–